应用型本科院校"十二五"规划教材/数学

主　编　王学祥　汪永娟
副主编　王晓春　张　瑶

高等数学学习指导

下册

A Guide to the Study of Higher Mathematics

哈尔滨工业大学出版社

内 容 简 介

本书是根据应用型本科院校规划教材之一《高等数学(下)》的教学内容,选编了例题进行分析讲解,并配有一定数量的习题,是应用型本科院校学生学习高等数学及期末阶段性复习的参考书。

图书在版编目(CIP)数据

高等数学学习指导.下/王学祥,汪永娟主编.—哈尔滨:哈尔滨工业大学出版社,2013.7(2015.8 重印)
应用型本科院校"十二五"规划教材
ISBN 978-7-5603-3973-3

Ⅰ.①高… Ⅱ.①王…②汪… Ⅲ.①高等数学-高等学校-教学参考资料 Ⅳ.①O13

中国版本图书馆 CIP 数据核字(2013)第 018376 号

策划编辑	杜 燕 赵文斌
责任编辑	刘 瑶
出版发行	哈尔滨工业大学出版社
社 址	哈尔滨市南岗区复华四道街 10 号 邮编 150006
传 真	0451-86414749
网 址	http://hitpress.hit.edu.cn
印 刷	肇东市一兴印刷有限公司
开 本	787mm×1092mm 1/16 印张 15.5 字数 355 千字
版 次	2013 年 1 月第 1 版 2015 年 8 月第 3 次印刷
书 号	ISBN 978-7-5603-3973-3
定 价	28.80 元

(如因印装质量问题影响阅读,我社负责调换)

《应用型本科院校"十二五"规划教材》编委会

主　　任　修朋月　竺培国
副主任　王玉文　吕其诚　线恒录　李敬来
委　　员（按姓氏笔画排序）
　　　　　　丁福庆　于长福　马志民　王庄严　王建华
　　　　　　王德章　刘金祺　刘宝华　刘通学　刘福荣
　　　　　　关晓冬　李云波　杨玉顺　吴知丰　张幸刚
　　　　　　陈江波　林　艳　林文华　周方圆　姜思政
　　　　　　庹　莉　韩毓洁　臧玉英

序

哈尔滨工业大学出版社策划的《应用型本科院校"十二五"规划教材》即将付梓，诚可贺也。

该系列教材卷帙浩繁，凡百余种，涉及众多学科门类，定位准确，内容新颖，体系完整，实用性强，突出实践能力培养。不仅便于教师教学和学生学习，而且满足就业市场对应用型人才的迫切需求。

应用型本科院校的人才培养目标是面对现代社会生产、建设、管理、服务等一线岗位，培养能直接从事实际工作、解决具体问题、维持工作有效运行的高等应用型人才。应用型本科与研究型本科和高职高专院校在人才培养上有着明显的区别，其培养的人才特征是：①就业导向与社会需求高度吻合；②扎实的理论基础和过硬的实践能力紧密结合；③具备良好的人文素质和科学技术素质；④富于面对职业应用的创新精神。因此，应用型本科院校只有着力培养"进入角色快、业务水平高、动手能力强、综合素质好"的人才，才能在激烈的就业市场竞争中站稳脚跟。

目前国内应用型本科院校所采用的教材往往只是对理论性较强的本科院校教材的简单删减，针对性、应用性不够突出，因材施教的目的难以达到。因此亟须既有一定的理论深度又注重实践能力培养的系列教材，以满足应用型本科院校教学目标、培养方向和办学特色的需要。

哈尔滨工业大学出版社出版的《应用型本科院校"十二五"规划教材》，在选题设计思路上认真贯彻教育部关于培养适应地方、区域经济和社会发展需要的"本科应用型高级专门人才"精神，根据黑龙江省委书记吉炳轩同志提出的关于加强应用型本科院校建设的意见，在应用型本科试点院校成功经验总结的基础上，特邀请黑龙江省9所知名的应用型本科院校的专家、学者联合编写。

本系列教材突出与办学定位、教学目标的一致性和适应性，既严格遵照学科体系的知识构成和教材编写的一般规律，又针对应用型本科人才培养目标及与之相适应的教学特点,精心设计写作体例,科学安排知识内容,围绕应用讲授理论,做到"基础知识够用、实践技能实用、专业理论管用"。同时注意适当融入新理论、新技术、新工艺、新成果,并且制作了与本书配套的PPT多媒体教学课件,形成立体化教材,供教师参考使用。

《应用型本科院校"十二五"规划教材》的编辑出版,是适应"科教兴国"战略对复合型、应用型人才的需求,是推动相对滞后的应用型本科院校教材建设的一种有益尝试,在应用型创新人才培养方面是一件具有开创意义的工作,为应用型人才的培养提供了及时、可靠、坚实的保证。

希望本系列教材在使用过程中,通过编者、作者和读者的共同努力,厚积薄发、推陈出新、细上加细、精益求精,不断丰富、不断完善、不断创新,力争成为同类教材中的精品。

前　　言

本书是为学生学习《高等数学(下)》而编写的学习辅导书。

《高等数学(下)》课程是工科类各专业学生必修的一门重要基础理论课程。它对培养和提高学生的思维素质、创新能力、科学精神、治学态度以及用数学解决实际问题的能力具有非常重要的作用,对学生后续专业课程的学习及应用型人才的培养具有重要的意义。

为提高教学质量,培养学生学习高等数学的兴趣,以及为学生学习后续课程打下坚实的理论基础,哈尔滨石油学院数学教研室的老师结合自身教学经验,经3年多的酝酿,针对应用型本科院校学生的特点,梳理该课程基本理论及基础知识,总结其关键点和疑难点,精选有代表性例题及习题汇成本书。本书共分5章,每章含5部分:基本要求、知识考点概述、常用解题技巧、典型题解、单元测试。

本书由王学祥、汪永娟主编,具体分工如下:第9章由王学祥编写,第10章由王晓春编写,第11章由张瑶编写,第12、13章由汪永娟编写。

本书是与教学同步的学习辅导书,也是阶段复习的指导书,可作为该课程考试命题的来源。

由于水平有限,书中难免存在疏漏或不足,恳请同仁和读者批评指正。

编　者
2012年12月

目 录

第9章 向量代数与空间解析几何 1
  9.1 向量及其线性运算 1
    9.1.1 基本要求 1
    9.1.2 知识考点概述 1
    9.1.3 典型题解 3
  9.2 数量积 向量积 5
    9.2.1 基本要求 5
    9.2.2 知识考点概述 5
    9.2.3 典型题解 6
  9.3 平面及其方程 7
    9.3.1 基本要求 7
    9.3.2 知识考点概述 7
    9.3.3 典型题解 8
  9.4 空间直线及其方程 10
    9.4.1 基本要求 10
    9.4.2 知识考点概述 10
    9.4.3 典型题解 12
  9.5 曲面、空间曲线及其方程 15
    9.5.1 基本要求 15
    9.5.2 知识考点概述 15
  单元测试题 17
  单元测试题答案 19

第10章 多元函数微分法及其应用 21
  10.1 多元函数的概念及偏导数 21
    10.1.1 基本要求 21
    10.1.2 知识考点概述 21
    10.1.3 常用解题技巧 24
    10.1.4 典型题解 26
  10.2 多元复合函数求导法则 30
    10.2.1 基本要求 30
    10.2.2 知识考点概述 30
    10.2.3 常用解题技巧 31
    10.2.4 典型题解 33
  10.3 隐函数的求导公式 34
    10.3.1 基本要求 34

		10.3.2 知识考点概述 ……………………………………………………	34

      10.3.3 典型题解 ………………………………………………………… 36

  10.4 全微分 ……………………………………………………………………… 41

      10.4.1 基本要求 …………………………………………………………… 41

      10.4.2 知识考点概述 …………………………………………………… 41

      10.4.3 常用解题技巧 …………………………………………………… 43

      10.4.4 典型题解 ………………………………………………………… 46

  10.5 多元函数微分学的几何应用 …………………………………………… 47

      10.5.1 基本要求 …………………………………………………………… 47

      10.5.2 知识考点概述 …………………………………………………… 47

      10.5.3 常用解题技巧 …………………………………………………… 50

      10.5.4 典型题解 ………………………………………………………… 52

  10.6 方向导数与梯度 ………………………………………………………… 54

      10.6.1 基本要求 …………………………………………………………… 54

      10.6.2 知识考点概述 …………………………………………………… 54

      10.6.3 典型题解 ………………………………………………………… 57

  10.7 多元函数的极值 ………………………………………………………… 58

      10.7.1 基本要求 …………………………………………………………… 58

      10.7.2 知识考点概述 …………………………………………………… 58

      10.7.3 常用解题技巧 …………………………………………………… 60

      10.7.4 典型题解 ………………………………………………………… 61

  单元测试题 …………………………………………………………………… 64

  单元测试题答案 ……………………………………………………………… 67

第 11 章 重积分 ………………………………………………………………… 70

  11.1 二重积分 ………………………………………………………………… 70

      11.1.1 基本要求 …………………………………………………………… 70

      11.1.2 知识考点概述 …………………………………………………… 70

      11.1.3 常用解题技巧 …………………………………………………… 75

      11.1.4 典型题解 ………………………………………………………… 80

  11.2 三重积分 ………………………………………………………………… 83

      11.2.1 基本要求 …………………………………………………………… 83

      11.2.2 知识考点概述 …………………………………………………… 84

      11.2.3 常用解题技巧 …………………………………………………… 86

      11.2.4 典型题解 ………………………………………………………… 88

  11.3 重积分的应用 …………………………………………………………… 89

      11.3.1 基本要求 …………………………………………………………… 89

      11.3.2 知识考点概述 …………………………………………………… 89

      11.3.3 典型题解 ………………………………………………………… 91

  单元测试题 …………………………………………………………………… 91

  单元测试题答案 ……………………………………………………………… 93

第 12 章 曲线积分与曲面积分 ……………………………………………… 96

  12.1 对弧长的曲线积分 ……………………………………………………… 96

- 12.1.1 基本要求 ·· 96
- 12.1.2 知识考点概述 ·· 96
- 12.1.3 常用解题技巧 ·· 97
- 12.1.4 典型题解 ·· 98
- 12.2 对坐标的曲线积分 ··· 99
  - 12.2.1 基本要求 ·· 99
  - 12.2.2 知识考点概述 ·· 99
  - 12.2.3 常用解题技巧 ··· 102
  - 12.2.4 典型题解 ··· 103
- 12.3 格林公式及其应用 ··· 104
  - 12.3.1 基本要求 ··· 104
  - 12.3.2 知识考点概述 ··· 104
  - 12.3.3 常用解题技巧 ··· 105
  - 12.3.4 典型题解 ··· 106
- 12.4 对面积的曲面积分 ··· 107
  - 12.4.1 基本要求 ··· 107
  - 12.4.2 知识考点概述 ··· 108
  - 12.4.3 常用解题技巧 ··· 109
  - 12.4.4 典型题解 ··· 109
- 12.5 对坐标的曲面积分 ··· 110
  - 12.5.1 基本要求 ··· 110
  - 12.5.2 知识考点概述 ··· 110
  - 12.5.3 常用解题技巧 ··· 113
  - 12.5.4 典型题解 ··· 114
- 12.6 高斯公式 ··· 115
  - 12.6.1 基本要求 ··· 115
  - 12.6.2 知识考点概述 ··· 115
  - 12.6.3 常用解题技巧 ··· 115
  - 12.6.4 典型题解 ··· 117
- 12.7 斯托克斯公式 ··· 118
  - 12.7.1 基本要求 ··· 118
  - 12.7.2 知识考点概述 ··· 118
  - 12.7.3 常用解题技巧 ··· 118
  - 12.7.4 典型题解 ··· 120
- 单元测试题 A ·· 120
- 单元测试题 B ·· 122
- 单元测试题 A 答案 ··· 123
- 单元测试题 B 答案 ··· 124

第 13 章 无穷级数 ··· 125
- 13.1 常数项级数及性质 ··· 125
  - 13.1.1 基本要求 ··· 125

        13.1.2 知识考点概述 ……………………………………………………………… 125
        13.1.3 常用解题技巧 ………………………………………………………………… 126
        13.1.4 典型题解 ……………………………………………………………………… 127
    13.2 常数项级数的审敛法 ………………………………………………………………… 128
        13.2.1 基本要求 ……………………………………………………………………… 128
        13.2.2 知识考点概述 ………………………………………………………………… 128
        13.2.3 常用解题技巧 ………………………………………………………………… 130
        13.2.4 典型题解 ……………………………………………………………………… 131
    13.3 幂级数 ………………………………………………………………………………… 132
        13.3.1 基本要求 ……………………………………………………………………… 132
        13.3.2 知识考点概述 ………………………………………………………………… 132
        13.3.3 常用解题技巧 ………………………………………………………………… 134
        13.3.4 典型题解 ……………………………………………………………………… 135
    13.4 函数展成幂级数 ……………………………………………………………………… 137
        13.4.1 基本要求 ……………………………………………………………………… 137
        13.4.2 知识考点概述 ………………………………………………………………… 137
        13.4.3 常用解题技巧 ………………………………………………………………… 139
        13.4.4 典型题解 ……………………………………………………………………… 140
    13.5 傅里叶级数 …………………………………………………………………………… 143
        13.5.1 基本要求 ……………………………………………………………………… 143
        13.5.2 知识考点概述 ………………………………………………………………… 143
        13.5.3 常用解题技巧 ………………………………………………………………… 144
        13.5.4 典型题解 ……………………………………………………………………… 146
    单元测试题 A ……………………………………………………………………………… 148
    单元测试题 B ……………………………………………………………………………… 150
    单元测试题 A 答案 ………………………………………………………………………… 151
    单元测试题 B 答案 ………………………………………………………………………… 153
综合自测题 …………………………………………………………………………………… 157
    综合自测题(1) ……………………………………………………………………………… 157
    综合自测题(2) ……………………………………………………………………………… 158
    综合自测题(3) ……………………………………………………………………………… 159
    综合自测题(1)答案 ………………………………………………………………………… 160
    综合自测题(2)答案 ………………………………………………………………………… 161
    综合自测题(3)答案 ………………………………………………………………………… 162
教材课后习题解答 ………………………………………………………………………… 164
参考文献 …………………………………………………………………………………… 235

第 9 章 向量代数与空间解析几何

9.1 向量及其线性运算

9.1.1 基本要求

(1) 掌握向量的概念及向量的线性运算.
(2) 了解空间直角坐标系,掌握向量坐标的线性运算.
(3) 会求方向角及方向余弦.

9.1.2 知识考点概述

1. 向量

有大小、方向的量,记作黑体字母 a 或 $\vec{a}, \overrightarrow{AB}$.

2. 向量相等

大小相等、方向相同,记作 $a = b$.

3. 向量的模

向量的长度称为向量的模,记作 $|a|, |\overrightarrow{AB}|$.

4. 单位向量

模等于 1 的向量.

5. 零向量

模等于 0 的向量,记作 $\mathbf{0}$.

6. 向量的夹角

设两个非零向量 a, b,任取空间一点 O,记作 $\overrightarrow{OA} = a, \overrightarrow{OB} = b$,规定不超过 π 的 $\angle AOB = \varphi (0 \leqslant \varphi \leqslant \pi)$ 称为向量 a 与 b 的夹角,记作 $\langle \widehat{a, b} \rangle$ 或 $\langle \widehat{b, a} \rangle$.

7. 向量的线性运算

(1) 向量的加法:$c = a + b$,如图 1 所示.
(2) 减法:$b - a = b + (-a)$,如图 2 所示.

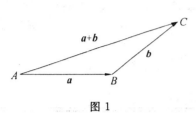

图1　　　　　　　　　　　图2

运算律：

(1) 交换律：$a+b=b+a$.

(2) 结合律：$(a+b)+c=a+(b+c)$.

(3) 数乘：向量 a 与实数 λ 的乘积，记作 λa. 规定 λa 为一个向量，它的模 $|\lambda a|=|\lambda||a|$. 方向：当 $\lambda>0$ 时，与 a 方向相同；当 $\lambda<0$ 时，与 a 方向相反；当 $\lambda=0$ 时，$\lambda a=\mathbf{0}$；当 $\lambda=\pm 1$ 时，$1a=a$，$(-1)a=-a$.

向量与数的乘积满足下列运算规律：

① 结合律：$\lambda(\mu a)=\mu(\lambda a)=(\lambda\mu)a$.

② 分配律：$(\lambda+\mu)a=\lambda a+\mu a$.

8. 向量的坐标表示及运算

坐标分解式

$$a=xi+yj+zk$$

$$a=\{a_x,a_y,a_z\},\quad b=\{b_x,b_y,b_z\}$$

则

$$a+b=\{a_x+b_x,a_y+b_y,a_z+b_z\}$$

$$a-b=\{a_x-b_x,a_y-b_y,a_z-b_z\}$$

$$\lambda a=\{\lambda a_x,\lambda a_y,\lambda a_z\}$$

9. 向量 a 与向量 b 平行

当向量 a 与向量 b 平行时，相当于 $a=\lambda b$，即

$$\{a_x,a_y,a_z\}=\lambda\{b_x,b_y,b_z\}$$

这相当于它们对应的坐标成比例，即

$$\frac{a_x}{b_x}=\frac{a_y}{b_y}=\frac{a_z}{b_z}$$

10. 向量的模与两点间的距离公式

设 $a=\{x,y,z\}$，有

$$|a|=\sqrt{x^2+y^2+z^2}$$

$$|AB|=\sqrt{(x_2-x_1)^2+(y_2-y_1)^2+(z_2-z_1)^2}$$

11. 向量在轴上的投影

(1) $(a)_u=|a|\cos\varphi$.

(2) $(a+b)_u=(a)_u+(b)_u$.

(3) $(\lambda a)_u=\lambda(a)_u$.

12. 方向角与方向余弦

非零向量 a 与三条坐标轴正向的夹角 α,β,γ 称为向量 a 的方向角，即

$$\cos\alpha = \frac{x}{|\boldsymbol{a}|} = \frac{x}{\sqrt{x^2+y^2+z^2}}$$

$$\cos\beta = \frac{y}{|\boldsymbol{a}|} = \frac{y}{\sqrt{x^2+y^2+z^2}}$$

$$\cos\gamma = \frac{z}{|\boldsymbol{a}|} = \frac{z}{\sqrt{x^2+y^2+z^2}}$$

并有

$$\cos^2\alpha + \cos^2\beta + \cos^2\gamma = 1$$

13. 定比分点

设在连接 $P_1(x_1,y_1,z_1)$ 与 $P_2(x_2,y_2,z_2)$ 两点的直线上另有一点 $P(x,y,z)$，使得有向线段 $\overrightarrow{P_1P}$ 与 $\overrightarrow{PP_2}$ 的比值为 λ，但 $\lambda \neq -1$，即 $\dfrac{\overrightarrow{P_1P}}{\overrightarrow{PP_2}} = \lambda$，由于 $\overrightarrow{P_1P} = \lambda \overrightarrow{PP_2}$，于是有

$$x - x_1 = \lambda(x_2 - x),\ y - y_1 = \lambda(y_2 - y),\ z - z_1 = \lambda(z_2 - z)$$

解出

$$x = \frac{x_1 + \lambda x_2}{1+\lambda},\ y = \frac{y_1 + \lambda y_2}{1+\lambda},\ z = \frac{z_1 + \lambda z_2}{1+\lambda}$$

当 $\lambda = 1$ 时，$\overrightarrow{P_1P} = \overrightarrow{PP_2}$，即 P 为线段 P_1P_2 的中点，它的坐标为

$$x = \frac{x_1+x_2}{2},\ y = \frac{y_1+y_2}{2},\ z = \frac{z_1+z_2}{2}$$

9.1.3 典型题解

例 1 求解以向量为未知元的线性方程组 $\begin{cases} 5\boldsymbol{x} - 3\boldsymbol{y} = \boldsymbol{a} \\ 3\boldsymbol{x} - 2\boldsymbol{y} = \boldsymbol{b} \end{cases}$，其中 $\boldsymbol{a} = (2,1,2), \boldsymbol{b} = (-1,1,-2)$.

解 由题意知

$$\begin{cases} \boldsymbol{x} = 2\boldsymbol{a} - 3\boldsymbol{b} \\ \boldsymbol{y} = 3\boldsymbol{a} - 5\boldsymbol{b} \end{cases}$$

将 $\boldsymbol{a}, \boldsymbol{b}$ 的坐标表示代入方程组，得

$$\boldsymbol{x} = 2(2,1,2) - 3(-1,1,-2) = (7,-1,10)$$
$$\boldsymbol{y} = 3(2,1,2) - 5(-1,1,-2) = (11,-2,16)$$

例 2 已知两点 $A = (x_1,y_1,z_1), B = (x_2,y_2,z_2)$ 以及实数 $\lambda \neq -1$，在直线 AB 上求点 M，使 $\overrightarrow{AM} = \lambda \overrightarrow{MB}$.

解 $\overrightarrow{AM} = \overrightarrow{OM} - \overrightarrow{OA}, \overrightarrow{MB} = \overrightarrow{OB} - \overrightarrow{OM}$

因此 $\overrightarrow{OM} - \overrightarrow{OA} = \lambda(\overrightarrow{OB} - \overrightarrow{OM})$

从而 $\overrightarrow{OM} = \dfrac{1}{1+\lambda}(\overrightarrow{OA} + \lambda \overrightarrow{OB})$

将 $\overrightarrow{OM}, \overrightarrow{OB}$ 的坐标代入上式，即得 $\overrightarrow{OM} = \left(\dfrac{x_1+\lambda x_2}{1+\lambda}, \dfrac{y_1+\lambda y_2}{1+\lambda}, \dfrac{z_1+\lambda z_2}{1+\lambda}\right)$ 就是点 M 的坐标.

例 3 在 z 轴上求与两点 $A(-4,1,7), B(3,5,-2)$ 等距离的点.

解 因为所求的点 M 在 z 轴上,所以设该点坐标为 $M(0,0,z)$,依题意有
$$|MA|=|MB|$$
即
$$\sqrt{(0+4)^2+(0-1)^2+(z-7)^2}=\sqrt{(0-3)^2+(5-0)^2+(-2-z)^2}$$
解得
$$z=\frac{14}{9}$$

因此所求的点为 $M\left(0,0,\frac{14}{9}\right)$.

例 4 已知两点 $A(4,0,5),B(7,1,3)$,求与 $\overrightarrow{AB}$ 方向向量相同的单位向量 e.

解 因为
$$\overrightarrow{AB}=\overrightarrow{OB}-\overrightarrow{OA}=(7,1,3)-(4,0,5)=(3,1,-2)$$
所以
$$|\overrightarrow{AB}|=\sqrt{3^2+1^2+(-2)^2}=\sqrt{14}$$
于是
$$e=\frac{\overrightarrow{AB}}{|\overrightarrow{AB}|}=\frac{1}{\sqrt{14}}(3,1,-2)$$

例 5 已知两点 $M_1(2,2,\sqrt{2}),M_2(1,3,0)$,计算向量 $\overrightarrow{M_1M_2}$ 的模、方向余弦及方向角.

解
$$\overrightarrow{M_1M_2}=(1-2,3-2,0-\sqrt{2})=(-1,1,-\sqrt{2})$$
$$|\overrightarrow{M_1M_2}|=\sqrt{(-1)^2+1^2+(-\sqrt{2})^2}=\sqrt{1+1+2}=2$$
$$\cos\alpha=-\frac{1}{2},\cos\beta=\frac{1}{2},\cos\gamma=-\frac{\sqrt{2}}{2}$$
$$\alpha=\frac{2\pi}{3},\beta=\frac{\pi}{3},\gamma=\frac{3\pi}{4}$$

例 6 设点 A 位于第一象限,$\overrightarrow{OA}$ 与 x 轴、y 轴的夹角依次为 $\frac{\pi}{3},\frac{\pi}{4}$,且 $|\overrightarrow{OA}|=6$,求点 A 的坐标.

解 由 $\alpha=\frac{\pi}{3},\beta=\frac{\pi}{4}$,由关系式 $\cos^2\alpha+\cos^2\beta+\cos^2\gamma=1$,得
$$\cos^2\gamma=1-\left(\frac{1}{2}\right)^2-\left(\frac{\sqrt{2}}{2}\right)^2=\frac{1}{4}$$
由点 A 在第一象限知 $\cos\gamma>0$,故
$$\cos\gamma=\frac{1}{2}$$
于是
$$\overrightarrow{OA}=|\overrightarrow{OA}|\cdot e_{\overrightarrow{OA}}=6\left(\frac{1}{2},\frac{\sqrt{2}}{2},\frac{1}{2}\right)=(3,3\sqrt{2},3)$$

这就是点 A 的坐标.

例 7 已知 3 个非零向量 a,b,c 中任意两个向量都不平行,但 $(a+b)$ 与 c 平行,$(b+c)$ 与 a 平行,试证:$a+b+c=0$.

证 由 $(a+b)\parallel c$ 可知 $a+b=\lambda c$,由 $(b+c)\parallel a$ 可知 $b+c=\mu a$,因此
$$a-c=\lambda c-\mu a,(1+\mu)a=(1+\lambda)c$$

由 a 与 c 不平行,故 $1+\mu=1+\lambda=0,\lambda=\mu=-1$,所以 $a+b=-c,a+b+c=0$.

9.2 数量积 向量积

9.2.1 基本要求

(1) 掌握向量的数量积及向量积运算.

(2) 了解两个向量垂直、平行的条件.

9.2.2 知识考点概述

1. 数量积

两个向量 a 与 b 的数量积,记作 $a \cdot b$.

规定 $a \cdot b = |a||b|\cos\theta$,其中 θ 是向量 a 与 b 的夹角.

2. 数量积

数量积又称为内积或点积,由数量积的定义可知:

(1) $a \cdot a = |a|^2$,此时 $\theta = 0$.

(2) 对于两个非零向量 a,b,如果 $a \cdot b = 0$,那么 $a \perp b$;反之,如果 $a \perp b$,那么 $a \cdot b = 0$.

3. 运算律

(1) 交换律:$a \cdot b = b \cdot a$.

(2) 分配律:$(a+b) \cdot c = a \cdot c + b \cdot c$.

(3) $(\lambda a) \cdot b = \lambda(a \cdot b)$,其中 λ 为实数.

4. 数量积的坐标运算

$$a = a_x i + a_y j + a_z k, b = b_x i + b_y j + b_z k$$

$$a \cdot b = a_x b_x + a_y b_y + a_z b_z$$

5. 两向量夹角余弦

由于 $a \cdot b = |a||b|\cos\theta$,所以当 a,b 都不是零向量时,有

$$\cos\theta = \frac{a \cdot b}{|a||b|} = \frac{a_x b_x + a_y b_y + a_z b_z}{\sqrt{a_x^2 + a_y^2 + a_z^2}\sqrt{b_x^2 + b_y^2 + b_z^2}}$$

6. 向量积

两个向量 a 与 b 的向量积,记作 $a \times b$,它是另一个向量 c,即 $c = a \times b$,它的模为 $|c| = |a||b|\sin\theta$,其中 θ 是 a 与 b 的夹角,方向同时垂直于 a 与 b,且满足右手法则.

7. 向量积

向量积又称为外积或叉积.

(1) $a \times a = 0$.

(2) 两个非零向量,$a // b$ 的充分必要条件是 $a \times b = 0$.

(3) $S_{\triangle ABC} = \frac{1}{2}|\overrightarrow{AB}| \cdot |\overrightarrow{AC}| \cdot \sin(\overrightarrow{AB},\overrightarrow{AC}) = \frac{1}{2}|\overrightarrow{AB} \times \overrightarrow{AC}|$.

8. 运算律

(1) $a \times b = -b \times a$.

(2) 分配律:$(a+b) \times c = a \times c + b \times c$.

(3) $(\lambda a) \times b = a \times (\lambda b) = \lambda(a \times b)$,其中 λ 为实数.

9. 向量积的坐标运算

$$a = a_x i + a_y j + a_z k, \quad b = b_x i + b_y j + b_z k$$

$$a \times b = (a_y b_z - a_z b_y)i + (a_z b_x - a_x b_z)j + (a_x b_y - a_y b_x)k$$

利用三阶行列式运算有

$$a \times b = \begin{vmatrix} i & j & k \\ a_x & a_y & a_z \\ b_x & b_y & b_z \end{vmatrix}$$

9.2.3 典型题解

例 1 试用向量证明三角形余弦定理. 设在 $\triangle ABC$ 中,$\angle BCA = \theta$,$|BC| = a$,$|CA| = b$,$|AB| = c$. 证明: $c^2 = a^2 + b^2 - 2ab\cos\theta$.

证 记 $\overrightarrow{CB} = a, \overrightarrow{CA} = b, \overrightarrow{AB} = c$,则有

$$c = a - b$$

从而

$$|c|^2 = c \cdot c = (a-b) \cdot (a-b) = a \cdot a + b \cdot b - 2a \cdot b =$$
$$|a|^2 + |b|^2 - 2|a||b|\cos(\widehat{a,b})$$

由 $|a| = a, |b| = b, |c| = c, \langle \widehat{a,b} \rangle = \theta$

即得 $c^2 = a^2 + b^2 - 2ab\cos\theta$

例 2 已知三点 $M(1,1,1), A(2,2,1), B(2,1,2)$,求 $\angle AMB$.

解 作向量 $\overrightarrow{MA}, \overrightarrow{MB}$,$\angle AMB$ 是向量 $\overrightarrow{MA}, \overrightarrow{MB}$ 的夹角,这里

$$\overrightarrow{MA} = (1,1,0), \overrightarrow{MB} = (1,0,1)$$

从而 $\overrightarrow{MA} \cdot \overrightarrow{MB} = 1 \times 1 + 1 \times 0 + 0 \times 1 = 1$

$$|\overrightarrow{MA}| = \sqrt{1^2 + 1^2 + 0^2} = \sqrt{2}, \quad |\overrightarrow{MB}| = \sqrt{1^2 + 0^2 + 1^2} = \sqrt{2}$$

代入两向量夹角余弦的表达式,得

$$\cos \angle AMB = \frac{\overrightarrow{MA} \cdot \overrightarrow{MB}}{|\overrightarrow{MA}||\overrightarrow{MB}|} = \frac{1}{\sqrt{2} \cdot \sqrt{2}} = \frac{1}{2}$$

由此得

$$\angle AMB = \frac{\pi}{3}$$

例 3 设 $a = (2,1,-1), b = (1,-1,2)$,计算 $a \times b$.

解

$$a \times b = \begin{vmatrix} i & j & k \\ 2 & 1 & -1 \\ 1 & -1 & 2 \end{vmatrix} = i - 5j - 3k$$

例 4 已知 $\triangle ABC$ 的顶点分别是 $A(1,2,3), B(3,4,5), C(2,4,7)$,求 $\triangle ABC$ 的面

积.

解 根据向量的定义可知 $\triangle ABC$ 的面积为

$$S_{\triangle ABC} = \frac{1}{2}|\overrightarrow{AB}||\overrightarrow{AC}\sin\angle A| = \frac{1}{2}|\overrightarrow{AB}\times\overrightarrow{AC}|$$

由于 $\overrightarrow{AB}=(2,2,2), \overrightarrow{AC}=(1,2,4)$,因此

$$\overrightarrow{AB}\times\overrightarrow{AC} = \begin{vmatrix} i & j & k \\ 2 & 2 & 2 \\ 1 & 2 & 4 \end{vmatrix} = 4i - 6j + 2k$$

于是 $S_{\triangle ABC} = \frac{1}{2}|4i-6j+2k| = \frac{1}{2}\sqrt{4^2+(-6)^2+2^2} = \sqrt{14}$

例 5 求一向量 p,使 p 满足 3 个条件:(1)p 与 z 轴垂直;(2)$a=\{3,-1,5\}$,$a\cdot p=9$;(3)$b=\{1,2,-3\}$,$b\cdot p=-4$.

解 由(1)可设 $p=\{x,y,0\}$,由(2)、(3)有 $\begin{cases} 3x-y=9 \\ x+2y=-4 \end{cases}$,解得 $x=2, y=-3$,故 $p=\{2,-3,0\}$.

9.3 平面及其方程

9.3.1 基本要求

(1) 掌握求平面方程的方法(点法式、一般方程、截距式).
(2) 会求两平面的夹角.

9.3.2 知识考点概述

1. 平面的点法式方程

如果一个非零向量垂直于平面,这个向量就称为该平面的法线向量,简称为法向量.

已知其上一点 $P_0(x_0,y_0,z_0)$ 及其法向量 $n=\{A,B,C\}$,则 $A(x-x_0)+B(y-y_0)+C(z-z_0)=0$ 为平面的点法式方程.

2. 平面的一般式方程

$$Ax+By+Cz+D=0$$

其中,x,y,z 的系数 $\{A,B,C\}$ 为平面的法向量.

下面讨论几个特殊位置的平面方程:

(1) 通过原点.

$D=0$,因此通过原点的平面方程为

$$Ax+By+Cz=0$$

(2) 平行于坐标轴.

$A=0$,平行于 x 轴的平面方程为

$$By + Cz + D = 0$$

同理,平行 y 轴、z 轴的平面方程分别为

$$Ax + Cz + D = 0$$
$$Ax + By + D = 0$$

(3) 通过坐标轴.

通过 x 轴、y 轴及 z 轴的平面方程分别为

$$By + Cz = 0, Ax + Cz = 0, Ax + By = 0$$

(4) 垂直于坐标轴.

垂直于 x 轴的平面有 $B = C = 0$,其方程为

$$Ax + D = 0$$

同理,垂直于 y 轴、z 轴的平面方程分别为

$$By + D = 0, Cz + D = 0$$

3. 平面的截距式方程

平面与 x 轴、y 轴、z 轴的交点依次为 $P_1(a,0,0), P_2(0,b,0), P_3(0,0,c)$;$\dfrac{x}{a} + \dfrac{y}{b} + \dfrac{z}{c} = 1$ 为平面的截距式方程;a, b, c 依次称为平面在 x, y, z 轴上的截距.

4. 两平面的法向量的夹角(锐角)

两平面的法向量的夹角(锐角)称为两平面的夹角.

设平面 α 的法向量为

$$\boldsymbol{n}_1 = \{A_1, B_1, C_1\}$$

平面 β 的法向量为

$$\boldsymbol{n}_2 = \{A_2, B_2, C_2\}$$

则 α 与 β 的夹角 θ 的余弦为

$$\cos\theta = \frac{|\boldsymbol{n}_1 \cdot \boldsymbol{n}_2|}{|\boldsymbol{n}_1||\boldsymbol{n}_2|} = \frac{|A_1 A_2 + B_1 B_2 + C_1 C_2|}{\sqrt{A_1^2 + B_1^2 + C_1^2}\sqrt{A_2^2 + B_2^2 + C_2^2}}$$

$$\alpha \perp \beta \Leftrightarrow A_1 A_2 + B_1 B_2 + C_1 C_2 = 0$$

$$\alpha // \beta (\text{包括重合}) \Leftrightarrow \frac{A_1}{A_2} = \frac{B_1}{B_2} = \frac{C_1}{C_2}$$

9.3.3 典型题解

例 1 求过点 $M_1(2, -1, 4), M_2(-1, 3, -2), M_3(0, 2, 3)$ 的平面方程.

解 先找出这个平面的法向量 $\boldsymbol{n}$,由于向量 $\boldsymbol{n}$ 与向量 $\overrightarrow{M_1M_2}, \overrightarrow{M_1M_2}$ 都垂直,而 $\overrightarrow{M_1M_2} = (-3, 4, -6), \overrightarrow{M_1M_3} = (-2, 3, -1)$,所以取它们的向量积为 $\boldsymbol{n}$,即

$$\boldsymbol{n} = \overrightarrow{M_1M_2} \times \overrightarrow{M_1M_2} = \begin{vmatrix} \boldsymbol{i} & \boldsymbol{j} & \boldsymbol{k} \\ -3 & 4 & -6 \\ -2 & 3 & -1 \end{vmatrix} = 14\boldsymbol{i} + 9\boldsymbol{j} - \boldsymbol{k}$$

由点法式方程得所求平面方程为

$$14(x-2)+9(y+1)-(z-4)=0$$
$$14x+9y-z-15=0$$

例 2 求通过 x 轴和点 $(4,-3,-1)$ 的平面方程.

解 由于平面通过 x 轴,则 $A=0$,它必通过原点,于是 $D=0$,因此可设这个平面方程为
$$By+Cz=0$$
又因平面通过点 $(4,-3,-1)$,所以有
$$-3B-C=0$$
$$C=-3B$$
代入所设方程并除以 $B(B\neq 0)$,则所求方程为
$$y-3z=0$$

例 3 设一平面与 x 轴、y 轴、z 轴的交点依次为 $P(a,0,0),Q(0,b,0),R(0,0,c)$,求平面方程.

解 设所求方程为
$$Ax+By+Cz+D=0$$
因点 $P(a,0,0),Q(0,b,0),R(0,0,c)$ 都在这个平面上,所以 P,Q,R 的坐标都满足方程,即
$$\begin{cases} aA+D=0 \\ bB+D=0 \\ cC+C=0 \end{cases}$$
解得
$$A=-\frac{D}{a}, B=-\frac{D}{b}, C=\frac{D}{c}$$
代入所设方程并除以 $D(D\neq 0)$,则所求方程为
$$\frac{x}{a}+\frac{y}{b}+\frac{z}{c}=1$$

例 4 求两平面 $x-y+2z-6=0$ 和 $2x+y+z-5=0$ 的夹角.

解
$$\cos\theta=\frac{|1\times 2+(-1)\times 1+2\times 1|}{\sqrt{1^2+(-1)^2+2^2}\sqrt{2^2+1^2+1^2}}=\frac{1}{2}$$
因此,所求夹角 $\theta=\frac{\pi}{3}$.

例 5 一平面通过点 $M_1(1,1,1),M_2(0,1,-1)$,且垂直于平面 $x+y+z=0$.求该平面方程.

解 设所求平面的一个法线向量为
$$\boldsymbol{n}=(A,B,C)$$
因为 $\overrightarrow{M_1M_2}=(-1,0,-2)$ 在所求平面上,它必与 $\boldsymbol{n}$ 垂直,所以有
$$-A-2C=0$$
又因为所求平面垂直于已知平面 $x+y+z=0$,所以又有
$$A+B+C=0$$

由以上两式可得
$$A = -2C$$
$$B = C$$
由平面的点法式方程可知,所求平面方程为
$$A(x-1) + B(y-1) + C(z-1) = 0$$
将 $A = -2C, B = C$ 代入上式,并约去 $C(C \neq 0)$,得
$$-2(x-1) + (y-1) + (z-1) = 0$$
或
$$2x - y - z = 0$$
为所求平面方程.

例 6 求与平面 $5x - 14y + 2z + 36 = 0$ 平行且距离为 3 的平面方程.

解 设 $M(x,y,z)$ 是所求平面上任意一点,则依题意有
$$\frac{|5x - 14y + 2z + 36|}{\sqrt{5^2 + (-14)^2 + 2^2}} = 3$$
即有
$$|5x - 14y + 2z + 36| = 45$$
所求平面方程为
$$5x - 14y + 2z - 9 = 0$$
或
$$5x - 14y + 2z + 81 = 0$$

例 7 已知点 $M_1(2,1,5), M_2(0,4,1)$ 和 $M_3(3,4,-7)$,求过点 $M_0(2,-6,3)$ 且与 $\triangle M_1M_2M_3$ 所在平面平行的平面方程.

解
$$\overrightarrow{M_1M_2} = \{-2, 3, -6\}, \overrightarrow{M_1M_3} = \{1, 3, -12\}$$
$$\boldsymbol{n}_1 = \overrightarrow{M_1M_2} \times \overrightarrow{M_1M_3} = (-3)\{6, 10, 3\}$$
取所求平面的法向量 $\boldsymbol{n} = \{6, 10, 3\}$,所求平面方程为
$$6(x-2) + 10(y+6) + 3(z-3) = 0$$
即
$$6x + 10y + 3z + 39 = 0$$

9.4 空间直线及其方程

9.4.1 基本要求

(1) 掌握两直线方程的求法.
(2) 会求直线与直线的夹角,直线与平面的夹角.

9.4.2 知识考点概述

1. 空间直线的一般方程

空间直线 L 可以看作是两个平面 α 与 β 的交线,即
$$\begin{cases} \alpha: A_1 x + B_1 y + C_1 z + D_1 = 0 \\ \beta: A_2 x + B_2 y + C_2 z + D_2 = 0 \end{cases}$$

2. 空间直线的对称式(点向式)方程

如果一个非零向量平行于一条已知直线,这个向量就称为这条直线的方向向量,记作 $a=\{m,n,k\}$.

已知直线 L,过点 $P_0(x_0,y_0,z_0)$ 及其方向向量 $\{m,n,k\}$,则

$$\frac{x-x_0}{m}=\frac{y-y_0}{n}=\frac{z-z_0}{k}$$

为直线的对称式(点向式)方程.

当 m,n,k 中有一个为 0 时,如果 $m=0$,则上式可理解为

$$x-x_0=0 \text{ 且 } \frac{y-y_0}{n}=\frac{z-z_0}{k}$$

3. 空间直线的参数方程

令

$$\frac{x-x_0}{m}=\frac{y-y_0}{n}=\frac{z-z_0}{k}=t$$

有

$$\begin{cases} x=x_0+mt \\ y=y_0+nt \\ z=z_0+kt \end{cases}$$

为直线的参数方程.

4. 直线的夹角

两直线的方向向量的夹角(指锐角或直角)称为两直线的夹角.

设直线 L_1: $\dfrac{x-x_1}{m_1}=\dfrac{y-y_1}{n_1}=\dfrac{z-z_1}{k_1}$

直线 L_2: $\dfrac{x-x_2}{m_2}=\dfrac{y-y_2}{n_2}=\dfrac{z-z_2}{k_2}$

L_1 与 L_2 的夹角余弦为

$$\cos\theta=\frac{|m_1m_2+n_1n_2+k_1k_2|}{\sqrt{m_1^2+n_1^2+k_1^2}\sqrt{m_2^2+n_2^2+k_2^2}}$$

5. L_1 与 L_2 互相垂直的充分必要条件

$$m_1m_2+n_1n_2+k_1k_2=0$$

6. L_1 与 L_2 互相平行或重合的充分必要条件

$$\frac{m_1}{m_2}=\frac{n_1}{n_2}=\frac{k_1}{k_2}$$

7. 直线与平面的夹角

当直线与平面不垂直时,直线和它在平面上的投影直线的夹角 $\varphi\left(0\leqslant\varphi\leqslant\dfrac{\pi}{2}\right)$ 称为直线与平面的夹角.

设直线的方向向量为 $a=\{m,n,k\}$,平面的法线向量为 $n=\{A,B,C\}$,直线与平面的夹角为 θ,则

$$\theta=\left|\frac{\pi}{2}-\langle a,n\rangle\right|$$

因此

$$\sin\theta=|\cos\langle a,n\rangle|$$

所以
$$\sin\theta = |\cos\langle \boldsymbol{a}, \boldsymbol{n}\rangle| = \frac{|Am+Bn+Ck|}{\sqrt{A^2+B^2+C^2}\sqrt{m^2+n^2+k^2}}$$

8. 直线与平面垂直的充分必要条件
$$\frac{m}{A} = \frac{n}{B} = \frac{k}{C}$$

9. 直线与平面平行的充分必要条件
$$mA + nB + kC = 0$$

9.4.3 典型题解

例1 用对称式方程及参数方程表示直线
$$\begin{cases} x+y+z+1=0 \\ 2x-y+3z+4=0 \end{cases}$$

解 将 $x_0 = 1$ 代入方程组，解得
$$\begin{cases} y+z=-2 \\ y-3z=6 \end{cases}$$

得 $y_0 = 0, z_0 = -2$

即 $(1, 0, -2)$ 是直线上一点.

由于两平面的交线与两平面的法向量 $\boldsymbol{n}_1 = (1,1,1), \boldsymbol{n}_2 = (2,-1,3)$ 都垂直，所以可取

$$\boldsymbol{s} = \boldsymbol{n}_1 \times \boldsymbol{n}_2 = \begin{vmatrix} \boldsymbol{i} & \boldsymbol{j} & \boldsymbol{k} \\ 1 & 1 & 1 \\ 2 & -1 & 3 \end{vmatrix} = 4\boldsymbol{i} - \boldsymbol{j} - 3\boldsymbol{k}$$

因此，所给直线的对称式方程为
$$\frac{x-1}{4} = \frac{y}{-1} = \frac{z+2}{-3}$$

令
$$\frac{x-1}{4} = \frac{y}{-1} = \frac{z+2}{-3} = t$$

所给直线的参数方程为
$$\begin{cases} x = 1+4t \\ y = -t \\ z = -2-3t \end{cases}$$

例2 求直线 $L_1: \frac{x-1}{1} = \frac{y}{-4} = \frac{z+3}{1}$ 和 $L_2: \frac{x}{2} = \frac{y+2}{-2} = \frac{z}{-1}$ 的夹角.

解 直线 L_1 的方向向量为 $\boldsymbol{S}_1 = (1, -4, 1)$，直线 L_2 的方向向量为 $\boldsymbol{S}_2 = (2, -2, -1)$. 设直线 L_1 和 L_2 的夹角为 φ，有

$$\cos\varphi = \frac{|1\times2 + (-4)\times(-2) + 1\times(-1)|}{\sqrt{1^2+(-4)^2+1^2}\sqrt{2^2+(-2)^2+(-1)^2}} = \frac{1}{\sqrt{2}}$$

所以
$$\varphi = \frac{\pi}{4}$$

例 3 求过点 $(1,-2,4)$ 且与已知平面 $2x-3y+z-4=0$ 垂直的直线方程.

解 因为所求直线垂直于已知平面,所以可以取已知平面的法线向量 $(2,-3,1)$ 作为所求直线的方向向量,由此可得所求直线的方程为

$$\frac{x-1}{2}=\frac{y+2}{-3}=\frac{z-4}{1}$$

例 4 求与两平面 $x-4z=3$ 和 $2x-y-5z=1$ 的交线平行且过点 $(-3,2,5)$ 的直线的方程.

解 因为所求直线与两平面的交线平行,也就是直线的方向向量 s,一定同时与两平面的法线向量 n_1,n_2 垂直,所以取

$$s=n_1\times n_2=\begin{vmatrix} i & j & k \\ 1 & 0 & -4 \\ 2 & -1 & -5 \end{vmatrix}=-(4i+3j+k)$$

因此所求直线的方程为

$$\frac{x+3}{4}=\frac{y-2}{3}=\frac{z-5}{1}$$

例 5 求直线 $\frac{x-2}{1}=\frac{y-3}{1}=\frac{z-4}{2}$ 与平面 $2x+y+z-6=0$ 的交点.

解 所给直线的参数方程为

$$x=2+t,y=3+t,z=4+2t$$

代入平面方程中,得

$$2(2+t)+(3+t)+(4+2t)-6=0$$

解得 $t=-1$,即

$$x=1,y=2,z=2$$

所求交点的坐标为 $(1,2,2)$.

例 6 求过点 $(2,1,3)$ 且与直线 $\frac{x+1}{3}=\frac{y-1}{2}=\frac{z}{-1}$ 垂直相交的直线方程.

解 先作一平面过点 $(2,1,3)$ 且垂直于已知直线,那么这个平面的方程应为

$$3(x-2)+2(y-1)-(z-3)=0$$

再求已知直线与这个平面的交点,已知直线的参数方程为

$$x=-1+3t,y=1+2t,z=-t$$

代入求得 $t=\frac{3}{7}$,从而求得交点为 $\left(\frac{2}{7},\frac{13}{7},-\frac{3}{7}\right)$,以点 $(2,1,3)$ 为起点、点 $\left(\frac{2}{7},\frac{13}{7},-\frac{3}{7}\right)$ 为终点的向量

$$\left(\frac{2}{7}-2,\frac{13}{7}-1,-\frac{3}{7}-3\right)=-\frac{6}{7}(2,-1,4)$$

是所求直线的一个方向向量,故所求直线方程为

$$\frac{x-2}{2}=\frac{y-1}{-1}=\frac{z-3}{4}$$

例 7　求直线 $\begin{cases} x+y-z-1=0 \\ x-y+z+1=0 \end{cases}$ 在平面 $x+y+z=0$ 上的投影直线的方程.

解　过直线 $\begin{cases} x+y-z-1=0 \\ x-y+z+1=0 \end{cases}$ 的平面方程为

$$(x+y-z-1)+\lambda(x-y+z+1)=0$$

即

$$(1+\lambda)x+(1-\lambda)y+(-1+\lambda)z+(-1+\lambda)=0$$

其中 λ 为待定常数,这个平面与平面 $x+y+z=0$ 垂直的条件是

$$(1+\lambda)\cdot 1+(1-\lambda)\cdot 1+(-1+\lambda)\cdot 1=0$$

即

$$\lambda+1=0, \lambda=-1$$

代入得投影平面的方程为

$$2y-2z-2=0$$

即

$$y-z-1=0$$

所以投影直线的方程为

$$\begin{cases} y-z-1=0 \\ x+y+z=0 \end{cases}$$

例 8　设直线 $L: \dfrac{x-1}{2}=\dfrac{y}{-1}=\dfrac{z+1}{2}$ 与平面 $\pi: x+2z-y=3$,求直线 L 与平面 π 所交角的锐角 θ.

解　直线的方向向量为 $\boldsymbol{s}=\{2,-1,2\}$,平面的法向量为 $\boldsymbol{n}=\{1,-1,2\}$,则

$$\sin\theta=|\cos(\boldsymbol{n},\boldsymbol{s})|=\left|\dfrac{2\cdot 1+(-1)\cdot(-1)+2\cdot 2}{\sqrt{2^2+1^2+2^2}\cdot\sqrt{1+1+2^2}}\right|=\dfrac{7\sqrt{6}}{18}$$

所以

$$\theta=\arcsin\dfrac{7\sqrt{6}}{18}$$

例 9　已知两直线方程 $L_1: \dfrac{x-1}{1}=\dfrac{y-2}{0}=\dfrac{z-3}{-1}$,$L_2: \dfrac{x+2}{2}=\dfrac{y-1}{1}=\dfrac{z}{1}$,求过 L_1 且平行 L_2 的平面方程.

解　L_1 上的点 $(1,2,3)$ 在所求平面上,所求平面的法线向量 $\boldsymbol{n}\perp\boldsymbol{s}_1, \boldsymbol{n}\perp\boldsymbol{s}_2$($\boldsymbol{s}_1, \boldsymbol{s}_2$ 分别是 L_1, L_2 的方向向量),故可取

$$\boldsymbol{n}=\boldsymbol{s}_1\times\boldsymbol{s}_2=\begin{vmatrix} \boldsymbol{i} & \boldsymbol{j} & \boldsymbol{k} \\ 1 & 0 & -1 \\ 2 & 1 & 1 \end{vmatrix}=\{1,-3,1\}$$

所求平面方程为

$$1\cdot(x-1)-3\cdot(y-2)+1\cdot(z-3)=0$$

即

$$x - 3y + z + 2 = 0$$

9.5 曲面、空间曲线及其方程

9.5.1 基本要求

(1) 理解曲面方程的概念,了解常用二次曲面方程及其图形,了解以坐标轴为旋转轴的旋转曲面及母线平行于坐标轴的柱面方程.

(2) 了解空间曲线方程的概念及常见类型.

(3) 了解空间曲线在坐标平面上的投影.

9.5.2 知识考点概述

一般地,$F(x,y,z)=0$ 表示一曲面,当 $F(x,y,z)=0$ 是三元二次方程时,表示的曲面称为二次曲面.

1. 旋转曲面的概念

一条平面曲线绕其平面上的一条定直线旋转一周所围成的曲面称为旋转曲面,平面曲线称为旋转曲面的母线,定直线称为轴.

2. 旋转曲面方程

设在 yOz 坐标面上有一条已知曲线 L,其方程为 $f(y,z)=0$. 把这个曲线绕 Oz 轴旋转一周,得到一个以 z 轴为轴的旋转曲面,即

$$f(\pm\sqrt{x^2+y^2},z)=0$$

这就是所求旋转曲面的方程.

同理,曲线 L 绕 y 轴旋转一周,所围成的旋转曲面方程为

$$f(y,\pm\sqrt{x^2+z^2})=0$$

3. 二次曲面

(1) 椭圆锥面(图 3).

$$\frac{x^2}{a^2}+\frac{y^2}{b^2}=z^2$$

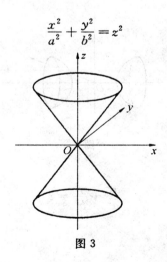

图 3

(2) 椭球面(图 4).
$$\frac{x^2}{a^2}+\frac{y^2}{b^2}+\frac{z^2}{c^2}=1$$

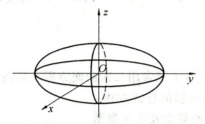

图 4

(3) 单叶双曲面(图 5).
$$\frac{x^2}{a^2}+\frac{y^2}{b^2}-\frac{z^2}{c^2}=1$$

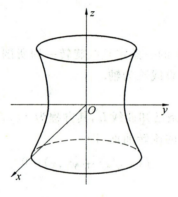

图 5

(4) 双叶双曲面(图 6).
$$\frac{x^2}{a^2}-\frac{y^2}{b^2}-\frac{z^2}{c^2}=1$$

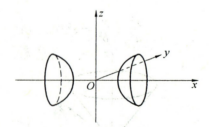

图 6

(5) 椭圆抛物面(图 7).
$$\frac{x^2}{a^2}+\frac{y^2}{b^2}=z$$

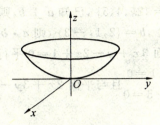

图 7

(6) 双曲抛物面,也称鞍面(图8).

$$\frac{x^2}{a^2} - \frac{y^2}{b^2} = z$$

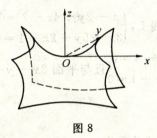

图 8

4. 空间曲线方程

(1) 空间曲线可以看作两个曲面的交线

$$\begin{cases} F(x,y,z)=0 \\ G(x,y,z)=0 \end{cases}$$

称为空间曲线的一般方程.

(2) 空间曲线的参数方程.

$$\begin{cases} x=x(t) \\ y=y(t) \\ z=z(t) \end{cases}$$

5. 空间曲线在坐标面上的投影曲线

设曲线 C 由方程 $\begin{cases} F(x,y,z)=0 \\ G(x,y,z)=0 \end{cases}$ 给出. 从中消去变量 z,得方程 $H(x,y)=0$,所以曲线 C 在 xOy 面上的投影曲线 C' 的方程为

$$\begin{cases} H(x,y)=0 \\ z=0 \end{cases}$$

同理可得在 xOy 及 zOx 面上的投影曲线方程.

单元测试题

一、填空题

1. 向量 $a=\{k,-1,2\}$, $b=\{2,k,-3\}$,已知 $a \perp b$,则 $k=$ _____.

2. 向量 $a=\{3,k,-1\}$，$b=\{2k,4,5\}$，已知 $a \perp b$，则 $k=$ _____．

3. 已知向量 $a=\{4,-1,2\}$，$b=\{2,1,-3\}$，则 $a \cdot b=$ _____．

4. 过点 $(1,-2,3)$ 且与平面 $3x+y-2z+1=0$ 平行的平面方程为 _____．

5. 过直线 $L:\begin{cases} x+y-z-1=0 \\ 2x-y+z+3=0 \end{cases}$ 且与平面 $2x+3y-2z+1=0$ 垂直的平面方程为 _____．

6. 平行于 x 轴，且通过点 $P(3,-1,2)$ 及点 $Q(0,1,0)$ 的平面方程是 _____．

7. 点 $M(1,2,1)$ 到平面 $x+2y+2z-10=0$ 的距离是 _____．

8. 过球面 $x^2+y^2+z^2-6x+2y=15$ 上一点 $P(3,3,3)$ 的球面切平面方程是 _____．

9. 过点 $(2,0,-3)$ 且与直线 $L:\begin{cases} x-2y+4z-7=0 \\ 3x+5y-2z+1=0 \end{cases}$ 垂直的平面方程为 _____．

10. 过直线 $L:\begin{cases} 2x-y+z-4=0 \\ x+2y-3z+1=0 \end{cases}$ 且与平面 $3x+y-2z+5=0$ 垂直的平面方程为 _____．

二、选择题

1. 若 $a \cdot b=0$，则向量 a,b 的关系为（　　）．
   A. 平行　　　　B. 垂直　　　　C. 异面　　　　D. 无关

2. 若 $a \times b=0$，则向量 a,b 的关系为（　　）．
   A. 平行　　　　B. 垂直　　　　C. 异面　　　　D. 无关

3. 平面 $x-2y+2z+6=0$ 与平面 $x-2y+2z+12=0$ 的距离为（　　）．
   A. 1　　　　　B. 2　　　　　C. 3　　　　　D. 6

4. 直线 $\dfrac{x+3}{-2}=\dfrac{y+4}{-7}=\dfrac{z}{3}$ 与平面 $4x-2y-2z=3$ 的关系是（　　）．
   A. 平行，但直线不在平面上　　　　B. 直线在平面上
   C. 垂直相交　　　　　　　　　　　D. 相交但不垂直

三、计算题

1. 设 $u=a-b+2c$，$v=-a+3b-c$．试用 a,b,c 表示 $2u-3v$．

2. 已知 $\triangle ABC$ 的两顶点为 $A(-4,-1,-2)$，$B(3,5,-16)$，并知 AC 的中点在 y 轴上，BC 的中点在 xOz 平面上，求第三个顶点 C 的坐标．

3. 设 $a=i+j$，$b=-2j+k$，求以向量为边的平行四边形的对角线的长度．

4. 设向量 $(2a+5b)$ 与 $(a-b)$ 垂直，$(2a+3b)$ 与 $(a-5b)$ 垂直，试求 $\langle a,b \rangle$．

5. 分别按下列条件求平面方程：
   (1) 过点 $M(2,-3,3)$ 且平行于 xOy 面．
   (2) 通过 z 轴及点 $N(3,-4,7)$．

6. 求过点 $(2,0,-3)$ 且与直线 $\begin{cases} x-2y+4z-7=0 \\ 3x+5y-2z+1=0 \end{cases}$ 垂直的平面方程．

7. 一平面过两点 $M_1(1,1,1)$，$M_2(0,1,-1)$，且垂直于平面 $x+y+z=0$，求它的方程．

8. 已知直线 $\dfrac{x}{1}=\dfrac{y+7}{2}=\dfrac{z-3}{1}$，求：

(1) 与 $M(3,2,6)$ 距离最近的点.

(2) 与点 $N(0,-1,-2)$ 距离为 9 的点.

9. 求曲面 $\dfrac{x^2}{16}+\dfrac{y^2}{9}-\dfrac{z^2}{4}=1$ 与直线 $\dfrac{x}{4}=\dfrac{y}{-3}=\dfrac{z+2}{4}$ 的交点.

10. 求直线 $\dfrac{x+3}{2}=\dfrac{y-1}{-2}=\dfrac{z}{1}$ 和平面 $4x-y-z+4=0$ 的夹角和交点.

单元测试题答案

一、填空题

1. 6 2. $\dfrac{1}{2}$ 3. 1 4. $3x+y-2z+5=0$ 5. $15x-6y+6z+20=0$ 6. $y+z=1$
7. 1 8. $4y+3z=21$ 9. $-16x+14y+11z+65=0$ 10. $19x-17y+20z-47=0$

二、选择题

1. B 2. A 3. B 4. A

三、计算题

1. $2u-3v=5a-11b+7c$

2. 设 C 点为 (x,y,z)，则由 AC 的中点在 y 轴上知 $\dfrac{x-4}{2}=\dfrac{z-2}{2}=0$，由 BC 的中点在 xOz 平面上知 $\dfrac{y-5}{2}=0$，故 $C(4,-5,2)$.

3. 平行四边形的对角线为 $a+b$ 及 $a-b$，由 $a+b=i-j+k=\{1,-1,1\}$，$|a+b|=\sqrt{3}$，$a-b=i+3j-k=\{1,3,-1\}$，$|a-b|=\sqrt{11}$.

4. $\begin{cases}(2a+5b)\cdot(a-b)=0\\(2a+3b)\cdot(a-5b)=0\end{cases}$，即有 $\begin{cases}2|a|^2+3a\cdot b-5|b|^2=0\\2|a|^2-7a\cdot b-15|b|^2=0\end{cases}$，所以 $a\cdot b=-|b|^2$，$|a|=2|b|$，$\cos\langle a,b\rangle=\dfrac{a\cdot b}{|a|\cdot|b|}=-\dfrac{1}{2}$，故 $\langle a,b\rangle=\dfrac{2\pi}{3}$.

5. (1) 设所求平面方程为 $Cz+D=0$，由点 M 在平面上，得 $3C+D=0$，所求平面方程为 $z-3=0$.

(2) 设所求平面方程为 $Ax+By=0$，由点 N 在平面上得 $3A-4B=0$，所求平面方程为 $4x+3y=0$.

6. 已知直线的一个方向向量为

$$s=n_1\times n_2=\{1,-2,4\}\times\{3,5,-2\}=\begin{vmatrix}i & j & k\\1 & -2 & 4\\3 & 5 & -2\end{vmatrix}=\{-16,14,11\}$$

可取所求平面的一个法线向量 $n=s$，则所求平面方程为

$$-16(x-2)+14y+11(z+3)=0$$

即
$$16x - 14y - 11z - 65 = 0$$

7. 设所求平面方程为 $A(x-1) + B(y-1) + C(z-1) = 0$，记 $\boldsymbol{n} = \{A,B,C\}$，$\overrightarrow{M_1M_2} = \{-1,0,-2\}$，由 $\boldsymbol{n} \perp \overrightarrow{M_1M_2}$，又 $\boldsymbol{n} \perp \boldsymbol{n}_1 = \{1,1,1\}$，故取 $\boldsymbol{n} = \overrightarrow{M_1M_2} \times \boldsymbol{n}_1 = \{2,-1,-1\}$，所求平面为 $2x - y - z = 0$

8. (1) 令 $\dfrac{x}{1} = \dfrac{y+7}{2} = \dfrac{z-3}{1} = t$，于是可设所求的点为 $M_1(x,y,z) = (t, 2t-7, t+3)$，$\overrightarrow{MM_1} = \{t-3, 2t-7-2, t+3-6\} = \{t-3, 2t-9, t-3\}$，由于 $\overrightarrow{MM_1}$ 垂直已知直线，故 $1(t-3) + 2(2t-9) + (t-3) = 0, t = 4$，所求点为 $(4,1,7)$

(2) 同上，设所求点 $M_2(t, 2t-7, t+3)$，则 $(t-0)^2 + (2t-7+1)^2 + (t+3+2)^2 = 9^2$，即 $3t^2 - 7t - 10 = 0$，解此方程得 $t_1 = \dfrac{10}{3}, t_2 = -1$，所求点为 $\left(\dfrac{10}{3}, -\dfrac{1}{3}, \dfrac{19}{3}\right)$ 或 $(-1, -9, 2)$

9. 令 $\dfrac{x}{4} = \dfrac{y}{-3} = \dfrac{z+2}{4} = t$，得 $x = 4t, y = -3t, z = -2+4t$，带入曲面方程有 $\dfrac{(4t)^2}{16} + \dfrac{(-3t)^2}{9} - \dfrac{(-2+4t)^2}{4} = 1$，化简得 $t^2 - 2t + 1 = 0$，解得 $t = 1$，故所求交点为 $(4, -3, 2)$

10. 直线的方向向量为 $\boldsymbol{s} = \{2, -2, 1\}$，平面的法向量为 $\boldsymbol{n} = \{4, -1, -1\}$，设直线与平面的夹角为 θ，则
$$\sin \theta = \dfrac{|8 + 2 + (-1)|}{\sqrt{4+4+1}\sqrt{16+1+1}} = \dfrac{\sqrt{2}}{2}$$
所以夹角为 $\dfrac{\pi}{4}$，令 $\dfrac{x+3}{2} = \dfrac{y-1}{-2} = \dfrac{z}{1} = t$，则 $x = 2t-3, y = 1-2t, z = t$，代入平面方程得 $t = 1$，所以交点为 $(-1, -1, 1)$

第10章 多元函数微分法及其应用

10.1 多元函数的概念及偏导数

10.1.1 基本要求

(1) 理解平面点集的基本概念.
(2) 理解多元函数的定义.
(3) 掌握二重极限的定义.
(4) 掌握多元函数连续的定义.
(5) 掌握多元函数连续的性质.
(6) 理解偏导数的定义.
(7) 掌握高阶偏导数及求导次序的无关性.

10.1.2 知识考点概述

1. 平面点集的基本概念

(1) 平面邻域:记作 $U(P_0,\delta)$(简记为 $U(P_0)$)

$$U(P_0,\delta)=\{(x,y)\mid\sqrt{(x-x_0)^2+(y-y_0)^2}<\delta\}$$

去心邻域:记作 $\mathring{U}(P_0,\delta)$(简记为 $\mathring{U}(P_0)$)

$$\mathring{U}(P_0,\delta)=\{(x,y)\mid 0<\sqrt{(x-x_0)^2+(y-y_0)^2}<\delta\}$$

在几何上,$U(P_0,\delta)$ 就是在 xOy 平面上,以点 $P_0(x_0,y_0)$ 为中心、$\delta>0$ 为半径的圆的内部所有点.

(2) 内点. 如果存在点 P 的某个邻域 $U(P)$,使得 $U(P)\subset E$,则称 P 为点集 E 的内点.

(3) 边界点. 如果点 P 的任一邻域内,既含有属于 E 的点,又含有不属于 E 的点,则称 P 为 E 的边界点. E 的边界点的全体,称为 E 的边界,记作 ∂E.

注意:E 的边界点可能属于 E,也可能不属于 E.

(4) 开集. 如果点集 E 的点都是 E 的内点,则称 E 为开集.

(5) 闭集. 如果点集 E 的边界 $\partial E \subset E$, 则称 E 为闭集.

(6) 连通集. 如果点集 E 内任意两点都可以用属于 E 的折线连接起来, 则称 E 为连通集.

(7) 区域(或开区域). 连通的开集称为区域或开区域.

(8) 闭区域. 开区域连同它的边界一起构成的点集称为闭区域.

(9) 有界集. 点集 E, 如果存在某一正数 γ, 使得 $E \subset U(\gamma)$, 其中 O 是坐标原点, 则称 E 为有界集, 否则为无界集.

2. 多元函数的定义

如果当两个独立变量 x 和 y 在其给定的集合 D 中, 任取一组值时, 第三个变量 z 就根据某一确定的法则 f, 有确定的值与其对应, 那么变量 z 称为变量 x 与 y 的二元函数, 记作
$$z = f(x, y)$$
类似地可以定义三元函数、四元函数乃至 n 元函数.

二元函数 $z = f(x, y)$ 的几何表示: 它通常代表一张曲面.

3. 二元函数极限

(1) 定义.

如果当点 (x, y) 以任意方式趋向点 (x_0, y_0) 时, 函数 $f(x, y)$ 总是趋向一个确定的常数 A, 那么就称 A 是二元函数 $f(x, y)$. 当 $(x, y) \to (x_0, y_0)$ 时的极限, 这种极限通常称为二重极限, 记作 $\lim\limits_{(x,y) \to (x_0,y_0)} f(x, y) = A$ 或 $\lim\limits_{\substack{x \to x_0 \\ y \to y_0}} f(x, y) = A$, 也可记作当 $(x, y) \to (x_0, y_0)$ 时, $f(x, y) \to A$.

注 判断二元函数无极限: 如果当 (x, y) 以不同的方式趋于 (x_0, y_0) 时, 函数 $f(x, y)$ 趋于不同的数, 则可以断定 $f(x, y)$ 没有极限.

(2) 二重极限的运算法则.

如果当 $(x, y) \to (x_0, y_0)$ 时, $f(x, y) \to A, g(x, y) \to B$, 则

① $f(x, y) \pm g(x, y) \to A \pm B$;

② $kf(x, y) \to kA, k$ 为常数;

③ $f(x, y) \cdot g(x, y) \to A \cdot B$;

④ $B \neq 0, \dfrac{f(x, y)}{g(x, y)} \to \dfrac{A}{B}$.

4. 二元函数连续

(1) 定义.

如果函数 $z = f(x, y)$ 满足 $\lim\limits_{(x,y) \to (x_0,y_0)} f(x, y) = f(x_0, y_0)$, 称 $f(x, y)$ 在 (x_0, y_0) 上连续, 如果函数 $z = f(x, y)$ 在区域 D 的每一点都连续, 则称函数 $f(x, y)$ 在区域 D 连续.

多元连续函数的和、差、积仍为连续函数; 连续函数的商在分母不为零处仍连续; 多元连续函数的复合函数也是连续函数.

(2) 性质.

性质 1(有界性与最大值、最小值定理) 在有界闭区域 D 上的多元连续函数必定在 D 上有界, 且能取得它的最大值和最小值.

性质2（介值定理） 在有界闭区域 D 上的多元连续函数必取得介于最小值和最大值之间的任何值.

5. 偏导数

（1）定义.

设二元函数 $z=f(x,y)$ 在区域 D 内有定义，点 $P_0(x_0,y_0)\in D$，如果

$$\lim_{\Delta x \to 0} \frac{f(x_0+\Delta x, y_0)-f(x_0,y_0)}{\Delta x}$$

存在，称此极限为函数 $z=f(x,y)$ 在点 (x_0,y_0) 处对 x 的偏导数，记作

$$\frac{\partial z}{\partial x}\bigg|_{(x_0,y_0)}, \frac{\partial f}{\partial x}\bigg|_{(x_0,y_0)}, z_x\bigg|_{\substack{x=x_0 \\ y=y_0}} \text{ 或 } f_x(x_0,y_0) \text{ 或 } f_x'(x_0,y_0)$$

同理

$$f_y(x_0,y_0)=\lim_{\Delta y \to 0}\frac{f(x_0,y_0+\Delta y)-f(x_0,y_0)}{\Delta y}$$

称为函数 $z=f(x,y)$ 在点 (x_0,y_0) 处对 y 的偏导数.

如果函数 $z=f(x,y)$ 在区域 D 内每一点 (x,y) 处，对 x 的偏导数都存在，那么这个偏导数就是 x,y 的函数，它就称为函数 $z=f(x,y)$ 对自变量 x 的偏导函数，记作

$$\frac{\partial z}{\partial x}, \frac{\partial f}{\partial x}, z_x \text{ 或 } f_x(x,y)$$

类似地，可定义函数 $z=f(x,y)$ 对自变量 y 的偏导函数，记作

$$\frac{\partial z}{\partial y}, \frac{\partial f}{\partial y}, z_y \text{ 或 } f_y(x,y)$$

（2）偏导数的几何意义.

$\dfrac{\partial f(x_0,y_0)}{\partial x}$，即曲面 $z=f(x,y)$ 与平面 $y=y_0$ 的交线在点 $M_0(x_0,y_0,f(x_0,y_0))$ 处的切线对 x 轴的斜率.

$\dfrac{\partial f(x_0,y_0)}{\partial y}$，即曲面 $z=f(x,y)$ 与平面 $x=x_0$ 的交线在点 $M_0(x_0,y_0,f(x_0,y_0))$ 处的切线对 y 轴的斜率.

（3）高阶偏导数.

① 定义及记号. 设 $z=f(x,y)$ 在区域 D 内具有偏导数，即

$$\frac{\partial z}{\partial x}=f_x(x,y), \frac{\partial z}{\partial y}=f_y(x,y)$$

在 D 内 $f_x(x,y), f_y(x,y)$ 都是 x,y 的函数，如果这两个函数的偏导数也存在，则称它们是函数 $z=f(x,y)$ 的二阶偏导数，即

$$\frac{\partial}{\partial x}\left(\frac{\partial z}{\partial x}\right)=\frac{\partial^2 z}{\partial x^2}=f_{xx}(x,y) \tag{1}$$

$$\frac{\partial}{\partial x}\left(\frac{\partial z}{\partial y}\right)=\frac{\partial^2 z}{\partial y \partial x}=f_{yx}(x,y) \tag{2}$$

$$\frac{\partial}{\partial y}\left(\frac{\partial z}{\partial x}\right)=\frac{\partial^2 z}{\partial x \partial y}=f_{xy}(x,y) \tag{3}$$

$$\frac{\partial}{\partial y}\left(\frac{\partial z}{\partial y}\right) = \frac{\partial^2 z}{\partial y^2} = f_{yy}(x,y) \tag{4}$$

其中(2)、(3)两个偏导数称为混合偏导数.同样可得三阶、四阶以至 n 阶偏导数,二阶及二阶以上的偏导数统称为高阶偏导数.

② 求导次序的无关性.如果函数 $z = f(x,y)$ 的两个二阶混合偏导数 $\frac{\partial^2 z}{\partial x \partial y}, \frac{\partial^2 z}{\partial y \partial x}$ 在区域 D 内连续,那么在该区域内这两个混合偏导数必相等.

(4) 在一元函数中,可导一定连续,但连续不一定可导.对于二元函数,若二元函数连续,但偏导不一定存在;反之,二元函数偏导存在,但函数不一定连续.

10.1.3 常用解题技巧

1. 二元函数求极限

① 直接利用极限的四则运算法则.

② 用适当放大缩小法,或变量替换法转化为简单的极限或一元函数的极限.

③ 当 (x,y) 以不同的方式趋于 (x_0,y_0) 时,函数 $f(x,y)$ 趋于不同的数,则可以断定 $f(x,y)$ 没有极限.

(1) 变量替换.

例1 $\lim\limits_{\substack{x \to \infty \\ y \to a}} \left(1 + \frac{1}{xy}\right)^{\frac{x^2}{x+y}} (a \neq 0)$.

解
$$\lim_{\substack{x \to \infty \\ y \to a}} \left(1 + \frac{1}{xy}\right)^{\frac{x^2}{x+y}} = \lim_{\substack{x \to \infty \\ y \to a}} \left(1 + \frac{1}{xy}\right)^{xy \cdot \frac{x^2}{xy(x+y)}}$$

$$\lim_{\substack{x \to \infty \\ y \to a}} \left(1 + \frac{1}{xy}\right)^{xy} \xrightarrow{t = xy} \lim_{t \to \infty} \left(1 + \frac{1}{t}\right)^t = e$$

$$\lim_{\substack{x \to \infty \\ y \to a}} \frac{x^2}{xy(x+y)} = \lim_{\substack{x \to \infty \\ y \to a}} \frac{1}{y\left(1 + \frac{y}{x}\right)} = \frac{1}{a}$$

故
$$\lim_{\substack{x \to \infty \\ y \to a}} \left(1 + \frac{1}{xy}\right)^{\frac{x^2}{x+y}} = e^{\frac{1}{a}}$$

(2) 放缩法.

例2 计算 $\lim\limits_{(x,y) \to (0,0)} \frac{x^2 |y|^{\frac{3}{2}}}{x^4 + y^2}$.

解 $x^4 + y^2 \geqslant 2x^2 |y| \Rightarrow 0 \leqslant \frac{x^2 |y|^{\frac{3}{2}}}{x^4 + y^2} \leqslant \frac{x^2 |y|^{\frac{3}{2}}}{2x^2 |y|} = \frac{1}{2} |y|^{\frac{1}{2}}$

$$\lim_{(x,y) \to (0,0)} \frac{1}{2} |y|^{\frac{1}{2}} = 0$$

故
$$\lim_{(x,y) \to (0,0)} \frac{x^2 |y|^{\frac{3}{2}}}{x^4 + y^2} = 0$$

(3) 线路法.

例 3 证明极限 $\lim\limits_{(x,y)\to(0,0)} \dfrac{x^2+y^2}{x^2+y^2+(x-y)^2}$ 不存在.

证明 分析：先考察 (x,y) 沿不同的直线趋于 $(0,0)$ 时,$f(x,y)$ 的极限若不同,则得证.若相同,再考察 (x,y) 沿其他特殊曲线(可以考虑 $y=mx^n$,m,n 为常数)趋于 $(0,0)$ 时 $f(x,y)$ 的极限.

令 $y=kx$(注：(x,y) 沿不同的直线趋于 $(0,0)$),则

$$\lim_{\substack{y=kx\\x\to 0}} \frac{x^2+y^2}{x^2+y^2+(x-y)^2} = \lim_{\substack{y=kx\\x\to 0}} \frac{x^2+(kx)^2}{x^2+(kx)^2+(x-kx)^2} = \frac{1+k^2}{1+k^2+(1-k)^2}$$

它随 k 而变,因此极限 $\lim\limits_{(x,y)\to(0,0)} \dfrac{x^2+y^2}{x^2+y^2+(x-y)^2}$ 不存在.

2. 分段函数的分段点的偏导数 —— 定义法

例 4 $f(x,y)=\begin{cases}(x^2+y^2)\ln(x^2+y^2),&(x,y)\neq(0,0)\\ 0,&(x,y)=(0,0)\end{cases}$,求 $\dfrac{\partial f(0,0)}{\partial x},\dfrac{\partial f(0,0)}{\partial y}$.

解 按定义有 $\dfrac{\partial f(0,0)}{\partial x}=\lim\limits_{\Delta x\to 0}\dfrac{f(0+\Delta x,0)-f(0,0)}{\Delta x}=\lim\limits_{\Delta x\to 0}\dfrac{\Delta x^2\ln(\Delta x^2)}{\Delta x}=0$. 类似可求 $\dfrac{\partial f(0,0)}{\partial y}=0$.

3. 函数的混合偏导数

函数 $z=f(x,y)$ 的两个二阶混合偏导数 $\dfrac{\partial^2 z}{\partial x\partial y},\dfrac{\partial^2 z}{\partial y\partial x}$ 在区域 D 内连续,那么在该区域内这两个混合偏导数必相等,即 $\dfrac{\partial^2 z}{\partial x\partial y}=\dfrac{\partial^2 z}{\partial y\partial x}$. 求函数的二阶混合偏导只需求一个即可.

对于三阶、四阶等其他高阶混合偏导也有类似的结论.

常用的多元连续函数如下：

(1) 二元初等函数. 二元函数 $z=f(x,y)$,是 x 的初等函数及 y 的初等函数经过有限次的四则运算或有限次的复合运算而得到的函数. 类似地可定义多元初等函数.

(2) 多元初等函数在它的定义区域上是连续的.

(3) 多元初等函数的偏导数仍是初等函数,即多元初等函数的偏导数在它的定义域区域上是连续的.

4. 具体点的偏导数

二元函数 $z=f(x,y)$ 在点 (x_0,y_0) 的偏导数为

$$\frac{\partial z(x_0,y_0)}{\partial x},\frac{\partial z(x_0,y_0)}{\partial y},\frac{\partial^2 z(x_0,y_0)}{\partial x\partial y},\frac{\partial^2 z(x_0,y_0)}{\partial y^2}$$

$$\frac{\partial z(x_0,y_0)}{\partial x}=\frac{\mathrm{d}}{\mathrm{d}x}f(x,y_0)\Big|_{x=x_0}$$

即先代入 $y=y_0$,再求关于 x 的一元函数的导数,然后代入 $x=x_0$.

$\dfrac{\partial z(x_0,y_0)}{\partial y}=\dfrac{\mathrm{d}}{\mathrm{d}y}f(x_0,y)\Big|_{y=y_0}$,即先代入 $x=x_0$,再求关于 y 的一元函数的导数,然后代入 $y=y_0$.

$$\frac{\partial^2 z(x_0,y_0)}{\partial x \partial y} = \frac{\mathrm{d}}{\mathrm{d}y}\left(\left.\frac{\partial f(x,y)}{\partial x}\right|_{x=x_0}\right)\bigg|_{y=y_0},$$ 即先求 $z=f(x,y)$ 关于 x 的偏导数,代入 $x=x_0$,再求关于 y 的一元函数的导数,然后代入 $y=y_0$.

$$\frac{\partial^2 z(x_0,y_0)}{\partial y^2} = \frac{\mathrm{d}^2}{\mathrm{d}y^2}f(x_0,y)\bigg|_{y=y_0},$$ 即先代入 $x=x_0$,再求关于 y 的二阶导数.

5. 多元函数为常数的条件

(1) $z=f(x,y)$ 在区域 D 上满足 $\forall (x,y) \in D, \dfrac{\partial f}{\partial x}=0, \dfrac{\partial f}{\partial y}=0$,则 $z=f(x,y)$ 在区域 D 上为常数.

(2) $z=f(x,y)$ 定义在全平面上,若 $\forall (x,y), \dfrac{\partial f}{\partial x}=0$,则 $z=f(x,y)=\varphi(y)$;若 $\forall (x,y), \dfrac{\partial f}{\partial y}=0$,则 $z=f(x,y)=\psi(x)$.

其中 $\varphi(y), \psi(x)$ 均为任意的一元函数.

6. 利用二元函数的偏导数求二元函数

例 5 设 $z(x,y)$ 满足

$$\begin{cases} \dfrac{\partial z}{\partial x} = -\sin y + \dfrac{1}{1-xy} \\ z(1,y) = \sin y \end{cases}$$

求 $z(x,y)$.

解 把 y 看作任意给定的常数,对偏导等式积分,有

$$z(x,y) = \int \left(-\sin y + \frac{1}{1-xy}\right) \mathrm{d}x = -x\sin y - \frac{1}{y}\ln|1-xy| + \varphi(y)$$

其中 $\varphi(y)$ 为待定函数. 由 $z(1,y)=\sin y$,得

$$-\sin y - \frac{1}{y}\ln|1-y| + \varphi(y) = \sin y$$

得

$$\varphi(y) = 2\sin y + \frac{1}{y}\ln|1-y|$$

因此

$$z(x,y) = (2-x)\sin y + \frac{1}{y}\ln\left|\frac{1-y}{1-xy}\right|$$

10.1.4 典型题解

例 6 求函数 $z = \dfrac{\mathrm{e}^{\frac{1}{\sqrt{x+y}}}}{\sqrt{4-x^2-y^2}}$ 的定义域.

解 按题意有

$$\begin{cases} x+y > 0 \\ 4-x^2-y^2 > 0 \end{cases}$$

得到

$$\begin{cases} x+y > 0 \\ x^2+y^2 < 4 \end{cases}$$

即
$$D=\{(x,y)\mid x+y>0, x^2+y^2<4\}$$

例 7 已知 $f(x,y)=3x+2y$，求 $f(xy,f(x,y))$.

解 $f(xy,f(x,y))=3xy+2f(x,y)=3xy+2(3x+2y)=3xy+6x+4y$

例 8 设 $f(x-y,\ln x)=\left(1-\dfrac{y}{x}\right)\dfrac{\mathrm{e}^x}{\mathrm{e}^y\ln x^x}$，求 $f(x,y)$.

解 令 $u=x-y, v=\ln x(x=\mathrm{e}^v)$，则
$$f(u,v)=\dfrac{x-y}{x}\dfrac{\mathrm{e}^{x-y}}{x\ln x}=\dfrac{u}{\mathrm{e}^v}\dfrac{\mathrm{e}^u}{\mathrm{e}^v v}=\dfrac{u\mathrm{e}^u}{v\mathrm{e}^{2v}}$$

所以
$$f(x,y)=\dfrac{x\mathrm{e}^x}{y\mathrm{e}^{2y}}$$

例 9 设 $z=\sqrt{x}+f(\sqrt{y}-1)$，当 $x=1$ 时，$z=y$. 求函数 $f(u)$ 及 $z=z(x,y)$ 的表达式.

解 令 $\sqrt{y}-1=u$，则 $y=(u+1)^2$，因为当 $x=1$ 时，$z=y$，且由
$$z=\sqrt{x}+f(\sqrt{y}-1)$$
$$f(u)=z-1=y-1=(u+1)^2-1=u^2+2u$$

于是
$$z=\sqrt{x}+y-1$$

例 10 求 $\lim\limits_{\substack{x\to+\infty\\y\to+\infty}}\left(\dfrac{xy}{x^2+y^2}\right)^x$.

解 因为当 $x>0, y>0$ 时，$x^2+y^2\geqslant 2xy$，所以
$$0\leqslant\left(\dfrac{xy}{x^2+y^2}\right)^x\leqslant\left(\dfrac{1}{2}\right)^x$$

而 $\lim\limits_{\substack{x\to+\infty\\y\to+\infty}}\left(\dfrac{1}{2}\right)^x=0$，所以原极限 $=0$.

例 11 求 $\lim\limits_{\substack{x\to 0\\y\to 0}}\dfrac{x^2+y^2}{\sqrt{x^2+y^2+1}-1}$.

解 原式 $=\lim\limits_{\substack{x\to 0\\y\to 0}}\dfrac{(x^2+y^2)(\sqrt{x^2+y^2+1}+1)}{(x^2+y^2+1)-1}=\lim\limits_{\substack{x\to 0\\y\to 0}}(\sqrt{x^2+y^2+1}+1)=2$.

例 12 求极限 $\lim\limits_{\substack{x\to\infty\\y\to k}}\left(1+\dfrac{y}{x}\right)^x$.

解 原式 $=\lim\limits_{\substack{x\to\infty\\y\to k}}\left(\left(1+\dfrac{y}{x}\right)^{\frac{x}{y}}\right)^y=\mathrm{e}^k$.

例 13 试证 $\lim\limits_{\substack{x\to 0\\y\to 0}}\dfrac{x^2y^2}{x^4+y^4}$ 不存在.

证明 因为
$$\lim\limits_{\substack{x\to 0\\y=0}}\dfrac{x^2y^2}{x^4+y^4}=\lim\limits_{x\to 0}\dfrac{0}{x^4}=0$$

而
$$\lim_{\substack{x\to 0\\y=x}}\frac{x^2 y^2}{x^4+y^4}=\lim_{x\to 0}\frac{x^4}{2x^4}=\frac{1}{2}$$

沿不同路径其极限值不同,所以 $\lim\limits_{\substack{x\to 0\\y\to 0}}\dfrac{x^2 y^2}{x^4+y^4}$ 不存在.

例 14 设 $f(x,y)=x+y-\sqrt{x^2+y^2}$,求 $f_x(3,4)$.

解法一 $$f(x,4)=x+4-\sqrt{x^2+16}$$
$$f'_x(x,4)=1-\frac{2x}{2\sqrt{x^2+16}}=1-\frac{x}{\sqrt{x^2+16}},\ f'_x(3,4)=1-\frac{3}{5}=\frac{2}{5}$$

解法二 因为 $$f_x=1-\frac{2x}{2\sqrt{x^2+y^2}}=1-\frac{x}{\sqrt{x^2+y^2}}$$

所以 $$f_x(3,4)=1-\frac{3}{5}=\frac{2}{5}$$

例 15 设 $z=\ln\left(x+\dfrac{y}{2x}\right)$,求 $\dfrac{\partial z}{\partial x}\Big|_{\substack{x=1\\y=0}}$.

解 $$\frac{\partial z}{\partial x}=\frac{1-\dfrac{y}{2x^2}}{x+\dfrac{y}{2x}},\ \frac{\partial z}{\partial x}\Big|_{\substack{x=1\\y=0}}=\frac{1-0}{1+0}=1$$

例 16 求 $z=\left(\dfrac{1}{3}\right)^{-\frac{y}{x}}$ 的偏导数.

解 $$z'_x=\left(\frac{1}{3}\right)^{-\frac{y}{x}}\left(\frac{y}{x^2}\right)\ln\frac{1}{3}=-\frac{y}{x^2}3^{\frac{y}{x}}\ln 3$$
$$z'_y=\left(\frac{1}{3}\right)^{-\frac{y}{x}}\left(-\frac{1}{x}\right)\ln\frac{1}{3}=\frac{1}{x}3^{\frac{y}{x}}\ln 3$$

例 17 设 $z=f\left(\dfrac{y}{x}\right)$,其中函数 $f(u)$ 可导,试证: $x\dfrac{\partial z}{\partial x}+y\dfrac{\partial z}{\partial y}=0$.

证明 $$\frac{\partial z}{\partial x}=f'\left(\frac{y}{x}\right)\left(-\frac{y}{x^2}\right),\ \frac{\partial z}{\partial y}=f'\left(\frac{y}{x}\right)\frac{1}{x}$$

所以 $$x\frac{\partial z}{\partial x}+y\frac{\partial z}{\partial y}=-\frac{y}{x}f'\left(\frac{y}{x}\right)+\frac{y}{x}f'\left(\frac{y}{x}\right)=0$$

例 18 若 $u=\left(\dfrac{x}{y}\right)^z$,求 u_x,u_y,u_z.

解 $u_x=z\left(\dfrac{x}{y}\right)^{z-1}\dfrac{1}{y}=\dfrac{zx^{z-1}}{y^z},\ u_y=z\left(\dfrac{x}{y}\right)^{z-1}\left(-\dfrac{x}{y^2}\right)=-\dfrac{zx^z}{y^{z+1}},\ u_z=\left(\dfrac{x}{y}\right)^z\cdot\ln\left(\dfrac{x}{y}\right)$

例 19 求 $z=\dfrac{1}{2}\ln(x^2+y^2)$ 的二阶偏导数.

解 $$z'_x=\frac{1}{2}\frac{2x}{x^2+y^2}=\frac{x}{x^2+y^2}$$
$$z'_y=\frac{1}{2}\frac{2y}{x^2+y^2}=\frac{y}{x^2+y^2}$$

$$z''_{xx} = \frac{x^2+y^2-2x^2}{(x^2+y^2)^2} = \frac{y^2-x^2}{(x^2+y^2)^2}$$

$$z''_{xy} = \frac{-x(2y)}{(x^2+y^2)^2} = -\frac{2xy}{(x^2+y^2)^2}$$

$$z''_{yy} = \frac{y^2+x^2-2y^2}{(x^2+y^2)^2} = \frac{x^2-y^2}{(x^2+y^2)^2}$$

注 由此函数关于自变量对称性求出 z''_{xx} 后,再将 x 与 y 互换即可.

例 20 设 $f(x,y) = x + (y-1)\arcsin\dfrac{x}{y}$,求 $f_x(x,1)$.

解法一 $f(x,1) = x, f'_x(x,1) = 1$.

解法二 $f'_x(x,y) = 1 + (y-1)\dfrac{1}{\sqrt{1-\dfrac{x^2}{y^2}}} \cdot \dfrac{1}{y}, f'_x(x,1) = 1$

例 21 设 $f(x,y) = \begin{cases} \dfrac{1}{x}\sin(x^2 y), xy \neq 0 \\ x^2, 其他 \end{cases}$,求偏导数 $f_x(0,1)$.

解 $f'_x(0,1) = \lim\limits_{x\to 0}\dfrac{f(x,1)-f(0,1)}{x-0} = \lim\limits_{x\to 0}\dfrac{\dfrac{\sin x^2}{x}-0}{x} = \lim\limits_{x\to 0}\dfrac{\sin x^2}{x^2} = 1$

例 22 设 $f(x,y) = \begin{cases} \dfrac{xy}{\sqrt{x^2+y^2}}, (x,y) \neq (0,0) \\ 0, (x,y) = (0,0) \end{cases}$.

解 当 $(x,y) \neq (0,0)$ 时,有

$$f'_x(x,y) = \frac{y^3}{\sqrt{(x^2+y^2)^3}}, f'_y(x,y) = \frac{x^3}{\sqrt{(x^2+y^2)^3}}$$

当 $(x,y) = (0,0)$,由定义得

$$f'_x(0,0) = \lim_{\Delta x\to 0}\frac{f(0+\Delta x,0)-f(0,0)}{\Delta x} = \lim_{\Delta x\to 0}\frac{0}{\Delta x} = 0$$

$$f'_y(0,0) = \lim_{\Delta y\to 0}\frac{f(0,y+0)-f(0,0)}{\Delta y} = \lim_{\Delta y\to 0}\frac{0}{\Delta y} = 0$$

故

$$f_x(x,y) = \begin{cases} \dfrac{y^3}{\sqrt{(x^2+y^2)^3}}, (x,y) \neq (0,0) \\ 0, (x,y) = (0,0) \end{cases}$$

$$f_y(x,y) = \begin{cases} \dfrac{x^3}{\sqrt{(x^2+y^2)^3}}, (x,y) \neq (0,0) \\ 0, (x,y) = (0,0) \end{cases}$$

10.2 多元复合函数求导法则

10.2.1 基本要求

掌握多元复合函数的求导法则.

10.2.2 知识考点概述

1. 多元复合函数求导的链式法则

(1) 多元函数与一元函数的复合.

设 $x=x(t), y=y(t), z=z(t)$ 在 t 可导，$u=f(x,y,z)$ 在点 (x,y,z) 可导，则 $u=f(x(t),y(t),z(t))$ 在 t 可导，且

$$\frac{du}{dt}=\frac{\partial f}{\partial x}\frac{dx}{dt}+\frac{\partial f}{\partial y}\frac{dy}{dt}+\frac{\partial f}{\partial z}\frac{dz}{dt}$$

这里把 $\dfrac{du}{dt}$ 称为全导数.

(2) 多元函数与多元函数的复合.

函数 $u=u(x,y), v=v(x,y)$ 都在点 (x,y) 具有对 x 及对 y 的偏导数，函数 $z=f(u,v)$ 在对应点 (u,v) 具有连续偏导数，则复合函数 $z=f(u(x,y),v(x,y))$ 在点 (x,y) 处的两个偏导数都存在，且有

$$\frac{\partial z}{\partial x}=\frac{\partial z}{\partial u}\frac{\partial u}{\partial x}+\frac{\partial z}{\partial v}\frac{\partial v}{\partial x}$$

$$\frac{\partial z}{\partial y}=\frac{\partial z}{\partial u}\frac{\partial u}{\partial y}+\frac{\partial z}{\partial v}\frac{\partial v}{\partial y}$$

z 到 x 有两条路线，第一条路线为 $z-u-x$，可写成 $\dfrac{\partial z}{\partial u}\dfrac{\partial u}{\partial x}$，第二条路线为 $z-v-x$，可写成 $\dfrac{\partial z}{\partial v}\dfrac{\partial v}{\partial x}$，于是两条路线相加，即得

$$\frac{\partial z}{\partial x}=\frac{\partial z}{\partial u}\frac{\partial u}{\partial x}+\frac{\partial z}{\partial v}\frac{\partial v}{\partial x}$$

同理

$$\frac{\partial z}{\partial y}=\frac{\partial z}{\partial u}\frac{\partial u}{\partial y}+\frac{\partial z}{\partial v}\frac{\partial v}{\partial y}$$

若 $u=u(x,y), v=v(x,y), \omega=\omega(x,y)$，假设涉及的函数都具有连续各阶偏导数，于是

$$\frac{\partial z}{\partial x}=\frac{\partial z}{\partial u}\frac{\partial u}{\partial x}+\frac{\partial z}{\partial v}\frac{\partial v}{\partial x}+\frac{\partial z}{\partial \omega}\frac{\partial \omega}{\partial x}$$

$$\frac{\partial z}{\partial y}=\frac{\partial z}{\partial u}\frac{\partial u}{\partial y}+\frac{\partial z}{\partial v}\frac{\partial v}{\partial y}+\frac{\partial z}{\partial \omega}\frac{\partial \omega}{\partial y}$$

注 $f'_1(u,v)=f_u(u,v), f'_2(u,v)=f_v(u,v), f''_{11}(u,v)=f_{uu}(u,v), f''_{12}(u,v)=$

$f_{uv}(u,v)$, $f''_{21}(u,v) = f_{vu}(u,v)$, $f''_{22}(u,v) = f_{vv}(u,v)$.

2. 多元复合函数求高阶导

在多元复合函数求导中,函数对中间变量的偏导数仍然是中间变量的函数,即:$z = f(u,v)$, $u = u(x,y)$, $v = v(x,y)$, $\frac{\partial z}{\partial x} = \frac{\partial z}{\partial u}\frac{\partial u}{\partial x} + \frac{\partial z}{\partial v}\frac{\partial v}{\partial x}$, 其中 $\frac{\partial z}{\partial u}$, $\frac{\partial z}{\partial v}$ 仍是 u,v 的函数,也就是 x,y 的复合函数. $\frac{\partial z}{\partial u}$, $\frac{\partial z}{\partial v}$ 与 f 的地位是相同的.

10.2.3 常用解题技巧

1. 变量替换方程的变形(化简或不同坐标系下方程的转换)

例1 设 $u = u(x,y)$ 有二阶连续偏导数,证明在极坐标变换 $x = r\cos\theta, y = r\sin\theta$ 下有

$$\frac{\partial^2 u}{\partial x^2} + \frac{\partial^2 u}{\partial y^2} = \frac{\partial^2 u}{\partial r^2} + \frac{1}{r}\frac{\partial u}{\partial r} + \frac{1}{r^2}\frac{\partial^2 u}{\partial \theta^2}$$

证明 利用复合函数求导公式有:

求一阶偏导

$$\begin{cases} \frac{\partial u}{\partial r} = \frac{\partial u}{\partial x}\frac{\partial x}{\partial r} + \frac{\partial u}{\partial y}\frac{\partial y}{\partial r} = \cos\theta \frac{\partial u}{\partial x} + \sin\theta \frac{\partial u}{\partial y} \\ \frac{\partial u}{\partial \theta} = \frac{\partial u}{\partial x}\frac{\partial x}{\partial \theta} + \frac{\partial u}{\partial y}\frac{\partial y}{\partial \theta} = -r\sin\theta \frac{\partial u}{\partial x} + r\cos\theta \frac{\partial u}{\partial y} \end{cases}$$

求二阶偏导

$$\begin{cases} \frac{\partial^2 u}{\partial r^2} = \cos\theta \frac{\partial}{\partial r}\left(\frac{\partial u}{\partial x}\right) + \sin\theta \frac{\partial}{\partial r}\left(\frac{\partial u}{\partial y}\right) = \cos^2\theta \frac{\partial^2 u}{\partial x^2} + 2\sin\theta\cos\theta \frac{\partial^2 u}{\partial x \partial y} + \sin^2\theta \frac{\partial^2 u}{\partial y^2} \\ \frac{\partial^2 u}{\partial \theta^2} = -r\sin\theta \frac{\partial}{\partial \theta}\left(\frac{\partial u}{\partial x}\right) + r\cos\theta \frac{\partial}{\partial \theta}\left(\frac{\partial u}{\partial y}\right) - r\cos\theta \frac{\partial u}{\partial x} - r\sin\theta \frac{\partial u}{\partial y} \end{cases}$$

对 $\frac{\partial}{\partial \theta}\left(\frac{\partial u}{\partial x}\right)$, $\frac{\partial}{\partial \theta}\left(\frac{\partial u}{\partial y}\right)$ 利用复合函数求导法则有

$$\frac{\partial^2 u}{\partial \theta^2} = (-r\sin\theta)^2 \frac{\partial^2 u}{\partial x^2} - 2r^2\sin\theta\cos\theta \frac{\partial^2 u}{\partial x \partial y} + (r\cos\theta)^2 \frac{\partial^2 u}{\partial y^2} - r\frac{\partial u}{\partial r}$$

于是

$$\frac{\partial^2 u}{\partial r^2} + \frac{1}{r^2}\frac{\partial^2 u}{\partial \theta^2} = \frac{\partial^2 u}{\partial x^2} + \frac{\partial^2 u}{\partial y^2} - \frac{1}{r}\frac{\partial u}{\partial r}$$

即

$$\frac{\partial^2 u}{\partial x^2} + \frac{\partial^2 u}{\partial y^2} = \frac{\partial^2 u}{\partial r^2} + \frac{1}{r}\frac{\partial u}{\partial r} + \frac{1}{r^2}\frac{\partial^2 u}{\partial \theta^2}$$

注 在极坐标变换 $x = r\cos\theta, y = r\sin\theta$ 下,拉普拉斯方程

$$\frac{\partial^2 u}{\partial x^2} + \frac{\partial^2 u}{\partial y^2} = 0$$

化成

$$\frac{\partial^2 u}{\partial r^2} + \frac{1}{r}\frac{\partial u}{\partial r} + \frac{1}{r^2}\frac{\partial^2 u}{\partial \theta^2} = 0$$

2. 求带抽象函数记号的复合函数的偏导数

例 2 设 $z = \dfrac{1}{x}f(xy) + y\varphi(x+y)$，$f, \varphi$ 具有连续的二阶偏导数，求 $\dfrac{\partial^2 z}{\partial x \partial y}$.

解 计算 $\dfrac{\partial^2 z}{\partial x \partial y}$ 可先求 $\dfrac{\partial z}{\partial x}$ 或 $\dfrac{\partial z}{\partial y}$，因为 f, φ 具有连续的二阶偏导数，即

$$\dfrac{\partial^2 z}{\partial x \partial y} = \dfrac{\partial^2 z}{\partial y \partial x}$$

$$\dfrac{\partial z}{\partial y} = \dfrac{1}{x}f'(xy)\dfrac{\partial}{\partial y}(xy) + \varphi(x+y) + y\varphi'(x+y)\dfrac{\partial}{\partial y}(x+y) =$$
$$f'(xy) + \varphi(x+y) + y\varphi'(x+y)$$

$$\dfrac{\partial^2 z}{\partial x \partial y} = \dfrac{\partial^2 z}{\partial y \partial x} = \dfrac{\partial}{\partial x}\left(\dfrac{\partial z}{\partial y}\right) = yf''(xy) + \varphi'(x+y) + y\varphi''(x+y)$$

注 若先求 $\dfrac{\partial z}{\partial x}$，有

$$\dfrac{\partial z}{\partial x} = -\dfrac{1}{x^2}f(xy) + \dfrac{1}{x}f'(xy)\dfrac{\partial}{\partial x}(xy) + y\varphi'(x+y)\dfrac{\partial}{\partial x}(x+y) =$$
$$-\dfrac{1}{x^2}f(xy) + \dfrac{y}{x}f'(xy) + y\varphi'(x+y)$$

$$\dfrac{\partial^2 z}{\partial x \partial y} = \dfrac{\partial}{\partial y}\left(\dfrac{\partial z}{\partial x}\right) = -\dfrac{1}{x^2}f(xy)x + \dfrac{1}{x}f'(xy) + \dfrac{y}{x}f''(xy)x + \varphi'(x+y) + y\varphi''(x+y) =$$
$$yf''(xy) + \varphi'(x+y) + y\varphi''(x+y)$$

可见，求导次序影响计算的繁简．

例 3 设 $z = f(u,v), u = \varphi(x,y), v = \psi(x,y)$，求复合函数 $z = f(\varphi(x,y), \psi(x,y))$ 的二阶偏导数 $\dfrac{\partial^2 z}{\partial x^2}$.

解 $z = f(u,v)$ 对 x 求一阶偏导，有

$$\dfrac{\partial z}{\partial x} = \dfrac{\partial f}{\partial u}\dfrac{\partial u}{\partial x} + \dfrac{\partial f}{\partial v}\dfrac{\partial v}{\partial x} = \dfrac{\partial f}{\partial u}\dfrac{\partial \varphi}{\partial x} + \dfrac{\partial f}{\partial v}\dfrac{\partial \psi}{\partial x}$$

$z = f(u,v)$ 对 x 求二阶偏导，有

$$\dfrac{\partial^2 z}{\partial x^2} = \dfrac{\partial}{\partial x}\left(\dfrac{\partial f}{\partial u}\right)\dfrac{\partial \varphi}{\partial x} + \dfrac{\partial f}{\partial u}\dfrac{\partial \varphi^2}{\partial x^2} + \dfrac{\partial}{\partial x}\left(\dfrac{\partial f}{\partial v}\right)\dfrac{\partial \psi}{\partial x} + \dfrac{\partial f}{\partial v}\dfrac{\partial \psi^2}{\partial x^2}$$

再求 $\dfrac{\partial}{\partial x}\left(\dfrac{\partial f}{\partial u}\right), \dfrac{\partial}{\partial x}\left(\dfrac{\partial f}{\partial v}\right)$，即

$$\dfrac{\partial}{\partial x}\left(\dfrac{\partial f}{\partial u}\right) = \dfrac{\partial}{\partial u}\left(\dfrac{\partial f}{\partial u}\right)\dfrac{\partial \varphi}{\partial x} + \dfrac{\partial}{\partial v}\left(\dfrac{\partial f}{\partial u}\right)\dfrac{\partial \psi}{\partial x} = \dfrac{\partial^2 f}{\partial u^2}\dfrac{\partial \varphi}{\partial x} + \dfrac{\partial^2 f}{\partial u \partial v}\dfrac{\partial \psi}{\partial x}$$

$$\dfrac{\partial}{\partial x}\left(\dfrac{\partial f}{\partial v}\right) = \dfrac{\partial}{\partial u}\left(\dfrac{\partial f}{\partial v}\right)\dfrac{\partial \varphi}{\partial x} + \dfrac{\partial}{\partial v}\left(\dfrac{\partial f}{\partial v}\right)\dfrac{\partial \psi}{\partial x} = \dfrac{\partial^2 f}{\partial v \partial u}\dfrac{\partial \varphi}{\partial x} + \dfrac{\partial^2 f}{\partial v^2}\dfrac{\partial \psi}{\partial x}$$

于是

$$\dfrac{\partial^2 z}{\partial x^2} = \dfrac{\partial^2 f}{\partial u^2}\left(\dfrac{\partial \varphi}{\partial x}\right)^2 + 2\dfrac{\partial^2 f}{\partial u \partial v}\dfrac{\partial \varphi}{\partial x}\dfrac{\partial \psi}{\partial x} + \dfrac{\partial^2 f}{\partial v^2}\left(\dfrac{\partial \psi}{\partial x}\right)^2 + \dfrac{\partial f}{\partial v}\dfrac{\partial \psi^2}{\partial x^2}$$

类似可求 $\dfrac{\partial^2 z}{\partial y^2}, \dfrac{\partial^2 z}{\partial x \partial y}$.

10.2.4 典型题解

例 4 设 $z = x^2 y - xy^2$，则 $x = u\cos v, y = u\sin v$，求 $\dfrac{\partial z}{\partial u}, \dfrac{\partial z}{\partial v}$.

解 $\dfrac{\partial z}{\partial u} = \dfrac{\partial z}{\partial x}\dfrac{\partial x}{\partial u} + \dfrac{\partial z}{\partial y}\dfrac{\partial y}{\partial u} = (2xy - y^2)\cos v + (x^2 - 2xy)\sin v =$
$3u^2 \sin v \cos v(\cos v - \sin v)$

$\dfrac{\partial z}{\partial v} = \dfrac{\partial z}{\partial x}\dfrac{\partial x}{\partial v} + \dfrac{\partial z}{\partial y}\dfrac{\partial y}{\partial v} = -(2xy - y^2)u\sin v + (x^2 - 2xy)u\cos v =$
$-2u^3 \sin v \cos v(\cos v - \sin v) + u^3(\sin^3 v + \cos^3 v)$

例 5 设 $z = \dfrac{y}{x}, x = e^t, y = 1 - e^{2t}$，求 $\dfrac{dz}{dt}$.

解 $\dfrac{dz}{dt} = \dfrac{\partial z}{\partial x}\dfrac{dx}{dt} + \dfrac{\partial z}{\partial y}\dfrac{dy}{dt} = -\dfrac{y}{x^2}e^t + \dfrac{1}{x}(-2e^{2t}) = -e^{-t} - e^t$

例 6 设 $u = x^2 + y^2 + z^2, z = x^2 \cos y$，求 $\dfrac{\partial u}{\partial x}, \dfrac{\partial u}{\partial y}$.

解 $\dfrac{\partial u}{\partial x} = u_x + u_z \dfrac{\partial z}{\partial x} = 2x + 2z \cdot 2x\cos y = 2x + 4x^3 \cos^2 y$

$\dfrac{\partial u}{\partial y} = u_y + u_z \dfrac{\partial z}{\partial y} = 2y + 2z \cdot (-x^2 \sin y) = 2y - 2x^4 \sin 2y$

例 7 设 $z = f(xy, x^2 + y^2)$，求 $\dfrac{\partial z}{\partial x}, \dfrac{\partial z}{\partial y}$.

解 设 $u = xy, v = x^2 + y^2$，则

$\dfrac{\partial z}{\partial x} = \dfrac{\partial z}{\partial u}\dfrac{\partial u}{\partial x} + \dfrac{\partial z}{\partial v}\dfrac{\partial v}{\partial x} = y\dfrac{\partial z}{\partial u} + 2x\dfrac{\partial z}{\partial v}$

$\dfrac{\partial z}{\partial y} = \dfrac{\partial z}{\partial u}\dfrac{\partial u}{\partial y} + \dfrac{\partial z}{\partial v}\dfrac{\partial v}{\partial y} = x\dfrac{\partial z}{\partial u} + 2y\dfrac{\partial z}{\partial v}$

例 8 设 $w = f(x + y + z, xyz)$，求 $\dfrac{\partial w}{\partial x}, \dfrac{\partial^2 w}{\partial x \partial z}$，其中 w 具有连续的二阶偏导数.

解 设 $u = x + y + z, v = xyz$，则

$\dfrac{\partial w}{\partial x} = f_u \dfrac{\partial u}{\partial x} + f_v \dfrac{\partial v}{\partial x} = f_u + yz f_v$

$\dfrac{\partial^2 w}{\partial x \partial z} = f_{uu}\dfrac{\partial u}{\partial z} + f_{uv}\dfrac{\partial v}{\partial z} + yf_v + yz\left(f_{vu}\dfrac{\partial u}{\partial z} + f_{vv}\dfrac{\partial v}{\partial z}\right) =$
$f_{uu} + xy f_{uv} + yf_v + yz(f_{vu} + xy f_{vv}) =$
$f_{uu} + f_{uv}(xy + yz) + yf_v + xy^2 z f_{vv}$

其中，$f_{uv} = f_{vu}$.

例 9 设 $z = f\left(xy, \dfrac{y}{x}\right)$，求 $\dfrac{\partial z}{\partial x}, \dfrac{\partial z}{\partial y}$.

解 设 $u = xy, v = \dfrac{y}{x}$，则

$\dfrac{\partial z}{\partial x} = \dfrac{\partial z}{\partial u}\dfrac{\partial u}{\partial x} + \dfrac{\partial z}{\partial v}\dfrac{\partial v}{\partial x} = y\dfrac{\partial z}{\partial u} - \dfrac{y}{x^2}\dfrac{\partial z}{\partial v}$

$$\frac{\partial z}{\partial y} = \frac{\partial z}{\partial u}\frac{\partial u}{\partial y} + \frac{\partial z}{\partial v}\frac{\partial v}{\partial y} = x\frac{\partial z}{\partial u} + \frac{1}{x}\frac{\partial z}{\partial v}$$

10.3　隐函数的求导公式

10.3.1　基本要求

(1) 理解隐函数的概念.
(2) 掌握单个方程确定的隐函数的求导原理.
(3) 理解方程组确定的隐函数的求导原理.

10.3.2　知识考点概述

1. 一个二元函数确定的隐函数的导数

函数 $F(x,y)$ 有连续的一阶偏导数, $F(x_0,y_0)=0$ 且 $F_y(x_0,y_0)\neq 0$, 方程 $F(x,y)=0$ 在 x_0 的一个邻域内确定了 x 的一个单值可导函数 $y=f(x)$, 则

$$\frac{\mathrm{d}y}{\mathrm{d}x} = -\frac{F_x}{F_y}$$

如果 $F(x,y)$ 的二阶偏导也都连续, 对上式两边关于 x 求导, 有

$$\frac{\mathrm{d}^2 y}{\mathrm{d}x^2} = -\frac{\left(F_{xx} + F_{xy}\dfrac{\mathrm{d}y}{\mathrm{d}x}\right)F_y - F_x\left(F_{yx} + F_{yy}\dfrac{\mathrm{d}y}{\mathrm{d}x}\right)}{F_y^2} =$$

$$-\frac{\left(F_{xx} - \dfrac{F_x F_{xy}}{F_y}\right)F_y - F_x\left(F_{yx} - \dfrac{F_x F_{yy}}{F_y}\right)}{F_y^2} =$$

$$-\frac{F_{xx}F_y^2 - 2F_{xy}F_x F_y + F_{yy}F_x^2}{F_y^3}$$

2. 一个三元函数确定的隐函数的偏导数

三元方程 $F(x,y,z)=0$ 应当有可能确定一个二元隐函数. 如果 $F(x,y,z)$ 有连续的一阶偏导数, $F(x_0,y_0,z_0)=0$ 且 $F_z(x_0,y_0,z_0)\neq 0$, 则方程 $F(x,y,z)=0$ 就确定了 (x,y) 的一个单值可导函数 $z=f(x,y)$, 即

$$\frac{\partial z}{\partial x} = -\frac{F_x}{F_z}, \quad \frac{\partial z}{\partial y} = -\frac{F_y}{F_z}$$

$$\frac{\partial^2 z}{\partial x^2} = \frac{2f''_{13}f'_1 f'_3 - f''_{11}(f'_3)^2 - f''_{33}(f'_1)^2}{(f'_3)^3}$$

3. 方程组确定的隐函数的求导

(1) 三个变量两个方程的方程组.

$$\begin{cases} F(x,u,v)=0 \\ G(x,u,v)=0 \end{cases}$$

其中, F,G 有连续偏导数. 若该方程组在区间 I 上能确定函数组 $\begin{cases} u=u(x) \\ v=v(x) \end{cases}$, 且函数组可

导,则导数为

$$\begin{cases}\dfrac{\partial F}{\partial x}+\dfrac{\partial F}{\partial u}\dfrac{\mathrm{d}u}{\mathrm{d}x}+\dfrac{\partial F}{\partial v}\dfrac{\mathrm{d}v}{\mathrm{d}x}=0\\ \dfrac{\partial G}{\partial x}+\dfrac{\partial G}{\partial u}\dfrac{\mathrm{d}u}{\mathrm{d}x}+\dfrac{\partial G}{\partial v}\dfrac{\mathrm{d}v}{\mathrm{d}x}=0\end{cases}$$

若

$$\dfrac{\partial(F,G)}{\partial(u,v)}=\begin{vmatrix}\dfrac{\partial F}{\partial u}&\dfrac{\partial F}{\partial v}\\ \dfrac{\partial G}{\partial u}&\dfrac{\partial G}{\partial v}\end{vmatrix}\neq 0$$

则得

$$\dfrac{\mathrm{d}u}{\mathrm{d}x}=-\dfrac{\dfrac{\partial(F,G)}{\partial(x,v)}}{\dfrac{\partial(F,G)}{\partial(u,v)}},\dfrac{\mathrm{d}u}{\mathrm{d}x}=-\dfrac{\dfrac{\partial(F,G)}{\partial(u,x)}}{\dfrac{\partial(F,G)}{\partial(u,v)}}$$

(2) 四个变量两个方程的方程组.

$$\begin{cases}F(x,y,u,v)=0\\ G(x,y,u,v)=0\end{cases}$$

其中, F,G 有连续偏导数. 若该方程组能确定函数组 $\begin{cases}u=u(x,y)\\ v=v(x,y)\end{cases}$, 且函数组可求偏导, 则偏导数为:

① $\dfrac{\partial u}{\partial x},\dfrac{\partial v}{\partial x}.$

$$\begin{cases}\dfrac{\partial F}{\partial x}+\dfrac{\partial F}{\partial u}\dfrac{\partial u}{\partial x}+\dfrac{\partial F}{\partial v}\dfrac{\partial v}{\mathrm{d}x}=0\\ \dfrac{\partial G}{\partial x}+\dfrac{\partial G}{\partial u}\dfrac{\partial u}{\partial x}+\dfrac{\partial G}{\partial v}\dfrac{\partial v}{\partial x}=0\end{cases}$$

若

$$\dfrac{\partial(F,G)}{\partial(u,v)}=\begin{vmatrix}\dfrac{\partial F}{\partial u}&\dfrac{\partial F}{\partial v}\\ \dfrac{\partial G}{\partial u}&\dfrac{\partial G}{\partial v}\end{vmatrix}\neq 0$$

则

$$\dfrac{\partial u}{\partial x}=-\dfrac{\dfrac{\partial(F,G)}{\partial(x,v)}}{\dfrac{\partial(F,G)}{\partial(u,v)}},\dfrac{\partial v}{\partial x}=-\dfrac{\dfrac{\partial(F,G)}{\partial(u,x)}}{\dfrac{\partial(F,G)}{\partial(u,v)}}$$

② $\dfrac{\partial u}{\partial y},\dfrac{\partial v}{\partial y}.$

$$\begin{cases}\dfrac{\partial F}{\partial y}+\dfrac{\partial F}{\partial u}\dfrac{\partial u}{\partial y}+\dfrac{\partial F}{\partial v}\dfrac{\partial v}{\partial y}=0\\ \dfrac{\partial G}{\partial y}+\dfrac{\partial G}{\partial u}\dfrac{\partial u}{\partial y}+\dfrac{\partial G}{\partial v}\dfrac{\partial v}{\partial y}=0\end{cases}$$

若
$$\frac{\partial(F,G)}{\partial(u,v)} = \begin{vmatrix} \frac{\partial F}{\partial u} & \frac{\partial F}{\partial v} \\ \frac{\partial G}{\partial u} & \frac{\partial G}{\partial v} \end{vmatrix} \neq 0$$

则
$$\frac{\partial u}{\partial y} = -\frac{\frac{\partial(F,G)}{\partial(y,v)}}{\frac{\partial(F,G)}{\partial(u,v)}}, \frac{\partial v}{\partial y} = -\frac{\frac{\partial(F,G)}{\partial(u,y)}}{\frac{\partial(F,G)}{\partial(u,v)}}$$

10.3.3 典型题解

例1 设 $z = z(x,y)$ 由 $e^{zx} + \sin\frac{y}{x} = 0$ 所确定，求 z_x.

解 方程两边对 x 求偏导，有
$$e^{zx}\left(z + x\frac{\partial z}{\partial x}\right) + \left(-\frac{y}{x^2}\right)\cos\frac{y}{x} = 0$$

整理有
$$z_x = \frac{\frac{y}{x^2}\cos\frac{y}{x} - ze^{zx}}{xe^{zx}}$$

例2 设函数 $y = y(x,z)$ 由 $xyz = e^{x+y}$ 所确定，求 $\frac{\partial y}{\partial x}$.

解 设 $f(x,y,z) = xyz - e^{x+y}, f_y = xz - e^{x+y}, f_x = yz - e^{x+y}, f_z = xy$，则
$$\frac{\partial y}{\partial x} = -\frac{f_x}{f_y} = -\frac{yz - e^{x+y}}{xz - e^{x+y}} = \frac{yz - xyz}{xyz - xz} = \frac{y(x-1)}{x(1-y)}$$

例3 设 $z = z(x,y)$ 是由方程 $x + y - z = e^z$ 所确定的，求 $\frac{\partial^2 z}{\partial x \partial y}$.

解 设 $f(x,y,z) = x + y - z - e^z, f_x = 1, f_y = 1, f_z = -1 - e^z$，则
$$\frac{\partial z}{\partial x} = -\frac{f_x}{f_z} = \frac{1}{1+e^z}, \frac{\partial z}{\partial y} = -\frac{f_y}{f_z} = \frac{1}{1+e^z}$$
$$\frac{\partial^2 z}{\partial x \partial y} = \frac{\partial}{\partial y}\left(\frac{\partial z}{\partial x}\right) = \left(\frac{1}{1+e^z}\right)'_y = \frac{-e^z}{(1+e^z)^3}$$

例4 设 $z = z(x,y)$ 是由方程 $f\left(x + \frac{z}{y}, y + \frac{z}{x}\right) = 0$ 所确定，其中 f 具有连续偏导数，证明：$x\frac{\partial z}{\partial x} + y\frac{\partial z}{\partial y} = z - xy$.

证明（公式法） 设 $\varphi(x,y,z) = f\left(x + \frac{z}{y}, y + \frac{z}{x}\right)$，则
$$\begin{cases} \varphi_x = f'_1 - \frac{z}{x^2}f'_2 \\ \varphi_y = -\frac{z}{y^2}f'_1 + f'_2 \\ \varphi_z = f'_1 \frac{1}{y} + \frac{1}{x}f'_2 \end{cases}$$

由公式
$$\frac{\partial z}{\partial x}=-\frac{\varphi_x}{\varphi_z}=-\frac{f'_1-\frac{z}{x^2}f'_2}{f'_1\frac{1}{y}+\frac{1}{x}f'_2}=\frac{yzf'_2-x^2yf'_1}{x(xf'_1+yf'_2)}$$

$$\frac{\partial z}{\partial y}=-\frac{\varphi_y}{\varphi_z}=\frac{xzf'_1-xy^2f'_2}{y(xf'_1+yf'_2)}$$

因此
$$x\frac{\partial z}{\partial x}+y\frac{\partial z}{\partial y}=z-xy$$

例 5 设 $x=u\cos\frac{v}{u}, y=u\sin\frac{v}{u}$，求 $\frac{\partial u}{\partial x}, \frac{\partial u}{\partial y}$.

解 将 u,v 看作 x,y 的函数，由已知构成一个方程组

$$\begin{cases} x=u\cos\dfrac{v}{u} \\ y=u\sin\dfrac{v}{u} \end{cases}$$

对 x 求偏导数有

$$\begin{cases} \left(\cos\dfrac{v}{u}+\dfrac{v}{u}\sin\dfrac{v}{u}\right)\dfrac{\partial u}{\partial x}-\sin\dfrac{v}{u}\dfrac{\partial v}{\partial x}=1 \\ \left(\sin\dfrac{v}{u}-\dfrac{v}{u}\cos\dfrac{v}{u}\right)\dfrac{\partial u}{\partial x}+\cos\dfrac{v}{u}\dfrac{\partial v}{\partial x}=0 \end{cases}$$

由克莱姆法则解得

$$\frac{\partial u}{\partial x}=\begin{vmatrix} 1 & -\sin\dfrac{v}{u} \\ 0 & \cos\dfrac{v}{u} \end{vmatrix}=\cos\dfrac{v}{u}$$

$$\frac{\partial v}{\partial x}=\begin{vmatrix} \cos\dfrac{v}{u}+\dfrac{v}{u}\sin\dfrac{v}{u} & 1 \\ \sin\dfrac{v}{u}-\dfrac{v}{u}\cos\dfrac{v}{u} & 0 \end{vmatrix}=\dfrac{v}{u}\cos\dfrac{v}{u}-\sin\dfrac{v}{u}$$

例 6 设 $u=f(x,y,z,t)$，关于各变量均有连续偏导数，而其中由方程组 $\begin{cases} y^2+yz-zt^2=0 \\ te^z+z\sin t=0 \end{cases}$ 确定 z,t 为 y 的函数，求 $\frac{\partial u}{\partial x}, \frac{\partial u}{\partial y}$.

解 设 $z=z(y), t=t(y)$，于是

$$\begin{cases} \dfrac{\partial u}{\partial x}=\dfrac{\partial f}{\partial x} \\ \dfrac{\partial u}{\partial y}=\dfrac{\partial f}{\partial y}+\dfrac{\partial f}{\partial z}\dfrac{\mathrm{d}z}{\mathrm{d}y}+\dfrac{\partial f}{\partial t}\dfrac{\mathrm{d}t}{\mathrm{d}y} \end{cases} \quad (1)$$

$\dfrac{\mathrm{d}z}{\mathrm{d}y},\dfrac{\mathrm{d}t}{\mathrm{d}y}$ 由 $\begin{cases} y^2+yz-zt^2=0 \\ te^z+z\sin t=0 \end{cases}$ 确定，两边对 y 求导，有

$$\begin{cases} 2y+z+y\dfrac{\mathrm{d}z}{\mathrm{d}y}-t^2\dfrac{\mathrm{d}z}{\mathrm{d}y}-2zt\dfrac{\mathrm{d}t}{\mathrm{d}y}=0 \\ te^z\dfrac{\mathrm{d}z}{\mathrm{d}y}+e^z\dfrac{\mathrm{d}t}{\mathrm{d}y}+\sin t\dfrac{\mathrm{d}z}{\mathrm{d}y}+z\cos t\dfrac{\mathrm{d}t}{\mathrm{d}y}=0 \end{cases}$$

即
$$\begin{cases} (y-t^2)\dfrac{dz}{dy} - 2zt\dfrac{dt}{dy} = -(2y+z) \\ (te^z + \sin t)\dfrac{dz}{dy} + (e^z + z\cos t)\dfrac{dt}{dy} = 0 \end{cases}$$

记系数行列式为
$$W = (y-t^2)(e^z + z\cos t) + 2zt(te^z + \sin t)$$

则
$$\dfrac{dz}{dy} = \dfrac{\begin{vmatrix} -(2y+z) & -2zt \\ 0 & e^z + z\cos t \end{vmatrix}}{W},\ \dfrac{dt}{dy} = \dfrac{\begin{vmatrix} y-t^2 & -(2y+z) \\ te^z + \sin t & 0 \end{vmatrix}}{W}$$

代入(1)可得 $\dfrac{\partial u}{\partial y}$.

例7 $z = z(x,y)$ 由方程 $x^2 + y^2 + z^2 = xf\left(\dfrac{y}{x}\right)$ 确定，f 可微，求 $\dfrac{\partial z}{\partial x},\dfrac{\partial z}{\partial y}$.

解法一 隐函数求导公式(各个变量无关). 令
$$F(x,y,z) = x^2 + y^2 + z^2 - xf\left(\dfrac{y}{x}\right)$$
$$F_x = 2x - f\left(\dfrac{y}{x}\right) + \dfrac{y}{x}f'\left(\dfrac{y}{x}\right),\ F_y = 2y - f'\left(\dfrac{y}{x}\right),\ F_z = 2z$$

$$\dfrac{\partial z}{\partial x} = -\dfrac{F_x}{F_z} = \dfrac{f\left(\dfrac{y}{x}\right) - \dfrac{y}{x}f'\left(\dfrac{y}{x}\right) - 2x}{2z}$$

$$\dfrac{\partial z}{\partial y} = -\dfrac{F_y}{F_z} = \dfrac{f'\left(\dfrac{y}{x}\right) - 2y}{2z}$$

解法二 直接求 x,y 的导数(z 是 x,y 的函数，即 $z = z(x,y)$)，方程两边对 x 求导得
$$2x + 2z\dfrac{\partial z}{\partial x} = f\left(\dfrac{y}{x}\right) + xf'\left(\dfrac{y}{x}\right)\left(-\dfrac{y}{x^2}\right)$$

解得
$$\dfrac{\partial z}{\partial x} = \dfrac{f\left(\dfrac{y}{x}\right) - \dfrac{y}{x}f'\left(\dfrac{y}{x}\right) - 2x}{2z}$$

方程两边对 y 求导得
$$2y + 2z\dfrac{\partial z}{\partial y} = f'\left(\dfrac{y}{x}\right)$$

解得
$$\dfrac{\partial z}{\partial y} = \dfrac{f'\left(\dfrac{y}{x}\right) - 2y}{2z}$$

解法三 微分形式的不变性. 同时求微分有
$$2x\,dx + 2y\,dy + 2z\,dz = f\left(\dfrac{y}{x}\right)dx + xf'\left(\dfrac{y}{x}\right)\dfrac{x\,dy - y\,dx}{x^2}$$

$$dz = \frac{f\left(\frac{y}{x}\right) - \frac{y}{x}f'\left(\frac{y}{x}\right) - 2x}{2z}dx + \frac{f'\left(\frac{y}{x}\right) - 2y}{2z}dy$$

故

$$\frac{\partial z}{\partial x} = \frac{f\left(\frac{y}{x}\right) - \frac{y}{x}f'\left(\frac{y}{x}\right) - 2x}{2z}, \frac{\partial z}{\partial y} = \frac{f'\left(\frac{y}{x}\right) - 2y}{2z}$$

例 8 已知 $\frac{x}{z} = e^{y+z}$,求 $\frac{\partial^2 z}{\partial x \partial y}$.

解法一 隐函数求导公式

$$\frac{x}{z} = e^{y+z} \Rightarrow x = ze^{y+z} \Rightarrow F = x - ze^{y+z} = 0$$

$$F_x = 1, F_y = -ze^{y+z} = -x, F_z = -(z+1)e^{y+z} = \frac{-x(1+z)}{z}$$

$$\frac{\partial z}{\partial x} = -\frac{F_x}{F_z} = \frac{z}{x(1+z)}, \frac{\partial z}{\partial y} = -\frac{F_y}{F_z} = -\frac{z}{(1+z)} = -1 + \frac{1}{(1+z)}$$

$$\frac{\partial^2 z}{\partial x \partial y} = \frac{\partial^2 z}{\partial y \partial x} = \frac{\partial}{\partial x}\left(\frac{\partial z}{\partial y}\right) = -\frac{\frac{\partial z}{\partial x}}{(1+z)^2} = -\frac{z}{x(1+z)^3}$$

解法二 两边求导. $x = ze^{y+z}$ 两边对 x 求导,有

$$1 = e^{y+z}\left(\frac{\partial z}{\partial x} + z\frac{\partial z}{\partial x}\right) = \frac{x}{z}(1+z)\frac{\partial z}{\partial x} \Rightarrow \frac{\partial z}{\partial x} = \frac{z}{x(1+z)}$$

两边对 y 求导,有

$$0 = e^{y+z}\left(\frac{\partial z}{\partial y} + z\left(1 + \frac{\partial z}{\partial y}\right)\right) \Rightarrow \frac{\partial z}{\partial y} = -\frac{z}{(1+z)} = -1 + \frac{1}{(1+z)}$$

$$\frac{\partial^2 z}{\partial x \partial y} = \frac{\partial^2 z}{\partial y \partial x} = \frac{\partial}{\partial x}\left(\frac{\partial z}{\partial y}\right) = -\frac{\frac{\partial z}{\partial x}}{(1+z)^2} = -\frac{z}{x(1+z)^3}$$

解法三 利用微分形式的不变性. 将 $x = ze^{y+z}$ 两边微分得

$$dx = e^{y+z}(dz + z(dy + dz)) = \frac{x}{z}((1+z)dz + zdy) \Rightarrow$$

$$dz = \frac{z}{x(1+z)}dx - \frac{z}{(1+z)}dy \Rightarrow \frac{\partial z}{\partial x} = \frac{z}{x(1+z)}$$

$$\frac{\partial z}{\partial y} = -\frac{z}{(1+z)} = -1 + \frac{1}{(1+z)}$$

$$\frac{\partial^2 z}{\partial x \partial y} = \frac{\partial^2 z}{\partial y \partial x} = \frac{\partial}{\partial x}\left(\frac{\partial z}{\partial y}\right) = -\frac{\frac{\partial z}{\partial x}}{(1+z)^2} = -\frac{z}{x(1+z)^3}$$

例 9 若 $f(x,y,z) = x^2 y^2 z^3$,且 $x^2 + y^2 + z^2 - 3xyz = 0$.

(1) 当 $z = z(x,y)$ 时,求 $f_x(1,1,1)$.

(2) 当 $y = y(x,z)$ 时,求 $f_x(1,1,1)$.

解 (1) $f(x,y,z) = x^2 y^2 z^3 \Rightarrow f_x = 2xy^2 z^3 + 3x^2 y^2 z^2 \frac{\partial z}{\partial x}$.

由于 $z=z(x,y)$，对 $x^2+y^2+z^2-3xyz=0$ 两边求 x 的偏导得

$$2x+2z\frac{\partial z}{\partial x}-3yz-3xy\frac{\partial z}{\partial x}=0 \Rightarrow \frac{\partial z}{\partial x}=\frac{2x-3yz}{3xy-2z}$$

$$f_x=2xy^2z^3+3x^2y^2z^2\frac{\partial z}{\partial x}=2xy^2z^3+3x^2y^2z^2\frac{2x-3yz}{3xy-2z}$$

故 $\qquad f_x(1,1,1)=-1$

(2) $f(x,y,z)=x^2y^2z^3 \Rightarrow f_x=2xy^2z^3+2x^2yz^3\frac{\partial y}{\partial x}, y=y(x,z)$

对 $x^2+y^2+z^2-3xyz=0$ 两边求 x 的偏导，得

$$2x+2y\frac{\partial y}{\partial x}-3yz-3xz\frac{\partial y}{\partial x}=0 \Rightarrow \frac{\partial y}{\partial x}=\frac{2x-3yz}{3xz-2y}$$

$$f_x=2xy^2z^3+2x^2yz^3\frac{\partial y}{\partial x}=2xy^2z^3+2x^2yz^3\frac{2x-3yz}{3xz-2y}$$

故 $f_x(1,1,1)=0$.

例 10 $z=z(x,y)$ 由 $z+\ln z-\int_y^x e^{-t^2}dt=0$ 确定，求 $\frac{\partial^2 z}{\partial x \partial y}$.

解 将 $z+\ln z-\int_y^x e^{-t^2}dt=0$ 两边对 x 求导，有

$$\frac{\partial z}{\partial x}+\frac{1}{z}\frac{\partial z}{\partial x}-e^{-x^2}=0 \Rightarrow \frac{\partial z}{\partial x}=\frac{ze^{-x^2}}{z+1}$$

将 $z+\ln z-\int_y^x e^{-t^2}dt=0$ 两边对 y 求导，有

$$\frac{\partial z}{\partial y}+\frac{1}{z}\frac{\partial z}{\partial y}+e^{-y^2}=0 \Rightarrow \frac{\partial z}{\partial y}=\frac{-ze^{-y^2}}{z+1}$$

将 $\frac{\partial z}{\partial x}=\frac{ze^{-x^2}}{z+1}$ 两边对 y 求导，有

$$\frac{\partial^2 z}{\partial x \partial y}=\frac{\partial}{\partial y}\left(\frac{\partial z}{\partial x}\right)=\frac{\frac{\partial z}{\partial y}e^{-x^2}(z+1)-\frac{\partial z}{\partial y}ze^{-x^2}}{(z+1)^2}=\frac{e^{-x^2}}{(z+1)^2}\frac{\partial z}{\partial y}$$

将 $\frac{\partial z}{\partial y}=\frac{-ze^{-y^2}}{z+1}$ 代入得上式，有

$$\frac{\partial^2 z}{\partial x \partial y}=\frac{e^{-x^2}}{(z+1)^2}\cdot\frac{-ze^{-y^2}}{z+1}=\frac{-ze^{-(x^2+y^2)}}{(z+1)^3}$$

例 11 设 $f(x,y)$ 有二阶连续偏导数，且 $f_2\neq 0$，求证：$f(x,y)=c$ (c 为任意常数) 为一条直线 $\Leftrightarrow f_2^2 f_{11}-2f_1 f_2 f_{12}+f_1^2 f_{22}=0$.

证明 必要性. $f(x,y)=c$ (c 为任意常数) 为一条直线 $\Rightarrow y=f(x)=ax+b$，则

$$f_{11}=0, f_{22}=0, f_{12}=0$$

于是有 $\qquad f_2^2 f_{11}-2f_1 f_2 f_{12}+f_1^2 f_{22}=0$

充分性.

$$y'=-\frac{f_1}{f_2} \Rightarrow y''=-\frac{f_2\left(f_{11}+f_{12}\frac{dy}{dx}\right)-f_1\left(f_{21}+f_{22}\frac{dy}{dx}\right)}{(f_2)^2}$$

将 $y' = -\dfrac{f_1}{f_2}$ 代入 y''，得

$$y'' = -\frac{f_2^2 f_{11} - 2f_1 f_2 f_{12} + f_1^2 f_{22}}{(f_2)^3}$$

由 $f_2^2 f_{11} - 2f_1 f_2 f_{12} + f_1^2 f_{22} = 0$，可得 $y'' = 0$，故 $f(x,y) = c$（c 为任意常数）为一条直线．

例 12 设 $\begin{cases} u = f(ux, v+y) \\ v = g(u-x, v^2 y) \end{cases}$，其中 f,g 具有一阶连续偏导数，由方程组确定的函数 $u = u(x,y), v = v(x,y)$，求 $\dfrac{\partial u}{\partial x}, \dfrac{\partial v}{\partial y}$．

解 方程组两边对 x 求导，有

$$\begin{cases} \dfrac{\partial u}{\partial x} = f_1\left(u + x\dfrac{\partial u}{\partial x}\right) + f_2 \dfrac{\partial v}{\partial x} \\ \dfrac{\partial v}{\partial x} = g_1\left(\dfrac{\partial u}{\partial x} - 1\right) + g_2 2vy \dfrac{\partial v}{\partial x} \end{cases} \Rightarrow \begin{cases} (xf_1 - 1)\dfrac{\partial u}{\partial x} + f_2 \dfrac{\partial v}{\partial x} = -f_1 u \\ g_1 \dfrac{\partial u}{\partial x} + (g_2 2vy - 1)\dfrac{\partial v}{\partial x} = g_1 \end{cases}$$

因而

$$\frac{\partial u}{\partial x} = \frac{\begin{vmatrix} -f_1 u & f_2 \\ g_1 & g_2 2vy - 1 \end{vmatrix}}{(xf_1 - 1)(g_2 2vy - 1) - f_2 g_1} = \frac{-f_1 u(g_2 2vy - 1) + f_2 g_1}{(xf_1 - 1)(g_2 2vy - 1) - f_2 g_1}$$

方程组两边对 y 求导，有

$$\begin{cases} \dfrac{\partial u}{\partial y} = f_1 x \dfrac{\partial u}{\partial y} + f_2\left(1 + \dfrac{\partial v}{\partial y}\right) \\ \dfrac{\partial v}{\partial y} = g_1 \dfrac{\partial u}{\partial y} + g_2\left(v^2 + 2vy \dfrac{\partial v}{\partial y}\right) \end{cases} \Rightarrow \begin{cases} (xf_1 - 1)\dfrac{\partial u}{\partial y} + f_2 \dfrac{\partial v}{\partial y} = -f_2 \\ g_1 \dfrac{\partial u}{\partial y} + (g_2 2vy - 1)\dfrac{\partial v}{\partial y} = -v^2 g_2 \end{cases}$$

因此

$$\frac{\partial v}{\partial y} = \frac{\begin{vmatrix} xf_1 - 1 & -f_2 \\ g_1 & -v^2 g_2 \end{vmatrix}}{(xf_1 - 1)(g_2 2vy - 1) - f_2 g_1} = \frac{-v^2 g_2(xf_1 - 1) + f_2 g_1}{(xf_1 - 1)(g_2 2vy - 1) - f_2 g_1}$$

10.4 全 微 分

10.4.1 基本要求

(1) 掌握全微分的定义．
(2) 掌握全微分的必要和充分条件．
(3) 理解全微分形式的不变性．

10.4.2 知识考点概述

1. 全微分定义

设函数 $z = f(x,y)$ 在点 (x_0, y_0) 的某邻域内有定义，如果函数在点 (x_0, y_0) 的全增量 $\Delta z = f(x_0 + \Delta x, y_0 + \Delta y) - f(x_0, y_0)$ 可以表示为 $\Delta z = A\Delta x + B\Delta y + o(\rho)$，其中 A, B 不

依赖于 $\Delta x, \Delta y$，而仅与 x_0, y_0 有关，$\rho = \sqrt{(\Delta x)^2 + (\Delta y)^2}$，则称函数 $z = f(x,y)$ 在点 (x_0, y_0) 可微分，而称 $A\Delta x + B\Delta y$ 为函数 $z = f(x,y)$ 在点 (x_0, y_0) 处的全微分，记作 $\mathrm{d}z$，即 $\mathrm{d}z = A\Delta x + B\Delta y$. 如果函数区域 D 内各点处都可微分，则称这个函数在 D 内可微分.

2. 可微的必要条件

如果函数 $z = f(x,y)$ 在点 (x_0, y_0) 可微分，则该函数在点 (x_0, y_0) 的偏导数 $f_x(x_0, y_0), f_y(x_0, y_0)$ 必定存在，且函数 $z = f(x,y)$ 在点 (x_0, y_0) 的全微分为
$$\mathrm{d}z = f_x(x_0, y_0)\Delta x + f_y(x_0, y_0)\Delta y$$

3. 可微的充分条件

如果函数 $z = f(x,y)$ 的偏导数 $\dfrac{\partial z}{\partial x}, \dfrac{\partial z}{\partial y}$ 在点 (x_0, y_0) 连续，则函数在该点可微分.

将自变量 $\Delta x, \Delta y$ 分别记作 $\mathrm{d}x, \mathrm{d}y$，并分别称为自变量 x, y 的微分，$z = f(x,y)$ 的全微分可写成
$$\mathrm{d}z = \frac{\partial z}{\partial x}\mathrm{d}x + \frac{\partial z}{\partial y}\mathrm{d}y$$

4. 全微分形式的不变性

设函数 $z = f(u,v)$ 具有连续偏导数，则全微分为
$$\mathrm{d}z = \frac{\partial z}{\partial u}\mathrm{d}u + \frac{\partial z}{\partial v}\mathrm{d}v$$

如果 u, v 是 x, y 的函数，$u = u(x,y), v = v(x,y)$，且这两个函数也具有连续偏导数，则复合函数 $z = f(u(x,y), v(x,y))$ 的全微分为
$$\mathrm{d}z = \frac{\partial z}{\partial x}\mathrm{d}x + \frac{\partial z}{\partial y}\mathrm{d}y$$

则
$$\frac{\partial z}{\partial x} = \frac{\partial z}{\partial u} \cdot \frac{\partial u}{\partial x} + \frac{\partial z}{\partial v} \cdot \frac{\partial v}{\partial x}$$
$$\frac{\partial z}{\partial y} = \frac{\partial z}{\partial u} \cdot \frac{\partial u}{\partial y} + \frac{\partial z}{\partial v} \cdot \frac{\partial v}{\partial y}$$

所以
$$\mathrm{d}z = \frac{\partial z}{\partial x}\mathrm{d}x + \frac{\partial z}{\partial y}\mathrm{d}y = \left(\frac{\partial z}{\partial u} \cdot \frac{\partial u}{\partial x} + \frac{\partial z}{\partial v} \cdot \frac{\partial v}{\partial x}\right)\mathrm{d}x + \left(\frac{\partial z}{\partial u} \cdot \frac{\partial u}{\partial y} + \frac{\partial z}{\partial v} \cdot \frac{\partial v}{\partial y}\right)\mathrm{d}y =$$
$$\frac{\partial z}{\partial u}\left(\frac{\partial u}{\partial x}\mathrm{d}x + \frac{\partial u}{\partial y}\mathrm{d}y\right) + \frac{\partial z}{\partial v}\left(\frac{\partial v}{\partial x}\mathrm{d}x + \frac{\partial v}{\partial y}\mathrm{d}y\right) =$$
$$\frac{\partial z}{\partial u}\mathrm{d}u + \frac{\partial z}{\partial v}\mathrm{d}v$$

即
$$\mathrm{d}z = \frac{\partial z}{\partial x}\mathrm{d}x + \frac{\partial z}{\partial y}\mathrm{d}y = \frac{\partial z}{\partial u}\mathrm{d}u + \frac{\partial z}{\partial v}\mathrm{d}v$$

由此可见，无论 u, v 是自变量还是中间变量，函数 $z = f(u,v)$ 的全微分形式都相同.

5. 多元函数的可微性与连续、可导之间的关系

多元函数的可微性与连续、可导之间的关系，如图 1 所示.

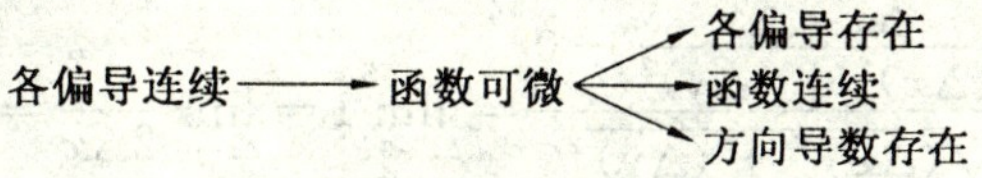

$$\text{各偏导连续} \longrightarrow \text{函数可微} \begin{cases} \text{各偏导存在} \\ \text{函数连续} \\ \text{方向导数存在} \end{cases}$$

图 1

10.4.3 常用解题技巧

1. 讨论 $z=f(x,y)$ 在点 (x_0,y_0) 的可微性的方法

(1) 利用可微的定义(最常用).

利用可微的定义判断点的可微性分为两步:

① $f_x(x_0,y_0)$, $f_y(x_0,y_0)$ 是否都存在,若有一个不存在,则可得 $z=f(x,y)$ 在点 (x_0,y_0) 不可微.

② 若两个都存在,则判断

$$\lim_{\substack{\Delta x \to 0 \\ \Delta y \to 0}} \frac{\Delta z - \mathrm{d}z}{\rho} = \lim_{\substack{\Delta x \to 0 \\ \Delta y \to 0}} \frac{(f(x_0+\Delta x, y_0+\Delta y) - f(x_0,y_0)) - (f_x(x_0,y_0)\Delta x + f_y(x_0,y_0)\Delta y)}{\sqrt{(\Delta x)^2+(\Delta y)^2}}$$

若上式极限等于 0,则 $z=f(x,y)$ 在点 (x_0,y_0) 可微;若上式极限不等于 0,则 $z=f(x,y)$ 在点 (x_0,y_0) 不可微.

(2) 利用可微的必要条件,即可微必可导 $\Rightarrow$ 不可导必不可微.

(3) 利用可微的充分条件,即 $\dfrac{\partial z}{\partial x}$, $\dfrac{\partial z}{\partial y}$ 在点 (x_0,y_0) 连续 $\Rightarrow z=f(x,y)$ 在点 (x_0,y_0) 可微.

例 1 设
$$f(x,y)=\begin{cases} \dfrac{xy}{x^2+y^2}, & (x,y) \neq (0,0) \\ 0, & (x,y)=(0,0) \end{cases}$$

试讨论 $f(x,y)$ 在点 $(0,0)$ 的连续性、可导性及可微性.

解 (1) 连续性.

$$\lim_{\substack{x \to 0 \\ y \to 0}} f(x,y) = \lim_{\substack{x \to 0 \\ y \to 0}} \frac{xy}{x^2+y^2} = \lim_{\substack{x \to 0 \\ y = kx}} \frac{kx^2}{x^2+k^2x^2} = \frac{k}{1+k^2}$$

极限值随 k 值不同而不同,故 $f(x,y)$ 在点 $(0,0)$ 不连续.

(2) 可导性.

$$\left.\frac{\partial f}{\partial x}\right|_{(0,0)} = \lim_{\Delta x \to 0} \frac{f(0+\Delta x, 0) - f(0,0)}{\Delta x} = \lim_{\Delta x \to 0} \frac{\frac{\Delta x \cdot 0}{(\Delta x)^2+0} - 0}{\Delta x} = 0$$

$$\left.\frac{\partial f}{\partial y}\right|_{(0,0)} = \lim_{\Delta y \to 0} \frac{f(0, 0+\Delta y) - f(0,0)}{\Delta y} = \lim_{\Delta y \to 0} \frac{\frac{0 \cdot \Delta y}{0+(\Delta y)^2} - 0}{\Delta y} = 0$$

$f(x,y)$ 在点 $(0,0)$ 的偏导数存在,且 $\dfrac{\partial f(0,0)}{\partial x}=0$, $\dfrac{\partial f(0,0)}{\partial y}=0$.

(3) 可微性.

$$\lim_{\substack{\Delta x \to 0 \\ \Delta y \to 0}} \frac{\Delta z - \mathrm{d}z}{\rho} = \lim_{\substack{\Delta x \to 0 \\ \Delta y \to 0}} \frac{(f(0+\Delta x, 0+\Delta y) - f(0,0)) - (f_x(0,0)\Delta x + f_y(0,0)\Delta y)}{\sqrt{(\Delta x)^2+(\Delta y)^2}} =$$

$$\lim_{\substack{\Delta x \to 0 \\ \Delta y \to 0}} \frac{\frac{\Delta x \cdot \Delta y}{(\Delta x)^2 + (\Delta y)^2} - 0}{\sqrt{(\Delta x)^2 + (\Delta y)^2}} = \lim_{\substack{\Delta x \to 0 \\ \Delta y = \Delta x}} 1 = \lim_{\Delta x \to 0} \frac{1}{2\Delta x} = \infty$$

故 $f(x,y)$ 在点 $(0,0)$ 不可微.

例 2 设 $f(x,y) = \begin{cases} (x^2+y^2)\sin\dfrac{1}{x^2+y^2}, & (x,y) \neq (0,0) \\ 0, & (x,y) = (0,0) \end{cases}$

试讨论 $f_x(x,y)$ 和 $f_y(x,y)$ 在点 $(0,0)$ 的连续性, $f(x,y)$ 在点 $(0,0)$ 的可微性.

解 (1) $f_x(x,y)$ 和 $f_y(x,y)$ 在点 $(0,0)$ 的连续性.

$$f_x(0,0) = \lim_{\Delta x \to 0} \frac{f(0+\Delta x, 0) - f(0,0)}{\Delta x} = \lim_{\Delta x \to 0} \frac{(\Delta x)^2 \sin\dfrac{1}{(\Delta x)^2} - 0}{\Delta x} = 0$$

$$f_y(0,0) = \lim_{\Delta y \to 0} \frac{f(0, 0+\Delta y) - f(0,0)}{\Delta y} = \lim_{\Delta x \to 0} \frac{(\Delta y)^2 \sin\dfrac{1}{(\Delta y)^2} - 0}{\Delta y} = 0$$

$$f_x(x,y) = \begin{cases} 2x\sin\dfrac{1}{x^2+y^2} - \dfrac{2x}{x^2+y^2}\cos\dfrac{1}{x^2+y^2}, & (x,y) \neq (0,0) \\ 0, & (x,y) = (0,0) \end{cases}$$

$$f_y(x,y) = \begin{cases} 2y\sin\dfrac{1}{x^2+y^2} - \dfrac{2y}{x^2+y^2}\cos\dfrac{1}{x^2+y^2}, & (x,y) \neq (0,0) \\ 0, & (x,y) = (0,0) \end{cases}$$

$\lim\limits_{\substack{x \to 0 \\ y \to 0}} f_x(x,y) = \lim\limits_{\substack{x \to 0 \\ y = x}} 2x\sin\dfrac{1}{2x^2} - \dfrac{2x}{2x^2}\cos\dfrac{1}{2x^2}$ 不存在 $\Rightarrow f_x(x,y)$ 在点 $(0,0)$ 不连续

$\lim\limits_{\substack{x \to 0 \\ y \to 0}} f_y(x,y) = \lim\limits_{\substack{y \to 0 \\ x = y}} 2y\sin\dfrac{1}{2y^2} - \dfrac{2y}{2y^2}\cos\dfrac{1}{2y^2}$ 不存在 $\Rightarrow f_y(x,y)$ 在点 $(0,0)$ 不连续

(2) $f(x,y)$ 在点 $(0,0)$ 可微.

$$\lim_{\substack{x \to 0 \\ y \to 0}} \frac{\Delta z - \mathrm{d}z}{\rho} = \lim_{\substack{x \to 0 \\ y \to 0}} \frac{[f(0+x, 0+y) - f(0,0)] - [f_x(0,0)x + f_y(0,0)y]}{\sqrt{x^2+y^2}} =$$

$$\lim_{\substack{x \to 0 \\ y \to 0}} \frac{(x^2+y^2)\sin\dfrac{1}{x^2+y^2}}{\sqrt{x^2+y^2}} = \lim_{\substack{x \to 0 \\ y \to 0}} (x^2+y^2)^{\frac{1}{2}} \sin\dfrac{1}{x^2+y^2} = 0$$

由于无穷小 × 有界变量 = 无穷小, 故 $f(x,y)$ 在点 $(0,0)$ 可微.

例 3 设 $f(x,y) = |x-y|\varphi(x,y)$, 其中 $\varphi(x,y)$ 在点 $(0,0)$ 的邻域连续.

(1) $\varphi(x,y)$ 满足什么条件, 才能使 $f_x(0,0), f_y(0,0)$ 都存在?

(2) 当 $\varphi(x,y)$ 满足以上条件时, $f(x,y)$ 在点 $(0,0)$ 可微吗?

解 (1) $f_x(0,0) = \lim\limits_{x \to 0} \dfrac{f(0+x, 0) - f(0,0)}{x} = \lim\limits_{x \to 0} \dfrac{|x|\varphi(x,0)}{x} =$

$\begin{cases} \varphi(0,0), & x \to 0^+ \\ -\varphi(0,0), & x \to 0^- \end{cases}$

从而可知, 当 $\varphi(0,0) = 0$ 时, $f_x(0,0) = 0$, 同理当 $\varphi(0,0) = 0$ 时, $f_y(0,0) = 0$.

(2) 当 $\varphi(0,0)=0$ 时,有
$$\Delta f = f(0+x, 0+y) - f(0,0) = |x-y|\varphi(x,y) - 0 = |x-y|\varphi(x,y)$$
$$df = f_x(0,0)x + f_y(0,0)y = 0$$
$$\lim_{\substack{x\to 0\\ y\to 0}} \frac{\Delta z - dz}{\rho} = \lim_{\substack{x\to 0\\ y\to 0}} \frac{(f(0+x,0+y)-f(0,0))-(f_x(0,0)x+f_y(0,0)y)}{\sqrt{x^2+y^2}} =$$
$$\lim_{\substack{x\to 0\\ y\to 0}} \frac{|x-y|\varphi(x,y)}{\sqrt{x^2+y^2}}$$

而
$$0 \leqslant \frac{|x-y|\varphi(x,y)}{\sqrt{x^2+y^2}} \leqslant \frac{(|x|+|y|)\varphi(x,y)}{\sqrt{x^2+y^2}} \leqslant 2\varphi(x,y)$$

由于 $\varphi(x,y)$ 在 $(0,0)$ 点的邻域连续,则
$$\lim_{\substack{x\to 0\\ y\to 0}} \varphi(x,y) = \varphi(0,0) = 0$$

由两边夹法,则
$$\lim_{\substack{x\to 0\\ y\to 0}} \frac{|x-y|\varphi(x,y)}{\sqrt{x^2+y^2}} = 0$$

于是 $\lim\limits_{\substack{x\to 0\\ y\to 0}} \frac{\Delta z - dz}{\rho} = 0$,故当 $\varphi(0,0)=0$ 时,$f(x,y)$ 在点 $(0,0)$ 可微.

2. 利用全微分形式的不变性求偏导数

例 4 设 $z = (x^2 + y^2)e^{-\arctan \frac{y}{x}}$,求 $dz, \dfrac{\partial^2 z}{\partial x \partial y}$.

解 由全微分形式不变性和微分的四则运算法则得
$$dz = e^{-\arctan \frac{y}{x}} d(x^2+y^2) + (x^2+y^2) de^{-\arctan \frac{y}{x}} =$$
$$e^{-\arctan \frac{y}{x}} \left[2xdx + 2ydy - (x^2+y^2) \frac{1}{1+\frac{y^2}{x^2}} \frac{xdy-ydx}{x^2} \right] =$$
$$e^{-\arctan \frac{y}{x}} (2xdx + 2ydy - xdy + ydx) =$$
$$e^{-\arctan \frac{y}{x}} ((2x+y)dx + (2y-x)dy)$$

得
$$\frac{\partial z}{\partial x} = e^{-\arctan \frac{y}{x}} (2x+y)$$

对 y 求导得
$$\frac{\partial^2 z}{\partial x \partial y} = e^{-\arctan \frac{y}{x}} \left(1 - \frac{1}{1+\frac{y^2}{x^2}} \frac{1}{x} (2x+y) \right) = e^{-\arctan \frac{y}{x}} \frac{y^2 - x^2 - xy}{x^2 + y^2}$$

例 5 设 $\begin{cases} u = f(x-ut, y-ut, z-ut) \\ g(x,y,z) = 0 \end{cases}$,求 $\dfrac{\partial u}{\partial x}, \dfrac{\partial u}{\partial y}$.

解法一 利用全微分形式的不变性,分别对两个方程求全微分,得
$$\begin{cases} du = f'_1 d(x-ut) + f'_2 d(y-ut) + f'_3 d(z-ut) \\ g'_1 dx + g'_2 dy + g'_3 dz = 0 \end{cases}$$
$$du = f'_1 d(x-ut) + f'_2 d(y-ut) + f'_3 d(z-ut) =$$

$$f'_1(\mathrm{d}x - u\mathrm{d}t - t\mathrm{d}u) + f'_2(\mathrm{d}y - u\mathrm{d}t - t\mathrm{d}u) + f'_3(\mathrm{d}z - u\mathrm{d}t - t\mathrm{d}u)$$

整理得

$$(1 + t(f'_1 + f'_2 + f'_3))\mathrm{d}u = f'_1\mathrm{d}x + f'_2\mathrm{d}y + f'_3\mathrm{d}z - u(f'_1 + f'_2 + f'_3)\mathrm{d}t$$

$$\mathrm{d}z = -\frac{g'_1}{g'_3}\mathrm{d}x - \frac{g'_2}{g'_3}\mathrm{d}y$$

于是

$$(1 + t(f'_1 + f'_2 + f'_3))\mathrm{d}u = f'_1\mathrm{d}x + f'_2\mathrm{d}y + f'_3\mathrm{d}z - u(f'_1 + f'_2 + f'_3)\mathrm{d}t =$$
$$\frac{1}{g'_3}((f'_1 g'_3 - f'_3 g'_1)\mathrm{d}x + (f'_2 g'_3 - f'_3 g'_2)\mathrm{d}y) -$$
$$u(f'_1 + f'_2 + f'_3)\mathrm{d}t$$

$$\frac{\partial u}{\partial x} = \frac{f'_1 g'_3 - f'_3 g'_1}{g'_3(1 + t(f'_1 + f'_2 + f'_3))}$$

$$\frac{\partial u}{\partial y} = \frac{f'_2 g'_3 - f'_3 g'_2}{g'_3(1 + t(f'_1 + f'_2 + f'_3))}$$

解法二 方程组求偏导. 两个方程 x,y,z,u,t 五个变量, 所以确定两个因变量(即函数值)、三个自变量, 首先 x,y 是自变量, 由第二个方程得 z 为因变量, 故自变量为 x,y,t, 因变量为 z,u, 于是方程组对 x 求偏导, 有

$$\begin{cases} \dfrac{\partial u}{\partial x} = f'_1\left(1 - t\dfrac{\partial u}{\partial x}\right) - f'_2 \dfrac{\partial u}{\partial x} t + f'_3\left(\dfrac{\partial z}{\partial x} - \dfrac{\partial u}{\partial x} t\right) \\ \dfrac{\partial g}{\partial x} + \dfrac{\partial g}{\partial z}\dfrac{\partial z}{\partial x} = 0 \end{cases}$$

即

$$\begin{cases} (1 + t(f'_1 + f'_2 + f'_3))\dfrac{\partial u}{\partial x} = f'_1 + f'_3 \dfrac{\partial z}{\partial x} \\ \dfrac{\partial z}{\partial x} = -\dfrac{\dfrac{\partial g}{\partial x}}{\dfrac{\partial g}{\partial z}} \end{cases}$$

解得

$$\frac{\partial u}{\partial x} = \frac{f'_1 \dfrac{\partial g}{\partial z} - f'_3 \dfrac{\partial g}{\partial x}}{\dfrac{\partial g}{\partial z}(1 + t(f'_1 + f'_2 + f'_3))}$$

同理对方程组求 y 的偏导, 得

$$\frac{\partial u}{\partial y} = \frac{f'_2 \dfrac{\partial g}{\partial z} - f'_3 \dfrac{\partial g}{\partial y}}{\dfrac{\partial g}{\partial z}(1 + t(f'_1 + f'_2 + f'_3))}$$

10.4.4 典型题解

例 6 求下列函数的全微分.

① $u = \dfrac{s+t}{s-t}$；② $z = \tan \dfrac{y^2}{x}$.

解 ① $du = \dfrac{\partial u}{\partial s}ds + \dfrac{\partial u}{\partial t}dt = \dfrac{2(-tds+sdt)}{(s-t)^2}$.

② $dz = \dfrac{\partial z}{\partial x}dx + \dfrac{\partial z}{\partial y}dy = -\dfrac{y^2}{x^2}\sec^2\dfrac{y^2}{x}dx + \dfrac{2y}{x}\sec^2\dfrac{y^2}{x}dy = \dfrac{y}{x^2}\left(\sec^2\dfrac{y^2}{x}\right)(2xdy - ydx)$.

例 7 设函数 $f(x,y,z) = \dfrac{z}{x^2+y^2}$，求 $df(1,2,1)$.

解 $\dfrac{\partial f}{\partial x} = \dfrac{-2xz}{(x^2+y^2)^2}, \dfrac{\partial f}{\partial y} = \dfrac{-2yz}{(x^2+y^2)^2}, \dfrac{\partial f}{\partial z} = \dfrac{1}{(x^2+y^2)^2}$

所以

$$df(x,y,z) = \dfrac{\partial f}{\partial x}dx + \dfrac{\partial f}{\partial y}dy + \dfrac{\partial f}{\partial z}dz =$$

$$\dfrac{1}{(x^2+y^2)^2}[-2xz\,dx - 2yz\,dy + (x^2+y^2)dz]$$

所以

$$df(1,2,1) = \dfrac{1}{25}(-2dx - 4dy + 5dz)$$

例 8 讨论函数 $f(x,y) = \sqrt{|xy|}$ 在点 $(0,0)$ 处的连续性与可微性.

解 因为 $\lim\limits_{\substack{x\to 0\\ y\to 0}} \sqrt{|xy|} = 0 = f(0,0)$，所以函数 $f(x,y)$ 在 $(0,0)$ 处连续.

$$f'_x(0,0) = \dfrac{\lim\limits_{x\to 0} f(x,0) - f(0,0)}{x} = \lim\limits_{x\to 0}\dfrac{0}{x} = 0$$

$$f'_y(0,0) = \lim\limits_{y\to 0}\dfrac{f(0,y) - f(0,0)}{y} = \lim\limits_{y\to 0}\dfrac{0}{y} = 0$$

$$\lim\limits_{\rho\to 0}\dfrac{\Delta f - (f'_x(0,0)\Delta x + f'_y(0,0)\Delta y)}{\rho} = \lim\limits_{\rho\to 0}\dfrac{\sqrt{|\Delta x\cdot \Delta y|}}{\sqrt{(\Delta x)^2 + (\Delta y)^2}} \neq 0$$

（令 $\Delta y = k\Delta x$，此极限等于 $\dfrac{\sqrt{|k|}}{\sqrt{1+k^2}}$ 随 k 值变化而变化，故极限不存在，不可能为 0）

10.5 多元函数微分学的几何应用

10.5.1 基本要求

(1) 掌握空间曲面的切平面与法线的公式.
(2) 掌握空间曲线的切线与法平面.

10.5.2 知识考点概述

1. 空间曲线的切线与法平面

(1) 空间曲线为参数方程.

方程组 $\begin{cases} x = x(t) \\ y = y(t) \\ z = z(t) \end{cases}$ 在点 $P_0(x_0, y_0, z_0)$ 有定义，其中 $x_0 = x(t_0)$，$y_0 = y(t_0)$，$z_0 = z(t_0)$，3个函数都可导，且 $x'^2(t_0) + y'^2(t_0) + z'^2(t_0) \neq 0$．

切线方程
$$\frac{x-x_0}{x'(t_0)} = \frac{y-y_0}{y'(t_0)} = \frac{z-z_0}{z'(t_0)}$$

法平面方程
$$x'(t_0)(x-x_0) + y'(t_0)(y-y_0) + z'(t_0)(z-z_0) = 0$$

(2) 空间曲线为一般方程(两曲面的交线).

① 空间曲线的一般方程 $\begin{cases} F(x,y,z) = 0 \\ G(x,y,z) = 0 \end{cases}$，$M_0(x_0, y_0, z_0)$ 是曲线上一点，则点 M_0 的切线方程为

$$\begin{cases} \dfrac{\partial F(M_0)}{\partial x}(x-x_0) + \dfrac{\partial F(M_0)}{\partial y}(y-y_0) + \dfrac{\partial F(M_0)}{\partial z}(z-z_0) = 0 \\ \dfrac{\partial G(M_0)}{\partial x}(x-x_0) + \dfrac{\partial G(M_0)}{\partial y}(y-y_0) + \dfrac{\partial G(M_0)}{\partial z}(z-z_0) = 0 \end{cases}$$

或

$$\frac{x-x_0}{\left.\dfrac{\partial(F,G)}{\partial(y,z)}\right|_{M_0}} = \frac{y-y_0}{\left.\dfrac{\partial(F,G)}{\partial(z,x)}\right|_{M_0}} = \frac{z-z_0}{\left.\dfrac{\partial(F,G)}{\partial(x,y)}\right|_{M_0}}$$

法平面方程为
$$\left.\frac{\partial(F,G)}{\partial(y,z)}\right|_{M_0}(x-x_0) + \left.\frac{\partial(F,G)}{\partial(z,x)}\right|_{M_0}(y-y_0) + \left.\frac{\partial(F,G)}{\partial(x,y)}\right|_{M_0}(z-z_0) = 0$$

切线和法平面的方程也可如下求解 $F(x,y,z) = 0$ 和 $G(x,y,z) = 0$ 在点 $M_0(x_0, y_0, z_0)$ 的法向量为

$$\boldsymbol{n}_1 = \{F_x(x_0,y_0,z_0), F_y(x_0,y_0,z_0), F_z(x_0,y_0,z_0)\}$$
$$\boldsymbol{n}_2 = \{G_x(x_0,y_0,z_0), G_y(x_0,y_0,z_0), G_z(x_0,y_0,z_0)\}$$

则曲线过 M_0 的切线的方向向量为 $\boldsymbol{n}_1 \times \boldsymbol{n}_2 = \{A, B, C\}$．

故过 M_0 的切线方程为
$$\frac{x-x_0}{A} = \frac{y-y_0}{B} = \frac{z-z_0}{C}$$

过 M_0 的法平面方程为
$$A(x-x_0) + B(y-y_0) + C(z-z_0) = 0$$

② 空间曲线的一般方程 $\begin{cases} F(x,y,z) = 0 \\ G(x,y,z) = 0 \end{cases}$ 可看成以 x 为参数的参数方程 $\begin{cases} x = x \\ y = \varphi(x) \\ z = \psi(x) \end{cases}$，假设 $\varphi(x), \psi(x)$ 都可导，点为 $P_0(x_0, y_0, z_0)$，其中 $x_0 = x_0$，$y_0 = y(x_0)$，$z_0 = z(x_0)$．

在点 P_0 的切线方程为

$$\frac{x-x_0}{1}=\frac{y-y_0}{\varphi'(x_0)}=\frac{z-z_0}{\psi'(x_0)}$$

在点 P_0 的法平面方程为
$$(x-x_0)+\varphi'(x_0)(y-y_0)+\psi'(x_0)(z-z_0)=0$$

同理可得以 y 为参数的参数方程.

过点 P_0 的切线方程为
$$\frac{x-x_0}{\varphi(y_0)}=\frac{y-y_0}{1}=\frac{z-z_0}{\psi'(y_0)}$$

在点 P_0 的法平面方程为
$$\varphi'(y_0)(x-x_0)+(y-y_0)+\psi'(y_0)(z-z_0)=0$$

以 z 为参数的参数方程:

过点 P_0 的切线方程为
$$\frac{x-x_0}{\varphi(z_0)}=\frac{y-y_0}{\psi'(z_0)}=\frac{z-z_0}{1}$$

过点 P_0 的法平面方程为
$$\varphi'(z_0)(x-x_0)+\psi'(z_0)(y-y_0)+(z-z_0)=0$$

2. 空间曲面的切平面与法线

(1) 曲面方程为隐函数: $F(x,y,z)=0$.

曲面方程 $F(x,y,z)=0$,其上一点 $P_0(x_0,y_0,z_0)$,并假设函数 $F(x,y,z)$ 的偏导数在该点连续,且不同时为零.

法向量:
$$\boldsymbol{n}=\{F_x(x_0,y_0,z_0),F_y(x_0,y_0,z_0),F_z(x_0,y_0,z_0)\}$$

切平面的方程:
$$F_x(x_0,y_0,z_0)(x-x_0)+F_y(x_0,y_0,z_0)(y-y_0)+F_z(x_0,y_0,z_0)(z-z_0)=0$$

法线方程:
$$\frac{x-x_0}{F_x(x_0,y_0,z_0)}=\frac{y-y_0}{F_y(x_0,y_0,z_0)}=\frac{z-z_0}{F_z(x_0,y_0,z_0)}$$

(2) 曲面方程为显函数: $z=f(x,y)$.

曲面上点 $P_0(x_0,y_0,z_0)$ 处的法向量为
$$\boldsymbol{n}=\{f_x(x_0,y_0),f_y(x_0,y_0),-1\}$$

切平面方程:
$$f_x(x_0,y_0)(x-x_0)+f_y(x_0,y_0)(y-y_0)-(z-z_0)=0$$

法线方程:
$$\frac{x-x_0}{f_x(x_0,y_0)}=\frac{y-y_0}{f_y(x_0,y_0)}=\frac{z-z_0}{-1}$$

单位法向量:
$$\boldsymbol{n}=\frac{\pm(f_x(x_0,y_0),f_y(x_0,y_0),-1)}{\sqrt{1+f_x^2(x_0,y_0)+f_y^2(x_0,y_0)}}=(\cos\alpha,\cos\beta,\cos\gamma)$$

法向量的方向余弦:

$$\cos\alpha = \frac{f_x}{\sqrt{1+f_x^2+f_y^2}},\cos\beta = \frac{f_y}{\sqrt{1+f_x^2+f_y^2}},\cos\gamma = \frac{-1}{\sqrt{1+f_x^2+f_y^2}}$$

切平面方程：
$$-f_x(x_0,y_0)(x-x_0)-f_y(x_0,y_0)(y-y_0)+(z-z_0)=0$$

法线方程：
$$\frac{x-x_0}{-f_x(x_0,y_0)}=\frac{y-y_0}{-f_y(x_0,y_0)}=\frac{z-z_0}{1}$$

10.5.3 常见解题技巧

求曲线的切线和法平面的方程常用如下方法(简单易记).

$F(x,y,z)=0$ 和 $G(x,y,z)=0$ 在点 $M_0(x_0,y_0,z_0)$ 的法向量为
$$\boldsymbol{n}_1=\{F_x(x_0,y_0,z_0),F_y(x_0,y_0,z_0),F_z(x_0,y_0,z_0)\}$$
$$\boldsymbol{n}_2=\{G_x(x_0,y_0,z_0),G_y(x_0,y_0,z_0),G_z(x_0,y_0,z_0)\}$$

由于 $\boldsymbol{n}_1\times\boldsymbol{n}_2=\{A,B,C\}$，则过点 M_0 的切线方程为
$$\frac{x-x_0}{A}=\frac{y-y_0}{B}=\frac{z-z_0}{C}$$

过点 M_0 的法平面方程为
$$A(x-x_0)+B(y-y_0)+C(z-z_0)=0$$

例 1 求曲线 $\begin{cases} x^2+y^2+z^2=0 \\ x^3+y+z^2=0 \end{cases}$ 在点 $(1,-2,1)$ 处的切线与法平面方程.

解法一 利用曲面的法向量的叉乘：$\boldsymbol{n}_1\times\boldsymbol{n}_2=\{A,B,C\}$，$F(x,y,z)=x^2+y^2+z^2=0$ 在点 $(1,-2,1)$ 的法向量为
$$\boldsymbol{n}_1=\{F_x(x_0,y_0,z_0),F_y(x_0,y_0,z_0),F_z(x_0,y_0,z_0)\}=\{1,-2,1\}$$

$G(x,y,z)=x^3+y+z^2=0$ 在点 $(1,-2,1)$ 的法向量为
$$\boldsymbol{n}_2=\{G_x(x_0,y_0,z_0),G_y(x_0,y_0,z_0),G_z(x_0,y_0,z_0)\}=\{3,1,2\}$$

则曲线在点 $(1,-2,1)$ 的切向量为
$$\boldsymbol{n}_1\times\boldsymbol{n}_2=\begin{vmatrix} \boldsymbol{i} & \boldsymbol{j} & \boldsymbol{k} \\ 1 & -2 & 1 \\ 3 & 1 & 2 \end{vmatrix}=\{-5,1,7\}$$

故所求切线方程为
$$\frac{x-1}{-5}=\frac{y+2}{1}=\frac{z-1}{7}$$

法平面方程为
$$-5(x-1)+(y+2)+7(z-1)=0$$

即
$$5x-y-7z=0$$

解法二 利用两曲面在切点的切平面的交线. 切线 $F(x,y,z)=x^2+y^2+z^2=0$ 在点 $(1,-2,1)$ 的法向量为
$$\boldsymbol{n}_1=\{F_x(x_0,y_0,z_0),F_y(x_0,y_0,z_0),F_z(x_0,y_0,z_0)\}=\{1,-2,1\}$$

切平面为

$$(x-1)-2(y+2)+(z-1)=0$$

即
$$x-2y+z-6=0$$

$G(x,y,z)=x^3+y+z^2=0$ 在点 $(1,-2,1)$ 的法向量为
$$\boldsymbol{n}_2=\{G_x(x_0,y_0,z_0),G_y(x_0,y_0,z_0),G_z(x_0,y_0,z_0)\}=\{3,1,2\}$$

切平面为
$$3(x-1)+(y+2)+2(z-1)=0$$

即
$$3x+y+2z-3=0$$

所求曲线方程为
$$\begin{cases} x-2y+z-6=0 \\ 3x+y+2z-3=0 \end{cases} \Rightarrow \frac{x-1}{-5}=\frac{y+2}{1}=\frac{z-1}{7}$$

法平面方程为
$$-5(x-1)+(y+2)+7(z-1)=0$$

即
$$5x-y-7z=0$$

解法三 把 x 看成参数的参数方程.

方程组 $\begin{cases} x^2+y^2+z^2=0 \\ x^3+y+z^2=0 \end{cases}$ 确定了两个一元函数 $y=y(x), z=z(x)$，那么曲线的参数方程为

$$\begin{cases} x=x \\ y=y(x), x\text{ 为参数} \\ z=z(x) \end{cases}$$

方程组两边对 x 求导数，有
$$\begin{cases} 2x+2y\dfrac{dy}{dx}+2z\dfrac{dz}{dx}=0 \\ 3x^2+\dfrac{dy}{dx}+2z\dfrac{dz}{dx}=0 \end{cases}$$

将 $(1,-2,1)$ 代入上式得
$$\begin{cases} 2\dfrac{dy}{dx}-\dfrac{dz}{dx}=1 \\ \dfrac{dy}{dx}+2\dfrac{dz}{dx}=-3 \end{cases}$$

解得
$$\frac{dy}{dx}=-\frac{1}{5}, \frac{dz}{dx}=-\frac{7}{5}$$

故所求切线方程为
$$\frac{x-1}{1}=\frac{y+2}{-\frac{1}{5}}=\frac{z-1}{-\frac{7}{5}} \Rightarrow \frac{x-1}{-5}=\frac{y+2}{1}=\frac{z-1}{7}$$

法平面方程为
$$-5(x-1)+(y+2)+7(z-1)=0$$

即
$$5x-y-7z=0$$

10.5.4 典型题解

例 2 求曲线 $x=\dfrac{1}{4}t^4, y=\dfrac{1}{3}t^3, z=\dfrac{1}{2}t^2$ 在对应点 $t=1$ 处的切线与法平面方程.

解 当 $t=1$ 时,对应点为 $x_0=\dfrac{1}{4}, y_0=\dfrac{1}{3}, z_0=\dfrac{1}{2}$,在点 (x_0,y_0,z_0) 处的切向量为

$$\boldsymbol{T}=\{x_t',y_t',z_t'\}\Big|_{t=1}=\{1,1,1\}$$

切线方程为

$$\frac{x-\dfrac{1}{4}}{1}=\frac{y-\dfrac{1}{3}}{1}=\frac{z-\dfrac{1}{2}}{1}$$

法平面方程为

$$1\left(x-\frac{1}{4}\right)+1\left(y-\frac{1}{3}\right)+1\left(z-\frac{1}{2}\right)=0$$

即

$$x+y+z=\frac{13}{12}$$

例 3 求 $\begin{cases} x^2+y^2+z^2=6 \\ z=x^2+y^2 \end{cases}$ 在 $(-1,1,2)$ 处的切线方程.

解 方程组两边对 x 求导,有

$$\begin{cases} 2x+2y\dfrac{\mathrm{d}y}{\mathrm{d}x}+2z\dfrac{\mathrm{d}z}{\mathrm{d}x}=0 \\ \dfrac{\mathrm{d}z}{\mathrm{d}x}=2x+2y\dfrac{\mathrm{d}y}{\mathrm{d}x} \end{cases}$$

整理,有

$$\begin{cases} 2y\dfrac{\mathrm{d}y}{\mathrm{d}x}+2z\dfrac{\mathrm{d}z}{\mathrm{d}x}=-2x \\ 2y\dfrac{\mathrm{d}y}{\mathrm{d}x}-\dfrac{\mathrm{d}z}{\mathrm{d}x}=-2x \end{cases}$$

由克莱姆法则,有

$$\frac{\mathrm{d}y}{\mathrm{d}x}=-\frac{x}{y},\frac{\mathrm{d}z}{\mathrm{d}x}=0$$

故在 $(-1,1,2)$ 处的切向量为

$$\boldsymbol{T}=\left\{1,\frac{\mathrm{d}y}{\mathrm{d}x},\frac{\mathrm{d}z}{\mathrm{d}x}\right\}\Big|_{(-1,1,2)}=\{1,1,0\}$$

所求切线方程为

$$\frac{x+1}{1}=\frac{y-1}{1}=\frac{z-2}{0}$$

例 4 求曲线 $x=\dfrac{t^4}{4},y=\dfrac{t^3}{3},z=\dfrac{t^2}{2}$ 的切线方程,该切线平行于平面 $x+3y+2z=0$.

解 设切点对应 $t=t_0$,则切向量 $\boldsymbol{T}=\{t_0^3,t_0^2,t_0\}$,已知平面的法向量 $\boldsymbol{n}=\{1,3,2\}$,根

据题意有 $n \cdot T = 0$，即 $t_0^3 + t_0^2 + t_0 = 0$，则 $t_0 = -1, -2, 0$（不合题意舍去），则
$$T = \{-1, 1, -1\} \text{ 或 } T = \{-8, 4, -2\}$$
切点分别为 $\left(\dfrac{1}{4}, -\dfrac{1}{3}, \dfrac{1}{2}\right)$ 或 $\left(4, -\dfrac{8}{3}, 2\right)$ 的切线方程为
$$\frac{4x-1}{4} = \frac{3y+1}{-3} = \frac{2z-1}{2} \text{ 或 } \frac{x-4}{4} = \frac{3y+8}{-6} = \frac{z-2}{1}$$

例 5 求曲面 $x^3 + y^3 + z^3 + xyz = 6$ 在 $x=1, y=2$ 的对应点处的切平面与法线方程.

解 将 $x=1, y=2$ 代入 $x^3 + y^3 + z^3 + xyz = 6$ 中，解得 $z=-1$，切点为 $(1,2,-1)$.

设
$$F(x,y,z) = x^3 + y^3 + z^3 + xyz - 6$$
$$F_x(1,2,-1) = (3x^2 + yz)\big|_{(1,2,-1)} = 1$$
$$F_y(1,2,-1) = (3y^2 + xz)\big|_{(1,2,-1)} = 11$$
$$F_z(1,2,-1) = (3z^2 + xy)\big|_{(1,2,-1)} = 5$$

故切平面的法向量 $n = \{1, 11, 5\}$，所求切平面为
$$(x-1) + 11(y-2) + 5(z+1) = 0$$
法线方程为
$$\frac{x-1}{1} = \frac{y-2}{11} = \frac{z+1}{5}$$

例 6 证明：曲面 $\sqrt{x} + \sqrt{y} + \sqrt{z} = \sqrt{a}$ ($a > 0$) 上任意点处的切平面在 3 个坐标轴上的截距之和为常数.

证明 令 $F(x,y,z) = \sqrt{x} + \sqrt{y} + \sqrt{z} - \sqrt{a}$，设 $P_0(x_0, y_0, z_0)$ 为曲面上任意点
$$F_x(x_0, y_0, z_0) = \frac{1}{2\sqrt{x_0}},\ F_y(x_0, y_0, z_0) = \frac{1}{2\sqrt{y_0}},\ F_z(x_0, y_0, z_0) = \frac{1}{2\sqrt{z_0}}$$
因而点 $P_0(x_0, y_0, z_0)$ 处的切平面方程为
$$\frac{1}{\sqrt{x_0}}(x - x_0) + \frac{1}{\sqrt{y_0}}(y - y_0) + \frac{1}{\sqrt{z_0}}(z - z_0) = 0$$
利用
$$\sqrt{x} + \sqrt{y} + \sqrt{z} = \sqrt{a}$$
化为截距式方程为
$$\frac{x}{\sqrt{ax_0}} + \frac{y}{\sqrt{ay_0}} + \frac{z}{\sqrt{az_0}} = 0$$
故切平面在三个坐标轴上的截距之和为
$$\sqrt{ax_0} + \sqrt{ay_0} + \sqrt{az_0} = \sqrt{a}(\sqrt{x} + \sqrt{y} + \sqrt{z}) = a, a\ \text{为常数}$$

例 7 设 $F(u,v)$ 可微，求证：曲面 $F\left(\dfrac{x-a}{z-c}, \dfrac{y-b}{z-c}\right) = 0$ 上任意点处的切平面都通过一定点.

证明 $P_0(x_0, y_0, z_0)$ 为曲面上任意点，则过点 $P_0(x_0, y_0, z_0)$ 的法向量为
$$n = \left\{\frac{F_1}{z_0 - c}, \frac{F_2}{z_0 - c}, -\frac{x_0 - a}{(z_0 - c)^2} F_1 - \frac{y_0 - b}{(z_0 - c)^2} F_2\right\}$$

故过 $P_0(x_0, y_0, z_0)$ 的切平面方程为

$$F_1 \frac{x-x_0}{z_0-c} + F_2 \frac{y-y_0}{z_0-c} - \left(\frac{x_0-a}{(z_0-c)^2} F_1 + \frac{y_0-b}{(z_0-c)^2} F_2 \right)(z-z_0) = 0$$

将点 (a,b,c) 代入上式，有

$$F_1 \frac{a-x_0}{z_0-c} + F_2 \frac{b-y_0}{z_0-c} - \left(\frac{x_0-a}{(z_0-c)^2} F_1 + \frac{y_0-b}{(z_0-c)^2} F_2 \right)(c-z_0) = 0$$

即曲面 $F\left(\frac{x-a}{z-c}, \frac{y-b}{z-c} \right) = 0$ 上任意点处的切平面都通过一定点 (a,b,c).

10.6 方向导数与梯度

10.6.1 基本要求

(1) 理解方向导数的定义.
(2) 掌握方向导数的计算公式.
(3) 掌握梯度的定义.
(4) 掌握方向导数与梯度的关系.

10.6.2 知识考点概述

1. 方向导数的定义

设 L 是 xOy 平面上以 $P_0(x_0, y_0)$ 为始点的一条射线，向量 $\boldsymbol{n} = \{\cos\alpha, \cos\beta\}$ 是 L 的方向向量，射线 L 的参数方程为

$$\begin{cases} x = x_0 + t\cos\alpha \\ y = y_0 + t\cos\beta \end{cases}, t \geqslant 0$$

函数 $z = f(x, y)$ 在点 $P_0(x_0, y_0)$ 的某个邻域 $U(P_0)$ 内有定义.

$P(x_0 + t\cos\alpha, y_0 + t\cos\beta)$ 为 L 上的另一点，且 $P \in U(P_0)$，则

$$\lim_{|P_0P| \to 0^+} \frac{f(x_0 + t\cos\alpha, y_0 + t\cos\beta) - f(x_0, y_0)}{|P_0P|} =$$

$$\lim_{t \to 0^+} \frac{f(x_0 + t\cos\alpha, y_0 + t\cos\beta) - f(x_0, y_0)}{t}$$

若此极限存在，则称此极限为函数 $f(x,y)$ 在点 P_0 沿方向 L 的方向导数，记作 $\left. \frac{\partial f}{\partial l} \right|_{(x_0, y_0)}$，即

$$\left. \frac{\partial f}{\partial l} \right|_{(x_0, y_0)} = \lim_{t \to 0^+} \frac{f(x_0 + t\cos\alpha, y_0 + t\cos\beta) - f(x_0, y_0)}{t}$$

显然，当 $l = \{1, 0\}$ 时，则

$$\left. \frac{\partial f}{\partial l} \right|_{(x_0, y_0)} = \lim_{t \to 0^+} \frac{f(x_0 + t, y_0) - f(x_0, y_0)}{t} = f_{x^+}(x_0, y_0)$$

当 $l = \{-1, 0\}$ 时，则

$$\left.\frac{\partial f}{\partial l}\right|_{(x_0,y_0)} = \lim_{t \to 0^+} \frac{f(x_0-t,y_0) - f(x_0,y_0)}{t} = -f_x(x_0,y_0)$$

当 $l = \{0,1\}$ 时，则

$$\left.\frac{\partial f}{\partial l}\right|_{(x_0,y_0)} = \lim_{t \to 0^+} \frac{f(x_0,y_0+t) - f(x_0,y_0)}{t} = f_{y^+}(x_0,y_0)$$

而

$$f_x(x_0,y_0) = \lim_{t \to 0} \frac{f(x_0+t,y_0) - f(x_0,y_0)}{t}, f_y(x_0,y_0) = \lim_{t \to 0} \frac{f(x_0,y_0+t) - f(x_0,y_0)}{t}$$

其中 t 的正负不限，无方向概念，因此偏导数并不是某一方向的方向导数．

2. 方向导数的计算公式

函数 $f(x,y)$ 在点 $P_0(x_0,y_0)$ 处可微分，则

$$\left.\frac{\partial f}{\partial l}\right|_{(x_0,y_0)} = f_x(x_0,y_0)\cos\alpha + f_y(x_0,y_0)\cos\beta$$

其中 $\cos\alpha, \cos\beta$ 是方向 L 的方向余弦．

3. 梯度的定义

(1) 二元函数的梯度．

函数 $z = f(x,y)$ 在平面区域 D 内具有一阶连续偏导数，函数 $f(x,y)$ 在点 $P_0(x_0,y_0) \in D$ 的梯度，记作 $\text{grad} f(x_0,y_0)$ 或 $\nabla f(x_0,y_0)$，即

$$\text{grad} f(x_0,y_0) = \nabla f(x_0,y_0) = f_x(x_0,y_0)\boldsymbol{i} + f_y(x_0,y_0)\boldsymbol{j}$$

其中 $\nabla = \frac{\partial}{\partial x}\boldsymbol{i} + \frac{\partial}{\partial y}\boldsymbol{j}$ 称为（二维的）向量微分算子，或哈密尔顿算子（奈布拉算子）

$$\nabla f = \frac{\partial f}{\partial x}\boldsymbol{i} + \frac{\partial f}{\partial y}\boldsymbol{j}$$

(2) 三元函数的梯度．

设 $u = f(x,y,z)$ 在空间区域 G 内具有一阶连续偏导数，函数在点 $P_0(x_0,y_0,z_0) \in G$ 的梯度为

$$\text{grad} f(x_0,y_0,z_0) = \nabla f(x_0,y_0,z_0) =$$
$$f_x(x_0,y_0,z_0)\boldsymbol{i} + f_y(x_0,y_0,z_0)\boldsymbol{j} + f_z(x_0,y_0,z_0)\boldsymbol{k}$$

其中 $\nabla = \frac{\partial}{\partial x}\boldsymbol{i} + \frac{\partial}{\partial y}\boldsymbol{j} + \frac{\partial}{\partial z}\boldsymbol{k}$ 称为（三维的）向量微分算子或哈密尔顿算子（奈布拉算子）．

4. 向量微分算子的四则运算

(1) $\nabla(u \pm v) = \nabla u \pm \nabla v$．
(2) $\nabla(uv) = v\nabla u \pm u\nabla v$．
(3) $\nabla(cu) = c\nabla u$，c 为常数．
(4) $\nabla\left(\frac{u}{v}\right) = \frac{v\nabla u - u\nabla v}{v^2}$．

5. 方向导数与梯度的关系

函数 $z = f(x,y)$ 在点 $P_0(x_0,y_0)$ 处可微分，$l = \{\cos\alpha, \cos\beta\}$，则

$$\left.\frac{\partial f}{\partial l}\right|_{(x_0,y_0)} = f_x(x_0,y_0)\cos\alpha + f_y(x_0,y_0)\cos\beta = \text{grad} f(x_0,y_0) \cdot \boldsymbol{l} =$$

$$|\operatorname{grad} f(x_0, y_0)|\cos\theta$$

其中 $\theta = \langle \operatorname{grad} f(x_0, y_0), l \rangle$.

注 （1）当 $\theta = 0$，即方向 l 与 $\operatorname{grad} f(x_0, y_0)$ 的方向相同，方向导数达到最大值，最大值就是梯度 $\operatorname{grad} f(x_0, y_0)$ 的模，即

$$\left.\frac{\partial f}{\partial l}\right|_{(x_0, y_0)} = |\operatorname{grad} f(x_0, y_0)|$$

即梯度方向为函数增加最快的方向.

（2）当 $\theta = \pi$，即方向 l 与梯度 $\operatorname{grad} f(x_0, y_0)$ 的方向相反，函数的方向导数取得最小值，即

$$\left.\frac{\partial f}{\partial l}\right|_{(x_0, y_0)} = -|\operatorname{grad} f(x_0, y_0)|$$

即梯度的反方向为函数减小最快的方向.

（3）当 $\theta = \dfrac{\pi}{2}$，即方向 $l \perp \operatorname{grad} f(x_0, y_0)$，即

$$\left.\frac{\partial f}{\partial l}\right|_{(x_0, y_0)} = |\operatorname{grad} f(x_0, y_0)|\cos\theta = 0$$

即梯度的垂直方向函数的变化率为 0.

（4）$\dfrac{\partial f}{\partial l} = \nabla f \cdot l = p_{rjl} \nabla f$，即梯度向量在任意给定方向 l 上的投影就是该方向上的方向导数.

（5）梯度是一个向量，方向导数是个数量.

6. 等值线（面）与梯度方向导数之间的关系

（1）等值线.

曲面 $z = f(x, y)$ 被平面 $z = c$（c 常数）所截得的曲线 L 的方程为 $\begin{cases} z = f(x, y) \\ z = c \end{cases}$，在 xOy 平面上的投影是一条平面曲线 $L^*: f(x, y) = c$（图 1），称平面曲线 L^* 为函数 $z = f(x, y)$ 的等值线.

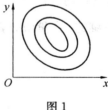

图 1

（2）等值线与梯度方向导数之间的关系.

$f(x, y)$ 在一点 (x_0, y_0) 的梯度 $\nabla f(x_0, y_0)$ 的方向就是等值线 $f(x, y) = c$ 在这点的法线方向 $\boldsymbol{n}$，而梯度的模 $|\nabla f(x_0, y_0)|$ 就是沿这个法线方向的方向导数 $\dfrac{\partial f}{\partial \boldsymbol{n}}$，于是有

$$\nabla f(x_0, y_0) = \frac{\partial f}{\partial \boldsymbol{n}} \boldsymbol{n}$$

（3）等值面与梯度方向导数之间的关系.

梯度 $\nabla f(x_0,y_0,z_0)$ 的方向就是等值面 $f(x,y,z)=c$ 在这点的法线方向 n,而梯度的模 $|\nabla f(x_0,y_0,z_0)|$ 就是函数沿这个法线方向的方向导数 $\dfrac{\partial f}{\partial n}$.

10.6.3 典型题解

例1 函数 $u=x^2-xy+y^2$ 在点 $(1,1)$ 处沿 $l=\left\{\dfrac{1}{4},\dfrac{1}{4}\right\}$ 方向的变化率为( ).

A. 最大 B. 最小 C. 1 D. 0

解 $\operatorname{grad} u(1,1)=\left\{\dfrac{\partial u}{\partial x},\dfrac{\partial u}{\partial y}\right\}\Big|_{(1,1)}=(1,1)$

$l=\dfrac{1}{4}\{1,1\}$ 与 $\operatorname{grad} u(1,1)=\{1,1\}$ 方向一致,故选 A.

例2 设从 x 轴的正向到 l 的转角为 $135°$,求函数 $z=3x^4+xy+y^3$ 在点 $M(1,2)$ 处沿 l 方向的方向导数.

解 $\dfrac{\partial z}{\partial x}\Big|_{(1,2)}=(12x^3+y)\Big|_{(1,2)}=14,\dfrac{\partial z}{\partial y}\Big|_{(1,2)}=(x+3y^2)\Big|_{(1,2)}=13$

故

$$\dfrac{\partial z}{\partial l}=\dfrac{\partial z}{\partial x}\cos 135°+\dfrac{\partial z}{\partial y}\sin 135°=-\dfrac{\sqrt{2}}{2}$$

例3 求 $z=xe^{2y}$ 在 $(1,0)$ 处沿 $P(1,0)$ 到 $Q(2,-1)$ 的方向导数.

解 $\operatorname{grad} z(1,0)=\{z_x,z_y\}|_{(1,0)}=\{e^{2y},2xe^{2y}\}|_{(1,0)}=\{1,2\}$

将 $l=\overrightarrow{PQ}=\{1,-1\}$ 代入上式,有

$$\dfrac{\partial z}{\partial l}\Big|_{(1,0)}=\dfrac{\operatorname{grad} u(1,0)\cdot l}{|l|}=\dfrac{\{1,-1\}\{1,2\}}{\sqrt{1+1}}=-\dfrac{1}{\sqrt{2}}$$

例4 证明:$u=x+yz+xzy^2$ 在点 $(1,2,3)$ 沿方向矢量 r 的方向导数是 $\dfrac{61}{\sqrt{14}}$.

解 方向矢量 $r=\{x,y,z\}|_{(1,2,3)}=\{1,2,3\}$

$$\cos\alpha=\dfrac{1}{\sqrt{14}},\cos\beta=\dfrac{2}{\sqrt{14}},\cos\gamma=\dfrac{3}{\sqrt{14}}$$

$$\dfrac{\partial u}{\partial x}\Big|_{(1,2,3)}=(1+zy^2)|_{(1,2,3)}=13$$

$$\dfrac{\partial u}{\partial y}\Big|_{(1,2,3)}=(z+2xyz)|_{(1,2,3)}=15$$

$$\dfrac{\partial u}{\partial z}\Big|_{(1,2,3)}=(y+xy^2)|_{(1,2,3)}=6$$

故方向导数为

$$\dfrac{\partial u}{\partial r}=\operatorname{grad} u\cdot r=\dfrac{13}{\sqrt{14}}+\dfrac{30}{\sqrt{14}}+\dfrac{18}{\sqrt{14}}=\dfrac{61}{\sqrt{14}}$$

例5 设 n 是曲面 $2x^2+3y^2+z^2=6$ 在 $P(1,1,1)$ 指向外侧的法矢量,那么 $u=\dfrac{\sqrt{6x^2+8y^2}}{z}$ 在点 $P(1,1,1)$ 处沿方向 n 的方向导数是 $\dfrac{11}{7}$.

解
$$\frac{\partial u}{\partial x}\bigg|_{(1,1,1)} = \frac{6x}{z\sqrt{6x^2+8y^2}}\bigg|_{(1,1,1)} = \frac{6}{\sqrt{14}}$$

$$\frac{\partial u}{\partial y}\bigg|_{(1,1,1)} = \frac{8y}{z\sqrt{6x^2+8y^2}}\bigg|_{(1,1,1)} = \frac{8}{\sqrt{14}}$$

$$\frac{\partial u}{\partial z}\bigg|_{(1,1,1)} = -\frac{\sqrt{6x^2+8y^2}}{z^2}\bigg|_{(1,1,1)} = -\sqrt{14}$$

曲面 $2x^2+3y^2+z^2=6$ 的外法向量为
$$\boldsymbol{n} = \{4x,6y,2z\}|_{(1,1,1)} = 2\{2,3,1\}$$
$$\cos\alpha = \frac{2}{\sqrt{14}}, \cos\beta = \frac{3}{\sqrt{14}}, \cos\gamma = \frac{1}{\sqrt{14}}$$
$$\frac{\partial u}{\partial n} = \left\{\frac{6}{\sqrt{14}}, \frac{8}{\sqrt{14}}, -\sqrt{14}\right\} \cdot \left\{\frac{2}{\sqrt{14}}, \frac{3}{\sqrt{14}}, \frac{1}{\sqrt{14}}\right\} = \frac{11}{7}$$

例 6 函数 $z=\sqrt{x^2+y^2}$ 在点 $(0,0)$ 是( ).

A. 可导 ($z_x(0,0), z_y(0,0)$ 存在)

B. z 在点 $(0,0)$ 沿 $l=i$ 方向的方向导数 $\frac{\partial z}{\partial l}$ 不存在

C. 可微

D. 沿任意方向的方向导数存在

分析 $\frac{\partial z}{\partial x}\bigg|_{(0,0)} = \frac{x}{\sqrt{x^2+y^2}}\bigg|_{(0,0)}$ 不存在,$\frac{\partial z}{\partial y}\bigg|_{(0,0)} = \frac{y}{\sqrt{x^2+y^2}}\bigg|_{(0,0)}$ 不存在,故 A、C 不对. 由于

$$\frac{\partial z}{\partial l}\bigg|_{(0,0)} = \lim_{\substack{x\to 0\\y\to 0}} \frac{z(0+x,0+y)-z(0,0)}{\sqrt{x^2+y^2}} = \lim_{\substack{x\to 0\\y\to 0}} \frac{\sqrt{x^2+y^2}}{\sqrt{x^2+y^2}} = 1$$

由此说明 $z=\sqrt{x^2+y^2}$ 在点 $(0,0)$ 沿任意方向的方向导数都存在,故选 D.

10.7 多元函数的极值

10.7.1 基本要求

(1) 理解多元函数极值的定义.
(2) 理解多元函数驻点的定义.
(3) 掌握多元函数极值的充分和必要条件.
(4) 掌握多元函数的最值.
(5) 掌握条件极值,即拉格朗日乘数法.

10.7.2 知识考点概述

1. 多元函数极值的定义

如果在点 $P_0(x_0,y_0)$ 的某一去心邻域 $\mathring{U}(P_0)$ 内的一切点 (x,y) 总有 $f(x_0,y_0) >$

$f(x,y)$,那么称函数 $f(x,y)$ 在点 P_0 取得极大值 $f(x_0,y_0)$.

如果总有 $f(x_0,y_0) < f(x,y)$,那么称函数 $f(x,y)$ 在点 P_0 取得极小值 $f(x_0,y_0)$.

2. 多元函数的驻点

使 $\begin{cases} f_x(x_0,y_0)=0 \\ f_y(x_0,y_0)=0 \end{cases}$ 的点 (x_0,y_0) 称为函数 $f(x,y)$ 的驻点.

3. 多元函数极值的必要条件

$z=f(x,y)$ 在 (x_0,y_0) 具有偏导数且取得极值,则 $f_x(x_0,y_0)=0, f_y(x_0,y_0)=0$.

4. 多元函数极值的充分条件

设函数 $z=f(x,y)$ 在点 (x_0,y_0) 的某邻域内连续且有一阶及二阶连续偏导数,则点 (x_0,y_0) 是驻点.

令 $A=f_{xx}(x_0,y_0), B=f_{xy}(x_0,y_0), C=f_{yy}(x_0,y_0)$,则:

(1) 当 $B^2-AC<0$ 时,$f(x,y)$ 在 (x_0,y_0) 取得极值,即
$$\begin{cases} A<0, 极大值 \\ A>0, 极小值 \end{cases}$$

(2) 当 $B^2-AC>0$ 时,没有极值.

(3) 当 $B^2-AC=0$ 时,可能有极值,也可能没有极值,还需另作讨论.

5. 条件极值

拉格朗日乘数法:

问题提出:求 $\begin{cases} z=f(x,y), (目标函数) \\ \varphi(x,y)=0, (约束条件) \end{cases}$ 的极值.

作辅助函数 —— 拉格朗日函数
$$L(x,y)=f(x,y)+\lambda\varphi(x,y)$$

其中 λ 为参数,则
$$\begin{cases} L_x=f_x(x,y)+\lambda\varphi_x(x,y)=0 \\ L_y=f_y(x,y)+\lambda\varphi_y(x,y)=0 \\ L_\lambda=\varphi(x,y)=0 \end{cases}$$

由此方程组解出 x,y 及 λ,这样得到的 (x,y) 就是函数 $f(x,y)$ 在附加条件 $\varphi(x,y)=0$ 下的可能极值点(往往根据实际意义进行判断).

这种方法还可以推广到自变量多于两个而约束条件多于一个的情形.

下面求目标函数 $u=f(x,y,z)$ 在约束条件 $\varphi_1(x,y,z)=0, \varphi_2(x,y,z)=0$ 下的极值.

作拉格朗日函数为
$$L=f(x,y,z)+\lambda_1\varphi_1(x,y,z)+\lambda_2\varphi_2(x,y,z)$$

其中 λ_1, λ_2 为参数,则
$$\begin{cases} L_x=f_x+\lambda_1\varphi_{1x}+\lambda_2\varphi_{2x}=0 \\ L_y=f_y+\lambda_1\varphi_{1y}+\lambda_2\varphi_{2y}=0 \\ L_{\lambda_1}=\varphi_1=0 \\ L_{\lambda_2}=\varphi_2=0 \end{cases}$$

这样得出的(x,y,z)就是函数$u=f(x,y,z)$在两个约束条件下的可能极值点.

10.7.3 常用解题技巧

1. 利用特殊线路判断某点是否为极值

例1 求$z=x^4+y^4-x^2-2xy-y^2$的极值.

解 由
$$\begin{cases} \dfrac{\partial z}{\partial x}=4x^3-2x-2y=0 \\ \dfrac{\partial z}{\partial y}=4y^3-2x-2y=0 \end{cases}$$
可得驻点为$(0,0),(1,1),(-1,-1)$.

(1) 在点$(1,1),(-1,-1)$处,有
$$A=10>0, B=-2, C=10>0 \Rightarrow AC-B^2>0$$
故在点$(1,1),(-1,-1)$处有极小值,且极小值为$z=-2$.

(2) 在点$(0,0)$处,有
$$A=-2, B=-2, C=-2, AC-B^2=0$$
此时不能用判别定理来判断点$(0,0)$是否为极值点. 当$|x|\neq 0$且充分小时,取$y=x$及$y=-x$,有
$$z(x,x)=2x^2(x^2-2)<0$$
$$z(x,-x)=2x^4>0$$
这表明函数$f(x,y)$在点$(0,0)$的去心邻域内可正、可负,故点$(0,0)$不是$f(x,y)$的极值点.

2. 隐函数求极值

例2 求由方程$2x^2+2y^2+z^2+8xz-z+8=0$所确定函数$z=f(x,y)$的极值.

解 将方程$2x^2+2y^2+z^2+8xz-z+8=0$两边分别对x,y求导,得
$$\begin{cases} 4x+2z\dfrac{\partial z}{\partial x}+8z+8x\dfrac{\partial z}{\partial x}-\dfrac{\partial z}{\partial x}=0 \\ 4y+2z\dfrac{\partial z}{\partial y}+8x\dfrac{\partial z}{\partial y}-\dfrac{\partial z}{\partial y}=0 \end{cases}$$

在上述方程中,令$\dfrac{\partial z}{\partial x}=0,\dfrac{\partial z}{\partial y}=0$,得$x+2z=0,y=0$.

将$x+2z=0,y=0$代入原方程有$7z^2+z-8=0\Rightarrow z_1=1,z_2=-\dfrac{8}{7}$.

由此得驻点$(-2,0)$及$\left(\dfrac{16}{7},0\right)$,再对上述方程组求$x,y$的导数,有
$$\begin{cases} 4+2\left(\dfrac{\partial z}{\partial x}\right)^2+2z\dfrac{\partial^2 z}{\partial x^2}+16\dfrac{\partial z}{\partial x}+8x\dfrac{\partial^2 z}{\partial x^2}-\dfrac{\partial^2 z}{\partial x^2}=0 \\ 2\dfrac{\partial z}{\partial x}\dfrac{\partial z}{\partial y}+2\dfrac{\partial^2 z}{\partial x\partial y}z+8\dfrac{\partial z}{\partial y}+8x\dfrac{\partial^2 z}{\partial x\partial y}-\dfrac{\partial^2 z}{\partial x\partial y}=0 \\ 4+2\left(\dfrac{\partial z}{\partial y}\right)^2+2z\dfrac{\partial^2 z}{\partial y^2}+8x\dfrac{\partial^2 z}{\partial y^2}-\dfrac{\partial^2 z}{\partial y^2}=0 \end{cases}$$

对驻点$(-2,0)$,有

$$A=\frac{\partial^2 z}{\partial x^2}\bigg|_{(-2,0,1)}=\frac{4}{15}, C=\frac{\partial^2 z}{\partial y^2}\bigg|_{(-2,0,1)}=\frac{4}{15}, B=\frac{\partial^2 z}{\partial x \partial y}\bigg|_{(-2,0,1)}=0$$

$$B^2-AC=\left(\frac{4}{15}\right)^2>0$$

且 $A=\frac{4}{15}>0$,故 $z(-2,0)=1$ 为极小值.

对驻点 $\left(\frac{16}{7},0\right)$,有

$$A=\frac{\partial^2 z}{\partial y^2}\bigg|_{(\frac{16}{7},0,-\frac{8}{7})}=-\frac{4}{15}, B=\frac{\partial^2 z}{\partial x \partial y}\bigg|_{(\frac{16}{7},0,-\frac{8}{7})}=0, A=\frac{\partial^2 z}{\partial y^2}\bigg|_{(\frac{16}{7},0,-\frac{8}{7})}=-\frac{4}{15}$$

$$B^2-AC=\left(\frac{4}{15}\right)^2>0$$

且 $A=-\frac{4}{15}<0$,故 $z\left(\frac{16}{7},0\right)=\frac{8}{7}$ 为极大值.

10.7.4 典型题解

例 3 若函数 $f(x,y)=2x^2+ax+xy^2+2y$ 在点 $(1,-1)$ 取得极值,求 a 的值.

解 令 $f_x(1,-1)=0$,得

$$4+a+1=0, a=-5$$

当 $a=-5$ 时,有

$$f_{xx}(1,-1)=4=A, f_{xy}(1,-1)=-2=B, f_{yy}(1,-1)=2=C$$

$$AC-B^2=4>0$$

$f(x,y)$ 在 $(1,-1)$ 取得极值,所以 $a=-5$.

例 4 求函数 $f(x,y)=x^2+xy+y^2+x-y+1$ 的极值.

解 令 $\begin{cases} f_x=2x+y+1=0 \\ f_y=x+2y-1=0 \end{cases}$,解得 $\begin{cases} x=-1 \\ y=1 \end{cases}$ 为驻点.

在 $(-1,1)$ 点处,有

$$f_{xx}=2=A, f_{xy}=1=B, f_{yy}=2=C$$

由于 $AC-B^2>0$,且 $A>0$,所以 $(-1,1)$ 是极小值点,极小值为 $f(-1,1)=0$.

例 5 求过点 $\left(2,1,\frac{1}{3}\right)$ 的平面,使它与 3 个坐标面在第一象限内所围成的立体体积最小.

解 设所求平面为 $\frac{x}{a}+\frac{y}{b}+\frac{z}{c}=1$,其中 a,b,c 均大于 0.则平面与坐标平面所围立体为 $V=\frac{1}{6}abc$,故问题化为求目标函数 $V=\frac{1}{6}abc$ 在约束条件下的极值问题.令

$$F(a,b,c,\lambda)=\frac{1}{6}abc+\lambda\left(\frac{2}{a}+\frac{1}{b}+\frac{1}{3c}-1\right)$$

则
$$\begin{cases} F_a = bc - \dfrac{2\lambda}{a^2} = 0 \\ F_b = ac - \dfrac{2\lambda}{b^2} = 0 \\ F_c = ab - \dfrac{2\lambda}{3c^2} = 0 \\ F_\lambda = \dfrac{2}{a} + \dfrac{1}{b} + \dfrac{1}{3c} - 1 = 0 \end{cases}$$

解得唯一驻点 $a=6, b=3, c=1$. 所求平面方程为
$$\frac{x}{6} + \frac{y}{3} + z = 1$$

例 6 在斜边之长为 l 的所有直角三角形中,求有最大周长的直角三角形.

解 设两直角边分别为 x, y. 设 $S = x + y + l(0<x<l, 0<y<l)$,求在条件 $x^2 + y^2 = l^2$ 下的条件极值,作函数
$$F(x, y, \lambda) = x + y + l + \lambda(x^2 + y^2 - l^2)$$
$$\begin{cases} F_x = 1 + 2x\lambda = 0 \\ F_y = 1 + 2y\lambda = 0 \\ F_\lambda = x^2 + y^2 - l^2 = 0 \end{cases}$$

解得,$x = y = -\dfrac{1}{2\lambda}$,代入上式解得,$\lambda = \dfrac{\sqrt{2}}{2l}$.

所以,$x = y = \dfrac{l}{\sqrt{2}}$,$\left(\dfrac{l}{\sqrt{2}}, \dfrac{l}{\sqrt{2}}\right)$ 是唯一驻点,由于实际问题驻点唯一,且最值一定存在,极值点为最值点,故周长最长的是等腰直角三角形.

例 7 已知函数 $f(x,y)$ 在点 $(0,0)$ 的某个邻域内连续,且 $\lim\limits_{\substack{x\to 0\\ y\to 0}} \dfrac{f(x,y) - xy}{x^4 + y^4} = 2$,则( ).

A. 点 $(0,0)$ 不是 $f(x,y)$ 的极值点 B. 点 $(0,0)$ 是 $f(x,y)$ 的极大值点
C. 点 $(0,0)$ 是 $f(x,y)$ 的极小值点 D. 无法确定点 $(0,0)$ 是否为 $f(x,y)$ 的极值点

分析 由题意,有
$$\lim_{\substack{x\to 0\\ y\to 0}} \frac{f(x,y) - xy}{x^4 + y^4} = 2 \Rightarrow \lim_{\substack{x\to 0\\ y\to 0}} f(x,y) = 0 (\text{分母极限为 0,且极限值为有限数})$$

又函数 $f(x,y)$ 在点 $(0,0) \Rightarrow f(0,0) = 0$,则
$$\lim_{\substack{x\to 0\\ y\to 0}} \frac{f(x,y) - xy}{x^4 + y^4} = 2 \Rightarrow f(x,y) = xy + 2(x^4 + y^4) + o(x^4 + y^4)$$

且当 $|x| \neq 0$ 充分小时,取 $y = x$ 及 $y = -x$,有
$$f(x, x) = x^2 + 4x^4 + o(x^4 + y^4) > 0$$
$$f(x, -x) = -x^2 + 4x^4 + o(x^4 + y^4) < 0$$

这表明函数 $f(x,y)$ 在点 $(0,0)$ 的去心邻域内可正、可负,故点 $(0,0)$ 不是 $f(x,y)$ 的极值点,选 A.

例 8 设 $f(x,y)$ 在有界闭区域 D 上有二阶连续偏导数,且 $\dfrac{\partial^2 f}{\partial x^2}+\dfrac{\partial^2 f}{\partial y^2}=0, \dfrac{\partial^2 f}{\partial x \partial y}\neq 0$,则( ).

A. $f(x,y)$ 在有界闭区域 D 的内部取得极值

B. $f(x,y)$ 必在有界闭区域 D 的边界取得最大值与最小值

C. $f(x,y)$ 在有界闭区域 D 的内部取得最大值,边界上取最小值

D. $f(x,y)$ 在有界闭区域 D 的内部取得最小值,边界上取最大值

分析 $\dfrac{\partial^2 f}{\partial x^2}+\dfrac{\partial^2 f}{\partial y^2}=0 \Rightarrow AC=-\left(\dfrac{\partial^2 f}{\partial x^2}\right)^2<0, AC-B^2=-\left(\dfrac{\partial^2 f}{\partial x^2}\right)^2-\left(\dfrac{\partial^2 f}{\partial x \partial y}\right)<0$

从而说明 D 内的点都不是极值点,但是 $f(x,y)$ 在有界闭区域 D 上连续,从而有 $f(x,y)$ 必能在 D 上取得最值,故 $f(x,y)$ 必在有界闭区域 D 的边界取得最大值与最小值. 选 B.

例 9 设可微函数 $f(x,y)$ 在 (x_0,y_0) 点取得极小值,则以下正确的是( ).

A. $f(x_0,y)$ 在 $y=y_0$ 处的导数大于 0   B. $f(x_0,y)$ 在 $y=y_0$ 处的导数等于 0

C. $f(x_0,y)$ 在 $y=y_0$ 处的导数小于 0   D. $f(x_0,y)$ 在 $y=y_0$ 处的导数不存在

分析 $f(x,y)$ 可微,(x_0,y_0) 为极值点,则 (x_0,y_0) 必为驻点,于是有 $f_x(x_0,y_0)=0, f_y(x_0,y_0)=0$,故选 B.

例 10 设函数 $f(x,y)$ 在点 $(0,0)$ 连续,且 $\lim\limits_{\substack{x\to 0 \\ y\to 0}}\dfrac{f(x,y)}{1-\cos(x^2+y^2)}=2$,则( ).

A. $f_x(0,0)$ 不存在   B. $f_x(0,0)$ 存在但不为 0

C. $f(0,0)$ 在 $(0,0)$ 处取极小值   D. $f(0,0)$ 在 $(0,0)$ 处取极大值

分析 由题意,有

$\lim\limits_{\substack{x\to 0 \\ y\to 0}}\dfrac{f(x,y)}{1-\cos(x^2+y^2)}=2 \Rightarrow \lim\limits_{\substack{x\to 0 \\ y\to 0}}f(x,y)=0$(分母极限为 0,且极限值为有限数)

又函数 $f(x,y)$ 在点 $(0,0)$ 连续 $\Rightarrow f(0,0)=0$. 由极限的保号性,在 $(0,0)$ 的去心邻域内 $\dfrac{f(x,y)}{1-\cos(x^2+y^2)}>0$,分母大于 0,可得 $f(x,y)>0$. 故 $f(0,0)$ 在 $(0,0)$ 处取极小值.

例 11 求 $z=x^3-3x^2-3y^2$ 在 $x^2+y^2\leqslant 16$ 上的最大值.

分析 (1)找出内部的极值点;(2)找出边界的极值点;(3)比较出最值.

解 (1)内部可能的极值点有

$$\begin{cases} \dfrac{\partial z}{\partial x}=3x^2-6x=0 \\ \dfrac{\partial z}{\partial y}=-6y=0 \end{cases} \Rightarrow \text{驻点为}(0,0),(2,0)$$

(2)边界上可取的最值点.

解法一 化为一元函数的最值. 将 $x^2+y^2\leqslant 16$ 代入 $z=x^3-3x^2-3y^2$,得 $z=x^3-48$,定义域为 $-4\leqslant x\leqslant 4, \dfrac{dz}{dx}=3x^2=0 \Rightarrow x=0$,所以 $y=\pm 4$.

端点时:当 $x=\pm 4$ 时,$y=0$.

故 $z=x^3-3x^2-3y^2$ 在边界上可能的最值点为 $(0,4),(0,-4),(4,0),(-4,0)$.

解法二 利用拉格朗日乘数法. 令
$$F=x^3-3x^2-3y^2+\lambda(x^2+y^2-16)$$
因为
$$\begin{cases}F_x=3x^2-6x+2\lambda x=0\\ F_y=-6y+2\lambda y=0\\ F_\lambda=x^2+y^2-16=0\end{cases}$$
故可能取的最值点为 $(0,4),(0,-4),(4,0),(-4,0)$.

(3) 比较以上各值.
$$z(0,0)=0, z(2,0)=-4$$
$$z(0,4)=-48, z(0,-4)=-48$$
$$z(4,0)=16, z(-4,0)=-112$$

故 $z=x^3-3x^2-3y^2$ 在 $(4,0)$ 取得最大值,$z(4,0)=16$. $z=x^3-3x^2-3y^2$ 在 $(-4,0)$ 取得最大值,$z(-4,0)=-112$.

例12 求旋转抛物面 $z=x^2+y^2$ 与平面 $x+y-2z=2$ 之间的最短距离.

解 设 $P(x,y,z)$ 为抛物面 $z=x^2+y^2$ 上任意一点,点 P 到平面 $x+y-2z=2$ 的距离为
$$d=\frac{1}{\sqrt{6}}|x+y-2z-2|$$

令
$$F=\frac{1}{6}(x+y-2z-2)^2+\lambda(z-x^2-y^2)$$
$$\begin{cases}F_x=\frac{1}{3}(x+y-2z-2)-2\lambda x=0\\ F_y=\frac{1}{3}(x+y-2z-2)-2\lambda y=0\\ F_z=-\frac{2}{3}(x+y-2z-2)-\lambda=0\\ F_\lambda=z-x^2-y^2=0\end{cases}\Rightarrow \text{唯一驻点为}\left(\frac{1}{4},\frac{1}{4},\frac{1}{8}\right)$$

根据题意,距离的最小值一定存在,且仅有唯一驻点,那么最小值必在 $\left(\frac{1}{4},\frac{1}{4},\frac{1}{8}\right)$ 取得. 故
$$d_{\min}=\frac{1}{\sqrt{6}}\left|\frac{1}{4}+\frac{1}{4}-\frac{1}{4}-2\right|=\frac{7}{4\sqrt{6}}$$

单元测试题

一、填空题

1. 设 $z=y\arctan\sqrt{1+xy}+xe^{\sin y}$,则 $z'_x(1,0)=$ _____.

2. 设 $f(x,y)=x+y-\sqrt{x^2+y^2}$,则 $f_x(3,4)=$ _____.

3. 设 $z=(1+xy)^y$，则 $z_x(1,2)=$ _____.

4. 设 $z=\ln\sqrt{xy}$，则 $\mathrm{d}z=$ _____.

5. 设 $z=\ln(x^2+y^2+1)$，则 $\mathrm{d}z=$ _____.

6. 设 $z=y^x$，则 $\dfrac{\partial^2 z}{\partial x \partial y}=$ _____.

7. 设 $z=\mathrm{e}^{xy}$，则 $\mathrm{d}z=$ _____.

8. 设 $z=\ln xy$，则 $\mathrm{d}z=$ _____.

9. 设 $f(x,y)=\mathrm{e}^{xy}+\ln\dfrac{x}{y}$，则 $f'_x=$ _____，$f'_y=$ _____.

10. 设 $u=x^{yz}$，则 $\mathrm{d}u=$ _____.

11. 设 $z=u^2\ln v$，$u=\dfrac{x}{y}$，$v=3x-2y$，则 $\dfrac{\partial z}{\partial y}=$ _____.

12. 设 $z=uv+\sin t$，而 $u=\mathrm{e}^t$，$v=\cos t$，求全导数 $\dfrac{\mathrm{d}z}{\mathrm{d}t}=$ _____.

13. 设由 $\sin y+\mathrm{e}^x-xy^2=0$ 确定 $y=f(x)$，则 $\dfrac{\mathrm{d}y}{\mathrm{d}x}=$ _____.

14. 设 $\dfrac{x}{z}=\ln\dfrac{z}{y}$，则 $\dfrac{\partial z}{\partial x}=$ _____，$\dfrac{\partial z}{\partial y}=$ _____.

15. 设曲线 $\begin{cases} x=\dfrac{1}{4}t^4 \\ y=\dfrac{1}{3}t^3 \\ z=\dfrac{1}{2}t^2 \end{cases}$，则在 $t=1$ 处的切线方程为 _____，法平面方程为 _____.

16. 设曲线 $\begin{cases} x=t \\ y=t^2 \\ z=t^3 \end{cases}$，则在点 $(1,1,1)$ 处的切线方程为 _____.

二、选择题

1. 球面 $x^2+y^2+z^2=6$ 在点 $(1,2,1)$ 的切平面方程为（   ）.
   A. $x+2y+z-6=0$ B. $x-2y+z-6=0$
   C. $x+2y-z+6=0$ D. $x+2y+z+6=0$

2. 函数 $f(x,y)$ 的梯度 $\mathrm{grad}\, f=$（   ）.
   A. $f'_x(x,y)+f'_y(x,y)$ B. $f'_x(x,y)-f'_y(x,y)$
   C. $f'_x(x,y)\boldsymbol{i}+f'_y(x,y)\boldsymbol{j}$ D. $f'_x(x,y)\boldsymbol{i}-f'_y(x,y)\boldsymbol{j}$

3. 函数 $z=x\mathrm{e}^{2y}$ 在点 $(1,0)$ 处沿 $P(1,0)$ 到 $Q(2,-1)$ 的方向导数 $\dfrac{\partial z}{\partial l}=$（   ）.
   A. $\sqrt{2}$ B. $2\sqrt{2}$ C. $\dfrac{\sqrt{2}}{2}$ D. $-\dfrac{\sqrt{2}}{2}$

4. 函数 $f(x,y,z)$ 的梯度 $\mathrm{grad}\, f=$（   ）.
   A. $f'_x(x,y,z)+f'_y(x,y,z)+f'_z(x,y,z)$

B. $f'_x(x,y,z) + f'_y(x,y,z) - f'_z(x,y,z)$

C. $f'_x(x,y,z)\boldsymbol{i} + f'_y(x,y,z)\boldsymbol{j} + f'_z(x,y,z)\boldsymbol{k}$

D. $f'_x(x,y,z)\boldsymbol{i} + f'_y(x,y,z)\boldsymbol{j} - f'_z(x,y,z)\boldsymbol{k}$

5. 曲面 $x^2 + y^2 - z = 1$ 在点 $(2,1,4)$ 的切平面方程为( ).

A. $x + 2y + z - 6 = 0$ B. $4x + 2y - z - 6 = 0$

C. $x + 2y - z + 6 = 0$ D. $4x + 2y + z + 6 = 0$

6. $f(x,y) = x^3 - 3x - y^2$ 在点 $(1,0)$ 处( ).

A. 取得极大值   B. 取得极小值

C. 无极值   D. 不能确定是否取得极值

7. 函数 $f(x,y)$ 的梯度 $\operatorname{grad} f$ 的方向是函数所沿的变化( )的方向.

A. 最快   B. 最慢   C. 无法确定   D. 以上说法均不对

8. 设 $z = (1+xy)^y$ 则 $z_x(1,2) = ($).

A. 4   B. 6   C. 12   D. 24

9. 设 $z = \ln\cos(xy^2)$,则 $\mathrm{d}z = ($).

A. $\dfrac{-y\sin xy^2}{\cos xy^2}\mathrm{d}x + \dfrac{2xy\sin xy^2}{\cos xy^2}\mathrm{d}y$ B. $\dfrac{-y^2\sin xy^2}{\cos xy^2}\mathrm{d}x - \dfrac{2xy\sin xy^2}{\cos xy^2}\mathrm{d}y$

C. $\dfrac{y\sin xy^2}{\cos xy^2}\mathrm{d}x + \dfrac{2xy\sin xy^2}{\cos xy^2}\mathrm{d}y$ D. $\dfrac{-y^2\sin xy^2}{\cos xy^2}\mathrm{d}x + \dfrac{2xy\sin xy^2}{\cos xy^2}\mathrm{d}y$

10. 设 $f(x,y) = x^2 - (y-1)^2$,则( ).

A. 无极值   B. 极大值   C. 极小值   D. 无法确定

三、计算题

1. 求 $\lim\limits_{(x,y)\to(0,0)} \dfrac{xy}{\sqrt{2-\mathrm{e}^{xy}}-1}$.

2. 设 $z = f\left(xy, \dfrac{x}{y}\right)$,求 $x\dfrac{\partial z}{\partial x} + y\dfrac{\partial z}{\partial y}$.

3. 设 $f(x,y) = \mathrm{e}^{xy} + \ln\dfrac{x}{y}$,求 $\mathrm{d}f(x,y)$.

4. 设 $z = f\left(\dfrac{y}{x}, \dfrac{x}{y}\right)$,求 $x\dfrac{\partial z}{\partial x} + y\dfrac{\partial z}{\partial y}$.

5. 设 $z = \arctan(xy)$,而 $y = \mathrm{e}^x$,求 $\dfrac{\mathrm{d}z}{\mathrm{d}x}$.

6. 设 $f(x,y,z) = \dfrac{z}{x^2+y^2}$,求 $\mathrm{d}f(1,2,1)$.

7. 设 $z = u^2 + v^2$, $u = x+y$, $v = x-y$,求 $\dfrac{\partial z}{\partial x}, \dfrac{\partial z}{\partial y}$.

8. 设 $f(x,y) = \mathrm{e}^{3x}\ln y$,求 $\mathrm{d}f(x,y)$.

9. 设 $z = f(2x+y, x-y)$,求 $\dfrac{\partial z}{\partial x} + \dfrac{\partial z}{\partial y}$.

10. 设 $z = f(xy, x^2-y^2)$,求 $y\dfrac{\partial z}{\partial x} + x\dfrac{\partial z}{\partial y}$.

11. 求 $z = x^3y^2 - 2xy^3$ 的一阶、二阶偏导数.

12. 设 $u = \ln\sqrt{xy}$，求 du.

13. 设 $z = u^2 + 2v^2, u = x + y, v = x - 2y$，求 $\dfrac{\partial z}{\partial x}, \dfrac{\partial z}{\partial y}$.

14. 设 $u = f(x, xy, xyz)$，求其一阶偏导数.

15. 设 $e^z - xyz = 0$，求 $\dfrac{\partial^2 z}{\partial x^2}$.

16. 求球 $x^2 + y^2 + z^2 = 6$ 在点 $(1, 2, 1)$ 处的切平面及法线方程.

17. 若做体积为 v_0 的立方体，如何用料最省.

18. 设 $u = f(x + y + z, xyz)$ 具有一阶连续偏导数，其中 $z = z(x, y)$ 由方程 $xy + yz - e^{xz} = 0$ 所确定，求 du.

19. 求函数 $f(x, y) = 4(x - y) - x^2 - y^2$ 的极值.

单元测试题答案

一、填空题

1. 1 2. $f'_x(3,4) = \dfrac{2}{5}$ 3. 12 4. $dz = \dfrac{1}{2x}dx + \dfrac{1}{2y}dy$ 5. $dz = \dfrac{2x}{x^2+y^2+1}dx + \dfrac{2y}{x^2+y^2+1}dy$ 6. $\dfrac{\partial z}{\partial x \partial y} = xy^{x-1}\ln y + y^{x-1}$ 7. $ye^{xy}dx + xe^{xy}dy$ 8. $dz = \dfrac{1}{x}dx + \dfrac{1}{y}dy$ 9. $ye^{xy} + \dfrac{1}{x}, xe^{xy} - \dfrac{1}{y}$ 10. $yzx^{z-1}dx + zx^z\ln xdy + yx^{z-1}dz$ 11. $-\dfrac{2x^2}{y^3}\ln(3x-2y) - \dfrac{2x^2}{y^2(3x-2y)}$ 12. $e^t(\cos t - \sin t) + \cos t$ 13. $\dfrac{y^2 - e^x}{\cos y - 2xy}$ 14. $\dfrac{\partial z}{\partial x} = \dfrac{z}{x+z}, \dfrac{\partial z}{\partial y} = \dfrac{z^2}{y(x+z)}$ 15. $\dfrac{x - \frac{1}{4}}{1} = \dfrac{y - \frac{1}{3}}{1} = \dfrac{z - \frac{1}{4}}{1}$ $12x + 12y + 12z - 13 = 0$ 16. $\dfrac{x-1}{1} = \dfrac{y-1}{2} = \dfrac{z-1}{3}$

二、选择题

1. A 2. C 3. D 4. C 5. B 6. C 7. A 8. C 9. B 10. A

三、计算题

1. $\lim\limits_{(x,y)\to(0,0)} \dfrac{xy}{\sqrt{2-e^{xy}}-1} = \lim\limits_{(x,y)\to(0,0)} \dfrac{xy(\sqrt{2-e^{xy}}+1)}{1-e^{xy}} = \lim\limits_{(x,y)\to(0,0)} \dfrac{xy(\sqrt{2-e^{xy}}+1)}{-xy} = -2$

2. $x\dfrac{\partial z}{\partial x} + y\dfrac{\partial z}{\partial y} = xyf_1 + \dfrac{x}{y}f_2 + xyf_1 - \dfrac{x}{y}f_2 = 2xyf_1$

3. $\dfrac{\partial f}{\partial x} = ye^{xy} + \dfrac{1}{x}, \dfrac{\partial f}{\partial y} = xe^{xy} - \dfrac{1}{y}$

   $df = \left(ye^{xy} + \dfrac{1}{x}\right)dx + \left(xe^{xy} - \dfrac{1}{y}\right)dy$

4. $x\dfrac{\partial z}{\partial x}+y\dfrac{\partial z}{\partial y}=-\dfrac{y}{x}f_1+\dfrac{x}{y}f_2+\dfrac{y}{x}f_1-\dfrac{x}{y}f_2=0$

5. $\dfrac{\mathrm{d}z}{\mathrm{d}x}=\dfrac{\partial z}{\partial x}+\dfrac{\partial z}{\partial y}\cdot\dfrac{\mathrm{d}y}{\mathrm{d}x}=\dfrac{y}{1+(xy)^2}+\dfrac{x\mathrm{e}^x}{1+(xy)^2}$

6. $f_x=\dfrac{2xz}{-(x^2+y^2)^2},\ f_x(1,2,1)=-\dfrac{2}{25},\ f_y=\dfrac{2yz}{-(x^2+y^2)^2},\ f_y(1,2,1)=-\dfrac{4}{25},\ f_z=\dfrac{1}{x^2+y^2},\ f_z(1,2,1)=\dfrac{1}{5},\ \mathrm{d}f=-\dfrac{2}{25}\mathrm{d}x-\dfrac{4}{25}\mathrm{d}y+\dfrac{1}{5}\mathrm{d}z$

7. $\dfrac{\partial z}{\partial x}=\dfrac{\partial z}{\partial u}\dfrac{\partial u}{\partial x}+\dfrac{\partial z}{\partial v}\dfrac{\partial v}{\partial x}=2u+2v=4x,\ \dfrac{\partial z}{\partial y}=\dfrac{\partial z}{\partial u}\dfrac{\partial u}{\partial y}+\dfrac{\partial z}{\partial v}\dfrac{\partial v}{\partial y}=2u-2v=4y$

8. $\dfrac{\partial f}{\partial x}=3\mathrm{e}^{3x}\ln y,\ \dfrac{\partial f}{\partial y}=\dfrac{\mathrm{e}^{3x}}{y},\ \mathrm{d}f=3\mathrm{e}^{3x}\ln y\,\mathrm{d}x+\dfrac{\mathrm{e}^{3x}}{y}\mathrm{d}y$

9. $\dfrac{\partial z}{\partial x}+\dfrac{\partial z}{\partial y}=2f_1+f_2+f_1-f_2=3f_1$

10. $\dfrac{\partial z}{\partial x}=yf_1+2xf_2\quad \dfrac{\partial z}{\partial y}=xf_1-2yf_2$

$y\dfrac{\partial z}{\partial x}+x\dfrac{\partial z}{\partial y}=y(yf_1+2xf_2)+x(xf_1-2yf_2)=(x^2+y^2)f_1$

11. $\dfrac{\partial z}{\partial x}=3x^2y^2-2y^3,\ \dfrac{\partial z}{\partial y}=2x^3y-6xy^2,\ \dfrac{\partial^2 z}{\partial x^2}=6xy^2,\ \dfrac{\partial^2 z}{\partial y^2}=2x^3-12xy,\ \dfrac{\partial^2 z}{\partial x\partial y}=\dfrac{\partial^2 z}{\partial y\partial x}=6x^2y-6y^2$

12. $\mathrm{d}u=\dfrac{\partial u}{\partial x}\mathrm{d}x+\dfrac{\partial u}{\partial y}\mathrm{d}y=\dfrac{\mathrm{d}x}{2x}+\dfrac{\mathrm{d}y}{2y}$

13. $\dfrac{\partial z}{\partial x}=\dfrac{\partial z}{\partial u}\dfrac{\partial u}{\partial x}+\dfrac{\partial z}{\partial v}\dfrac{\partial u}{\partial x}=2u+4v=6(x-y)$

$\dfrac{\partial z}{\partial y}=\dfrac{\partial z}{\partial u}\dfrac{\partial u}{\partial y}+\dfrac{\partial z}{\partial v}\dfrac{\partial u}{\partial y}=2u-8v=18y-6x$

14. $\dfrac{\partial u}{\partial x}=f_1'\cdot 1+f_2'\cdot y+f_3'yz=f_1'+yf_2'+yzf_3'$

$\dfrac{\partial u}{\partial y}=f_1'\cdot 0+f_2'x+xzf_3'=xf_2'+xzf_3'$

$\dfrac{\partial u}{\partial z}=f_1'\cdot 0+f_2'\cdot 0+xyf_3'=xyf_3'$

15. 设 $F(x,y,z)=\mathrm{e}^z-xyz$,则 $F_x=-yz,\ F_y=-xz,\ F_z=\mathrm{e}^z-xy$,所以

$$\dfrac{\partial z}{\partial x}=-\dfrac{F_x}{F_z}=\dfrac{yz}{\mathrm{e}^z-xy}$$

$\dfrac{\partial^2 z}{\partial x^2}=\left(\dfrac{yz}{\mathrm{e}^z-xy}\right)'_x=\dfrac{y\dfrac{\partial z}{\partial x}(\mathrm{e}^z-xy)-yz\left(\mathrm{e}^z\dfrac{\partial z}{\partial x}-y\right)}{(\mathrm{e}^z-xy)^2}=\dfrac{2y^2z(\mathrm{e}^z-xy)-y^2z^2\mathrm{e}^z}{(\mathrm{e}^z-xy)^3}$

16. 设 $F(x,y,z)=x^2+y^2+z^2-6,\boldsymbol{n}=\{F_x,F_y,F_z\}=\{2x,2y,2z\},\ \boldsymbol{n}|_{(1,2,1)}=\{2,4,2\}$,故在点$(1,2,1)$处的切平面方程为$2(x-1)+4(y-2)+2(z-1)=0$,即 $2x+$

$4y+2z-12=0$. 法线方程为 $\dfrac{x-1}{2}=\dfrac{y-2}{4}=\dfrac{z-1}{2}$

17. 设此立方体长为 x, 宽为 y, 高为 z, 表面积为
$$S=2(xy+yz+xz)$$
由题意可知, 所求函数 S 为限定条件 $v_0=xyz$ 下的条件极值. 设
$$F(x,y,z,\lambda)=2(xy+yz+xz)+\lambda(xyz-v_0)$$
$$\begin{cases} F_x=2(y+z)+\lambda yz=0 \\ F_y=2(x+z)+\lambda xz=0 \\ F_z=2(y+x)+\lambda yx=0 \\ F_\lambda=xyz-v_0=0 \end{cases}$$

解得 $x=\sqrt[3]{v_0}$, $y=\sqrt[3]{v_0}$, $z=\sqrt[3]{v_0}$, 驻点唯一, 实际问题最值存在, 且驻点唯一, 极值即为最值, 故在体积为 v_0 的立方体中, 取长、宽、高均为 $\sqrt[3]{v_0}$ 的正方体用料最省

18. 方程 $xy+yz-e^{xz}=0$ 两边分别对 x,z 求偏导数, 可解得
$$\frac{\partial z}{\partial x}=\frac{z\cdot e^{xz}-y}{xe^{xz}-y},\frac{\partial z}{\partial y}=\frac{x+z}{xe^{xz}-y}$$
所以
$$\mathrm{d}u=\frac{\partial u}{\partial x}\mathrm{d}x+\frac{\partial u}{\partial y}\mathrm{d}y=\left(f_1+yzf_2+\frac{(f_1+xyf_2)(e^{xz}-y)}{xe^{xz}-y}\right)\mathrm{d}x+$$
$$\left(f_1+xzf_2+\frac{(f_1+xzf_2)(x+z)}{xe^{xz}-y}\right)\mathrm{d}y$$

19. 令 $\begin{cases} f_x=4-2x=0 \\ f_y=-4-2y=0 \end{cases}$, 解得 $\begin{cases} x=2 \\ y=2 \end{cases}$

$A=f_{xx}(2,-2)=-2, B=f_{xy}(2,-2)=0, C=f_{yy}(2,-2)=-2$
因为 $B^2-AC<0$ 且 $A<0$, 所以 $(2,-2)$ 为函数的极大值点.
极大值: $f(2,-2)=8$.

第 11 章

重 积 分

11.1 二重积分

11.1.1 基本要求

(1) 理解二重积分的几何和物理背景.
(2) 理解二重积分的定义.
(3) 理解 X 型区域及 Y 型区域.
(4) 掌握二重积分的直角坐标和极坐标的计算原理.

11.1.2 知识考点概述

1. 二重积分的定义

设 D 是 xOy 面上的有界闭区域,$f(x,y)$ 在 D 上有界.将区域 D 任意分成 n 个小闭区域 $\Delta\sigma_1,\Delta\sigma_2,\cdots,\Delta\sigma_n$,其中 $\Delta\sigma_i$ 既表示第 i 个小闭区域,又表示它的面积.在每个小区域 $\Delta\sigma_i$ 上任意取一点 (ξ_i,η_i),作 n 个乘积 $f(\xi_i,\eta_i)\Delta\sigma_i(i=1,2,\cdots,n)$,然后作和式

$$\sum_{i=1}^{n} f(\xi_i,\eta_i)\Delta\sigma_i$$

记 $\lambda = \max\limits_{1\leqslant i\leqslant n}\{\Delta\sigma_i \text{ 的直径}\}$,如当 $\lambda \to 0$ 时,以上和式有确定的极限,则称该极限为 $f(x,y)$ 在区域 D 上的二重积分,记作 $\iint\limits_{D} f(x,y)\mathrm{d}\sigma$ 或 $\iint\limits_{D} f(x,y)\mathrm{d}x\mathrm{d}y$,即

$$\iint\limits_{D} f(x,y)\mathrm{d}\sigma = \iint\limits_{D} f(x,y)\mathrm{d}x\mathrm{d}y = \lim_{\lambda \to 0}\sum_{i=n}^{i} f(\xi_i,\eta_i)\Delta\sigma_i$$

其中 $f(x,y)$ 称为被积函数;$f(x,y)\mathrm{d}\sigma$ 称为被积表达式;$\mathrm{d}\sigma=\mathrm{d}x\mathrm{d}y$ 称为面积元素;x,y 称为积分变量;D 称为积分区域;$\sum\limits_{i=1}^{n} f(\xi_i,\eta_i)\Delta\sigma_i$ 称为积分和式.

注 (1) 几何意义.

① 当 $f(x,y) \geqslant 0$ 时,$\iint\limits_{D} f(x,y)\mathrm{d}\sigma$ 等于以区域 D 为底、曲面 $z=f(x,y)$ 为顶的曲顶

柱体体积；

② 当 $f(x,y) \leqslant 0$ 时，$\iint\limits_{D} f(x,y) d\sigma$ 等于以上所说的曲顶的曲顶柱体体积的相反数；

③ 当 $f(x,y) = 1$ 时，$\iint\limits_{D} d\sigma$ 等于区域 D 的面积．

(2) 物理意义．

设有一平面薄片占有 xOy 面上的闭区域 D，它在点 (x,y) 处的面密度为 $\rho(x,y) > 0$ 且在 D 上连续，平面薄片的质量为

$$M = \iint\limits_{D} \rho(x,y) d\sigma$$

(3) $\iint\limits_{D} f(x,y) d\sigma$ 是一个数．

(4) $\iint\limits_{D} d\sigma = S_D$．

2. 二重积分的性质

(1) 线性组合．

$$\iint\limits_{D} (k_1 f(x,y) + k_2 g(x,y)) d\sigma = k_1 \iint\limits_{D} f(x,y) d\sigma + k_2 \iint\limits_{D} g(x,y) d\sigma, k_1, k_2 \text{ 为常数}$$

(2) 区域的可加性．

$$\iint\limits_{D} f(x,y) d\sigma = \iint\limits_{D_1} f(x,y) d\sigma + \iint\limits_{D_2} f(x,y) d\sigma (D = D_1 + D_2)$$

注 D_1, D_2 除了边界之外再无公共部分．

(3) 设 $f(x,y) = 1$，D 的面积为 D，则

$$\iint\limits_{D} 1 d\sigma = \iint\limits_{D} d\sigma = D$$

(4) 保号性．在 D 上，如果 $f(x,y) \leqslant g(x,y)$，则

$$\iint\limits_{D} f(x,y) d\sigma \leqslant \iint\limits_{D} g(x,y) d\sigma$$

特殊地，由于

$$-|f(x,y)| \leqslant f(x,y) \leqslant |f(x,y)|$$

则有

$$\left| \iint\limits_{D} f(x,y) d\sigma \right| \leqslant \iint\limits_{D} |f(x,y)| d\sigma$$

(5) 估值不等式．

设 M, m 分别是 $f(x,y)$ 在有界闭区域 D 上的最大值和最小值，则

$$mD \leqslant \iint\limits_{D} f(x,y) d\sigma \leqslant MD$$

(6) 二重积分中值定理．设函数 $f(x,y)$ 在有界闭区域 D 上连续，则在 D 上至少存在一点 (x_0, y_0)，使得

$$\iint\limits_D f(x,y)\,d\sigma = f(x_0, y_0) D$$

因此 $\dfrac{1}{D}\iint\limits_D f(x,y)\,d\sigma$ 称为函数 $f(x,y)$ 在 D 上的平均值.

3. 平面简单区域的表示法

X 型区域：将区域 D 投影到 X 轴上，投影区间为 $[a,b]$，D 的边界有上、下两条曲线 $y = y_2(x)$，$y = y_1(x)$，则 D 表示为

$$D: \begin{cases} a \leqslant x \leqslant b \\ y_1(x) \leqslant y \leqslant y_2(x) \end{cases}$$

Y 型区域：将区域 D 投影到 Y 轴上，投影区间为 $[c,d]$，D 的边界有左、右两条曲线，则 D 表示为

$$D: \begin{cases} c \leqslant x \leqslant d \\ x_1(y) \leqslant x \leqslant x_2(y) \end{cases}$$

注 （1）对区域 D 的以上表示方式是化二重极限为二次积分的重要步骤，目的是确定二次积分的积分限.

（2）若区域不是简单区域，则可用平行于坐标轴的直线将 D 分成若干子区域，使每个子区域均为简单区域，然后利用区域的可加性逐个积分.

极坐标系：

极点在 D 外

$$D: \begin{cases} \alpha \leqslant \theta \leqslant \beta \\ r_1(\theta) \leqslant r \leqslant r_2(\theta) \end{cases}$$

极点在 D 的边界上

$$D: \begin{cases} \alpha \leqslant \theta \leqslant \beta \\ 0 \leqslant r \leqslant r(\theta) \end{cases}$$

极点在 D 内

$$D: \begin{cases} 0 \leqslant \theta \leqslant 2\pi \\ 0 \leqslant r \leqslant r(\theta) \end{cases}$$

4. 二重积分的计算方法

（1）利用直角坐标计算二重积分.

① 若区域 D 为 X 型，化为先对 y 后对 x 的二次积分（图1），即

$$D: \begin{cases} a \leqslant x \leqslant b \\ \varphi_1(x) \leqslant y \leqslant \varphi_2(x) \end{cases}$$

则

$$\iint\limits_D f(x,y)\,d\sigma = \int_a^b dx \int_{\varphi_1(x)}^{\varphi_2(x)} f(x,y)\,dy$$

② 若区域 D 为 Y 型，化为先对 x 后对 y 的二次积分（图2），即

$$D: \begin{cases} c \leqslant x \leqslant d \\ \varphi_1(y) \leqslant x \leqslant \varphi_2(y) \end{cases}$$

则
$$\iint_D f(x,y)\,d\sigma = \int_c^d dy \int_{\varphi_1(y)}^{\varphi_2(y)} f(x,y)\,dx$$

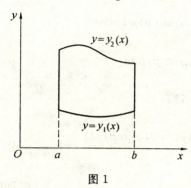

图 1

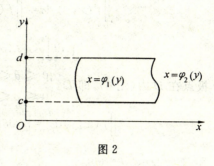

图 2

③ 如果积分区域 D 既不是 X 型也不是 Y 型区域,应把 D 分成几个 X 型或 Y 型区域,有

$$D = D_1 + \cdots + D_k$$

则

$$\iint_D f(x,y)\,d\sigma = \iint_{D_1} f(x,y)\,d\sigma + \cdots + \iint_{D_k} f(x,y)\,d\sigma$$

(2) 利用极坐标计算二重积分.

极坐标变换为

$$\begin{cases} x = \rho\cos\theta \\ y = \rho\sin\theta \end{cases}, \rho^2 = x^2 + y^2$$

$$\iint_D f(x,y)\,d\sigma = \iint_D f(\rho\cos\theta, \rho\sin\theta)\rho\,d\rho\,d\theta$$

① 极点在 D 外(图 3),即

$$D: \begin{cases} \alpha \leqslant \theta \leqslant \beta \\ \varphi_1(\theta) \leqslant \rho \leqslant \varphi_2(\theta) \end{cases}$$

则

$$\iint_D f(x,y)\,d\sigma = \int_\alpha^\beta d\theta \int_{\varphi_1(\theta)}^{\varphi_2(\theta)} f(\rho\cos\theta, \rho\sin\theta)\rho\,d\rho$$

② 极点在 D 的边界上(图 4),即

$$D: \begin{cases} \alpha \leqslant \theta \leqslant \beta \\ 0 \leqslant \rho \leqslant \varphi(\theta) \end{cases}$$

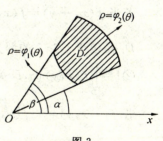

图 3

则

$$\iint_D f(x,y)\,d\sigma = \int_\alpha^\beta d\theta \int_0^{\varphi(\theta)} f(\rho\cos\theta, \rho\sin\theta)\rho\,d\rho$$

还有一种情况(图 5),即

$$D:\begin{cases} \alpha \leqslant \theta \leqslant \beta \\ \varphi_1(\theta) \leqslant \rho \leqslant \varphi_2(\theta) \end{cases}$$

则

$$\iint_D f(x,y)\,d\sigma = \iint_D f(\rho\cos\theta, \rho\sin\theta)\rho\,d\rho\,d\theta = \int_\alpha^\beta d\theta \int_{\varphi_1(\theta)}^{\varphi_2(\theta)} f(\rho\cos\theta, \rho\sin\theta)\rho\,d\rho$$

③ 极点在 D 内(图6)，即 $D:\begin{cases} 0 \leqslant \theta \leqslant 2\pi \\ 0 \leqslant \rho \leqslant \varphi(\theta) \end{cases}$，则

$$\iint_D f(x,y)\,d\sigma = \int_0^{2\pi} d\theta \int_0^{\varphi(\theta)} f(\rho\cos\theta, \rho\sin\theta)\rho\,d\rho$$

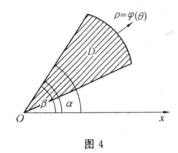

图 4

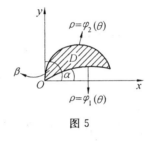

图 5

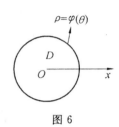

图 6

5. 利用对称性计算二重积分

(1) 利用区域对称和被积函数的奇偶性.

① 对于 $I = \iint_D f(x,y)\,d\sigma$，$D$ 关于 x 轴对称($y=0$).

若当 $f(x,-y) = -f(x,y)$ 时，有 $I = \iint_D f(x,y)\,d\sigma = 0$.

若当 $f(x,-y) = f(x,y)$ 时，有 $I = 2\iint_{D_1} f(x,y)\,d\sigma$.

D_1 是位于 $y \geqslant 0$ 的部分.

② $I = \iint_D f(x,y)\,d\sigma$，$D$ 关于 y 轴对称($x=0$).

若 $f(-x,y) = -f(x,y)$，则 $I = \iint_D f(x,y)\,d\sigma = 0$.

若 $f(-x,y) = f(x,y)$，则 $I = 2\iint_{D_1} f(x,y)\,d\sigma$.

D_1 是位于 $x \geqslant 0$ 的部分.

(2) 利用变量的对称性(变量的地位相同；轮换对称性).

如果 D 关于直线 $y = x$ 对称(即 D 的式子中 x,y 对调后，式子仍然不变 —— 轮换对称性)，即

$$I = \iint_D f(x,y)\,d\sigma = \iint_D f(y,x)\,d\sigma$$

6. 利用形心 $(\bar{x}, \bar{y})$ 计算二重积分

$$\bar{x} = \frac{\iint\limits_D x\,\mathrm{d}\sigma}{S_D} \Rightarrow \iint\limits_D x\,\mathrm{d}\sigma = \bar{x}S_D$$

$$\bar{y} = \frac{\iint\limits_D y\,\mathrm{d}\sigma}{S_D} \Rightarrow \iint\limits_D y\,\mathrm{d}\sigma = \bar{y}S_D$$

当形心和区域的面积已知时,可求 $\iint\limits_D x\,\mathrm{d}\sigma, \iint\limits_D y\,\mathrm{d}\sigma.$

注 被积函数是 x, y 一次式.

7. 利用分部积分法计算二重积分

$$\iint\limits_D f(x,y)\,\mathrm{d}\sigma = \int_a^b \mathrm{d}x \int_{\varphi_1(x)}^{\varphi_2(x)} f(x,y)\,\mathrm{d}y = \int_a^b \left(\int_{\varphi_1(x)}^{\varphi_2(x)} f(x,y)\,\mathrm{d}y \right) \mathrm{d}x =$$

$$\left(x \int_{\varphi_1(x)}^{\varphi_2(x)} f(x,y)\,\mathrm{d}y \right) \Big|_a^b - \int_a^b x\,\mathrm{d}\left(\int_{\varphi_1(x)}^{\varphi_2(x)} f(x,y)\,\mathrm{d}y \right)$$

8. 利用变量替换计算二重积分

$$\iint\limits_D f(x,y)\,\mathrm{d}\sigma = \iint\limits_D f(x,y)\,\mathrm{d}x\,\mathrm{d}y$$

令 $\begin{cases} x = x(u,v) \\ y = y(u,v) \end{cases}$,则

$$\mathrm{d}x\,\mathrm{d}y = \left| \frac{\partial x \partial y}{\partial x \partial y} \right| \mathrm{d}u\,\mathrm{d}v, \frac{\partial x \partial y}{\partial x \partial y} = \begin{vmatrix} \dfrac{\partial x}{\partial u} & \dfrac{\partial x}{\partial v} \\ \dfrac{\partial y}{\partial u} & \dfrac{\partial y}{\partial v} \end{vmatrix}$$

$$\iint\limits_D f(x(u,v), y(u,v)) \left| \frac{\partial x \partial y}{\partial x \partial y} \right| \mathrm{d}u\,\mathrm{d}v$$

11.1.3 常用解题技巧

1. 利用对称性

例 1 求 $I = \iint\limits_D y\sqrt{y^2 - x^2}\,\mathrm{d}x\,\mathrm{d}y$,其中 $D = \{(x,y) \mid -1 \leqslant x \leqslant 1, -1 \leqslant y \leqslant 1\}$.

解 $y\sqrt{y^2 - x^2}$ 是关于 y 的奇函数,D 关于 $y = 0$ 对称,故 $I = \iint\limits_D y\sqrt{y^2 - x^2}\,\mathrm{d}x\,\mathrm{d}y = 0$.

2. 利用变量的对称性(变量的地位相同;轮换对称性)

例 2 求 $I = \iint\limits_D \left(\dfrac{x^2}{a^2} + \dfrac{y^2}{b^2} \right) \mathrm{d}x\,\mathrm{d}y$,其中 $D = \{(x,y) \mid x^2 + y^2 \leqslant R^2\}$.

解法一 利用变量的对称性可知,$D = \{(x,y) \mid x^2 + y^2 \leqslant R^2\}$ 关于 $y = x$ 对称,于是

$$I = \iint\limits_D f(x,y)\,\mathrm{d}x\,\mathrm{d}y = \iint\limits_D f(y,x)\,\mathrm{d}x\,\mathrm{d}y$$

$$I = \iint_D \left(\frac{x^2}{a^2} + \frac{y^2}{b^2}\right) dx dy = \iint_D \left(\frac{y^2}{a^2} + \frac{x^2}{b^2}\right) dx dy$$

$$I = \frac{1}{2}\left(\iint_D \left(\frac{x^2}{a^2} + \frac{y^2}{b^2}\right) dx dy + \iint_D \left(\frac{y^2}{a^2} + \frac{x^2}{b^2}\right) dx dy\right) =$$

$$\frac{1}{2}\iint_D \left(\frac{x^2+y^2}{a^2} + \frac{x^2+y^2}{b^2}\right) dx dy =$$

$$\frac{1}{2}\left(\frac{1}{a^2} + \frac{1}{b^2}\right)\iint_D (x^2+y^2) dx dy$$

$$\iint_D (x^2+y^2) dx dy \xrightarrow[y=\rho\sin\theta]{x=\rho\cos\theta} \int_0^{2\pi} d\theta \int_0^R \rho^3 d\rho = \frac{\pi R^4}{2}$$

于是
$$I = \frac{\pi R^4}{4}\left(\frac{1}{a^2} + \frac{1}{b^2}\right)$$

解法二 设极坐标
$$\begin{cases} x = \rho\cos\theta \\ y = \rho\sin\theta \end{cases}$$

$$I = \iint_D \left(\frac{x^2}{a^2} + \frac{y^2}{b^2}\right) dx dy = \int_0^{2\pi} d\theta \int_0^R \left(\frac{\cos^2\theta}{a^2} + \frac{\sin^2\theta}{b^2}\right)\rho^3 d\rho =$$

$$\int_0^{2\pi}\left(\frac{\cos^2\theta}{a^2} + \frac{\sin^2\theta}{b^2}\right) d\theta \int_0^R \rho^3 d\rho = \frac{\pi R^4}{4}\left(\frac{1}{a^2} + \frac{1}{b^2}\right)$$

其中
$$\int_0^{2\pi} \cos^2\theta d\theta = \int_0^{2\pi} \sin^2\theta d\theta = \pi$$

例3 求 $I = \iint_D \frac{a\varphi(x) + b\varphi(y)}{\varphi(x) + \varphi(y)} dx dy, D: x^2 + y^2 \leqslant c^2$，其中 $\varphi(u)$ 是连续的正值函数，且 $a > 0, b > 0, c > 0$.

解 所求立体在 xOy 面上的投影区域为 $D: x^2 + y^2 \leqslant c^2$（$x, y$ 的地位相同），则

$$I = \iint_D \frac{a\varphi(x) + b\varphi(y)}{\varphi(x) + \varphi(y)} dx dy = \iint_D \frac{a\varphi(y) + b\varphi(x)}{\varphi(y) + \varphi(x)} dx dy$$

$$I = \frac{1}{2}\left(\iint_D \frac{a\varphi(x) + b\varphi(y)}{\varphi(x) + \varphi(y)} dx dy + \iint_D \frac{a\varphi(y) + b\varphi(x)}{\varphi(y) + \varphi(x)} dx dy\right) =$$

$$\frac{1}{2}\iint_D \frac{(a+b)\varphi(x) + (a+b)\varphi(y)}{\varphi(x) + \varphi(y)} dx dy =$$

$$\frac{1}{2}(a+b)\iint_D dx dy = \frac{1}{2}\pi c^2 (a+b)$$

3. 利用形心 $(\bar{x}, \bar{y})$ 计算二重积分

$$\iint_D x d\sigma = \bar{x} S_D, \iint_D y d\sigma = \bar{y} S_D \text{（被积函数为 } x, y \text{ 的一次式）}$$

例4 计算 $\iint\limits_{(x-1)^2+(y-2)^2 \leqslant 1} (x+2y) dx dy$.

$$\iint\limits_{(x-1)^2+(y-2)^2 \leqslant 1} (x+2y) dx dy = \iint\limits_{(x-1)^2+(y-2)^2 \leqslant 1} x dx dy + \iint\limits_{(x-1)^2+(y-2)^2 \leqslant 1} 2y dx dy$$

$$\iint\limits_{(x-1)+(y-2)\leqslant 1} x\,dx\,dy = 1\times\pi\times 1^2$$

$$2\iint\limits_{(x-1)+(y-2)\leqslant 1} y\,dx\,dy = 2\times 2\times\pi\times 1^2$$

$$\iint\limits_{(x-1)+(y-2)\leqslant 1}(x+2y)\,dx\,dy = 5\pi$$

例 5 计算 $\iint\limits_{D} y\,dx\,dy$,其中 $D = \{(x,y) \mid x = -\sqrt{2y-y^2}, x = -2, y = 2, y = 0\}$.

解法一 D 的形心为 $\bar{y} = 1$(图 7),面积为 $S_D = 4 - \dfrac{\pi}{2}$,故

$$\iint\limits_{D} y\,dx\,dy = 4 - \dfrac{\pi}{2}$$

解法二 利用对称性. D 关于 $y=1$ 对称,则

$$\iint\limits_{D}(y-1)\,dx\,dy = 0$$

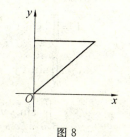

图 7

$$\iint\limits_{D} y\,dx\,dy = \iint\limits_{D}((y-1)+1)\,dx\,dy = \iint\limits_{D}(y-1)\,dx\,dy + S_D = 4 - \dfrac{\pi}{2}$$

4. 利用分部积分法计算二重积分

例 6 计算 $I = \int_0^1 2\,dx \int_x^1 \cos y^2\,dy$.

解法一 分部积分.

$$I = \int_0^1 2\,dx \int_x^1 \cos y^2\,dy = \int_0^1 2\left(\int_x^1 \cos y^2\,dy\right)dx =$$

$$2\left(\int_x^1 \cos y^2\,dy\right)x\Big|_0^1 - \int_0^1 x\,d\,2\left(\int_x^1 \cos y^2\,dy\right) =$$

$$0 + \int_0^1 2x\cos x^2\,dx = \int_0^1 \cos x^2\,dx^2 = \sin x^2\Big|_0^1 = \sin 1$$

解法二 交换积分顺序(图 8).

$$I = \int_0^1 2\,dx \int_x^1 \cos y^2\,dy = \int_0^1 2\,dy \int_0^y \cos y^2\,dx =$$

$$\int_0^1 2y\cos y^2\,dy = \int_0^1 \cos y^2\,dy^2 = \sin y^2\Big|_0^1 = \sin 1$$

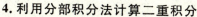

图 8

5. 被积函数带绝对值的二重积分

例 7 求 $I = \iint\limits_{D}\sqrt{|y-x^2|}\,dx\,dy$,其中 $D = \{(x,y) \mid -1\leqslant x\leqslant 1, 0\leqslant y\leqslant 2\}$.

解 为了确定 $y-x^2$ 的正负,用 $y=x^2$ 剖分区域 $D = D_1 + D_2$(图 9),有

$$I = \iint\limits_{D}\sqrt{y-x^2}\,dx\,dy = \iint\limits_{D_1}\sqrt{x^2-y}\,dx\,dy + \iint\limits_{D_2}\sqrt{y-x^2}\,dx\,dy = I_1 + I_2$$

$$I_1 = \iint\limits_{D_1}\sqrt{x^2-y}\,dx\,dy = \int_{-1}^1 dx\int_0^{x^2}\sqrt{x^2-y}\,dy =$$

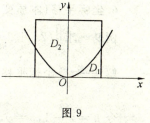

图 9

$$\int_{-1}^{1} -\frac{2}{3}(x^2-y)^{\frac{3}{2}}\bigg|_0^{x^2} dx = \frac{2}{3}\int_{-1}^{1}(x^2)^{\frac{3}{2}} dx = 0$$

$$I_2 = \iint\limits_{D_2} \sqrt{y-x^2}\, dxdy = \int_{-1}^{1} dx \int_{x^2}^{2} \sqrt{y-x^2}\, dy =$$

$$\int_{-1}^{1} \frac{2}{3}(y-x^2)^{\frac{3}{2}}\bigg|_{x^2}^{2} dx = \frac{2}{3}\int_{-1}^{1}(2-x^2)^{\frac{3}{2}} dx$$

令 $x=\sqrt{2}\sin t$,则

$$\frac{2}{3}\int_{-1}^{1}(2-x^2)^{\frac{3}{2}} dx = \frac{16}{3}\int_0^{\frac{\pi}{4}} \cos^4 t\, dt = \frac{\pi}{2} + \frac{4}{3}$$

$$I = I_1 + I_2 = \frac{\pi}{2} + \frac{4}{3} + 0 = \frac{\pi}{2} + \frac{4}{3}$$

例8 求 $I = \iint\limits_{D} |\sin(y-x)|\, dxdy$,其中 $D:0 \leqslant x \leqslant y \leqslant 2\pi$.

解 用直线 $y-x=\pi$ 剖分 $D=D_1+D_2$(图10).

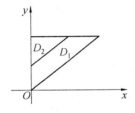

图 10

$$I = \iint\limits_{D}|\sin(y-x)|\,dxdy = \iint\limits_{D_1}|\sin(y-x)|\,dxdy + \iint\limits_{D_2}|\sin(y-x)|\,dxdy =$$

$$\iint\limits_{D_1}\sin(y-x)\,dxdy - \iint\limits_{D_2}\sin(y-x)\,dxdy =$$

$$\iint\limits_{D-D_2}\sin(y-x)\,dxdy - \iint\limits_{D_2}\sin(y-x)\,dxdy =$$

$$\iint\limits_{D}\sin(y-x)\,dxdy - 2\iint\limits_{D_2}\sin(y-x)\,dxdy =$$

$$\int_0^{2\pi} dy \int_0^{y} \sin(y-x)\,dx - 2\int_{\pi}^{2\pi} dy \int_0^{y-\pi} \sin(y-x)\,dx = 4\pi$$

注 $\iint\limits_{D_1} = \iint\limits_{D} - \iint\limits_{D_2} = \iint\limits_{D-D_2}$,在计算时能使计算简便.

6. 坐标平移(本质变量替换)

例9 求 $\iint\limits_{D}(2x+3y)\,dxdy$,其中 $D=\{(x,y)|x^2+y^2 \leqslant 2x\}$.

解法一 坐标平移.

$$D:x^2+y^2 \leqslant 2x \Rightarrow (x-1)^2+y^2 \leqslant 1$$

令 $u=x-1, v=y, dxdy=dudv$,其中 $D:u^2+v^2 \leqslant 1$,有

$$\iint\limits_{D}(2x+3y)\mathrm{d}x\mathrm{d}y = \iint\limits_{D_1}(2(1+u)+3v)\mathrm{d}u\mathrm{d}v = 2S_D + \iint\limits_{D_1}(2u+3v)\mathrm{d}u\mathrm{d}v = 2\pi$$

$\iint\limits_{D_1}(2u+3v)\mathrm{d}u\mathrm{d}v = 0$,$D_1$ 关于 u,v 轴对称,且被积函数为奇函数.

解法二 极坐标变换(一).

$$\begin{cases} x-1=\rho\cos\theta \\ y=\rho\sin\theta \end{cases}, \mathrm{d}x\mathrm{d}y = \rho\mathrm{d}\rho\mathrm{d}\theta$$

$$\iint\limits_{D}(2x+3y)\mathrm{d}x\mathrm{d}y = \int_0^{2\pi}\mathrm{d}\theta\int_0^1(2(1+\rho\cos\theta)+3\rho\sin\theta)\rho\mathrm{d}\rho =$$

$$\int_0^{2\pi}\left(1+\frac{2}{3}\cos\theta+\sin\theta\right)\mathrm{d}\theta = 2\pi+0+0=2\pi$$

极坐标变换(二).

$$\begin{cases} x=\rho\cos\theta \\ y=\rho\sin\theta \end{cases}, \mathrm{d}x\mathrm{d}y = \rho\mathrm{d}\rho\mathrm{d}\theta$$

$$\iint\limits_{D}(2x+3y)\mathrm{d}x\mathrm{d}y = \int_{-\frac{\pi}{2}}^{\frac{\pi}{2}}\mathrm{d}\theta\int_0^{2\cos\theta}(2\rho\cos\theta+3\rho\sin\theta)\rho\mathrm{d}\rho =$$

$$\int_{-\frac{\pi}{2}}^{\frac{\pi}{2}}(2\cos\theta+3\sin\theta)\mathrm{d}\theta\int_0^{2\cos\theta}\rho^2\mathrm{d}\rho =$$

$$\int_{-\frac{\pi}{2}}^{\frac{\pi}{2}}(2\cos\theta+3\sin\theta)\frac{1}{3}(2\cos\theta)^3\mathrm{d}\theta =$$

$$\int_{-\frac{\pi}{2}}^{\frac{\pi}{2}}(2\cos\theta+3\sin\theta)\frac{1}{3}(2\cos\theta)^3\mathrm{d}\theta =$$

$$\frac{16}{3}\int_{-\frac{\pi}{2}}^{\frac{\pi}{2}}(\cos\theta)^4\mathrm{d}\theta + \int_{-\frac{\pi}{2}}^{\frac{\pi}{2}}\sin\theta(2\cos\theta)^3\mathrm{d}\theta =$$

$$\frac{16}{3}\int_{-\frac{\pi}{2}}^{\frac{\pi}{2}}(\cos\theta)^4\mathrm{d}\theta + \int_{-\frac{\pi}{2}}^{\frac{\pi}{2}}\sin\theta(2\cos\theta)^3\mathrm{d}\theta =$$

$$\frac{16}{3}\times 2\int_0^{\frac{\pi}{2}}(\cos\theta)^4\mathrm{d}\theta + 0 =$$

$$\frac{16}{3}\times 2\int_0^{\frac{\pi}{2}}(\cos\theta)^4\mathrm{d}\theta = \frac{16}{3}\times 2\frac{3!!}{4!!}\cdot\frac{\pi}{2} = 2\pi$$

解法三 利用形心(被积函数为 x,y 的一次式).

$D: x^2+y^2 \leqslant 2x \Rightarrow (x-1)^2+y^2 \leqslant 1$,形心为 $(\bar{x},\bar{y})=(1,0)$.

$$\iint\limits_{D}(2x+3y)\mathrm{d}x\mathrm{d}y = 2\iint\limits_{D}x\mathrm{d}x\mathrm{d}y + 3\iint\limits_{D}y\mathrm{d}x\mathrm{d}y = 2\times 1\times S_D + 3\times 0\times S_D = 2\pi$$

7. 分段函数计算二重积分

例 10 设 $f(x)=\begin{cases}\sin x, 0\leqslant x\leqslant 2\\ 0,其他\end{cases}$,$D$ 为全平面,求 $I=\iint\limits_{D}f(x)f(y-x)\mathrm{d}x\mathrm{d}y$.

解 由已知得 $f(x)f(y-x)$ 仅在区域 $D_1=\{(x,y)\mid x\leqslant y\leqslant x+2, 0\leqslant x\leqslant 2\}$ 内非零.

$$I = \iint\limits_{D} f(x)f(y-x)\mathrm{d}x\mathrm{d}y = \iint\limits_{D_1} f(x)f(y-x)\mathrm{d}x\mathrm{d}y =$$

$$\int_0^2 \mathrm{d}x \int_x^{x+2} \sin x \sin(y-x) \mathrm{d}y = \int_0^2 \sin x \left(-\cos(y-x)\Big|_x^{x+2}\right) \mathrm{d}x =$$

$$(1-\cos 2)\int_0^2 \sin x \mathrm{d}x = (1-\cos 2)^2$$

8. 积分区域由参数方程给出

例 11 $I = \iint\limits_{D} y^2 \mathrm{d}x\mathrm{d}y$, 其中 $D: \begin{cases} x = a(t-\sin t) \\ y = a(1-\cos t) \end{cases}, 0 \leqslant t \leqslant 2\pi$ 与 $y = 0$ 所围.

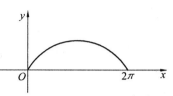

图 11

分析 利用直角坐标化为累次积分, 计算一次积分, 变成线积分.

解 将 $D: \begin{cases} x = a(t-\sin t) \\ y = a(1-\cos t) \end{cases}$ 看成 $y = f(x)$, 则

$$I = \iint\limits_{D} y^2 \mathrm{d}x\mathrm{d}y = \int_0^{2\pi a} \mathrm{d}x \int_0^y y^2 \mathrm{d}y = \frac{1}{3}\int_0^{2\pi a} y^3 \mathrm{d}x$$

将参数方程代入, 有

$$I = \frac{1}{3}\int_0^{2\pi} a^3(1-\cos t)^3 a(1-\cos t)\mathrm{d}t =$$

$$\frac{16a^4}{3}\int_0^{2\pi} \sin^8 \frac{t}{2} \mathrm{d}t \xrightarrow{\frac{t}{2}=x} \frac{32a^4}{3}\int_0^{\pi} \sin^8 x \mathrm{d}x = \frac{64a^4}{3}\int_0^{\frac{\pi}{2}} \sin^8 x \mathrm{d}x =$$

$$\frac{64a^4}{3} \cdot \frac{7}{8} \cdot \frac{5}{6} \cdot \frac{3}{4} \cdot \frac{1}{2} \cdot \frac{\pi}{2} = \frac{35}{12}\pi a^4$$

11.1.4 典型题解

例 12 求 $\iint\limits_{D} xy^2\cos(x^2y)\mathrm{d}x\mathrm{d}y$, 其中 D 为 $0 \leqslant x \leqslant 2, 0 \leqslant y \leqslant \frac{\pi}{2}$.

解 $\iint\limits_{D} xy^2\cos(x^2y)\mathrm{d}x\mathrm{d}y = \int_0^{\frac{\pi}{2}} \mathrm{d}y \int_0^2 xy^2\cos(x^2y)\mathrm{d}x =$

$$\frac{1}{2}\int_0^{\frac{\pi}{2}} y\mathrm{d}y \int_0^2 \cos(x^2y)\mathrm{d}(x^2y) = \frac{1}{2}\int_0^{\frac{\pi}{2}} y\sin(4y)\mathrm{d}y =$$

$$\frac{-1}{8}\left(y\cos 4y\Big|_0^{\frac{\pi}{2}} - \int_0^{\frac{\pi}{2}} \cos(4y)\mathrm{d}y\right) = -\frac{\pi}{16}$$

例 13 求 $\iint\limits_{D} xy(x-y)\mathrm{d}x\mathrm{d}y$, 其中 D 由 $x-y=0, x+y=0, x=1$ 围成.

解法一 积分区域 D 关于 x 轴对称, 函数 x^2y, xy^2 分别是关于 y 的奇函数、偶函数, 所以

$$\iint\limits_{D} x^2 y \mathrm{d}x\mathrm{d}y = 0$$

$$\iint\limits_D xy(x-y)\mathrm{d}x\mathrm{d}y = \iint\limits_D x^2y\mathrm{d}x\mathrm{d}y - \iint\limits_D xy^2\mathrm{d}x\mathrm{d}y = -\iint\limits_D xy^2\mathrm{d}x\mathrm{d}y =$$
$$= -2\int_0^1 y^2\mathrm{d}y\int_y^1 x\mathrm{d}x = -\int_0^1 y^2(1-y^2)\mathrm{d}y = -\frac{2}{15}$$

解法二
$$\iint\limits_D xy(x-y)\mathrm{d}x\mathrm{d}y = -\int_0^1 \mathrm{d}x\int_{-x}^x xy^2\mathrm{d}y = -\frac{2}{3}\int_0^1 y^4\mathrm{d}y = -\frac{2}{15}$$

例 14 求 $\iint\limits_D \dfrac{x^2}{y^2}\mathrm{d}x\mathrm{d}y$，其中 D 由 $y=2, y=x$ 及 $xy=1$ 围成．

解 $\iint\limits_D \dfrac{x^2}{y^2}\mathrm{d}x\mathrm{d}y = \int_1^2 \dfrac{1}{y^2}\mathrm{d}y\int_{\frac{1}{y}}^y x^2\mathrm{d}x = \int_1^2 \left(\dfrac{y}{3} - \dfrac{1}{3y^5}\right)\mathrm{d}y = \dfrac{27}{64}$

例 15 求 $\iint\limits_D xy\mathrm{d}x\mathrm{d}y$，其中 D 由 $x=y^2$ 及 $x-y=2$ 围成．

解 $\iint\limits_D xy\mathrm{d}x\mathrm{d}y = \int_{-1}^2 \mathrm{d}y\int_{y^2}^{y+2} xy\mathrm{d}x = \dfrac{45}{8}$

例 16 求 $\iint\limits_D \dfrac{\sin x}{x}\mathrm{d}x\mathrm{d}y$，其中 D 由 $y=x^2$ 及 $y=x$ 围成．

解 $\iint\limits_D \dfrac{\sin x}{x}\mathrm{d}x\mathrm{d}y = \int_0^1 \mathrm{d}x\int_{x^2}^x \dfrac{\sin x}{x}\mathrm{d}y = 1-\sin 1$

例 17 更换下列各题的积分顺序．

(1) $\int_0^a \mathrm{d}x\int_x^{\sqrt{2ax-x^2}} f(x,y)\mathrm{d}y$.

(2) $\int_0^1 \mathrm{d}x\int_0^{x^2} f(x,y)\mathrm{d}y + \int_1^3 \mathrm{d}x\int_0^{\frac{1}{2}(3-x)} f(x,y)\mathrm{d}y$.

(3) $\int_{-6}^2 \mathrm{d}x\int_{\frac{1}{4}x^2-1}^{2-x} f(x,y)\mathrm{d}y$.

解 (1) $\int_0^a \mathrm{d}x\int_x^{\sqrt{2ax-x^2}} f(x,y)\mathrm{d}y = \int_0^a \mathrm{d}y\int_{a-\sqrt{a^2-y^2}}^y f(x,y)\mathrm{d}x$

(2) $\int_0^1 \mathrm{d}x\int_0^{x^2} f(x,y)\mathrm{d}y + \int_1^3 \mathrm{d}x\int_0^{\frac{1}{2}(3-x)} f(x,y)\mathrm{d}y = \int_0^1 \mathrm{d}y\int_{\sqrt{y}}^{3-2y} f(x,y)\mathrm{d}x$

(3) $\int_{-6}^2 \mathrm{d}x\int_{\frac{1}{4}x^2-1}^{2-x} f(x,y)\mathrm{d}y = \int_{-1}^0 \mathrm{d}y\int_{-2\sqrt{y+1}}^{2\sqrt{y+1}} f(x,y)\mathrm{d}x + \int_0^8 \mathrm{d}y\int_{-2\sqrt{y+1}}^{2-y} f(x,y)\mathrm{d}x$

例 18 利用极坐标计算下列各题的积分：

(1) $\iint\limits_D x\mathrm{d}x\mathrm{d}y$，其中 D 为 $x^2+y^2 \leqslant ax, (a>0)$.

(2) $\iint\limits_D \sin\sqrt{x^2+y^2}\mathrm{d}x\mathrm{d}y$，其中 D 为 $\pi^2 \leqslant x^2+y^2 \leqslant 4\pi^2$.

解 (1) 在极坐标系中，$D: -\dfrac{\pi}{2} \leqslant \theta \leqslant \dfrac{\pi}{2}, 0 \leqslant r \leqslant a\cos\theta$，则

$$\iint\limits_D x\mathrm{d}x\mathrm{d}y = \int_{-\frac{\pi}{2}}^{\frac{\pi}{2}} \cos\theta\mathrm{d}\theta\int_0^{a\cos\theta} r^2\mathrm{d}r = \dfrac{\pi}{8}a^3$$

(2) $\iint\limits_D \sin\sqrt{x^2+y^2}\,dxdy = \iint\limits_D r(\sin r)\,drd\theta = \int_0^{2\pi}d\theta\int_\pi^{2\pi} r\sin r\,dr = -6\pi^2$

例 19 求 $\iint\limits_D x\,dxdy$,其中 D 为 $2 \leqslant x^2+y^2 \leqslant 2x$.

解 在极坐标系中,$x^2+y^2=2$ 的方程为 $r=\sqrt{2}$,$x^2+y^2=2x$ 的方程为 $r=2\cos\theta$,这两条曲线的交点为 $\left(\sqrt{2},-\dfrac{\pi}{4}\right)$,$\left(\sqrt{2},\dfrac{\pi}{4}\right)$,则

$$D: -\frac{\pi}{4} \leqslant \theta \leqslant \frac{\pi}{4}, \sqrt{2} \leqslant r \leqslant 2\cos\theta$$

$$\iint\limits_D x\,dxdy = \int_{-\frac{\pi}{4}}^{\frac{\pi}{4}}d\theta\int_{\sqrt{2}}^{2\cos\theta} r^2\cos\theta\,dr = \frac{\pi}{2}$$

例 20 计算下列各题的二次积分.

(1) $\int_\pi^{2\pi}dy\int_{y-\pi}^{\pi} \dfrac{\sin x}{x}dx$.

(2) $\int_1^2 dx\int_{\sqrt{x}}^{x} \sin\dfrac{\pi x}{2y}dy + \int_2^4 dx\int_{\sqrt{x}}^{2} \sin\dfrac{\pi x}{2y}dy$.

(3) $\int_0^1 dx\int_{x^2}^{1} \dfrac{xy}{\sqrt{1+y^3}}dy$.

(4) $\int_0^a dx\int_x^{\sqrt{2ax-x^2}} \sqrt{x^2+y^2}\,dy$, $a>0$.

(5) $\int_{-1}^0 dx\int_{-x}^{\sqrt{2-x^2}} \dfrac{x}{y}dy$.

解 (1) $\int_\pi^{2\pi}dy\int_{y-\pi}^{\pi} \dfrac{\sin x}{x}dx = \int_0^\pi dx\int_\pi^{x+\pi} \dfrac{\sin x}{x}dy = 2$

(2) $\int_1^2 dx\int_{\sqrt{x}}^{x} \sin\dfrac{\pi x}{2y}dy + \int_2^4 dx\int_{\sqrt{x}}^{2} \sin\dfrac{\pi x}{2y}dy = \int_1^2 dy\int_y^{y^2} \sin\dfrac{\pi x}{2y}dx = \dfrac{4}{\pi^3}(2+\pi)$

(3) $\int_0^1 dx\int_{x^2}^{1} \dfrac{xy}{\sqrt{1+y^3}}dy = \int_0^1 dy\int_0^{\sqrt{y}} \dfrac{xy}{\sqrt{1+y^3}}dx = \dfrac{1}{3}(\sqrt{2}-1)$

(4) $0 \leqslant x \leqslant a, x \leqslant y \leqslant \sqrt{2ax-x^2}$ 确定积分区域 D,在极坐标系中,$D: \dfrac{\pi}{4} \leqslant \theta \leqslant \dfrac{\pi}{2}$,$0 \leqslant r \leqslant 2a\cos\theta$,则

$$\text{原式} = \int_{\frac{\pi}{4}}^{\frac{\pi}{2}}d\theta\int_0^{2a\cos\theta} r^2\,dr = \frac{2}{9}(8-5\sqrt{2})a^3$$

(5) $\int_{-1}^0 dx\int_{-x}^{\sqrt{2-x^2}} \dfrac{x}{y}dy = \int_{\frac{\pi}{2}}^{\frac{3\pi}{4}}d\theta\int_0^{\sqrt{2}} \dfrac{r\cos\theta}{r\sin\theta}\cdot r\,dr = -2\ln 2$

例 21 交换下列各题的积分次序.

(1) $\int_0^1 dx\int_{x^3}^{x} f(x,y)dy$.

(2) $\int_0^{\frac{\pi}{2}} dx\int_0^{\cos x} f(x,y)dy$.

解 (1) $\int_0^1 dx\int_{x^3}^{x} f(x,y)dy = \int_0^1 dy\int_y^{\sqrt[3]{y}} f(x,y)dx$

(2) $\int_0^\pi dx \int_0^{\cos x} f(x,y) dy = \int_0^1 dy \int_0^{\arccos y} f(x,y) dx - \int_{-1}^0 dy \int_{\arccos y}^\pi f(x,y) dx$

例 22 将极坐标形式的二次积分交换积分次序：$\int_{\frac{\pi}{4}}^{\frac{\pi}{2}} d\theta \int_0^{2a\cos\theta} F(r,\theta) dr$.

解 由 $\frac{\pi}{4} \leqslant \theta \leqslant \frac{\pi}{2}, 0 \leqslant r \leqslant 2a\cos\theta$ 确定的积分区域 D 可表示为 $\frac{\pi}{4} \leqslant \theta \leqslant \arccos\frac{r}{2a}, 0 \leqslant r \leqslant \sqrt{2}a$，故

$$\int_{\frac{\pi}{4}}^{\frac{\pi}{2}} d\theta \int_0^{2a\cos\theta} F(r,\theta) dr = \int_0^{\sqrt{2}a} dr \int_{\frac{\pi}{4}}^{\arccos\frac{r}{2a}} F(r,\theta) d\theta$$

例 23 求 $\int_0^1 dx \int_0^{\sqrt{x}} e^{-\frac{1}{2}y^2} dy$.

解 $\int_0^1 dx \int_0^{\sqrt{x}} e^{-\frac{1}{2}y^2} dy = \int_0^1 dy \int_{y^2}^1 e^{-\frac{1}{2}y^2} dx = e^{-\frac{1}{2}}$

例 24 利用二重积分求下列各题中所给曲线所围成的平面图形的面积.
(1) $y^2 = 2px + p^2, y^2 = -2px + q^2 (p > 0, q > 0)$.
(2) $y = e^x + \frac{\sin x}{x+1}, y = \frac{x^2}{2} + \frac{\sin x}{x+1}, x = 0, x = 1$.

解 (1) 两条抛物线的交点是 $\left(\frac{q-p}{2}, \pm\sqrt{pq}\right)$，所求面积为

$$A = \iint_D dxdy = 2\int_0^{\sqrt{pq}} dy \int_{\frac{y^2-p^2}{2p}}^{\frac{q^2-y^2}{2q}} dx = \frac{2}{3}(p+q)\sqrt{pq}$$

(2) $A = \iint_D d\sigma = 2\int_0^1 dx \int_{\frac{x^2}{2}+\frac{\sin x}{x+1}}^{e^x+\frac{\sin x}{x+1}} dy = e - \frac{7}{6}$

例 25 求由平面 $x=0, y=0, z=0, x+y=1$ 及曲面 $z = x^2+y^2$ 所围成的立体体积.

解 $V = \iint_D (x^2+y^2) dxdy = \int_0^1 dx \int_0^{1-x} (x^2+y^2) dy = \frac{1}{6}$

例 26 求由曲面 $x^2+y^2 = 2ax, az = x^2+y^2 (a>0)$ 及平面 $z=0$ 所围成的立体体积.

解 $V = \iint_D \frac{1}{a}(x^2+y^2) d\sigma = \frac{2}{a} \int_0^{\frac{\pi}{2}} d\theta \int_0^{2a\cos\theta} r^3 dr = \frac{3}{2}\pi a^3$

11.2 三重积分

11.2.1 基本要求

(1) 理解三重积分的定义.
(2) 掌握三重积分存在的充分条件.
(3) 掌握三重积分的计算.
① 直角坐标计算三重积分.

② 柱面坐标计算三重积分.
③ 球面坐标计算三重积分.

11.2.2 知识考点概述

1. 三重积分的定义

设 $f(x,y,z)$ 是空间有界闭区域 Ω 上的有界函数，将 Ω 任意分成 n 个小闭区域 Δv_1, $\Delta v_2, \cdots, \Delta v_n$，则

$$\lim_{\lambda \to 0} \sum_{i=1}^{n} f(x_i, y_i, z_i) \Delta v_i = \iiint_{\Omega} f(x,y,z) \, dv$$

其中 Δv_i 表示第 i 个小闭区域（也表示它的体积），在每个 Δv_i 上，任取一点 (x_i, y_i, z_i) $(i=1,2,\cdots,n)$ 作积 $f(x_i, y_i, z_i) \Delta v_i$，并作和 $\sum_{i=1}^{n} f(x_i, y_i, z_i) \Delta v_i$，如果当各小闭区域直径中最大值 λ 趋于零时，极限总存在，则称此极限为函数 $f(x,y,z)$ 在闭区域 Ω 上的三重积分，记作 $\iiint_{\Omega} f(x,y,z) \, dv$，即

$$\lim_{\lambda \to 0} \sum_{i=1}^{n} f(x_i, y_i, z_i) \Delta v_i = \iiint_{\Omega} f(x,y,z) \, dv = \iiint_{\Omega} f(x,y,z) \, dx \, dy \, dz$$

其中 dv 称为体积元素.

注 （1）若 $f(x,y,z) \equiv 1$，则 $V = \iiint_{\Omega} dv$.

（2）$f(x,y,z)$ 表示某物体在点 (x,y,z) 处的密度，Ω 是该物体所占有的空间闭区域 $f(x,y,z)$ 在 Ω 上连续，则该物体的质量为

$$m = \iiint_{\Omega} f(x,y,z) \, dv$$

（3）$\iiint_{\Omega} f(x,y,z) \, dx \, dy \, dz$ 是一个数.

2. 三重积分存在的充分条件

$f(x,y,z)$ 在有界闭区域 Ω 上连续，则 $\iiint_{\Omega} f(x,y,z) \, dv$ 一定存在.

3. 三重积分的几何意义

三重积分与二重积分有相同的性质.

4. 三重积分的计算

（1）利用直角坐标计算.

① 投影法（先一后二）.

Ω 在 xOy 面上投影区域为 D_{xy}，Ω 表示为

$$\Omega: \begin{cases} (x,y) \in D_{xy} \\ z_1(x,y) \leqslant z \leqslant z_2(x,y) \end{cases}$$

则

$$\iiint_D f(x,y,z)\mathrm{d}v = \iint_{D_{xy}} \mathrm{d}x\mathrm{d}y \int_{x_1(x,y)}^{x_2(x,y)} f(x,y,z)\mathrm{d}z$$

Ω 也可往其他面作投影，原理一样．

② 截面法（先二后一）．

用平行于 xOy 的平面截 Ω 得一截面 $D(z)$，其中 $c \leqslant z \leqslant d$，$[c,d]$ 是 Ω 在 z 轴的投影区间，则

$$\iiint_\Omega f(x,y,z)\mathrm{d}v = \int_c^d \left(\iint_{D(z)} f(x,y,z)\mathrm{d}x\mathrm{d}y \right) \mathrm{d}z$$

先作 $D(z)$ 上的二重积分，再对 z 进行一元函数定积分．

也可用平行于 yOz，xOz 的平面截 Ω，原理一样．

注 一般来讲，被积函数只有一个变量，适合用截面法计算，如只有变量 z，用平行于 xOy 面的平面截 Ω 得一截面 $D(z)$．

(2) 利用柱坐标系计算．

$$\begin{cases} x = \rho\cos\theta, 0 \leqslant \rho < +\infty \\ y = \rho\sin\theta, 0 \leqslant \theta \leqslant 2\pi \\ z = z, -\infty < z < \infty \end{cases}$$

$$\iiint_\Omega f(x,y,z)\mathrm{d}v = \iiint f(\rho\cos\theta, \rho\sin\theta, z)\rho\mathrm{d}\rho\mathrm{d}\theta\mathrm{d}z$$

注 当 Ω 在 xOy 平面的投影 D_{xy} 是圆形、扇形、圆环形类区域，且含有 $x^2 + y^2$ 形式的函数时，用柱面坐标积分法比较方便．

① 极点在 D_{xy} 外．

$$I = \iiint_\Omega f(x,y,z)\mathrm{d}v = \int_\alpha^\beta \mathrm{d}\theta \int_{\rho_1(\theta)}^{\rho_2(\theta)} \mathrm{d}\rho \int_{z_1(\rho\cos\theta,\rho\sin\theta)}^{z_2(\rho\cos\theta,\rho\sin\theta)} f(\rho\cos\theta, \rho\sin\theta, z)\rho\mathrm{d}z$$

② 极点在 D_{xy} 的边界上．

$$I = \iiint_\Omega f(x,y,z)\mathrm{d}v = \int_\alpha^\beta \mathrm{d}\theta \int_0^{\rho(\theta)} \mathrm{d}\rho \int_{z_1(\rho\cos\theta,\rho\sin\theta)}^{z_2(\rho\cos\theta,\rho\sin\theta)} f(\rho\cos\theta, \rho\sin\theta, z)\rho\mathrm{d}z$$

③ 极点在 D_{xy} 内部．

$$I = \iiint_\Omega f(x,y,z)\mathrm{d}v = \int_0^{2\pi} \mathrm{d}\theta \int_0^{\rho(\theta)} \mathrm{d}\rho \int_{z_1(\rho\cos\theta,\rho\sin\theta)}^{z_2(\rho\cos\theta,\rho\sin\theta)} f(\rho\cos\theta, \rho\sin\theta, z)\rho\mathrm{d}z$$

(3) 利用球面坐标计算．

$$\begin{cases} x = \rho\sin\varphi\cos\theta, 0 \leqslant \rho < +\infty \\ y = \rho\sin\varphi\sin\theta, 0 \leqslant \theta \leqslant 2\pi \\ z = \rho\cos\varphi, 0 \leqslant \varphi \leqslant \pi \end{cases}$$

$$I = \iiint_\Omega f(x,y,z)\mathrm{d}v = \int_{\theta_1}^{\theta_2} \mathrm{d}\theta \int_{\varphi_1(\theta)}^{\varphi_2(\theta)} \mathrm{d}\varphi \int_{r_1(\theta,\varphi)}^{r_2(\theta,\varphi)} f(\rho\sin\varphi\cos\theta, \rho\sin\varphi\sin\theta, r\cos\varphi)\rho^2\sin\varphi\mathrm{d}\rho$$

注 当积分区域是球体、半球体等，被积函数为 $f(x^2 + y^2 + z^2)$，使用球面坐标十分简便．

5. 利用对称性计算三重积分

(1) 区域的对称性 + 被积函数的奇偶性．

积分区域 Ω，关于 xOy 面（即 $z=0$）对称.

① 若 $f(x,y,-z)=-f(x,y,z)$，则
$$I=\iiint_\Omega f(x,y,z)\mathrm{d}v=0$$

② 若 $f(x,y,-z)=f(x,y,z)$，则
$$I=\iiint_\Omega f(x,y,z)\mathrm{d}v=2\iiint_{\Omega_1}f(x,y,z)\mathrm{d}v\; \Omega_1$$

是 Ω 位于 $z\geqslant 0$ 的部分，关于其他坐标面对称，亦类似.

注 分析积分区域 Ω 关于 $x=0,y=0,z=0$ 是否对称，分析积分区域 Ω 关于 x,y,z 是否为偶函数即可，即积分区域 Ω 关于 x 是偶函数，积分区域 Ω 关于 $x=0$ 对称.

（2）变量的对称性.

① 两个变量对称.

若在区域 Ω 的方程中 x 和 y 对调后方程不变，则
$$\iiint_\Omega f(x,y,z)\mathrm{d}v=\iiint_\Omega f(y,x,z)\mathrm{d}v$$

② 三个变量对称.

若在区域 Ω 的方程中 x,y,z 对调后方程不变，则
$$\iiint_\Omega f(x,y,z)\mathrm{d}v=\iiint_\Omega f(z,x,y)\mathrm{d}v$$

注 此时可对调任意两个变量.

6. 利用形心计算三重积分（被积函数为 x,y,z 的一次式）
$$\iiint_\Omega x\mathrm{d}v=V\cdot\bar{x},\iiint_\Omega y\mathrm{d}v=V\cdot\bar{y},\iiint_\Omega z\mathrm{d}v=V\cdot\bar{z},V=\iiint_\Omega\mathrm{d}v$$

11.2.3 常用解题技巧

1. 利用对称性计算三重积分

例 1 求 $I=\iiint_\Omega x\mathrm{d}v$，其中 $\Omega:x^2+y^2+z^2\leqslant R^2$.

解 被积函数 x 关于 x 为奇函数，且 $\Omega:x^2+y^2+z^2\leqslant R^2$ 关于 $x=0$ 对称，故 $I=\iiint_\Omega x\mathrm{d}v=0$.

例 2 求 $I=\iiint_\Omega \sin x\mathrm{e}^{x^2}yzf(x^2+y^2+z^2)\mathrm{d}v$，其中 $\Omega:\dfrac{x^2}{2}+\dfrac{(y-1)^2}{3}+\dfrac{(z-2)^2}{4}\leqslant R^2$.

解 被积函数 $\sin x\mathrm{e}^{x^2}yzf(x^2+y^2+z^2)$ 关于 x 为奇函数，$\Omega:\dfrac{x^2}{2}+\dfrac{(y-1)^2}{3}+\dfrac{(z-2)^2}{4}\leqslant R^2$ 关于 $x=0$ 对称，故 $I=\iiint_\Omega \sin x\mathrm{e}^{x^2}yzf(x^2+y^2+z^2)\mathrm{d}v=0$.

2. 利用轮换对称性（变量的地位相同）

例 3 求 $I=\iiint_\Omega(x^2+y^2)\mathrm{d}v$，其中 $\Omega:x^2+y^2+z^2\leqslant R^2$.

解 在 $\Omega: x^2+y^2+z^2 \leqslant R^2$ 中,x,y,z 的地位相同,故

$$\iiint_\Omega x^2 dv = \iiint_\Omega y^2 dv = \iiint_\Omega z^2 dv$$

$$I = \iiint_\Omega (x^2+y^2) dv = \frac{2}{3}\iiint_\Omega (x^2+y^2+z^2) dv =$$

$$\frac{2}{3}\int_0^{2\pi} d\theta \int_0^{\pi} d\varphi \int_0^R \rho^2 \rho^2 \sin\varphi d\rho =$$

$$\frac{4\pi}{15}R^5 \int_0^\pi \sin\varphi d\varphi = -\frac{4\pi}{15}R^5 \cos\varphi \Big|_0^\pi = \frac{8\pi}{15}R^5$$

例 4 求 $I = \iiint_\Omega (ax+by+cz)^2 dv$,其中 $\Omega: x^2+y^2+z^2 \leqslant R^2$.

解 $I = \iiint_\Omega (ax+by+cz)^2 dv =$

$$\iiint_\Omega (a^2x^2+b^2y^2+c^2z^2) dv + 2\iiint_\Omega (abxy+bcyz+acxz) dv =$$

$$\iiint_\Omega (a^2x^2+b^2y^2+c^2z^2) dv + 0(利用对称性) =$$

$$\iiint_\Omega (a^2x^2+b^2y^2+c^2z^2) dv =$$

$$\iiint_\Omega (a^2x^2+b^2x^2+c^2x^2) dv(x,y,z 的地位相同) =$$

$$(a^2+b^2+c^2)\iiint_\Omega x^2 dv = \frac{1}{3}(a^2+b^2+c^2)\iiint_\Omega (x^2+y^2+z^2) dv =$$

$$\frac{1}{3}(a^2+b^2+c^2)\frac{4}{5}\pi R^5$$

$$\iiint_\Omega (x^2+y^2+z^2) dv = \int_0^{2\pi} d\theta \int_0^\pi d\varphi \int_0^R \rho^2 \rho^2 \sin\varphi d\rho =$$

$$\frac{2\pi}{5}R^5 \int_0^\pi \sin\varphi d\varphi = -\frac{2\pi}{5}R^5 \cos\varphi \Big|_0^\pi = \frac{4\pi}{5}R^5$$

3. 利用形心计算三重积分(被积函数为 x,y,z 的一次式)

$$\iiint_\Omega x dv = V \cdot \bar{x}, \iiint_\Omega y dv = V \cdot \bar{y}, \iiint_\Omega z dv = V \cdot \bar{z}, V = \iiint_\Omega dv$$

例 5 计算 $I = \iiint_\Omega (x+2y+3z) dv$,其中 $\Omega: (x-1)^2+(y-2)^2+(z-3)^2 \leqslant R^2$.

解 $\Omega: (x-1)^2+(y-2)^2+(z-3)^2 \leqslant R^2$ 的形心为 $\bar{x}=1, \bar{y}=2, \bar{z}=3$.

$$I = \iiint_\Omega (x+2y+3z) dv = \iiint_\Omega x dv + 2\iiint_\Omega y dv + 3\iiint_\Omega z dv =$$

$$1 \times V + 2 \times 2 \times V + 3 \times 3 \times V$$

$$V = \iiint_\Omega dv = \frac{4}{3}\pi a^3$$

故 $$I=\iiint_{\Omega}(x+2y+3z)\mathrm{d}v=\frac{56}{3}\pi a^3$$

11.2.4 典型题解

例 6 将$\iiint_{\Omega}f(x,y,z)\mathrm{d}x\mathrm{d}y\mathrm{d}z$化为直角坐标系下的三次积分，其中积分区域$\Omega$分别为：

(1)Ω由曲面$3x^2+y^2=z$及$z=1-x^2$围成.

(2)Ω由曲面$z=xy$、平面$y=x,x=1$及$z=0$围成.

解 (1)$\int_{-\frac{1}{2}}^{\frac{1}{2}}\mathrm{d}x\int_{-\sqrt{1-4x^2}}^{\sqrt{1-4x^2}}\mathrm{d}y\int_{3x^2+y^2}^{1-x^2}f(x,y,z)\mathrm{d}z$.

(2)$\int_0^1\mathrm{d}x\int_0^x\mathrm{d}y\int_0^{xy}xyf(x,y,z)\mathrm{d}z$.

例 7 用直角坐标计算下列各题的三重积分.

(1)$\iiint_{\Omega}\mathrm{e}^{x+y+z}\mathrm{d}x\mathrm{d}y\mathrm{d}z$，其中$\Omega$由平面$x=0,y=1,y=-x,z=0,z=-x$围成.

(2)$\iiint_{\Omega}z\mathrm{d}x\mathrm{d}y\mathrm{d}z$，其中$\Omega$由曲面$x^2+y^2-2z^2=1$、平面$z=1$及$z=2$围成.

解 (1)Ω在xOy面上的投影域D：$-1\leqslant x\leqslant 0,-x\leqslant y\leqslant 1$，又在$\Omega$上有$0\leqslant z\leqslant -x$，所以

$$\iiint_{\Omega}\mathrm{e}^{x+y+z}\mathrm{d}x\mathrm{d}y\mathrm{d}z=\int_0^{-1}\mathrm{e}^x\mathrm{d}x\int_{-x}^1\mathrm{e}^y\mathrm{d}y\int_0^{-x}\mathrm{e}^z\mathrm{d}z=3-\mathrm{e}$$

(2)$\forall z\in[-1,2]$，D_z：$x^2+y^2\leqslant 2z^2+1$，$\iiint_{\Omega}3\mathrm{d}x\mathrm{d}y\mathrm{d}z=\int_1^2\mathrm{d}z\iint_{D_z}z\mathrm{d}x\mathrm{d}y=\int_1^2 8\pi(1+2z^2)\mathrm{d}z=9\pi$.

例 8 用柱面坐标计算下列各题的三重积分.

(1)$\iiint_{\Omega}x^2\mathrm{d}v$，其中$\Omega$由曲面$x^2+y^2=2z$及平面$z=2$围成.

(2)$\iiint_{\Omega}\sqrt{y^2+z^2}\mathrm{d}x\mathrm{d}y\mathrm{d}z$，其中$\Omega$：$y^2+z^2\leqslant x^2,0\leqslant x\leqslant 1$.

解 (1) 在柱坐标系中，Ω：$0\leqslant\theta\leqslant 2\pi,0\leqslant r\leqslant 2,\frac{r^2}{2}\leqslant z\leqslant 2$，则

$$\iiint_{\Omega}x^2\mathrm{d}v=\int_0^{2\pi}\mathrm{d}\theta\int_0^2 r^2\mathrm{d}r\int_{\frac{r^2}{2}}^2 r^2\cos^2\theta\cdot r\mathrm{d}z=\frac{8\pi}{3}$$

(2) 取柱面坐标为(r,θ,x)，则

$$\iiint_{\Omega}\sqrt{y^2+z^2}\mathrm{d}x\mathrm{d}y\mathrm{d}z=\int_0^{2\pi}\mathrm{d}\theta\int_0^1 r^2\mathrm{d}r\int_r^1\mathrm{d}x=\frac{\pi}{6}$$

例 9 计算三重积分$I=\iiint_{\Omega}\mathrm{e}^{3Rz^2-z^3}\mathrm{d}v$，$\Omega$：$x^2+y^2+z^2\leqslant 2Rz$.

解
$$I = \iiint_\Omega e^{3Rz^2-z^3} dv = \int_0^{2R} e^{3Rz^2-z^3} dz \iint_{D_z} dx dy = \int_0^{2R} e^{3Rz^2-z^3} A(z) dz$$

$$A(z) = \pi(2Rz - z^2)$$

$$I = \int_0^{2R} e^{3Rz^2-z^3} \pi(2Rz - z^2) dz = \pi \int_0^{2R} e^{3Rz^2-z^3} d(3Rz^2 - z^3) = \pi e^{3Rz^2-z^3} \Big|_0^{2R} = \frac{\pi}{3}(e^{4R^3} - 1)$$

11.3 重积分的应用

11.3.1 基本要求

(1) 掌握曲面面积的计算.
(2) 掌握质心的计算.
(3) 掌握转动惯量的计算.

11.3.2 知识考点概述

1. 曲面面积的计算

(1) 普通曲面面积.

曲面 Σ 方程为 $z = f(x,y)$，D 为曲面 Σ 在 xOy 面上的投影区域，函数 $f(x,y)$ 在 D 上具有连续偏导数 $f_x(x,y)$ 和 $f_y(x,y)$，$S = \iint_D \sqrt{1 + f_x^2 + f_y^2} d\sigma$.

(2) 旋转曲面面积.

光滑 $z = \varphi(x)$，$a \leqslant x \leqslant b$ 绕 z 轴旋转所产生的旋转面的方程为

$$z = \varphi(\sqrt{x^2 + y^2}) = \varphi(\rho)\quad \rho = \sqrt{x^2 + y^2}$$

$$z_x = \varphi'(\rho) \frac{x}{\sqrt{x^2+y^2}},\ z_y = \varphi'(\rho) \frac{y}{\sqrt{x^2+y^2}}$$

$$1 + z_x^2 + z_y^2 = 1 + (\varphi'(\rho))^2 \frac{x^2}{x^2+y^2} + (\varphi'(\rho))^2 \frac{y^2}{x^2+y^2} = 1 + (\varphi'(\rho))^2$$

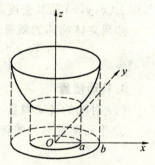

图 12

从而有 $S = \iint_D \sqrt{1 + (\varphi'(\rho))^2} d\sigma$，其中 D 是一个圆环 $a^2 \leqslant x^2 + y^2 \leqslant b^2$.

二重积分用极坐标计算

$$S = \iint_D \sqrt{1 + (\varphi'(\rho))^2} d\sigma = \int_0^{2\pi} d\theta \int_a^b \rho \sqrt{1 + (\varphi'(\rho))^2} d\rho = 2\pi \int_a^b \rho \sqrt{1 + (\varphi'(\rho))^2} d\rho$$

光滑曲线 $z = \varphi(x)$ ($a \leqslant x \leqslant b$) 绕 z 轴旋转时，所得到的旋转面的面积公式为

$$S = 2\pi \int_a^b x\sqrt{1+(\varphi'(x))^2}\,\mathrm{d}x$$

$\sqrt{1+(\varphi'(x))^2}\,\mathrm{d}x$ 就是光滑曲线 $z=\varphi(x)$ 的弧微分 $\mathrm{d}s$，即

$$S = 2\pi \int x\,\mathrm{d}s$$

2. 质心

(1) 平面薄片的质心.

平面薄片在 xOy 平面上占有闭区域 D，在点 (x,y) 处的面密度为 $\mu(x,y)$，则质心为

$$\bar{x} = \frac{M_y}{M} = \frac{\iint\limits_D x\mu(x,y)\,\mathrm{d}\sigma}{\iint\limits_D \mu(x,y)\,\mathrm{d}\sigma},\ \bar{y} = \frac{M_x}{M} = \frac{\iint\limits_D y\mu(x,y)\,\mathrm{d}\sigma}{\iint\limits_D \mu(x,y)\,\mathrm{d}\sigma}$$

如果薄片是均匀的，即 $\mu(x,y)=a$，a 为常数，则

$$\bar{x} = \frac{\iint\limits_D x\,\mathrm{d}\sigma}{D},\ \bar{y} = \frac{\iint\limits_D y\,\mathrm{d}\sigma}{D}$$

其中 $D = \iint\limits_D \mathrm{d}\sigma$，此时质心也称形心.

(2) 空间有界闭区域 Ω 的质心坐标.

$$\bar{x} = \frac{\iiint\limits_\Omega x\mu(x,y,z)\,\mathrm{d}v}{\iiint\limits_\Omega \mu(x,y,z)\,\mathrm{d}v},\ \bar{y} = \frac{\iiint\limits_\Omega y\mu(x,y,z)\,\mathrm{d}v}{\iiint\limits_\Omega \mu(x,y,z)\,\mathrm{d}v},\ \bar{z} = \frac{\iiint\limits_\Omega z\mu(x,y,z)\,\mathrm{d}v}{\iiint\limits_\Omega \mu(x,y,z)\,\mathrm{d}v}$$

其中 $\mu(x,y,z)$ 是其密度函数（假定 $\mu(x,y,z)$ 在 Ω 上连续）.

如果立体物体的质量是均匀的，即 $\mu(x,y,z)=a$ 为常数，则

$$\bar{x} = \frac{1}{V}\iiint\limits_\Omega x\,\mathrm{d}v,\ \bar{y} = \frac{1}{V}\iiint\limits_\Omega y\,\mathrm{d}v,\ \bar{z} = \frac{1}{V}\iiint\limits_\Omega z\,\mathrm{d}v,\ V = \iiint\limits_\Omega \mathrm{d}v$$

3. 转动惯量

(1) 对轴的转动惯量.

① 平面薄片对轴的转动惯量.

$$I_x = \iint\limits_D y^2\mu(x,y)\,\mathrm{d}\sigma = \iint\limits_D y^2\mu(x,y)\,\mathrm{d}x\mathrm{d}y$$

$$I_y = \iint\limits_D x^2\mu(x,y)\,\mathrm{d}\sigma = \iint\limits_D x^2\mu(x,y)\,\mathrm{d}x\mathrm{d}y$$

② 空间物体对轴的转动惯量.

$$I_x = \iiint\limits_\Omega (y^2+z^2)\mu\,\mathrm{d}v = \iiint\limits_\Omega (y^2+z^2)\mu\,\mathrm{d}x\mathrm{d}y\mathrm{d}z$$

$$I_y = \iiint\limits_\Omega (x^2+z^2)\mu\,\mathrm{d}v = \iiint\limits_\Omega (x^2+z^2)\mu\,\mathrm{d}x\mathrm{d}y\mathrm{d}z$$

$$I_z = \iiint\limits_\Omega (x^2+y^2)\mu\,\mathrm{d}v = \iiint\limits_\Omega (x^2+y^2)\mu\,\mathrm{d}x\mathrm{d}y\mathrm{d}z$$

(2) 对原点的转动惯量.

① 平面内物体相对于原点的转动惯量.
$$I_0 = \iint_D (x^2 + y^2) \mu \, dv = \iint_D (x^2 + y^2) \mu \, dx \, dy$$

② 空间物体对原点的转动惯量.
$$I_0 = \iiint_\Omega (x^2 + y^2 + z^2) \mu \, dv = \iiint_\Omega (x^2 + y^2 + z^2) \mu \, dx \, dy \, dz$$

11.3.3 典型题解

例 Ω 由曲面 $z = x^2 + y^2$，平面 $z = 0$，$|x| = a$，$|y| = a$ 所围的物体（均匀）.
(1) 求物体的重心.
(2) 求物体关于 z 轴的转动惯量.

解 设体密度为 ρ_0.

(1) 质量.
$$M = \iiint_\Omega \rho_0 \, dv = \rho_0 \int_{-a}^{a} dx \int_{-a}^{a} dy \int_0^{x^2+y^2} dz =$$
$$4\rho_0 \int_0^a dx \int_0^a (x^2 + y^2) dy = \frac{8}{3} \rho_0 a^4$$

设 Ω 的重心坐标为 $(\bar{x}, \bar{y}, \bar{z})$，由对称性可知 $\bar{x} = \bar{y} = 0$.

$$\bar{z} = \frac{\iiint_\Omega \rho_0 z \, dv}{M}$$

$$\iiint_\Omega \rho_0 z \, dv = \rho_0 \int_{-a}^{a} dx \int_{-a}^{a} dy \int_0^{x^2+y^2} z \, dz = 2\rho_0 \int_0^a dx \int_0^a (x^4 + 2x^2 y^2 + y^4) dy =$$
$$2\rho_0 \int_0^a \left(ax^4 + \frac{2}{3} a^3 x^2 + \frac{1}{5} a^5 \right) dx = \frac{56}{45} \rho_0 a^4$$

故
$$\bar{z} = \frac{\iiint_\Omega \rho_0 z \, dv}{M} = \frac{7}{15} a^2$$

(2)
$$I_z = \iiint_\Omega \rho_0 (x^2 + y^2) dv = \rho_0 \int_{-a}^{a} dx \int_{-a}^{a} dy \int_0^{x^2+y^2} (x^2 + y^2) dz =$$
$$4\rho_0 \int_0^a dx \int_0^a (x^2 + y^2)^2 dy =$$
$$4\rho_0 \int_0^a \left(ax^4 + \frac{2}{3} a^3 x^2 + \frac{1}{5} a^5 \right) dx = \frac{112}{45} \rho_0 a^4$$

单元测试题

一、填空题

1. $\iint_D (\sin x - 4xy) dx \, dy = $ _____，其中 $D: x^2 + y^2 \leqslant 1$.

2. $\iint\limits_{D}(5x^3-3xy^2)\mathrm{d}x\mathrm{d}y=$ _____ ,其中 $D:x^2+y^2\leqslant 4$.

3. 换序 $\int_0^1\mathrm{d}x\int_0^{\sqrt{x}}f(x,y)\mathrm{d}y=$ _____ .

4. 换序 $\int_0^1\mathrm{d}x\int_x^{\sqrt{x}}f(x,y)\mathrm{d}y=$ _____ .

5. 换序 $\int_0^1\mathrm{d}x\int_{x^2}^x f(x,y)\mathrm{d}y=$ _____ .

6. 换序 $\int_0^1\mathrm{d}y\int_0^y f(x,y)\mathrm{d}x=$ _____ .

7. 若 Ω 是曲面 $z=(x-1)^2+y^2$ 及平面 $z=1$ 所围成的闭区域,则 $\iiint\limits_{\Omega}f(x,y,z)\mathrm{d}v$ 在柱坐标下的累次积分表达式为 _____ .

8. D 是顶点分别为 $(0,0),(1,0),(1,2)$ 和 $(0,1)$ 的梯形闭区域,则 $\iint\limits_{D}(1+x)\sin y\mathrm{d}\sigma=$ _____ .

9. 若 $D=\{(x,y)\mid 0\leqslant y\leqslant \sin x, 0\leqslant x\leqslant \pi\}$,则 $\iint\limits_{D}(x^2-y^2)\mathrm{d}\sigma=$ _____ .

二、选择题

1. 设有空间闭区域 $\Omega_1=\{(x,y,z)\mid x^2+y^2+z^2\leqslant R^2, z\geqslant 0\}$, $\Omega_2=\{(x,y,z)\mid x^2+y^2+z^2\leqslant R^2, x\geqslant 0, y\geqslant 0, z\geqslant 0\}$,则有 _____ .

A. $\iiint\limits_{\Omega_1}x\mathrm{d}v=4\iiint\limits_{\Omega_2}x\mathrm{d}v$ 　　　　B. $\iiint\limits_{\Omega_1}y\mathrm{d}v=4\iiint\limits_{\Omega_2}y\mathrm{d}v$

C. $\iiint\limits_{\Omega_1}z\mathrm{d}v=4\iiint\limits_{\Omega_2}z\mathrm{d}v$ 　　　　D. $\iiint\limits_{\Omega_1}xyz\mathrm{d}v=4\iiint\limits_{\Omega_2}xyz\mathrm{d}v$

2. 设有平面区域 $D=\{(x,y)\mid -a\leqslant x\leqslant a, x\leqslant y\leqslant a\}$, $D_1=\{(x,y)\mid 0\leqslant x\leqslant a, x\leqslant y\leqslant a\}$,则 $\iint\limits_{D}(xy+\cos x\sin y)\mathrm{d}x\mathrm{d}y=$ _____ .

A. $2\iint\limits_{D_1}\cos x\sin y\mathrm{d}x\mathrm{d}y$ 　　　　B. $2\iint\limits_{D_1}xy\mathrm{d}x\mathrm{d}y$

C. $4\iint\limits_{D_1}(xy+\cos x\sin y)\mathrm{d}x\mathrm{d}y$ 　　　　D. 0

3. 设 $f(x)$ 为连续函数, $F(t)=\int_1^t\mathrm{d}y\int_y^t f(x)\mathrm{d}x$,则 $F'(2)=$ _____ .

A. $2f(2)$ 　　B. $f(2)$ 　　C. $-f(2)$ 　　D. 0

4. $\iiint\limits_{\Omega}(xy^2z+3)\mathrm{d}v=($ 　　),其中 $\Omega:x^2+y^2+z^2\leqslant 4$.

A. 8π 　　B. 16π 　　C. 4π 　　D. 32π

三、计算题

1. 计算 $\iint\limits_{D}\sin\sqrt{x^2+y^2}\mathrm{d}x\mathrm{d}y$,其中 $D:\pi^2\leqslant x^2+y^2\leqslant 4\pi^2$.

2. 计算 $\int_0^1 dx \int_{x^2}^1 \dfrac{xy}{\sqrt{1+y^3}} dy$.

3. 计算 $\iint\limits_{D} \dfrac{\sin x}{x} dx dy$，其中 D 由 $y=x^2$ 与 $y=x$ 所围成.

4. 计算 $\iint\limits_{D} \cos(x^2+y^2) dx dy$，其中 $D: 1 \leqslant x^2+y^2 \leqslant 4$.

5. 计算 $\int_0^1 2 dx \int_x^1 \cos y^2 dy$.

6. 计算 $\iint\limits_{D} \sin(x^2+y^2) dx dy$，其中 $D: \pi \leqslant x^2+y^2 \leqslant 2\pi$.

7. 计算 $\int_0^1 dx \int_x^1 e^{-y^2} dy$.

8. 计算 $\iint\limits_{D} \sqrt{x^2+y^2} dx dy$，由 $D: x^2+y^2=1$ 所围成.

9. 计算 $\iint\limits_{D} xy^2 dx dy$，由 $D: y=x^2$ 与 $y=x$ 所围成.

10. 计算 $\iint\limits_{D} x dx dy$，$D: x^2+y^2 \leqslant ax\ (a>0)$.

11. 计算 $\iint\limits_{D} xy^2 dx dy$，$D$ 由 $y=2, y=x$ 及 $xy=1$ 所围成.

12. 计算 $\iint\limits_{D} x \sin \dfrac{y}{x} dx dy$，$D$ 由直线 $y=0, y=x$ 及 $x=1$ 所围成.

13. 设 $f(x,y)$ 在 $[a,b]$ 上连续，证明：$\left(\int_a^b f(x,y) dx\right)^2 \leqslant (b-a) \int_a^b f^2(x) dx$.

14. 证明 $\int_a^b dx \int_a^x f(y) dy = \int_a^b f(x)(b-x) dx$，其中 $f(x)$ 连续.

15. 求由曲面 $z=x^2+2y^2$ 及 $z=6-2x^2-y^2$ 所围立体的体积.

16. 计算 $I=\iiint\limits_{\Omega} (x^2+y^2) dv$，其中 Ω 是由曲面 $x^2+y^2=2z$ 及平面 $z=2$ 所围成的区域.

17. 计算 $I=\iiint\limits_{\Omega} (x^2+y^2+z^2) dv$，其中 Ω 是由球面 $x^2+y^2+z^2=1$ 所围成闭区域.

单元测试题答案

一、填空题

1. 0　2. 0　3. $\int_0^1 dy \int_{y^2}^1 f(x,y) dx$　4. $\int_0^1 dy \int_{y^2}^y f(x,y) dx$　5. $\int_0^1 dy \int_y^{\sqrt{y}} f(x,y) dx$

6. $\int_0^1 dx \int_x^1 f(x,y) dy$　7. $\int_{-\frac{\pi}{2}}^{\frac{\pi}{2}} d\theta \int_0^{2\cos\theta} dr \int_{r^2-2\cos\theta+1}^1 f(r\cos\theta, r\sin\theta, z) r dz$　8. $\dfrac{3}{2}+\sin 1+\cos 1-2\sin 2-\cos 2$　9. $\pi^2-\dfrac{40}{9}$

二、选择题

1. C   2. A   3. B   4. D

三、计算题

1. 原式 $=\int_0^{2\pi}d\theta\int_\pi^{2\pi}r\sin r\,dr=-2\pi\int_\pi^{2\pi}r\,d\cos r=-2\pi\left(r\cos r\Big|_\pi^{2\pi}-\int_\pi^{2\pi}\cos r\,dr\right)=-2\pi(2\pi+\pi+0)=-6\pi^2$

2. 原式 $=\int_0^1 dy\int_0^{\sqrt{y}}\dfrac{xy}{\sqrt{1+y^3}}dx=\int_0^1\dfrac{y}{\sqrt{1+y^3}}(y-0)dx=\dfrac{1}{2}\int_0^1\dfrac{y^2}{\sqrt{1+y^3}}dy=\dfrac{1}{3}\int_0^1\dfrac{d(1+y^3)}{2\sqrt{1+y^3}}=\dfrac{1}{3}\sqrt{1+y^3}\Big|_0^1=\dfrac{1}{3}(\sqrt{2}-1)$

3. 原式 $=\int_0^1 dx\int_{x^2}^x\dfrac{\sin x}{x}dy=\int_0^1\dfrac{\sin x}{x}(x-x^2)dx=\int_0^1(x-1)d\cos x=(x-1)\cos x\Big|_0^1-\int_0^1\cos x\,dx=0+1-\sin 1=1-\sin 1$

4. $\iint_D \rho\cos \rho^2\,d\theta d\rho=\int_0^{2\pi}d\theta\int_1^2 \rho\cos \rho^2\,d\rho=\pi\int_1^2\cos \rho^2\,d\rho^2=\pi(\sin 4-\sin 1)$

5. $2\int_0^1 dy\int_0^y\cos y^2\,dx=2\int_0^1 y\cos y^2\,dy=\int_0^1\cos y^2\,dy^2=\sin 1$

6. $\iint_D \rho\sin \rho^2\,d\theta d\rho=\int_0^{2\pi}d\theta\int_{\sqrt{\pi}}^{\sqrt{2\pi}}\rho\sin \rho^2\,d\rho=\pi\int_{\sqrt{\pi}}^{\sqrt{2\pi}}\sin \rho^2\,d\rho^2=-\pi(\cos 2\pi-\cos \pi)=-2\pi$

7. $\int_0^1 dy\int_0^y e^{-y^2}dx=\int_0^1 e^{-y^2}y\,dy=\dfrac{1}{-2e}+\dfrac{1}{2}$

8. 原式 $=\int_0^{2\pi}d\theta\int_0^1 r^2\,dr=2\pi\left(\dfrac{1}{3}r^3\right)\Big|_0^1=\dfrac{2}{3}\pi$

9. 原式 $=\int_0^1 dx\int_{x^2}^x xy^2\,dy=\dfrac{1}{40}$

10. 原式 $=\int_{-\frac{\pi}{2}}^{\frac{\pi}{2}}\cos\theta d\theta\int_0^{a\cos\theta}r^2\,dr=\dfrac{a^3}{3}\int_{-\frac{\pi}{2}}^{\frac{\pi}{2}}\cos^4\theta\,d\theta=\dfrac{2a^3}{3}\int_0^{\frac{\pi}{2}}\cos^4\theta\,d\theta=\dfrac{\pi a^3}{8}$

11. 原式 $=\int_1^2 y^2\,dy\int_{\frac{1}{y}}^y x\,dx=\dfrac{1}{2}\int_1^2 y^2\left(y^2-\dfrac{1}{y^2}\right)dy=\dfrac{1}{2}\int_1^2(y^4-1)dy=\dfrac{13}{5}$

12. $\iint_D x\sin\dfrac{y}{x}dxdy=\int_0^1 dx\int_0^x x\sin\dfrac{y}{x}dy=\int_0^1 x^2\int_0^x\sin\dfrac{y}{x}d\left(\dfrac{y}{x}\right)=\int_0^1 -x^2\int_0^x\cos\dfrac{y}{x}\Big|_0^x dx=\dfrac{1}{3}(1-\cos 1)$

13. 证明： $\left(\int_a^b f(x,y)dx\right)^2=\int_a^b f(x)dx\int_a^b f(y)dy=\int_a^b\int_a^b f(x)f(y)dxdy\leqslant\int_a^b\int_a^b\dfrac{1}{2}(f^2(x)+f^2(y))dxdy=\dfrac{1}{2}\left(\int_a^b\int_a^b f^2(x)dxdy+\int_a^b\int_a^b f^2(y)dxdy\right)=(b-a)\int_a^b f^2(x)dx$

14. 由二次积分的积分限可知积分区域的 X 型 $D:\begin{cases}a\leqslant x\leqslant b\\ a\leqslant y\leqslant x\end{cases}$，表示为 Y 型 $D:$

$\begin{cases} a \leqslant y \leqslant b \\ y \leqslant x \leqslant b \end{cases}$,交换积分次序得 $\int_a^b dx \int_a^x f(y) dy = \int_a^b dy \int_y^b f(y) dx = \int_a^b f(y)(b-y) dy = \int_a^b f(x)(b-x) dx$

15. $D: x^2 + y^2 \leqslant 2$
$V = \iint\limits_D (6 - 3x^2 - 3y^2) d\sigma = \int_0^{2\pi} d\theta \int_0^{\sqrt{2}} (6 - 3\rho^2) \rho d\rho = 6\pi$

16. $D_{xy}: x^2 + y^2 \leqslant 4, I = \int_0^{2\pi} d\theta \int_0^2 \rho \cdot \rho^2 d\rho \int_{\frac{\rho^2}{2}}^2 dz = \frac{16\pi}{3}$

17. Ω 为球,$0 \leqslant \theta \leqslant 2\pi, 0 \leqslant \varphi \leqslant \pi, 0 \leqslant \rho \leqslant 1$
$I = \int_0^{2\pi} d\theta \int_0^\pi \sin\varphi d\varphi \int_0^1 \rho^2 \cdot \rho^2 d\rho = \frac{4\pi}{5}$

第12章

曲线积分与曲面积分

12.1 对弧长的曲线积分

12.1.1 基本要求

(1) 了解对弧长的曲线积分的概念及物理意义.
(2) 掌握对弧长的曲线积分的性质.
(3) 掌握对弧长的曲线积分计算方法及技巧.

12.1.2 知识考点概述

1. 对弧长的曲线积分的概念

设 L 为 xOy 平面内的一条光滑曲线弧,函数 $f(x,y)$ 在 L 上有定义,将 L 任意分成 n 小段 $\Delta S_1, \Delta S_2, \cdots, \Delta S_n$,在每小段中任取一点 (x_i, y_i),$i = 1, 2, \cdots, n$,作积 $f(x_i, y_i) \Delta S_i$(ΔS_i 既代表这一段,又表示这一段的长度),取和 $\sum_{i=1}^{n} f(x_i, y_i) \Delta S_i$,取极限 $\lim_{\lambda \to 0} \sum_{i=1}^{n} f(x_i, y_i) \Delta S_i$,其中 λ 表示 n 小段中弧长最大者.

如果极限总存在,则称此极限为函数 $f(x,y)$ 在曲线弧上对弧长的曲线积分或第一型曲线积分,记作 $\int_L f(x,y) \, ds$,即

$$\int_L f(x,y) \, ds = \lim_{\lambda \to 0} \sum_{i=1}^{n} f(x_i, y_i) \Delta S_i$$

$f(x,y)$ 称为被积函数,L 称为积分弧段.

如果 L 是闭曲线,则记作 $\oint_L f(x,y) \, ds$.

2. 对弧长的曲线积分存在定理

$f(x,y)$ 在长度有限的光滑曲线 L 上连续,则 $\int_L f(x,y) \, ds$ 一定存在.

3. 性质

(1) 设 a,b 为常数，则
$$\int_L (af(x,y) + bg(x,y))\,\mathrm{d}s = a\int_L f(x,y)\,\mathrm{d}s + b\int_L f(x,y)\,\mathrm{d}s$$

(2) 若 L 分成两个光滑曲线弧 L_1 和 L_2，则
$$\int_L f(x,y)\,\mathrm{d}s = \int_{L_1} f(x,y)\,\mathrm{d}s + \int_{L_2} f(x,y)\,\mathrm{d}s$$

(3) 设在 L 上总有 $f(x,y) \leqslant g(x,y)$，则
$$\int_L f(x,y)\,\mathrm{d}s \leqslant \int_L g(x,y)\,\mathrm{d}s$$

特别地
$$\left|\int_L f(x,y)\,\mathrm{d}s\right| \leqslant \int_L |f(x,y)|\,\mathrm{d}s$$

(4) $\int_L \mathrm{d}s = L.$

4. 弧长的曲线积分计算方法

(1) 设 $f(x,y)$ 在曲线弧 L 上连续，L 的参数方程为
$$\begin{cases} x = \varphi(t) \\ y = \psi(t) \end{cases}, \alpha \leqslant t \leqslant \beta$$

其中 $\varphi(t), \psi(t)$ 在 $[\alpha, \beta]$ 上具有一阶连续导数，且 $\varphi'^2(t) + \psi'^2(t) \neq 0$，则曲线积分
$$\int_L f(x,y)\,\mathrm{d}s = \int_\alpha^\beta f(\varphi(t), \psi(t))\sqrt{\varphi'^2(t) + \psi'^2(t)}\,\mathrm{d}t, \alpha < \beta$$

注 (1) 下限 α 一定要小于上限 β.

(2) 如果曲线是特殊的参数方程，则
$$\begin{cases} y = g(x) \\ x = x \end{cases}, a \leqslant x \leqslant b$$

$$\int_L f(x,y)\,\mathrm{d}s = \int_a^b f(x, g(x))\sqrt{1 + g'^2(x)}\,\mathrm{d}x$$

(3) 如果 L 由方程 $x = h(y), c \leqslant y \leqslant d$ 给出，则有
$$\int_L f(x,y)\,\mathrm{d}s = \int_c^d f(h(y), y)\sqrt{1 + h'^2(y)}\,\mathrm{d}y$$

(4) 如果 L 由一条空间曲线 $x = \varphi(t), y = \psi(t), z = \omega(t)$ ($\alpha \leqslant t \leqslant \beta$) 给出，则有
$$\int_L f(x,y,z)\,\mathrm{d}s = \int_\alpha^\beta f(\varphi(t), \psi(t), \omega(t))\sqrt{\varphi'^2(t) + \psi'^2(t) + \omega'^2(t)}\,\mathrm{d}t, \alpha < \beta$$

12.1.3 常用解题技巧

1. 若平面曲线 L 关于 $x = 0$ 对称，L_1 是 L 的 $x \geqslant 0$ 部分

(1) 当 $f(-x, y) = -f(x, y)$ 时，$\int_L f(x,y)\,\mathrm{d}s = 0$；

(2) 当 $f(-x, y) = f(x, y)$ 时，$\int_L f(x,y)\,\mathrm{d}s = 2\int_{L_1} f(x,y)\,\mathrm{d}s$.

若 L 关于 $y=0$ 对称，$f(x,y)$ 关于 y 有奇偶性，也有类似的性质.

例1 求 $\int_L x\sin y\,ds$，其中 $L:x^2+y^2=16$，点 $A(2,-2)$ 与点 $B(2,2)$ 的一段弧.

解 如图1所示，L 关于 $y=0$ 对称，被积函数 $f(x,y)=x\sin y$ 是关于 y 的奇函数，所以

$$\int_L x\sin y\,ds=0$$

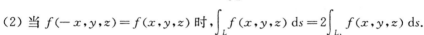

图1

2. 若空间曲线 L 关于 $x=0$ 对称，L_1 是 L 的 $x\geqslant 0$ 部分

(1) 当 $f(-x,y,z)=-f(x,y,z)$ 时，$\int_L f(x,y,z)\,ds=0$；

(2) 当 $f(-x,y,z)=f(x,y,z)$ 时，$\int_L f(x,y,z)\,ds=2\int_{L_1} f(x,y,z)\,ds$.

若 L 关于 $y=0$（或 $z=0$）对称，$f(x,y,z)$ 关于 y（或 z）有奇偶性，也有类似的性质.

3. 利用轮换性及曲线方程化简被积函数求对弧长的曲线积分

例2 $L:x^2+y^2+z^2=9$ 与平面 $x+y+z=0$ 相交的圆，计算 $\oint_L (x^2+y^2)\,ds$.

解 由 L 的轮换对称性（即将 x 换成 y，y 换成 z，z 换为 x，所得区域不变）

$$\oint_L x^2\,ds=\oint_L y^2\,ds=\oint_L z^2\,ds$$

故

$$\oint_L x^2\,ds=\frac{1}{3}\oint_L (x^2+y^2+z^2)\,ds=3\oint_L ds=18\pi$$

所以

$$\oint_L (x^2+y^2)\,ds=2\oint_L x^2\,ds=36\pi$$

例3 设 L 为椭圆 $\dfrac{x^2}{4}+\dfrac{y^2}{3}=1$，其周长为 a，求 $\oint_L (2xy+3x^2+4y^2)\,ds$.

解 $3x^2+4y^2=12$

$$\oint_L (2xy+3x^2+4y^2)\,ds=\oint_L 2xy\,ds+\oint_L 12\,ds=0+12a=12a$$

12.1.4 典型题解

例4 计算 $\int_L (x^2+y^2)\,ds$，其中 L 为 $x=a(\cos t+t\sin t),y=a(\sin t-t\cos t),0\leqslant t\leqslant 2\pi$.

解 $\int_L (x^2+y^2)\,ds=$

$\int_0^{2\pi}(a^2(\cos t+t\sin t)^2+a^2(\sin t-t\cos t)^2)\sqrt{x_t'^2+y_t'^2}\,dt=$

$a^3\int_0^{2\pi}(1+t^2)t\,dt=2\pi^2 a^3(1+2\pi^2)$

例5 求 $\oint_L (x+y)\,ds$，其中 C 是以 $O(0,0),A(1,0),B(0,1)$ 为顶点的三角形正向边

界.

解 $\oint_L (x+y)ds = \int_{\overline{OA}}(x+y)ds + \int_{\overline{AB}}(x+y)ds + \int_{\overline{BO}}(x+y)ds =$
$\int_0^1 (x+0)dx + \int_0^1 (x+1-x)\sqrt{2}dx + \int_0^1 (0+y)dy = 1+\sqrt{2}$

例 6 求 $\int_\Gamma (x+y)zds$,其中 Γ 为连接点 $A(1,1,0)$ 与点 $B(2,3,4)$ 的直线段.

解 Γ 的方程为 $\dfrac{x-1}{1}=\dfrac{y-1}{2}=\dfrac{z}{4}$,化为参数方程

$$x=1+t, y=1+2t, z=4t, 0\leqslant t\leqslant 1$$

$$\int_\Gamma (x+y)zds = \int_0^1 (1+t+1+2t)4t\sqrt{1+2^2+4^2}dt =$$
$$4\sqrt{21}(t^2+t^3)\Big|_0^1 = 8\sqrt{21}$$

例 7 计算 $\oint_\Gamma |y|ds$,其中 $\Gamma: \begin{cases} x=y \\ x^2+y^2+4z^2=1 \end{cases}$.

解 将 $x=y$ 带入 $x^2+y^2+4z^2=1$,得 $2x^2+4z^2=1$,曲线 Γ 的参数方程为

$$x=\dfrac{1}{\sqrt{2}}\cos t, y=\dfrac{1}{\sqrt{2}}\cos t, z=\dfrac{1}{2}\sin t, 0\leqslant t\leqslant 2\pi$$

$I=\oint_\Gamma |y|ds = \int_0^{2\pi} \dfrac{\sqrt{2}}{2}|\cos t|\sqrt{\sin^2 t+\dfrac{1}{4}\cos^2 t}dt = 2\sqrt{2}\int_0^{\frac{\pi}{2}}\cos t \cdot \dfrac{1}{2}\cdot\sqrt{1+3\sin^2 t}dt =$

$\sqrt{2}\int_0^1 \sqrt{1+3u^2}du = \sqrt{2}\left[\dfrac{u\sqrt{1+3u^2}}{2}+\dfrac{1}{2\sqrt{3}}\ln(\sqrt{3}u+\sqrt{1+3u^2})\right]\Big|_0^1 =$

$\sqrt{2}+\dfrac{1}{\sqrt{6}}\ln(2+\sqrt{3})$

12.2 对坐标的曲线积分

12.2.1 基本要求

(1) 理解对坐标的曲线积分的概念与性质.
(2) 掌握对坐标的曲线积分的计算法.
(3) 了解两类曲线积分的联系.

12.2.2 知识考点概述

1. 定义

设 L 为 xOy 平面内从点 A 到点 B 的一条有向光滑曲线弧,函数 $P(x,y), Q(x,y)$ 在 L 上有界,在 L 上沿 L 的方向任意插入一点列 $M_1(x_1,y_1), M_2(x_2,y_2), \cdots,$ $M_{n-1}(x_{n-1},y_{n-1})$,把 L 分成 n 个小弧段 $\overline{M_{i-1}M_i}(i=1,2,\cdots,n; M_0=A, M_n=B)$,设 $\Delta x_i = x_i - x_{i-1}, \Delta y_i = y_i - y_{i-1}$,点 (ξ_i, η_i) 为 $\overline{M_{i-1}M_i}$ 上任意点,如果当 $\lambda \to 0$(各小弧段长度的最

大值 λ),则

$$\lim_{\lambda \to 0} \sum_{i=1}^{n} P(\xi_i, \eta_i) \Delta x_i$$

若极限存在,则称此极限值为函数 $P(x,y)$ 在有向曲线弧 L 上对坐标 x 的曲线积分,记作 $\int_L P(x,y) \, dx$.

类似地,如果 $\lim_{\lambda \to 0} \sum_{i=1}^{n} Q(\xi_i, \eta_i) \Delta y_i$ 总存在,则称此极限为函数 $Q(x,y)$ 在有向曲线弧 L 上对坐标 y 的曲线积分,记作 $\int_L Q(x,y) \, dy$,即

$$\int_L P(x,y) \, dx = \lim_{\lambda \to 0} \sum_{i=1}^{n} P(\xi_i, \eta_i) \Delta x_i$$

$$\int_L Q(x,y) \, dy = \lim_{\lambda \to 0} \sum_{i=1}^{n} Q(x_i, y_i) \Delta y_i$$

其中 $P(x,y), Q(x,y)$ 称为被积函数,L 称为积分弧段. 以上两个积分也称第二型曲线积分.

2. 第二型曲线积分的存在定理

函数 $P(x,y), Q(x,y)$ 在有向光滑曲线弧 L 上连续时,则 $\int_L P(x,y) \, dx$ 及 $\int_L Q(x,y) \, dy$ 都存在.

类似地,推广到积分弧段为空间有向曲线弧 Γ,即

$$\int_\Gamma P(x,y,z) \, dx = \lim_{\lambda \to 0} \sum_{i=1}^{n} P(\xi_i, \eta_i, \zeta_i) \Delta x_i$$

$$\int_\Gamma Q(x,y,z) \, dy = \lim_{\lambda \to 0} \sum_{i=1}^{n} Q(\xi_i, \eta_i, \zeta_i) \Delta y_i$$

$$\int_\Gamma R(x,y,z) \, dz = \lim_{\lambda \to 0} \sum_{i=1}^{n} R(\xi_i, \eta_i, \zeta_i) \Delta z_i$$

应用上常出现 $\int_L P(x,y) \, dx + \int_L Q(x,y) \, dy$ 合并起来,简写为

$$\int_L P(x,y) \, dx + Q(x,y) \, dy$$

也可写成向量形式

$$\int_L \boldsymbol{F}(x,y) \cdot d\boldsymbol{r}$$

其中 $\boldsymbol{F}(x,y) = P(x,y)\boldsymbol{i} + Q(x,y)\boldsymbol{j}, d\boldsymbol{r} = dx\boldsymbol{i} + dy\boldsymbol{j}$

3. 性质

(1) a, b 为常数,则

$$\int_L (a\boldsymbol{F}_1(x,y) + b\boldsymbol{F}_2(x,y)) \cdot d\boldsymbol{r} = a\int_L \boldsymbol{F}_1(x,y) \cdot d\boldsymbol{r} + b\int_L \boldsymbol{F}_2(x,y) \cdot d\boldsymbol{r}$$

(2) 若有向曲线弧 L 分成两个光滑的有向曲线弧 L_1 和 L_2,则

$$\int_L F(x,y)\,\mathrm{d}\boldsymbol{r} = \int_{L_1} F(x,y)\,\mathrm{d}\boldsymbol{r} + \int_{L_2} F(x,y)\cdot\mathrm{d}\boldsymbol{r}$$

(3) 设 L 是有向光滑曲线弧，L^- 是 L 的反向曲线弧，则

$$\int_{L^-} F(x,y)\,\mathrm{d}\boldsymbol{r} = -\int_L F(x,y)\,\mathrm{d}\boldsymbol{r}$$

4. 对坐标的曲线积分的计算法

设函数 $P(x,y), Q(x,y)$ 在有向曲线弧 L 上连续，L 的参数方程为

$$\begin{cases} x = \varphi(t) \\ y = \psi(t) \end{cases}$$

当参数 t 单调地由 α 变到 β 时，点 $M(x,y)$ 从 L 的起点 A 沿 L 运动到终点 B，$\varphi(t)$，$\psi(t)$ 在以 α 及 β 为端点的闭区间上具有一阶连续导数，且 $\varphi'^2(t)+\psi'^2(t) \neq 0$，则曲线积分 $\int_L P(x,y)\,\mathrm{d}x + Q(x,y)\,\mathrm{d}y$ 总存在，且

$$\int_L P(x,y)\,\mathrm{d}x + Q(x,y)\,\mathrm{d}y = \int_\alpha^\beta (P(\varphi(t),\psi(t))\varphi'(t) + Q(\varphi(t),\psi(t))\psi'(t))\,\mathrm{d}t$$

这里下限 α 对应于 L 的起点，上限 β 对应于 L 的终点，α 不一定小于 β.

如果 L 由方程 $y = h(x)$ 给出，则

$$\int_L P(x,y)\,\mathrm{d}x + Q(x,y)\,\mathrm{d}y = \int_a^b (P(x,h(x)) + Q(x,h(x))h'(x))\,\mathrm{d}x$$

5. 两类曲线积分之间的联系

设有向曲线弧 L 的起点为 A，终点为 B，曲线弧 L 由参数方程 $\begin{cases} x=\varphi(t) \\ y=\psi(t) \\ z=\omega(t) \end{cases}$ 给出，点 A 与 B 分别对应参数 α, β，不妨设 $\alpha < \beta$，并设函数 $\varphi(t), \psi(t), \omega(t)$ 在闭区间 $[\alpha,\beta]$ 上具有一阶连续导数，且 $\varphi'^2(t) + \psi'^2(t) + \omega'^2(t) \neq 0$，又函数 $P(x,y,z), Q(x,y,z), R(x,y,z)$ 在 L 上连续，则

$$\int_L P(x,y,z)\,\mathrm{d}x + Q(x,y,z)\,\mathrm{d}y + R(x,y,z)\,\mathrm{d}z =$$
$$\int_\alpha^\beta [p(\varphi(t),\psi(t),\omega(t))\varphi'(t) + Q(p(t),\psi(t),\omega(t))\psi'(t) + R(\varphi(t),\psi(t),\omega(t))\omega'(t)]\,\mathrm{d}t$$

我们知道曲线 L 在点 $M(\varphi(t),\psi(t),\omega(t))$ 处的切向量为 $\{\varphi'(t),\psi'(t),\omega'(t)\}$ 它的方向余弦为

$$\cos\alpha = \frac{\varphi'(t)}{\sqrt{\varphi'^2(t)+\psi'^2(t)+\omega'^2(t)}}$$

$$\cos\beta = \frac{\psi'(t)}{\sqrt{\varphi'^2(t)+\psi'^2(t)+\omega'^2(t)}}$$

$$\cos\gamma = \frac{\omega'(t)}{\sqrt{\varphi'^2(t)+\psi'^2(t)+\omega'^2(t)}}$$

$$\mathrm{d}s = \sqrt{\varphi'^2(t)+\psi'^2(t)+\omega'^2(t)}\,\mathrm{d}t$$

于是
$$\int_L (P(x,y,z)\cos\alpha + Q(x,y,z)\cos\beta + R(x,y,z)\cos\gamma)\,\mathrm{d}s =$$
$$\int_\alpha^\beta (P(\varphi(t),\psi(t),\omega(t))\frac{\varphi'(t)}{\sqrt{\varphi'^2(t)+\psi'^2(t)+\omega'^2(t)}} +$$
$$Q(\varphi(t),\psi(t),\omega(t))\frac{\psi'(t)}{\sqrt{\varphi'^2(t)+\psi'^2(t)+\omega'^2(t)}} +$$
$$R(\varphi(t),\psi(t),\omega(t))\frac{\omega'(t)}{\sqrt{\varphi'^2(t)+\psi'^2(t)+\omega'^2(t)}}) \cdot$$
$$\sqrt{\varphi'^2(t)+\psi'^2(t)+\omega'^2(t)}\,\mathrm{d}t =$$
$$\int_\alpha^\beta [P(\varphi(t),\psi(t),\omega(t))\varphi'(t) + Q(\varphi(t),\psi(t),\omega(t))\psi'(t) +$$
$$R(\varphi(t),\psi(t),\omega(t))\omega'(t)]\,\mathrm{d}t$$

所以
$$\int_L P(x,y,z)\,\mathrm{d}x + Q(x,y,z)\,\mathrm{d}y + R(x,y,z)\,\mathrm{d}z =$$
$$\int_L (P(x,y,z)\cos\alpha + Q(x,y,z)\cos\beta + R(x,y,z)\cos\gamma)\,\mathrm{d}s$$

类似地,平面曲线 L 上的两类曲线积分之间有如下联系
$$\int_L P\,\mathrm{d}x + Q\,\mathrm{d}y = \int_L (P\cos\alpha + Q\cos\beta)\,\mathrm{d}s$$

12.2.3 常用解题技巧

(1) 当有向平面曲线 L 是垂直于 x 轴的直线段时,有
$$\int_L P(x,y)\,\mathrm{d}x = 0$$
同理,当有向曲线 L 是垂直于 y 轴的直线段时,有
$$\int_L Q(x,y)\,\mathrm{d}y = 0$$

(2) 若空间曲线 L 关于 $x=0$ 对称,L_1 是 L 的 $x \geqslant 0$ 部分,正向不变,则:
当 $f(-x,y,z) = -f(x,y,z)$ 时,有
$$\int_L f(x,y,z)\,\mathrm{d}x = 0, \int_L f(x,y,z)\,\mathrm{d}y = 2\int_{L_1} f(x,y,z)\,\mathrm{d}y$$
$$\int_L f(x,y,z)\,\mathrm{d}z = 2\int_{L_1} f(x,y,z)\,\mathrm{d}z$$
当 $f(-x,y,z) = f(x,y,z)$ 时,有
$$\int_L f(x,y,z)\,\mathrm{d}x = 2\int_{L_1} f(x,y,z)\,\mathrm{d}x$$
$$\int_L f(x,y,z)\,\mathrm{d}y = \int_L f(x,y,z)\,\mathrm{d}z = 0$$

若 L 关于 $y=0$(或 $z=0$)对称,$f(x,y,z)$ 关于 y(或 z)有奇偶性,有类似的结论.

例如 $\displaystyle\int_{\substack{x^2+y^2=1\\x\geqslant 0}} y\mathrm{d}y=0$, $\displaystyle\int_{\substack{x^2+y^2=1\\x\geqslant 0}} y\mathrm{d}x=2\int_{\substack{x^2+y^2=1\\x\geqslant 0,y\geqslant 0}} y\mathrm{d}x$,

$\displaystyle\int_{\substack{x^2+y^2=1\\x\geqslant 0}} y^2\mathrm{d}y=2\int_{\substack{x^2+y^2=1\\x\geqslant 0,y\geqslant 0}} y^2\mathrm{d}y$, $\displaystyle\int_{\substack{x^2+y^2=1\\x\geqslant 0}} y^2\mathrm{d}x=0$

例 1 求曲线积分 $I=\displaystyle\int_L \dfrac{\mathrm{d}x+\mathrm{d}y}{|x|+|y|+x^2}$, 其中 L 为 $|x|+|y|=1$, 取逆时针方向.

解 曲线 L 关于 x 轴或 y 轴均对称, 被积函数 $P=Q=\dfrac{1}{1+x^2}$ 关于 x,y 均为偶函数, 则

$$I=\int_L P\mathrm{d}x+Q\mathrm{d}y=0$$

12.2.4 典型题解

例 2 计算 $\displaystyle\oint_L \dfrac{y\mathrm{d}x-x\mathrm{d}y}{x^2+y^2}$, 其中 L 为正向圆周 $x^2+y^2=a^2$.

解 L 的参数方程为 $x=a\cos\theta, y=a\sin\theta, (0\leqslant\theta\leqslant 2\pi)$, 则

$$原式=\int_0^{2\pi}\dfrac{a\sin\theta(-a\sin\theta)-a\cos\theta a\cos\theta}{a^2}\mathrm{d}\theta=-\int_0^{2\pi}\mathrm{d}\theta=-2\pi$$

例 3 计算 $\displaystyle\int_L (x^2+y^2)\mathrm{d}x-(x^2-y^2)\mathrm{d}y$, 其中 L 为 $y=1-|1-x|$ 自点 $(0,0)$ 到点 $(2,0)$ 的折线.

解 $L=L_1+L_2$, 其中 $L_1: y=x,(0\leqslant x\leqslant 1), L_2: y=2-x,(1\leqslant x\leqslant 2)$.

$$原式=\int_0^1 2x^2\mathrm{d}x+\int_1^2(x^2+(2-x)^2-x^2+(2-x)^2)\mathrm{d}x=\dfrac{2}{3}-\dfrac{2}{3}(2-x)^3\Big|_1^2=\dfrac{4}{3}$$

例 4 计算 $\displaystyle\oint_C \arctan\dfrac{y}{x}\mathrm{d}y-\mathrm{d}x$, 其中 C 是由抛物线 $y=x^2$ 与直线 $y=x$ 所围区域的正向边界.

解 记 $L_1: y=x^2$ (x 从 0 到 1), $L_2: y=x$ (x 从 1 到 0), $C=L_1+L_2$.

$$原式=\int_{L_1}\arctan\dfrac{y}{x}\mathrm{d}y-\mathrm{d}x+\int_{L_2}\arctan\dfrac{y}{x}\mathrm{d}y-\mathrm{d}x=$$

$$\int_0^1 2x\arctan x\mathrm{d}x-\int_0^1\mathrm{d}x+\int_1^0(\arctan 1-1)\mathrm{d}x=$$

$$\left(x^2\arctan x\Big|_0^1-\int_0^1\dfrac{x^2}{1+x^2}\mathrm{d}x\right)-1+\left(1-\dfrac{\pi}{4}\right)x\Big|_0^1=$$

$$\dfrac{\pi}{4}-(x-\arctan x)\Big|_0^1-1+1-\dfrac{\pi}{4}=\dfrac{\pi}{4}-1$$

例 5 计算 $\displaystyle\int_L \left(1+\dfrac{1}{x}\mathrm{e}^y\right)\mathrm{d}x+\mathrm{e}^y\ln x\mathrm{d}y$, 其中 L 为从点 $(1,0)$ 到点 $(2,1)$ 的直线段.

解 L 的方程为 $y=x-1,(1\leqslant x\leqslant 2)$, 则

$$原式=\int_1^2\mathrm{d}x+\int_1^2\dfrac{1}{x}\mathrm{e}^{x-1}\mathrm{d}x+\int_1^2\mathrm{e}^{x-1}\ln x\mathrm{d}x=$$

$$1+\int_1^2 \frac{e^{x-1}}{x}dx + (e^{x-1}\ln x)\Big|_1^2 - \int_1^2 \frac{1}{x}e^{x-1}dx = 1+e\ln 2$$

例6 设有一平面力场,其场力的大小等于作用点横坐标的平方,方向为纵轴负向,求质点沿抛物线 $1-x=y^2$ 从点 $(1,0)$ 移动到点 $(0,1)$ 时场力所做的功.

解 场力 $\boldsymbol{F}=\{0,-x^2\}$,曲线 L 的方程可化为 $x=1-y^2(0\leqslant y\leqslant 1)$,所要做的功为

$$W=\int_L -x^2 dy = -\int_0^1 (1-y^2)^2 dy = -\frac{8}{15}$$

12.3 格林公式及其应用

12.3.1 基本要求

(1) 掌握格林公式.
(2) 理解平面上的曲线积分与路径无关的概念、充要条件及二元函数的全微分求积.

12.3.2 知识考点概述

1. 平面的单连通区域的概念

设 D 为平面区域,如果 D 内任一闭曲线所围的部分都属于 D,则称 D 为平面单连通区域,否则称多连通区域,单连通区域无"洞",复连通区域会含有"洞".

对平面区域 D 的边界曲线 L 的正向的规定如下:当观察者沿 L 的这个方向行走时, D 内在他邻近处的那部分总在他的左边(图2), L 的正向是逆时针方向,而 l 的正向是顺时针方向.

2. 格林公式

设闭区域 D 由分段光滑的曲线 L 围成,函数 $P(x,y)$ 及 $Q(x,y)$ 在 D 上具有一阶连续偏导数,则有

$$\iint_D \left(\frac{\partial Q}{\partial x} - \frac{\partial P}{\partial y}\right) dx dy = \oint_L P dx + Q dy$$

其中, L 是 D 的取正向的边界曲线.

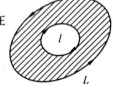

图2

格林公式把区域 D 上的二重积分跟沿 D 边界 L 的曲线积分建立了联系.

特别是当 $\frac{\partial Q}{\partial x} - \frac{\partial P}{\partial y}$ 比较简单时,可用格林公式化曲线积分为二重积分.

3. 平面上曲线积分与路径无关的条件

(1) 定义.

设 D 是一个区域,函数 $P(x,y)$ 及 $Q(x,y)$ 在 D 内具有一阶连续偏导数,如果对于 D 内任意指定两点 A,B 以及 D 内从点 A 到点 B 的任意两条曲线 L_1, L_2 等式 $\int_{L_1} P dx +$

$Qdy = \int_{L_2} Pdx + Qdy$ 恒成立,称曲线积分 $\int_L Pdx + Qdy$ 在 D 内与路径无关,记作

$$\int_L Pdx + Qdy = \int_A^B Pdx + Qdy$$

(2) 定理.

设区域 D 是一个单连通区域,函数 $P(x,y), Q(x,y)$ 在 D 内具有一阶连续偏导数,则曲线积分 $\int_L Pdx + Qdy$ 在 D 内与路径无关(或沿 D 内任意闭曲线的曲线积分为零)的充分必要条件是:$\dfrac{\partial P}{\partial y} = \dfrac{\partial Q}{\partial x}$ 在 D 内恒成立.

4. 二元函数的全微分求积

设区域 D 是一个单连通区域,函数 $P(x,y), Q(x,y)$ 在 D 内具有一阶连续偏导数,则 $P(x,y)dx + Q(x,y)dy$ 在 D 内是某一函数 $u(x,y)$ 的全微分的充分必要条件是:$\dfrac{\partial P}{\partial y} = \dfrac{\partial Q}{\partial x}$ 在 D 内恒成立.

推论 设区域 D 是一个单连通区域,函数 $P(x,y), Q(x,y)$ 在 D 内具有一阶连续偏导数,则曲线积分 $\int_L Pdx + Qdy$ 在 D 内与路径无关的充分必要条件是:存在函数 $u(x,y)$ 使 $du = Pdx + Qdy$.

12.3.3 常用解题技巧

1. 应用格林公式计算曲线积分

若将不封闭的曲线补成封闭的,则添加部分的线积分必须易算出.

例 1 求 $I = \int_L (e^x \sin y - m(x+y))dx + (e^x \cos y - m)dy$,其中 L 为由点 $A(a,0)$ 到点 $O(0,0)$ 的上半圆周:$x^2 + y^2 = ax$,$a > 0, m$ 为常数.

解 作定向辅助直线 $OA: y = 0 (0 \leqslant x \leqslant a)$,由 L 与直线 OA 围成的区域记为 D,它是半径为 $\dfrac{a}{2}$,圆心为 $\left(\dfrac{a}{2}, 0\right)$ 的上半圆,记 $P = e^x \sin y - m(x+y), Q = e^x \cos y - m$,在 D 上用格林公式得

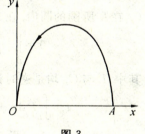

图 3

$$I = \int_L Pdx + Qdy = -\int_{OA} Pdx + Qdy + \iint_D \left(\dfrac{\partial Q}{\partial x} - \dfrac{\partial P}{\partial y}\right) dxdy$$

注意到,在直线 OA 上,$y = 0, dy = 0$,在 D 上,有

$$\dfrac{\partial Q}{\partial x} - \dfrac{\partial P}{\partial y} = e^x \cos y - e^x \cos y + m = m$$

于是

$$I = \int_0^a mx\,dx + \iint_D m\,dxdy = \dfrac{1}{2}ma^2 + m\dfrac{1}{2}\pi\left(\dfrac{a}{2}\right)^2 = \dfrac{1}{8}ma^2(\pi + 4)$$

2. 挖掉奇点法

若平面区域 D 由分段光滑曲线 C 和 C_0 围成,其中 C 与 C_0 均取逆时针方向,由格林公式得

$$\int_C P\mathrm{d}x + Q\mathrm{d}y = \int_{C_0} P\mathrm{d}x + Q\mathrm{d}y + \iint_D \left(\frac{\partial Q}{\partial x} - \frac{\partial P}{\partial y}\right)\mathrm{d}x\mathrm{d}y$$

若在 D 上有 $\frac{\partial Q}{\partial x} \equiv \frac{\partial P}{\partial y}$,则有

$$\int_C P\mathrm{d}x + Q\mathrm{d}y = \int_{C_0} P\mathrm{d}x + Q\mathrm{d}y$$

于是将所求 $\int_C P\mathrm{d}x + Q\mathrm{d}y$ 转化为求 $\int_{C_0} P\mathrm{d}x + Q\mathrm{d}y$.

例 2 求 $I = \int_L \frac{-y}{(x+1)^2 + y^2}\mathrm{d}x + \frac{x+1}{(x+1)^2 + y^2}\mathrm{d}y$,其中 L 是以原点为圆心、R 为半径的圆周,取逆时针方向,$R \neq 1$.

解 令 $P = \frac{-y}{(x+1)^2 + y^2}$,$Q = \frac{x+1}{(x+1)^2 + y^2}$,易计算得

$$\frac{\partial P}{\partial y} = \frac{y^2 - (x+1)^2}{((x+1)^2 + y^2)^2} = \frac{\partial Q}{\partial x} \quad ((x+1)^2 + y^2)^2 \neq 0)$$

若 $R < 1$,在 L 所围的有界闭区域 D 上,P, Q 有连续的一阶偏导数,且 $\frac{\partial Q}{\partial x} = \frac{\partial P}{\partial y}$,则

$$I = \int_L P\mathrm{d}x + Q\mathrm{d}y = \iint_D \left(\frac{\partial Q}{\partial x} - \frac{\partial P}{\partial y}\right)\mathrm{d}x\mathrm{d}y = 0$$

当 $R > 1$ 时,在 L 所围的有界闭区域 D 内含点 $(-1, 0)$,P, Q 在此点无定义,不能在 D 上用格林公式.

若以 $(-1, 0)$ 为圆心,$\varepsilon > 0$ 且充分小为半径作圆周 $C_\varepsilon : ((x+1)^2 + y^2)^2 = \varepsilon^2$,使得 C_ε 在 L 所围的圆内. 在 L 与 C_ε 所围的区域 D_ε 上利用格林公式得

$$0 = \iint_{D_\varepsilon} \left(\frac{\partial Q}{\partial x} - \frac{\partial P}{\partial y}\right)\mathrm{d}x\mathrm{d}y = \int_L P\mathrm{d}x + Q\mathrm{d}y - \int_{C_\varepsilon} P\mathrm{d}x + Q\mathrm{d}y$$

其中,L 与 C_ε 均是逆时针方向,因此

$$I = \int_L P\mathrm{d}x + Q\mathrm{d}y = \int_{C_\varepsilon} P\mathrm{d}x + Q\mathrm{d}y = \frac{1}{\varepsilon^2}\int_{C_\varepsilon} -y\mathrm{d}x + (x+1)\mathrm{d}y = \frac{1}{\varepsilon^2}\iint_{x^2+y^2 \leqslant \varepsilon^2} 2\mathrm{d}x\mathrm{d}y = 2\pi$$

在 C_ε 所围区域上用格林公式.

12.3.4 典型题解

例 3 计算 $\oint_C (x+y)\mathrm{d}x - (x-y)\mathrm{d}y$,其中 C 为正向椭圆 $\frac{x^2}{a^2} + \frac{y^2}{b^2} = 1$.

解 记 $P = x+y, Q = -(x-y)$,则 $\frac{\partial P}{\partial y} = 1, \frac{\partial Q}{\partial x} = -1$,$D : \frac{x^2}{a^2} + \frac{y^2}{b^2} \leqslant 1$,根据格林公式得

$$\oint_C (x+y)dx - (x-y)dy = \iint_D (-1-1)dxdy = -2\iint_D dxdy = -2\pi ab$$

例 4 计算 $\oint_C (x^2y - 2y)dx + \left(\frac{1}{3}x^3 - x\right)dy$,其中 C 是由直线 $x=1, y=x, y=2x$ 所围三角形的正向边界.

解 设 $P = x^2y - 2y, Q = \frac{1}{3}x^3 - x$,则 $\frac{\partial P}{\partial y} = x^2 - 2, \frac{\partial Q}{\partial x} = x^2 - 1$. 设由 3 条线所围成的三角形区域为 D,则根据格林公式得

$$\oint_C (x^2y - 2y)dx + \left(\frac{1}{3}x^3 - x\right)dy =$$
$$\iint_D ((x^2-1) - (x^2-2))dxdy = \iint_D dxdy = \frac{1}{2}$$

例 5 计算 $\oint_C \left[\left(1 + \frac{1}{x^2+y^2}\right)(xdy - ydx)\right]$,其中 C 为正向圆周 $(x-1)^2 + (y-1)^2 = 1$.

解 记 $P = -y\left(1 + \frac{1}{x^2+y^2}\right), Q = x\left(1 + \frac{1}{x^2+y^2}\right)$,闭区域 $D: (x-1)^2 + (y-1)^2 \leqslant 1$.

$$\frac{\partial Q}{\partial x} - \frac{\partial P}{\partial y} = \left(1 + \frac{1}{x^2+y^2} - \frac{2x^2}{(x^2+y^2)^2}\right) + \left(1 + \frac{1}{x^2+y^2} - \frac{2y^2}{(x^2+y^2)^2}\right) = 2$$

区域 D 的面积为 $\sigma = \pi$,根据格林公式得

$$\oint_C \left(1 + \frac{1}{x^2+y^2}\right)(xdy - ydx) = \iint_D 2dxdy = 2\pi$$

例 6 设 L 为半圆周 $y = \sqrt{1-x^2}$ 自点 $A(1,0)$ 至 $B(0,1)$,求

$$\int_L (y^2 e^x + 3x^2 + 2xy + y^2)dx + (2ye^x + x^2 + 2xy - 3y^2)dy$$

解 设 $P = y^2 e^x + 3x^2 + 2xy + y^2, Q = 2ye^x + x^2 + 2xy - 3y^2$,则

$$\frac{\partial P}{\partial y} = 2ye^x + 2x + 2y = \frac{\partial Q}{\partial x}$$

曲线积分与路径无关,则:

$$\int_L Pdx + Qdy = \int_{\overrightarrow{AO}} Pdx + Qdy + \int_{\overrightarrow{OB}} Pdx + Qdy =$$
$$\int_1^0 3x^2 dx + 0 + 0 + \int_0^1 (2y - 3y^2)dy = -1$$

12.4 对面积的曲面积分

12.4.1 基本要求

(1) 理解对面积的曲面积分的概念.
(2) 掌握对面积的曲面积分的性质和计算方法.

12.4.2　知识考点概述

1. 对面积的曲面积分的概念和性质

(1) 定义.

设曲面 Σ 是光滑的,则:

① $f(x,y,z)$ 在 Σ 上有定义,把 Σ 任意分成 n 小块 $\Delta S_1,\Delta S_2,\cdots,\Delta S_n$,在 ΔS_i 上任取一点 (x_i,y_i,z_i),作积 $f(x_i,y_i,z_i)\Delta S_i(i=1,2,\cdots,n)$,并作和 $\sum_{i=1}^{n}f(x_i,y_i,z_i)\Delta S_i$,取极限 $\lim\limits_{\lambda\to 0}\sum_{i=1}^{n}f(x_i,y_i,z_i)\Delta S_i$,$\lambda$ 是 n 块中直径最大者.

② 如果极限总存在,则称此极限为函数 $f(x,y,z)$ 在曲面 Σ 上对面积的曲面积分,(或称第一型曲面积分),记作 $\iint\limits_{\Sigma}f(x,y,z)\mathrm{d}s$,即

$$\iint\limits_{\Sigma}f(x,y,z)\mathrm{d}s=\lim_{\lambda\to 0}\sum_{i=1}^{n}f(x_i,y_i,z_i)\Delta S_i$$

其中,$f(x,y,z)$ 称为被积函数;Σ 称为积分曲面.

如果 Σ 是一个封闭曲面,则记作 $\oiint\limits_{\Sigma}f(x,y,z)\mathrm{d}s$.

(2) 对面积的曲面积分的存在定理.

$f(x,y,z)$ 在光滑曲面 Σ 上连续时,则 $\iint\limits_{\Sigma}f(x,y,z)\mathrm{d}s$ 一定存在.

(3) 物理意义.

面密度 $\mu(x,y,z)$ 在光滑曲面 Σ 上的连续函数时,其质量 $m=\iint\limits_{\Sigma}\mu(x,y,z)\mathrm{d}s$.

注　① 所谓光滑曲面指曲面上各点处都具有连续切平面.
② 曲面的直径是指曲面上任意两点间距离的最大者.

(4) 性质.

(1) 若 a,b 为常数,则

$$\iint\limits_{\Sigma}(af(x,y,z)+bg(x,y,z))\mathrm{d}s=a\iint\limits_{\Sigma}f(x,y,z)\mathrm{d}s+b\iint\limits_{\Sigma}g(x,y,z)\mathrm{d}s$$

(2) $\iint\limits_{\Sigma}f(x,y,z)\mathrm{d}s=\iint\limits_{\Sigma_1}f(x,y,z)\mathrm{d}s+\iint\limits_{\Sigma_2}f(x,y,z)\mathrm{d}s(\Sigma=\Sigma_1+\Sigma_2)$.

(3) $\iint\limits_{\Sigma}\mathrm{d}s=\Sigma$ 的面积).

2. 对面积的曲面积分的计算

当曲面 Σ 为 $z=z(x,y)$ 时,且 $z=z(x,y)$ 在 xoy 上的投影为 D_{xy},则

$$\iint\limits_{\Sigma}f(x,y,z)\mathrm{d}s=\iint\limits_{D_{xy}}f(x,y,z(x,y))\sqrt{1+z_x^2+z_y^2}\mathrm{d}x\mathrm{d}y$$

如果积分曲面 Σ 由方程 $x=x(y,z)$ 或 $y=y(z,x)$ 给出,也可类似地把对面积的曲面

积分化成为相应的二重积分.

12.4.3 常用解题技巧

(1) 若曲面 Σ 关于 $x=0$ 对称，Σ_1 是 Σ 的 $x \geqslant 0$ 部分，则当 $f(-x,y,z) = -f(x,y,z)$ 时，$\iint_\Sigma f \mathrm{d}s = 0$；当 $f(-x,y,z) = f(x,y,z)$ 时，$\iint_\Sigma f \mathrm{d}s = 2\iint_{\Sigma_1} f \mathrm{d}s$.

若 Σ 关于 $y=0$（或 $z=0$）对称，f 关于 y（或 z）有奇偶性，结论类似.

例1 设 $\Sigma: x^2+y^2+z^2=a^2 (z \geqslant 0)$，$\Sigma_1$ 为 Σ 在第一象限部分，则正确的是（　　）.

A. $\iint_\Sigma x \mathrm{d}s = 4\iint_{\Sigma_1} \mathrm{d}s$ B. $\iint_\Sigma y \mathrm{d}s = 4\iint_{\Sigma_1} y \mathrm{d}s$

C. $\iint_\Sigma z \mathrm{d}s = 4\iint_{\Sigma_1} z \mathrm{d}s$ D. $\iint_\Sigma xyz \mathrm{d}s = 4\iint_{\Sigma_1} xyz \mathrm{d}s$

解 Σ 关于 $x=0$ 对称，Σ 关于 $y=0$ 对称，所以

$$\iint_\Sigma x \mathrm{d}s = \iint_\Sigma y \mathrm{d}s = \iint_\Sigma xyz \mathrm{d}s = 0$$

而

$$\iint_{\Sigma_1} x \mathrm{d}s = \iint_{\Sigma_1} y \mathrm{d}s = \iint_{\Sigma_1} z \mathrm{d}s \neq 0$$

因此选 C.

(2) 当 Σ 是 xoy 平面内的一个闭区域时，记 $\Sigma = D_{xy}$，则曲面积分为

$$\iint_\Sigma f(x,y,z) \mathrm{d}s = \iint_{D_{xy}} f(x,y,0) \mathrm{d}x\mathrm{d}y$$

(3) 如果 $\Sigma: x^2+y^2+z^2=a^2$，计算

$$\oiint_\Sigma f(x^2+y^2+z^2) \mathrm{d}s = \oiint_\Sigma f(a^2) \mathrm{d}s = f(a^2) \oiint_\Sigma \mathrm{d}s = 4\pi a^2 f(a^2)$$

例2 已知 $f(x)=3x$，$\Sigma: x^2+y^2+z^2=4$，计算 $\oiint_\Sigma f(\sqrt{x^2+y^2+z^2}) \mathrm{d}s$.

解 $\oiint_\Sigma f(\sqrt{x^2+y^2+z^2}) \mathrm{d}s = f(2) \oiint_\Sigma \mathrm{d}s = 3 \cdot 2 \cdot 4\pi 2^2 = 12\pi \cdot 2^3 = 96\pi$

12.4.4 典型题解

例3 计算 $\iint_\Sigma z \mathrm{d}S$，其中 Σ 为上半球面 $z=\sqrt{R^2-x^2-y^2}$.

解
$$\Sigma: z=\sqrt{R^2-x^2-y^2}$$
$$D_{xy}: x^2+y^2 \leqslant R^2$$
$$\iint_\Sigma z \mathrm{d}S = \iint_{D_{xy}} \sqrt{R^2-x^2-y^2} \sqrt{1+z_x^2+z_y^2} \mathrm{d}x\mathrm{d}y =$$
$$\iint_{D_{xy}} \sqrt{R^2-x^2-y^2} \frac{R\mathrm{d}x\mathrm{d}y}{\sqrt{R^2-x^2-y^2}} = R\iint_{D_{xy}} \mathrm{d}x\mathrm{d}y = \pi R^3$$

例 4 计算 $\iint_\Sigma (x+y+z)dS$,其中 Σ 为 $z=\sqrt{x^2+y^2}$ 被 $z=1$ 所截的有限部分.

解 $D_{xy}: x^2+y^2 \leqslant 1, z_x = \dfrac{x}{\sqrt{x^2+y^2}}, z_y = \dfrac{y}{\sqrt{x^2+y^2}}$

$$\iint_\Sigma (x+y+z)dS = \iint_{D_{xy}} (x+y+\sqrt{x^2+y^2})\sqrt{1+z_x^2+z_y^2}\,d\sigma =$$

$$\iint_{D_{xy}} \sqrt{2}x\,d\sigma + \sqrt{2}\iint_{D_{xy}} \sqrt{2}y\,d\sigma + \sqrt{2}\iint_{D_{xy}} \sqrt{x^2+y^2}\,d\sigma =$$

$$0+0+\sqrt{2}\int_0^{2\pi} d\theta \int_0^1 r^2\,dr = \dfrac{2\sqrt{2}}{3}\pi$$

例 5 计算 $\iint_\Sigma \sqrt{1+4z}\,dS$,其中 Σ 为抛物面 $z=x^2+y^2$ 被平面 $z=1$ 所截下的有限部分.

$D_{xy}: x^2+y^2 \leqslant 1, z_x = 2x, z_y = 2y$

$$\iint_\Sigma \sqrt{1+4z}\,dS = \iint_{D_{xy}} \sqrt{1+4(x^2+y^2)}\sqrt{1+z_x^2+z_y^2}\,dxdy =$$

$$\iint_{D_{xy}} (1+4(x^2+y^2))dxdy =$$

$$\iint_{D_{xy}} dxdy + 4\iint_{D_{xy}} (x^2+y^2)dxdy =$$

$$\pi + 4\int_0^{2\pi} d\theta \int_0^1 r^3\,dr = 3\pi$$

12.5 对坐标的曲面积分

12.5.1 基本要求

(1) 理解对坐标的曲面积分概念.
(2) 掌握对坐标的曲面积分的性质和计算法.
(3) 了解两类曲面积分之间的联系.

12.5.2 知识考点概述

1. 对坐标的曲面积分的概念和性质

(1) 基本概念.

对曲面作一些说明:

① 假定曲面是分片光滑的.
② 我们所讨论的曲面都是双侧的,有上侧与下侧之分.

一张封闭的曲面,有外侧与内侧之分.

我们可以通过曲面上法向量的指向来定出曲面的侧,这种取定了法向量即选定了侧的曲面,称为有向曲面.

设 Σ 是有向曲面,在 Σ 上取一小块曲面 ΔS 把 ΔS 投影到 xOy 面上,得一投影区域 $(\Delta S)_{xy}$,$(\Delta \sigma)_{xy}$ 代表投影区域的面积,假定 ΔS 上各点处的法向量与 z 轴的夹角 r 的余弦 $\cos r$ 有相同的符号,我们规定 ΔS 在 xOy 面上的投影 $(\Delta S)_{xy}$ 为

$$(\Delta S)_{xy} = \begin{cases} (\Delta \sigma)_{xy}, & \cos r > 0 \\ -(\Delta \sigma)_{xy}, & \cos r < 0 \\ 0, & \cos r = 0 \end{cases}$$

实际上,ΔS 在 xOy 面上的投影 $(\Delta S)_{xy}$ 就是 ΔS 在 xOy 面上的投影区域的面积冠以一定的正负号,类似地可以定义 ΔS 在 yOz 面及 zOx 面上的投影 $(\Delta S)_{yz}$ 及 $(\Delta S)_{zx}$.

(2) 定义.

设 Σ 是光滑的有向曲面,函数 $R(x,y,z)$ 在 Σ 上有定义,把 Σ 任意分成 n 块小曲面 $\Delta S_1, \cdots, \Delta S_n$,($\Delta S_i$ 同时代表第 i 小块的曲面面积)ΔS_i 在 xOy 面上的投影为 $(\Delta S_i)_{xy}$,(x_i, y_i, z_i) 是 ΔS_i 上任意取定的一点,如果各小块曲面的直径的最大值 $\lambda \to 0$ 时,有

$$\lim_{\lambda \to 0} \sum_{i=1}^{n} R(x_i, y_i, z_i)(\Delta S_i)_{xy}$$

总存在,则称此极限为函数 $R(x,y,z)$ 在有向曲面 Σ 上对坐标 x,y 的曲面积分,记作

$$\iint_{\Sigma} R(x,y,z) \, dxdy$$

即

$$\iint_{\Sigma} R(x,y,z) \, dxdy = \lim_{\lambda \to 0} \sum_{i=1}^{n} R(x_i, y_i, z_i)(\Delta S_i)_{xy}$$

其中 $R(x,y,z)$ 称为被积函数;Σ 称为积分曲面.

类似地可以定义函数 $P(x,y,z)$ 在有向曲面 Σ 上对坐标 y,z 的曲面积分 $\iint_{\Sigma} P(x,y,z) \, dydz$ 及函数 $Q(x,y,z)$ 在有向曲面 Σ 上对坐标 z,x 的曲面积分 $\iint_{\Sigma} Q(x,y,z) \, dzdx$ 分别为

$$\iint_{\Sigma} P(x,y,z) \, dydz = \lim_{\lambda \to 0} \sum_{i=1}^{n} P(x_i, y_i, z_i)(\Delta S_i)_{yz}$$

$$\iint_{\Sigma} Q(x,y,z) \, dzdx = \lim_{\lambda \to 0} \sum_{i=1}^{n} Q(x_i, y_i, z_i)(\Delta S_i)_{zx}$$

以上 3 个曲面积分也称第二型曲面积分.

$$\iint_{\Sigma} P(x,y,z) \, dydz + \iint_{\Sigma} Q(x,y,z) \, dzdx + \iint_{\Sigma} R(x,y,z) \, dxdy$$

简写成

$$\iint_{\Sigma} P(x,y,z) \, dydz + Q(x,y,z) \, dzdx + R(x,y,z) \, dxdy$$

如果有曲向曲面是封闭的,可写成 $\oiint_{\Sigma}$.

(3) 实际意义.

设稳定流动的不可压缩流体(假定密度为 1)的速度场,由
$$v(x,y,z) = P(x,y,z)i + Q(x,y,z)j + R(x,y,z)k$$
给出 Σ 是速度场中的一片有向曲面,函数 $P(x,y,z)$, $Q(x,y,z)$, $R(x,y,z)$ 都在 Σ 上连续,求单位时间流向 Σ 指定侧的流体的质量,即流量.

上述流向 Σ 指定侧的流量 φ 可表示为
$$\varphi = \iint_{\Sigma} P(x,y,z)\,dydz + Q(x,y,z)\,dzdx + R(x,y,z)\,dxdy$$

(4) 存在定理.

函数 $R(x,y,z)$ 在光滑有向曲面 Σ 上连续,则 $\iint_{\Sigma} R(x,y,z)\,dxdy$ 一定存在.

(5) 性质.

① $\iint_{\Sigma} Pdydz + Qdzdx + Rdxdy =$
$\iint_{\Sigma_1} Pdydz + Qdzdx + Rdxdy + \iint_{\Sigma_2} Pdydz + Qdzdx + Rdxdy$, $\Sigma = \Sigma_1 + \Sigma_2$

② 设 Σ 是有向曲面,Σ^- 表示与 Σ 取相反侧的有向曲面,则
$$\iint_{\Sigma^-} Pdydz = -\iint_{\Sigma} Pdydz$$
$$\iint_{\Sigma^-} Qdzdx = -\iint_{\Sigma} Qdzdx$$
$$\iint_{\Sigma^-} Rdxdy = -\iint_{\Sigma} Rdxdy$$

2. 对坐标的曲面积分的计算法

$\Sigma: z = z(x,y)$, Σ 取上侧 $\cos r > 0$,则
$$\iint_{\Sigma} R(x,y,z)\,dxdy = \iint_{D_{xy}} R[x,y,z(x,y)]\,dxdy$$

$\Sigma: z = z(x,y)$, Σ 取下侧 $\cos r < 0$,则
$$\iint_{\Sigma} R(x,y,z)\,dxdy = -\iint_{D_{xy}} R[x,y,z(x,y)]\,dxdy$$

3. 两类曲面积分之间的联系

曲面 $\Sigma: z = z(x,y)$ 上侧的法向量为 $\{-z_x, -z_y, 1\}$,方向余弦为
$$\cos \alpha = \frac{-z_x}{\sqrt{1+z_x^2+z_y^2}}, \cos \beta = \frac{-z_y}{\sqrt{1+z_x^2+z_y^2}}, \cos r = \frac{1}{\sqrt{1+z_x^2+z_y^2}}$$

$$\iint_{\Sigma} R(x,y,z) \cos r\,ds = \iint_{\Sigma} R(x,y,z)\,dxdy$$

如果取下侧,这时 $\cos r = \dfrac{-1}{\sqrt{1+z_x^2+z_y^2}}$,因此上式仍然成立.

类似地可推

第12章 曲线积分与曲面积分

$$\iint_\Sigma P(x,y,z)\,dydz = \iint_\Sigma P(x,y,z)\cos\alpha\,ds$$

$$\iint_\Sigma Q(x,y,z)\,dzdx = \iint_\Sigma Q(x,y,z)\cos\beta\,ds$$

于是

$$\iint_\Sigma P\,dydz + Q\,dzdx + R\,dxdy = \iint_\Sigma (P\cos\alpha + Q\cos\beta + R\cos r)\,ds$$

12.5.3 常用解题技巧

(1) 若曲面 Σ 关于 $x=0$ 对称,Σ_1 是 Σ 的 $x \geqslant 0$ 部分正侧不变.

① 当 $f(-x,y,z) = -f(x,y,z)$ 时,有

$$\iint_\Sigma f\,dydz = 2\iint_{\Sigma_1} f\,dydz$$

$$\iint_\Sigma f\,dzdx = \iint_\Sigma f\,dxdy = 0$$

② 当 $f(-x,y,z) = f(x,y,z)$ 时,有

$$\iint_\Sigma f\,dydz = 0$$

$$\iint_\Sigma f\,dzdx = 2\iint_{\Sigma_1} f\,dzdx$$

$$\iint_\Sigma f\,dxdy = 2\iint_{\Sigma_1} f\,dxdy$$

例如,$\Sigma: x^2 + y^2 + z^2 = 1$ 外侧,$\Sigma_1: x^2 + y^2 + z^2 = 1, x \geqslant 0$ 外侧,则

$$\iint_\Sigma x\,dydz = 2\iint_{\Sigma_1} x\,dydz$$

$$\iint_\Sigma x\,dzdx = \iint_\Sigma x\,dxdy = 0$$

$$\iint_\Sigma x^2\,dydz = 0$$

$$\iint_\Sigma x^2\,dzdx = 2\iint_{\Sigma_1} x^2\,dzdx$$

$$\iint_\Sigma x^2\,dxdy = 2\iint_{\Sigma_1} x^2\,dxdy$$

(2) 设曲面 Σ 由方程 $z = z(x,y)$ 给出,当 Σ 取上侧时,有

$$\cos\alpha = \frac{-z_x}{\sqrt{1+z_x^2+z_y^2}},\ \cos\beta = \frac{-z_y}{\sqrt{1+z_x^2+z_y^2}},\ \cos r = \frac{1}{\sqrt{1+z_x^2+z_y^2}}$$

$$\cos\alpha\,ds = dydz,\ ds = \frac{1}{\cos\alpha}dydz = \frac{1}{\cos\beta}dzdx = \frac{1}{\cos r}dxdy$$

$$\cos\beta\,ds = dzdx$$

所以
$$dydz = \frac{\cos\alpha}{\cos r}dxdy = -z_x dxdy$$
$$\cos r ds = dxdy$$
所以
$$dzdx = \frac{\cos\beta}{\cos r}dxdy = -z_y dxdy$$
于是
$$\iint_\Sigma Pdydz + Qdzdx + Rdxdy = \iint_\Sigma (-z_x P - z_y Q + R)dxdy$$

若曲面 Σ 由方程 $x = x(y,z)$ 或 $y = y(x,z)$ 表示，也有类似的公式.

12.5.4 典型题解

例1 计算 $\iint_\Sigma z^2 dxdy$，其中 Σ 为平面 $x+y+z=1$ 位于第一卦限部分的上侧.

解 设 $\Sigma: z = 1-x-y$，$D_{xy}: 0 \leqslant x \leqslant 1, 0 \leqslant y \leqslant 1-x, x \geqslant 0, y \geqslant 0$，则
$$\iint_\Sigma z^2 dxdy = \iint_{D_{xy}}(1-x-y)^2 dxdy = \int_0^1 dx\int_0^{1-x}(1-x-y)^2 dy =$$
$$-\frac{1}{3}\int_0^1 (1-x)^3 d(1-x) = \frac{1}{12}$$

例2 计算 $\iint_\Sigma x^2 dydz + y^2 dzdx + z^2 dxdy$，其中 Σ 为球面 $x^2+y^2+z^2=1$ 外侧位于第一卦限部分.

解 设 $\Sigma: z = \sqrt{1-x^2-y^2}$，$D_{xy}: x^2+y^2 \leqslant 1, x \geqslant 0, y \geqslant 0$，则
$$\iint_\Sigma x^2 dydz + y^2 dzdx + z^2 dxdy = 3\iint_{D_{\text{上侧}}} z^2 dxdy =$$
$$3\iint_{D_{xy}}(1-x^2-y^2)dxdy = 3\iint_{D_{xy}}(1-r^2)rdrd\theta = 3\int_0^{\frac{\pi}{2}}d\theta\int_0^1(r-r^3)dr = \frac{3\pi}{8}$$

例3 计算 $\iint_\Sigma \frac{e^z}{\sqrt{x^2+y^2}}dxdy$，其中 Σ 为锥面 $z=\sqrt{x^2+y^2}$ 介于平面 $z=1$ 与 $z=2$ 之间的部分下侧.

解 设 $\Sigma: z = \sqrt{x^2+y^2}$，$D_{xy}: 1 \leqslant x^2+y^2 \leqslant 4$，则
$$\iint_\Sigma \frac{e^z}{\sqrt{x^2+y^2}}dxdy = -\iint_{D_{xy}}\frac{e^{\sqrt{x^2+y^2}}}{\sqrt{x^2+y^2}}dxdy = -\int_0^{2\pi}d\theta\int_1^2 \frac{e^r}{r}\cdot rdr = -2\pi(e^2-e)$$

12.6 高斯公式

12.6.1 基本要求

掌握高斯公式及应用.

12.6.2 知识考点概述

1. 高斯公式

设空间闭区域 Ω 是由分片光滑的闭曲面 Σ 所围成,函数 $P(x,y,z)$, $Q(x,y,z)$, $R(x,y,z)$ 在 Ω 上具有一阶连续偏导数,则有

$$\iiint_\Omega \left(\frac{\partial P}{\partial x}+\frac{\partial Q}{\partial y}+\frac{\partial R}{\partial z}\right)\mathrm{d}v = \oiint_\Sigma P\mathrm{d}y\mathrm{d}z + Q\mathrm{d}z\mathrm{d}x + R\mathrm{d}x\mathrm{d}y \tag{1}$$

或

$$\iiint_\Omega \left(\frac{\partial P}{\partial x}+\frac{\partial Q}{\partial y}+\frac{\partial R}{\partial z}\right)\mathrm{d}v = \oiint_\Sigma (P\cos\alpha + Q\cos\beta + R\cos r)\mathrm{d}s \tag{2}$$

这里 Σ 是 Ω 的整个边界曲面的外侧, $\cos\alpha, \cos\beta, \cos r$ 是 Σ 在点 (x,y,z) 处的法向量的方向余弦.

公式(1)或(2)称为高斯公式.

2. 沿任意闭曲面的曲面积分为零的条件

空间二维单连通区域: G 内任一闭曲面所围区域全属于 G.

空间一维单连通区域: G 内任一闭曲线总可以张成一张完全属于 G 的曲面.

定理 设 G 是空间二维单连通区域, $P(x,y,z)$, $Q(x,y,z)$, $R(x,y,z)$, 在 G 内具有一阶连续偏导数,则曲面积分 $\iint_\Sigma P\mathrm{d}y\mathrm{d}z + Q\mathrm{d}z\mathrm{d}x + R\mathrm{d}x\mathrm{d}y$ 在 G 内与所取曲面 Σ 无关,而只取决于 Σ 的边界曲线(或沿 G 内任一闭曲面的曲面积分为零)的充分必要条件是: $\frac{\partial P}{\partial x} + \frac{\partial Q}{\partial y} + \frac{\partial R}{\partial z} = 0$ 在 G 内恒成立.

12.6.3 常用解题技巧

1. 利用曲面方程化简被积函数,再利用高斯公式计算曲面积分

例1 Σ 为 $x^2+y^2+z^2=1$ 的外侧,计算 $\oiint_\Sigma \dfrac{x^3\mathrm{d}y\mathrm{d}z + y^3\mathrm{d}z\mathrm{d}x + z^3\mathrm{d}x\mathrm{d}y}{x^2+y^2+z^2}$.

解
$$\oiint_\Sigma \frac{x^3\mathrm{d}y\mathrm{d}z + y^3\mathrm{d}z\mathrm{d}x + z^3\mathrm{d}x\mathrm{d}y}{x^2+y^2+z^2} = \oiint_\Sigma x^3\mathrm{d}y\mathrm{d}z + y^3\mathrm{d}z\mathrm{d}x + z^3\mathrm{d}x\mathrm{d}y =$$
$$\iiint_\Omega 3(x^2+y^2+z^2)\mathrm{d}v =$$
$$3\int_0^{2\pi}\mathrm{d}\theta\int_0^\pi \mathrm{d}\varphi\int_0^1 r^4\sin\varphi\mathrm{d}r = \frac{12}{5}\pi$$

例 2 求曲面积分 $I = \iint\limits_{S} x^2 \,dydz + y^2 \,dzdx + z^2 \,dxdy$,其中 S 是立方体 $\Omega: 0 \leqslant x \leqslant a$, $0 \leqslant y \leqslant b, 0 \leqslant z \leqslant c$ 的表面外侧.

解 由高斯公式得
$$I = \iiint\limits_{\Omega} \left(\frac{\partial}{\partial x}(x^2) + \frac{\partial}{\partial x}(y^2) + \frac{\partial}{\partial x}(z^2) \right) dxdydz =$$
$$2\iiint\limits_{\Omega} (x + y + z) dxdydz$$

化三重积分为累次积分:记立方体分别在 yz 平面、zx 平面与 xy 平面上的投影区域分别为 D_{yz}, D_{zx}, D_{xy},则
$$I = 2\left(\iint\limits_{D_{yz}} dydz \int_0^a x\,dx + \iint\limits_{D_{zx}} dzdx \int_0^b y\,dy + \iint\limits_{D_{xy}} dxdy \int_0^c z\,dz \right) = abc(a+b+c)$$

也可利用平移变换与对称性计算题中的三重积分,即
$$2\iiint\limits_{\Omega} (x + y + z) dxdydz = 2\iiint\limits_{\Omega} \left(\left(x - \frac{a}{2}\right) + \left(y - \frac{a}{2}\right) + \left(z - \frac{a}{2}\right) \right) dv +$$
$$\iiint\limits_{\Omega} (a + b + c) dxdydz = 0 + (a+b+c)abc$$

因为
$$\iiint\limits_{\Omega} \left(\left(x - \frac{a}{2}\right) + \left(y - \frac{a}{2}\right) + \left(z - \frac{a}{2}\right) \right) dv = \iiint\limits_{\Omega'} (u + v + w) dudvdw = 0$$

其中
$$\Omega' = \left\{ (u, v, w) \,\Big|\, -\frac{a}{2} \leqslant u \leqslant \frac{a}{2}, -\frac{b}{2} \leqslant v \leqslant \frac{b}{2}, -\frac{c}{2} \leqslant w \leqslant \frac{c}{2} \right\}$$

2. 作辅助面

例 3 计算曲面积分 $I = \iint\limits_{\Sigma} (3x - z) \,dydz + z\,dxdy$,其中 Σ 为有向曲面 $z = x^2 + y^2, 0 \leqslant z \leqslant 1$,其法向量与 z 轴正向夹角为锐角(图 4).

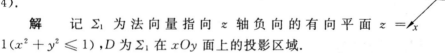

图 4

解 记 Σ_1 为法向量指向 z 轴负向的有向平面 $z = 1(x^2 + y^2 \leqslant 1)$,$D$ 为 Σ_1 在 xOy 面上的投影区域.
$$I = \oiint\limits_{\Sigma + \Sigma_1} (3x - z) \,dydz + z\,dxdy - \iint\limits_{\Sigma_1} (3x - z) \,dydz + z\,dxdy =$$
$$-\iiint\limits_{\Omega} (3 + 1) \,dv + \iint\limits_{D} dxdy = -4\int_0^{2\pi} d\theta \int_0^1 dr \int_{r^2}^1 r\,dz + \pi =$$
$$-8\pi \int_0^1 r(1 - r^2) \,dr + \pi = -2\pi + \pi = -\pi$$

3. 挖点法

例 4 求 $I = \iint\limits_{S} \dfrac{x\,dydz + y\,dzdx + z\,dxdy}{(x^2 + y^2 + z^2)^{\frac{3}{2}}}$,其中 S 是椭球面 $\dfrac{x^2}{a^2} + \dfrac{y^2}{b^2} + \dfrac{z^2}{c^2} = 1$,取外侧.

解 作以原点为心，$\varepsilon > 0$ 为半径的小球面 S_ε，$\varepsilon > 0$ 充分小使 S_ε 位于 S 所围的椭球内. 记 S_ε 与 S 所围的区域为 Ω_ε，S_ε 取 Ω_ε 的内向法（即小球的外法向），在 Ω_ε 上用高斯公式得

$$\iiint_{\Omega_\varepsilon}\left(\frac{\partial P}{\partial x}+\frac{\partial Q}{\partial y}+\frac{\partial R}{\partial z}\right)\mathrm{d}v=$$

$$\iint_S P\,\mathrm{d}y\mathrm{d}z+Q\,\mathrm{d}z\mathrm{d}x+R\,\mathrm{d}x\mathrm{d}y-\iint_{S_\varepsilon} P\,\mathrm{d}y\mathrm{d}z+Q\,\mathrm{d}z\mathrm{d}x+R\,\mathrm{d}x\mathrm{d}y$$

由于在 Ω_ε 上，P,Q,R 有连续的一阶偏导数，且 $\frac{\partial P}{\partial x}+\frac{\partial Q}{\partial y}+\frac{\partial R}{\partial z}=0$. 于是

$$I=\iint_S P\,\mathrm{d}y\mathrm{d}z+Q\,\mathrm{d}z\mathrm{d}x+R\,\mathrm{d}x\mathrm{d}y=\iint_{S_\varepsilon}\frac{x\,\mathrm{d}y\mathrm{d}z+y\,\mathrm{d}z\mathrm{d}x+z\,\mathrm{d}x\mathrm{d}y}{(x^2+y^2+z^2)^{\frac{3}{2}}}=$$

$$\frac{1}{\varepsilon^3}\iint_{S_\varepsilon}x\,\mathrm{d}y\mathrm{d}z+y\,\mathrm{d}z\mathrm{d}x+z\,\mathrm{d}x\mathrm{d}y=\frac{1}{\varepsilon^3}\iiint_{\Omega_\varepsilon^*}3\,\mathrm{d}v=\frac{3}{\varepsilon^3}\cdot\frac{4}{3}\pi\varepsilon^3=4\pi$$

（在 $\Omega_\varepsilon^*: x^2+y^2+z^2\leqslant\varepsilon^2$ 上用高斯公式）.

12.6.4 典型题解

例 5 计算 $\iint_\Sigma z^2\,\mathrm{d}x\mathrm{d}y$，其中 Σ 为平面 $x+y+z=1$ 位于第一象限部分的上侧.

解 利用高斯公式，设 3 个坐标面与 Σ 围成空间区域 Ω，Ω 的边界在 3 个坐标面部分分别为 D_{xy}, D_{yz}, D_{xz}，分别取下侧、后侧、左侧. 由高斯公式得

$$\iint_\Sigma z^2\,\mathrm{d}x\mathrm{d}y+\iint_{D_{xy}}z^2\,\mathrm{d}x\mathrm{d}y+\iint_{D_{yz}}z^2\,\mathrm{d}x\mathrm{d}y+\iint_{D_{xz}}z^2\,\mathrm{d}x\mathrm{d}y=\iiint_\Omega 2z\,\mathrm{d}x\mathrm{d}y\mathrm{d}z=$$

$$2\int_0^1 z\,\mathrm{d}z\iint_{D_z}\mathrm{d}x\mathrm{d}y=\int_0^1 z(1-z)^2\,\mathrm{d}z=\frac{1}{12}$$

显然

$$\iint_{D_{xy}}z^2\,\mathrm{d}x\mathrm{d}y=0,\quad \iint_{D_{yz}}z^2\,\mathrm{d}x\mathrm{d}y=0,\quad \iint_{D_{xz}}z^2\,\mathrm{d}x\mathrm{d}y=0$$

则

$$I=\iint_\Sigma z^2\,\mathrm{d}x\mathrm{d}y=\frac{1}{12}$$

例 6 计算 $\oiint_\Sigma 2x\,\mathrm{d}y\mathrm{d}z+y\,\mathrm{d}z\mathrm{d}x+3z\,\mathrm{d}x\mathrm{d}y$，其中 Σ 在 $x^2+y^2+z^2=4$ 的外侧.

解 由高斯公式有

$$\oiint_\Sigma 2x\,\mathrm{d}y\mathrm{d}z+y\,\mathrm{d}z\mathrm{d}x+3z\,\mathrm{d}x\mathrm{d}y=$$

$$\iiint_\Omega\left(\frac{\partial 2x}{\partial x}+\frac{\partial y}{\partial y}+\frac{\partial(3z)}{\partial z}\right)\mathrm{d}v=6\iiint_\Omega\mathrm{d}v=64\pi$$

例 7 计算 $I=\oiint_\Sigma x^3\,\mathrm{d}y\mathrm{d}z+y^3\,\mathrm{d}z\mathrm{d}x+z^3\,\mathrm{d}x\mathrm{d}y$，其中 Σ 在 $x^2+y^2+z^2=4$ 的外侧.

解 $I = \iiint_\Omega 3(x^2+y^2+z^2)\,dv = 3\int_0^{2\pi}d\theta\int_0^\pi d\varphi\int_0^2 r^4\sin\varphi\,dr = \dfrac{384}{5}\pi$

12.7 斯托克斯公式

12.7.1 基本要求

掌握斯托克斯公式及应用.

12.7.2 知识考点概述

1. 斯托克斯公式

格林公式表达了平面区域上的二重积分与其边界曲线上的曲线积分间的关系,而斯托克斯公式则把曲面 Σ 上的曲积积分与沿着 Σ 的边界曲线的曲线积分联系起来.

定理 设 L 是分段光滑的空间有向闭曲线,Σ 是以 L 为边界的分片光滑的有向曲面,L 的正向与 Σ 的侧符合右手规则[①],函数 $P(x,y,z),Q(x,y,z),R(x,y,z)$ 在曲面 Σ(连同边界 L)上具有一阶连续偏导数,则有

$$\oint_L P\,dx + Q\,dy + R\,dz = \iint_\Sigma \left(\dfrac{\partial R}{\partial y} - \dfrac{\partial Q}{\partial z}\right)dydz + \left(\dfrac{\partial P}{\partial z} - \dfrac{\partial R}{\partial x}\right)dzdx + \left(\dfrac{\partial Q}{\partial x} - \dfrac{\partial P}{\partial y}\right)dxdy \qquad (1)$$

$$\oint_L P\,dx + Q\,dy + R\,dz = \iint_\Sigma \begin{vmatrix} dydz & dzdx & dxdy \\ \dfrac{\partial}{\partial x} & \dfrac{\partial}{\partial y} & \dfrac{\partial}{\partial z} \\ P & Q & R \end{vmatrix} = \iint_\Sigma \begin{vmatrix} \cos\alpha & \cos\beta & \cos r \\ \dfrac{\partial}{\partial x} & \dfrac{\partial}{\partial y} & \dfrac{\partial}{\partial z} \\ P & Q & R \end{vmatrix} ds \qquad (2)$$

公式(1)或(2)称为斯托克斯公式.

12.7.3 常用解题技巧

1. 利用参数方程将其化成直角坐标方程,再用斯托克斯公式计算曲线积分

例 1 求曲线积分 $I = \int_C (x+y)dx + (3x+y)dy + z\,dz$,其中 C 为闭曲线 $x = a\sin^2 t$,$y = 2a\cos t\sin t$,$z = a\cos^2 t(0 \leqslant t \leqslant 2\pi)$,$C$ 的方向按 t 从 0 到 2π 的方向.

解 把参数方程表示的曲线表示成直角坐标系下的曲线

$$\dfrac{x^2}{a^2} + \dfrac{y^2}{2a^2} + \dfrac{z^2}{a^2} = 1$$

因为 $\dfrac{2x}{a} = 1 - \cos 2t$,$\dfrac{y}{a} = \sin 2t$,则 C 的标准方程是

[①] 右手除拇指外的 4 个手指依 L 的绕行方向时,拇指所指的方向与 Σ 上的法向量的指向相同,这时称 L 是有向曲面 Σ 的正向边界曲线.

$$\begin{cases} x+z=a \\ \dfrac{\left(x-\dfrac{a}{2}\right)^2}{\left(\dfrac{a}{2}\right)^2}+\dfrac{y^2}{a^2}=1 \end{cases}$$

这说明 C 是平面 $x+z=a$ 与柱面 $\dfrac{\left(x-\dfrac{a}{2}\right)^2}{\left(\dfrac{a}{2}\right)^2}+\dfrac{y^2}{a^2}=1$ 相交所成的椭圆.

椭圆 C 所围的椭圆面记为 S. 注意:当 $t=0$ 时,C 上的点是 $(0,0,a)$,t 增加时,C 的坐标 y 是正的,按右手法则可知,S 的单位法向量朝下即取下侧. S 在 xy 平面的投影(椭圆)记为 D_{xy},它的面积为 $\dfrac{\pi}{2}a^2$(长半轴为 a,短半轴为 $\dfrac{a}{2}$).

由斯托克斯公式有

$$I=\int_C (x+y)\mathrm{d}x+(3x+y)\mathrm{d}y+z\mathrm{d}z=$$

$$\iint_S \begin{vmatrix} \mathrm{d}y\mathrm{d}z & \mathrm{d}z\mathrm{d}x & \mathrm{d}x\mathrm{d}y \\ \dfrac{\partial}{\partial x} & \dfrac{\partial}{\partial y} & \dfrac{\partial}{\partial z} \\ x+y & 3x+y & z \end{vmatrix}=\iint_S 2\mathrm{d}x\mathrm{d}y=$$

$$-2\iint_{D_{xy}}\mathrm{d}x\mathrm{d}y=-2\times\dfrac{1}{2}\pi a^2=-\pi a^2$$

2. 用曲线方程简化被积函数,再应用斯托克斯公式计算曲线积分

例 2 求曲线积分 $I=\int_L (2bx-x^2)\mathrm{d}x+(2bx-y^2)\mathrm{d}y+2ax\,\mathrm{d}z$,其中 L 是球面 $x^2+y^2+z^2=2bx\,(z\geqslant 0)$ 与柱面 $x^2+y^2=2ax\,(b>a>0)$ 的交线. L 的方向规定为沿 L 的方向运动时,从 z 轴正向往下看,曲线 L 所围球面部分总在左边.

解 记 L 所围的球面部分为 Σ,按 L 的方向与右手法则,取 Σ 的法向量朝上,先利用曲线方程化简被积函数,然后用斯托克斯公式,得

$$I=\int_L (2bx-x^2)\mathrm{d}x+(2bx-y^2)\mathrm{d}y+2ax\,\mathrm{d}z=$$

$$\iint_\Sigma \begin{vmatrix} \mathrm{d}y\mathrm{d}z & \mathrm{d}z\mathrm{d}x & \mathrm{d}x\mathrm{d}y \\ \dfrac{\partial}{\partial x} & \dfrac{\partial}{\partial y} & \dfrac{\partial}{\partial z} \\ 2bx-x^2 & 2bx-y^2 & 2ax \end{vmatrix}=-2a\iint_\Sigma \mathrm{d}z\mathrm{d}x+2b\iint_\Sigma \mathrm{d}x\mathrm{d}y$$

注意 Σ 关于 zx 平面对称,被积函数 1 对 y 为偶函数. 于是 $\iint_\Sigma \mathrm{d}z\mathrm{d}x=0$. 记 Σ 在 xy 平面的投影区域为 $D_{xy}:(x-a)^2+y^2\leqslant a^2$,因此

$$I=2b\iint_{D_{xy}}\mathrm{d}x\mathrm{d}y=2b\pi a^2$$

12.7.4 典型题解

例3 应用斯托克斯公式计算 $I = \oint_\Gamma y^2 dx + z^2 dy + x^2 dz$，其中 Γ 为球面 $x^2 + y^2 + z^2 = a^2$ 外侧位于第一封限部分的正向边界.

解 设 Σ 为球面位于第一卦限部分外侧，则由斯托克斯公式，有

$$I = \iint_\Sigma \begin{vmatrix} dydz & dzdx & dxdy \\ \dfrac{\partial}{\partial x} & \dfrac{\partial}{\partial y} & \dfrac{\partial}{\partial z} \\ y^2 & z^2 & x^2 \end{vmatrix} = -2\iint_\Sigma z dy dz + x dz dx + y dx dy = -6\iint_\Sigma y dx dy$$

Σ 在 xOy 面上投影 $D_{xy}: x^2 + y^2 \leqslant a^2, x \geqslant 0, y \geqslant 0$，则

$$I = -6\int_0^{\frac{\pi}{2}} d\theta \int_0^a r\sin\theta \cdot r dr = -2a^3$$

例4 计算 $I = \int_L y dx + z dy + x dz$，其中 L 为曲线 $\begin{cases} x^2 + y^2 + z^2 = 1 \\ x + y + z = 1 \end{cases}$，从 y 轴正向看去为逆时针方向.

解 Σ 为平面 $x + y + z = 1$ 被 $x^2 + y^2 + z^2 = 1$ 所截的有限部分，其指定侧的单位法向量为

$$\boldsymbol{n} = \{\cos\alpha, \cos\beta, \cos r\} = \left\{\frac{1}{\sqrt{3}}, \frac{1}{\sqrt{3}}, \frac{1}{\sqrt{3}}\right\}$$

由斯托克斯公式有

$$\oint_L y dx + z dy + x dz = \iint_\Sigma \begin{vmatrix} \cos\alpha & \cos\beta & \cos r \\ \dfrac{\partial}{\partial x} & \dfrac{\partial}{\partial y} & \dfrac{\partial}{\partial z} \\ y & z & x \end{vmatrix} ds = -\iint_\Sigma \sqrt{3} ds = -\frac{2\sqrt{3}}{3}\pi$$

单元测试题 A

一、填空题

1. 一质点在 xOy 平面内受到力 $\boldsymbol{F}(x,y) = P(x,y)\boldsymbol{i} + Q(x,y)\boldsymbol{j}$ 的作用，曲线 L 从点 A 到点 B，力所做的功 $W = $ _____ .

2. 一条平面曲线 L，其密度函数为 $\mu(x,y)$，则这条曲线的质量 $M = $ _____ .

3. 计算 $\oint_L (x+y) ds = $ _____ ，其中 $L: \begin{cases} x = a\cos t \\ y = a\sin t \end{cases}, 0 \leqslant t \leqslant 2\pi$.

4. 计算 $\oint_L xy ds = $ _____ ，其中 $L: x^2 + y^2 = 1$

5. 计算 $\oint_L (x + 2xy + 3x^2 + 4y^2) ds = $ _____ ，其中 $L: \dfrac{x^2}{4} + \dfrac{y^2}{3} = 1$，$L$ 的周长为 a.

6. 计算 $\oint_L (x^2 + y^2) ds = $ _____ ，其中 L 是圆周 $x^2 + y^2 = R^2$.

7. 计算 $\oint_L \dfrac{x\mathrm{d}y - y\mathrm{d}x}{x^2 + y^2} = $ _____,其中 L 为正向圆周 $x^2 + y^2 = a^2$.

8. 计算 $\oiint\limits_{\Sigma} 2x\mathrm{d}y\mathrm{d}z + 3y\mathrm{d}z\mathrm{d}x + 4z\mathrm{d}x\mathrm{d}y = $ _____,其中 $\sum : x^2 + y^2 + z^2 = R^2$ 取外侧.

9. 设平面曲线 L 为下半圆周 $y = -\sqrt{1-x^2}$,则曲线积分 $\int_L (x^2 + y^2)\mathrm{d}s$ 的值是 _____.

10. 设 L 为取正向的圆周 $x^2 + y^2 = 9$,则曲线积分 $\oint_L (2xy - 2y)\mathrm{d}x + (x^2 - 4x)\mathrm{d}y$ 的值是 _____.

二、选择题

1. 闭线 L 围成的区域 D 的面积为 S,L^+ 表示 D 的正向,则 $S = $ ( ).

　A. $\dfrac{1}{2}\oint_{L^+} x\mathrm{d}y + y\mathrm{d}x$ 　　　　B. $\oint_{L^+} x\mathrm{d}x + y\mathrm{d}y$

　C. $\oint_{L^-} x\mathrm{d}y - y\mathrm{d}x$ 　　　　D. $\dfrac{1}{2}\oint_{L^+} x\mathrm{d}y - y\mathrm{d}x$

2. 设 $I = \oint_L x\mathrm{d}y - y\mathrm{d}x$,其中 L 为圆周 $x^2 + y^2 = 2ax$,取逆时针方向,则 $I = $ ( ).

　A. $-\pi a^2$ 　　　B. $-2\pi a^2$ 　　　C. πa^2 　　　D. $2\pi a^2$

3. 如果 $f(4) = 2$,$\Sigma : x^2 + y^2 + z^2 = 4$,则 $\oiint\limits_{\Sigma} f(x^2 + y^2 + z^2)\mathrm{d}s = $ ( ).

　A. 8π 　　　B. 16π 　　　C. 20π 　　　D. 32π

4. 如果 $\Sigma : x^2 + y^2 + z^2 = 1$,则 $\oiint\limits_{\Sigma} (x^2 + y^2 + z^2)\mathrm{d}S = $ ( ).

　A. 8π 　　　B. 6π 　　　C. 4π 　　　D. 2π

5. $\oiint\limits_{\Sigma} (xy^2 z + 3)\mathrm{d}s = $ _____,其中 $\Sigma : x^2 + y^2 + z^2 = 1$.

　A. 4π 　　　B. 6π 　　　C. 8π 　　　D. 12π

6. 若 $\Sigma : x^2 + y^2 + z^2 = a^2$,则 $\oiint\limits_{\Sigma} \dfrac{1}{\sqrt{x^2 + y^2 + z^2}}\mathrm{d}S = $ ( ).

　A. $2\pi a$ 　　　B. $4\pi a$ 　　　C. $6\pi a$ 　　　D. $\dfrac{4}{3}\pi a$

7. 设 Σ 为曲面 $z = \sqrt{a^2 - x^2 - y^2}$,则 $\iint\limits_{\Sigma} \mathrm{d}s = $ ( ).

　A. $\dfrac{3}{4}\pi a^2$ 　　　B. $4\pi a^2$ 　　　C. $2\pi a^2$ 　　　D. $\dfrac{1}{2}\pi a^2$

8. 计算 $\iint\limits_{\Sigma} \left(z + 2x + \dfrac{4}{3}y\right)\mathrm{d}S$,其中 Σ 为平面 $\dfrac{x}{2} + \dfrac{y}{3} + \dfrac{z}{4} = 1$ 在第一卦限中的部分 ( ).

　A. $2\sqrt{61}$ 　　　B. $4\sqrt{61}$ 　　　C. $\sqrt{61}$ 　　　D. $8\sqrt{61}$

9. 计算 $I = \oiint\limits_{\Sigma} z \mathrm{d}x\mathrm{d}y$，其中 Σ 为球面的 $x^2 + y^2 + z^2 = a^2$ 的外侧（　　）.

A. $\dfrac{3}{4}\pi a^3$　　　　B. $4\pi a^3$　　　　C. $\dfrac{2}{3}\pi a^3$　　　　D. $\dfrac{4}{3}\pi a^3$

三、计算题

1. 计算 $\oint_L 2(x+y)\mathrm{d}x - 3(x-y)\mathrm{d}y$，其中 L 为 $\dfrac{x^2}{9} + \dfrac{y^2}{4} = 1$ 的正向.

2. 计算 $\oint_L (x^2 + 3y)\mathrm{d}x + (x-y)\mathrm{d}y$，其中 L 为 $x^2 + y^2 = 1$ 的正向.

3. 计算 $\oint_L -y\mathrm{d}x + x\mathrm{d}y$，其中 L 为 $x^2 + y^2 = a^2$ 的正向.

4. 计算 $\oint_L \dfrac{(x+y)\mathrm{d}x - (x-y)\mathrm{d}y}{x^2 + y^2}$，其中 L 为圆周 $x^2 + y^2 = a^2$ 按逆时针方向绕行.

单元测试题 B

一、填空题

1. 设 $I = \oint_L x\mathrm{d}y - y\mathrm{d}x$，其中 L 为 $x^2 + y^2 = 2ax$ 取负方向，则 $I = $ _____.

2. 设 D 为闭区域，L 是分段光滑的 D 的边界曲线，则格林公式 $\iint\limits_{D}\left(\dfrac{\partial Q}{\partial x} - \dfrac{\partial P}{\partial y}\right)\mathrm{d}x\mathrm{d}y = \oint_L P\mathrm{d}x + Q\mathrm{d}y$ 成立的充分条件是 _____.

3. 第二类曲线积分 $\int_\Gamma P\mathrm{d}x + Q\mathrm{d}y + R\mathrm{d}z$ 化成第一类曲线积分是 _____，其中 α, β, γ 为有向曲线弧 Γ 在点 (x, y, z) 处不变.

4. 第二类曲面积分 $\iint\limits_{\Sigma} P\mathrm{d}y\mathrm{d}z + Q\mathrm{d}z\mathrm{d}x + R\mathrm{d}x\mathrm{d}y$ 化成第一类曲面积分是 _____，其中 α, β, γ 为有向曲面 Σ 在点 (x, y, z) 处不变.

二、计算题

1. 计算 $I = \int_L x\mathrm{d}s$，其中 L 为双曲线 $xy = 1$ 从点 $\left(\dfrac{1}{2}, 2\right)$ 至 $(1, 1)$ 的弧.

2. 计算 $I = \int_\Gamma \dfrac{x^2}{x^2 + y^2}\mathrm{d}s$，其中 Γ 为 $x = a\cos t, y = a\sin t, z = at, 0 \leqslant t \leqslant 2\pi$.

3. 计算 $\int_L (2a - y)\mathrm{d}x + x\mathrm{d}y$，其中 L 为摆线 $x = a(t - \sin t), y = a(1 - \cos t)$ 上对应 t 从 0 到 2π 的一段弧.

4. 设 $\oint_C y^3\mathrm{d}x + (3x - x^3)\mathrm{d}y$，其中 C 为正向圆周 $x^2 + y^2 = a^2$. 求 $a(a > 0)$ 为何值时 I 最大？并求此最大值.

5. 设曲线积分 $\int xy^2\mathrm{d}x + y\varphi(x)\mathrm{d}y$ 与路径无关，其中 $\varphi(x)$ 具有连续的导数，且

$\varphi(x) = 0$,计算 $\int_{(0,0)}^{(1,1)} xy^2 \mathrm{d}x + y\varphi(x)\mathrm{d}y$ 的值.

6. 计算 $I = \int_L \mathrm{e}^x(1-\cos y)\mathrm{d}x + \mathrm{e}^x(\sin y - y)\mathrm{d}y$,其中 L 为从 $O(0,0)$ 到 $A(\pi,0)$ 的正弦曲线 $y = \sin x$.

7. 计算 $\iint_\Sigma xyz\mathrm{d}x\mathrm{d}y$,其中 Σ 为球面 $x^2 + y^2 + z^2 = 1(x \geqslant 0, y \geqslant 0)$ 的外侧.

8. 计算 $I = \int_L (x^2 - yz)\mathrm{d}x + (y^2 - zx)\mathrm{d}y + (z^2 - xy)\mathrm{d}z$,$L$ 为 $x = \cos\varphi, y = \sin\varphi$,$z = \varphi$ 由点 $(1,0,0)$ 到点 $(1,0,2\pi)$ 的弧段.

9. 计算曲线积分 $\int_L \dfrac{-y\mathrm{d}x + x\mathrm{d}y}{x^2 + y^2}$. (1) L 是圆周 $(x-1)^2 + (y-1)^2 = 1$ 的正向;(2) L 是曲线 $|x| + |y| = 1$ 的正向.

10. 计算曲线积分 $\int_C \dfrac{-y\mathrm{d}x + x\mathrm{d}y}{4x^2 + y^2}$,其中 C 是以 $(1,0)$ 为中心,$R(R \neq 1)$ 为半径的圆周,逆时针方向.

单元测试题 A 答案

一、填空题

1. $\int_L P(x,y)\mathrm{d}x + Q(x,y)\mathrm{d}y$ 2. $\int_L \mu(x,y)\mathrm{d}s$ 3. 0   4. 0   5. $12a$ 6. $2\pi R^3$ 7. 3π
8. $12\pi R^3$ 9. π 10. -18π

二、选择题

1. D   2. D   3. D   4. C   5. D   6. B   7. C   8. B   9. D

三、计算题

1. L 所围闭区域为 D,$P = 2(x+y)$,$Q = -3(x-y)$,$\dfrac{\partial P}{\partial y} = 2$,$\dfrac{\partial Q}{\partial x} = -3$,所以

$$\text{原式} = \iint_D (-3-2)\mathrm{d}\sigma = -5\pi 6 = -30\pi$$

2. L 所围闭区域为 D,$P = x^2 + 3y$,$Q = x - y$,则 $\dfrac{\partial Q}{\partial x} = 1$,$\dfrac{\partial P}{\partial y} = 3$,所以

$$\iint_D \left(\dfrac{\partial Q}{\partial x} - \dfrac{\partial P}{\partial y}\right)\mathrm{d}x\mathrm{d}y = -2\iint_D \mathrm{d}x\mathrm{d}y = -2\pi$$

3. L 所围闭区域为 D,原式 $= \iint_D 2\mathrm{d}\sigma = 2\pi a^2$

4. 法 1:$P = \dfrac{x+y}{x^2+y^2}$,$Q = \dfrac{-(x-y)}{x^2+y^2}$,从而 $\dfrac{\partial Q}{\partial x} = \dfrac{x^2 - y^2 - 2xy}{(x^2+y^2)^2} = \dfrac{\partial P}{\partial y}$.

作一个非常小的圆:$x^2 + y^2 = \delta^2$,取正向,使此小圆在圆 $x^2 + y^2 = a^2$ 的内部(图5),则

$$\oint_L \dfrac{(x+y)\mathrm{d}x - (x-y)\mathrm{d}y}{x^2 + y^2} =$$

$$\oint_{x^2+y^2=\delta^2} \frac{(x+y)dx-(x-y)dy}{x^2+y^2}=$$

$$\frac{1}{\delta^2}\oint_{x^2+y^2=\delta^2}(x+y)dx-(x-y)dy=$$

$$\frac{1}{\delta^2}\int_0^{2\pi}(\delta(\cos t+\sin t)(-\delta\sin t)-\delta(\cos t-\sin t)(\delta\cos t))dt=$$

$$-\int_0^{2\pi}dt=-2\pi$$

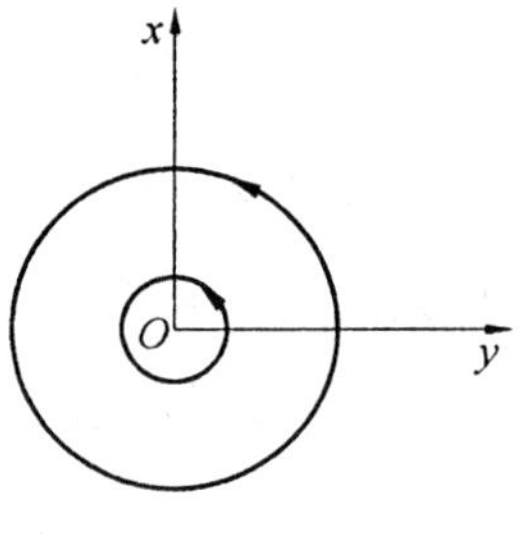

图 5

法 2：L 所围闭区域为 D，$P=x+y$，$Q=y-x$，$\dfrac{\partial Q}{\partial x}-\dfrac{\partial P}{\partial y}=-2$

原式 $=\dfrac{1}{a^2}\oint_L (x+y)dx-(x-y)dy=\dfrac{1}{a^2}\iint_D(-2)dxdy=\dfrac{-2}{a^2}\cdot\pi a^2=-2\pi$

单元测试题 B 答案

一、填空题

1. $-2\pi a^2$ 2. P,Q 在 D 上有连续一阶偏导数，且积分曲线沿正向 3. $\int_\Gamma (P\cos\alpha+Q\cos\beta+R\cos\gamma)ds$，切向量 4. $\iint_\Sigma (P\cos\alpha+Q\cos\beta+R\cos\gamma)dS$，法向量

二、计算题

1. $\dfrac{\sqrt{2}}{2}-\dfrac{\sqrt{17}}{8}+\dfrac{1}{2}\ln\dfrac{4+\sqrt{17}}{1+\sqrt{2}}$ 2. $\sqrt{2}\pi a$ 3. $-2\pi a^2$ 4. $a=1, I_{\max}=\dfrac{3\pi}{2}$ 5. $\dfrac{1}{2}$

6. $\dfrac{1}{5}(e^\pi-1)$ 7. $\dfrac{2}{15}$ 8. $\dfrac{8}{3}\pi^3$ 9. (1) 0 (2) 2π 10. $\begin{cases}0, & R<1\\ \pi, & R>1\end{cases}$

第13章

无穷级数

13.1 常数项级数及性质

13.1.1 基本要求

(1) 掌握无穷级数收敛的定义.
(2) 理解无穷级数收敛的性质.

13.1.2 知识考点概述

1. 一些常数项级数的概念

(1) 给定一个数列 $a_1, a_2, \cdots, a_n, \cdots$,称 $a_1 + a_2 + \cdots + a_n + \cdots$ 为无穷级数,简称为级数,记作 $\sum_{n=1}^{\infty} a_n$,其中第 n 项 a_n 称为级数的一般项.

(2) 级数 $\sum_{n=1}^{\infty} a_n$,称其前 n 项的和 $s_n = a_1 + a_2 + \cdots + a_n$ 为级数 $\sum_{n=1}^{\infty} a_n$ 的部分和.

(3) 如果级数 $\sum_{n=1}^{\infty} a_n$ 的部分和 $\{S_n\}$ 有极限 $\lim_{n \to \infty} S_n = A$,称级数 $\sum_{n=1}^{\infty} a_n$ 收敛,极限值 A 称为级数的和,写成 $A = \sum_{n=1}^{\infty} a_n$,如果 $\lim_{n \to \infty} S_n$ 不存在,称级数 $\sum_{n=1}^{\infty} a_n$ 发散.

(4) 收敛级数 $\sum_{n=1}^{\infty} a_n = A$,部分和为 S_n,称 $A - S_n = a_{n+1} + a_{n+2} + \cdots$ 为级数的余项,记作 $r_n = a_{n+1} + a_{n+2} + \cdots$,显然 $\lim_{n \to \infty} r_n = 0$.

2. 收敛级数的基本性质

性质1 如果级数 $\sum_{n=1}^{\infty} a_n$ 收敛于 A,则级数 $\sum_{n=1}^{\infty} k a_n$ 也收敛,且其和为 kA.

性质2 如果级数 $\sum_{n=1}^{\infty} a_n, \sum_{n=1}^{\infty} b_n$ 分别收敛于和 A, B,则级数 $\sum_{n=1}^{\infty} (a_n \pm b_n)$ 也收敛,且其和为 $A \pm B$.

性质 3 一个级数去掉或加上有限项,不会改变级数的敛散性.

注 此性质揭示这样一个事实:一个级数的敛散性与前面有限项无关.

性质 4 如果级数 $\sum\limits_{n=1}^{\infty} a_n$ 收敛,则对这个级数的项任加括号后所成的级数仍收敛,且其和不变(反之未必).

例如,$(1-1)+(1-1)+\cdots$ 收敛于零,但级数 $1-1+1-1+\cdots$ 却是发散的.

注 如果加括号后所成的级数发散,则原级数也发散.

性质 5(级数收敛的必要条件) 如果级数 $\sum\limits_{n=1}^{\infty} a_n$ 收敛,则它的一般项 a_n 趋于零,即 $\lim\limits_{n\to\infty} a_n = 0$(反之未必).

例如,调和级数 $\sum\limits_{n=1}^{\infty} \dfrac{1}{n}$ 就是发散的.

注 若 $a_n \not\to 0, n \to \infty$,则 $\sum\limits_{n=1}^{\infty} a_n$ 发散.

3. 一个重要的级数的敛散性

$$\sum_{n=1}^{\infty} aq^{n-1} = \begin{cases} \dfrac{a}{1-q}, & |q|<1, \text{收敛} \\ \text{发散}, & |q| \geqslant 1 \end{cases}$$

13.1.3 常用解题技巧

(1) 拆项消去中间项的方法求得部分和 S_n,由 S_n 的极限是否存在得到结论.

例 1 讨论级数 $\sum\limits_{n=2}^{\infty} \ln\left(1-\dfrac{1}{n^2}\right)$ 的敛散性.

解 设 $\ln\left(1-\dfrac{1}{n^2}\right) = \ln(n+1) + \ln(n-1) - 2\ln n$,则

$S_n = (\ln 3 + \ln 1 - 2\ln 2) + (\ln 4 + \ln 2 - 2\ln 3) +$
$\quad (\ln 5 + \ln 3 - 2\ln 4) + \cdots + (\ln n + \ln(n-2) - 2\ln(n-1)) +$
$\quad (\ln(n+1) + \ln(n-1) - 2\ln n) =$
$\quad -\ln 2 + \ln(n+1) - \ln n =$
$\quad -\ln 2 + \ln\left(1+\dfrac{1}{n}\right)$

故 $\lim\limits_{n\to\infty} S_n = -\ln 2$,故 $\sum\limits_{n=2}^{\infty} \ln\left(1-\dfrac{1}{n^2}\right)$ 收敛,且收敛和为 $-\ln 2$.

(2) 利用单调有界数列必有极限求部分和数列的极限.

例 2 设 $a_1 = 2, a_{n+1} = \dfrac{1}{2}\left(a_n + \dfrac{1}{a_n}\right)(n=1,2,\cdots)$,求证:

(1) $\lim\limits_{n\to\infty} a_n$ 存在;(2) $\sum\limits_{n=1}^{\infty} \left(\dfrac{a_n}{a_{n+1}} - 1\right)$ 收敛.

证明 (1) 由 $a_{n+1} = \dfrac{1}{2}\left(a_n + \dfrac{1}{a_n}\right) \geqslant \sqrt{a_n \cdot \dfrac{1}{a_n}} = 1$,且

$$a_n - a_{n+1} = a_n - \frac{1}{2}\left(a_n + \frac{1}{a_n}\right) = \frac{1}{2}\left(a_n - \frac{1}{a_n}\right) \geqslant 0$$

即 $a_n \geqslant a_{n+1}$，故数列 $\{a_n\}$ 单调减少且有下界，因此 $\lim\limits_{n\to\infty} a_n$ 存在，$\lim\limits_{n\to\infty} a_n = a = 1$.

(2) 由 $a_n \geqslant a_{n+1}$，则级数 $\sum\limits_{n=1}^{\infty}\left(\dfrac{a_n}{a_{n+1}} - 1\right)$ 为正项级数，且部分和为

$$S_n = \sum_{k=1}^{n}\left(\frac{a_k}{a_{k+1}} - 1\right) = \sum_{k=1}^{n} a_k\left(\frac{1}{a_{k+1}} - \frac{1}{a_k}\right) \leqslant a_1 \sum_{k=1}^{n}\left(\frac{1}{a_{k+1}} - \frac{1}{a_k}\right) =$$
$$a_1\left(\frac{1}{a_{n+1}} - \frac{1}{a_1}\right) \leqslant a_1\left(\frac{1}{a} - \frac{1}{a_1}\right) = \frac{a_1}{a} - 1 = a_1 - 1$$

故部分和数列 $\{S_n\}$ 有上界，因此级数 $\sum\limits_{n=1}^{\infty}\left(\dfrac{a_n}{a_{n+1}} - 1\right)$ 收敛.

13.1.4 典型题解

例 3 如果级数 $\sum\limits_{n=1}^{\infty} U_n$ 收敛，则下列级数是收敛的还是发散的？

(1) 级数 $200 + \sum\limits_{n=1}^{\infty} U_n$；

(2) 级数 $\sum\limits_{n=1}^{\infty} 200 U_n$；

(3) 级数 $\sum\limits_{n=1}^{\infty}(U_n + 200)$.

解 由级数的性质知(1) 收敛；(2) 收敛；(3) 发散.

例 4 根据级数收敛与发散的定义，判别下列各级数的收敛性：

(1) $\sum\limits_{n=1}^{\infty}(\sqrt[2n+1]{a} - \sqrt[2n-1]{a})\ (a > 0)$.

(2) $\sum\limits_{n=1}^{\infty} \dfrac{1}{n(n+1)(n+2)}$.

(3) $\sum\limits_{n=1}^{\infty} \sin\dfrac{n\pi}{6}$.

解 (1) 按定义部分和，有

$$S_n = (\sqrt[3]{a} - a) + (\sqrt[5]{a} - \sqrt[3]{a}) + (\sqrt[7]{a} - \sqrt[5]{a}) + \cdots +$$
$$(\sqrt[2n-3]{a} - \sqrt[2n-1]{a}) + (\sqrt[2n+1]{a} - \sqrt[2n-1]{a}) = \sqrt[2n+1]{a} - a$$

由于 $\lim\limits_{n\to\infty} \sqrt[2n+1]{a} = 1$，则 $\lim S_n = 1 - a$，故级数收敛且和为 $1 - a$.

(2) 由一般项，有

$$u_n = \frac{1}{n(n+1)(n+2)} = \frac{1}{2}\frac{(n+2)-n}{n(n+1)(n+2)} = \frac{1}{2}\left(\frac{1}{n(n+1)} - \frac{1}{(n+1)(n+2)}\right)$$

则 $S_n = \dfrac{1}{2}\left(\dfrac{1}{1\times 2} - \dfrac{1}{2\times 3} + \dfrac{1}{2\times 3} - \dfrac{1}{3\times 4} + \cdots + \dfrac{1}{n(n+1)} - \dfrac{1}{(n+1)(n+2)}\right) =$
$\dfrac{1}{2}\left(\dfrac{1}{2} - \dfrac{1}{(n+1)(n+2)}\right)$

则 $\lim\limits_{n\to\infty} S_n = \dfrac{1}{4}$，故级数收敛且和为 $\dfrac{1}{4}$.

(3) $S_n = \sin\dfrac{\pi}{6} + \sin\dfrac{2\pi}{6} + \cdots + \sin\dfrac{n\pi}{6} =$

$\dfrac{1}{\sin\dfrac{\pi}{12}} \left(\sin\dfrac{\pi}{6}\sin\dfrac{\pi}{12} + \sin\dfrac{2\pi}{6}\sin\dfrac{\pi}{12} + \cdots + \sin\dfrac{n\pi}{6}\sin\dfrac{\pi}{12} \right) =$

$\dfrac{1}{2}\csc\dfrac{\pi}{12} \left(\cos\dfrac{\pi}{12} - \cos\dfrac{3\pi}{12} + \cos\dfrac{3\pi}{12} - \cos\dfrac{5\pi}{12} + \cdots + \cos\dfrac{(2n-1)\pi}{12} - \cos\dfrac{(2n+1)\pi}{12} \right) =$

$\dfrac{1}{2}\csc\dfrac{\pi}{12} \left(\cos\dfrac{\pi}{12} - \cos\dfrac{(2n+1)\pi}{12} \right)$

由于 $\lim\limits_{n\to\infty}\cos\dfrac{(2n+1)\pi}{12}$ 不存在，可知 $\lim\limits_{n\to\infty} S_n$ 不存在，从而级数发散.

13.2 常数项级数的审敛法

13.2.1 基本要求

(1) 熟练掌握正项级数的审敛法，会用其判定正项级数的敛散性.
(2) 熟练掌握交错级数的审敛法，会用其判定交错级数的收敛性.
(3) 掌握条件收敛和绝对收敛的概念，会判断收敛的级数是条件收敛还是绝对收敛.

13.2.2 知识考点概述

1. 正项级数及其审敛法

(1) 定义.

$\sum\limits_{n=1}^{\infty} a_n (a_n \geqslant 0; n=1,2,\cdots)$ 称为正项级数.

(2) 正项级数收敛的充要条件.

正项级数 $\sum\limits_{n=1}^{\infty} a_n$ 的充分必要条件是：它的部分和数列 $\{S_n\}$ 有界.

(3) 正项级数的审敛法.

① 比较审敛法.

设正项级数 $\sum\limits_{n=1}^{\infty} a_n$ 与 $\sum\limits_{n=1}^{\infty} b_n$，且 $a_n \leqslant b_n (n=1,2,\cdots)$，则：

如果 $\sum\limits_{n=1}^{\infty} b_n$ 收敛，则 $\sum\limits_{n=1}^{\infty} a_n$ 收敛；

如果 $\sum\limits_{n=1}^{\infty} a_n$ 发散，则 $\sum\limits_{n=1}^{\infty} b_n$ 发散.

推广　若存在正常数 k, 使 $u_n \leqslant k v_n (n \geqslant N)$, 则由 $\sum v_n$ 收敛 $\Rightarrow \sum_{n=1}^{\infty} u_n$ 收敛; 由 $\sum v_n$ 发散 $\Rightarrow \sum_{n=1}^{\infty} u_n$ 发散.

② 比较审敛法的极限形式.

设 $\sum_{n=1}^{\infty} a_n, \sum_{n=1}^{\infty} b_n$ 都是正项级数, 则:

如果 $\lim\limits_{n \to +\infty} \dfrac{a_n}{b_n} = l (l \neq 0)$, 则 $\sum_{n=1}^{\infty} a_n$ 与 $\sum_{n=1}^{\infty} b_n$ 同时收敛或同时发散;

如果 $\lim\limits_{n \to +\infty} \dfrac{a_n}{b_n} = 0$, 则 $\sum_{n=1}^{\infty} b_n$ 收敛 $\Rightarrow \sum_{n=1}^{\infty} a_n$ 收敛;

如果 $\lim\limits_{n \to +\infty} \dfrac{a_n}{b_n} = +\infty$, 则 $\sum_{n=1}^{\infty} b_n$ 发散 $\Rightarrow \sum_{n=1}^{\infty} a_n$ 发散.

③ 比值审敛法(达朗贝尔判别法).

设正项级数 $\sum_{n=1}^{\infty} a_n$, 如果 $\lim\limits_{n \to \infty} \dfrac{a_{n+1}}{a_n} = l$, 则:

当 $l < 1$ 时, $\sum_{n=1}^{\infty} a_n$ 收敛;

当 $l > 1$ 时, $\sum_{n=1}^{\infty} a_n$ 发散;

当 $l = 1$ 时, $\sum_{n=1}^{\infty} a_n$ 可能收敛也可能发散.

④ 根值审敛法(柯西判别法).

设正项级数 $\sum_{n=1}^{\infty} a_n$, 如果 $\lim\limits_{n \to \infty} \sqrt[n]{a_n} = l$, 则:

当 $l < 1$ 时, 级数收敛;

当 $l > 1$ 时, 级数发散;

当 $l = 1$ 时, 级数可能收敛, 也可能发散.

⑤ 柯西积分判别法.

设 $u_n = f(n)(n=1,2,\cdots)$, 若函数 $f(x)$ 当 $x > x_0$ 时, 单调下降且趋于零, 则级数 $\sum u_n$ 与广义积分 $\int_1^{\infty} f(x) \mathrm{d}x$ 同时收敛或同时发散.

2. 交错级数及其审敛性

(1) 定义.

$$\sum_{n=1}^{\infty} (-1)^{n-1} u_n = u_1 - u_2 + u_3 - u_4 + \cdots (u_n > 0, n=1,2,\cdots) \text{ 或 } -u_1 + u_2 - u_3 + \cdots,$$

称为交错级数.

(2) 交错级数审敛法(莱布尼茨定理).

如果交错级数 $\sum_{n=1}^{\infty} (-1)^{n-1} u_n$ 满足条件: (1) $u_n \to 0, n \to \infty$; (2) $u_n \geqslant$

$u_{n+1}(n=1,2,\cdots)$,则级数 $\sum_{n=1}^{\infty}(-1)^{n-1}u_n$ 收敛,且其和 $A\leqslant u_1$,其余项 r_n 的绝对值 $|r_n|\leqslant u_{n+1}$.

3. 任意项级数

(1) 定义.

如果级数 $\sum_{n=1}^{\infty}u_n$ 收敛,且 $\sum_{n=1}^{\infty}|u_n|$ 也收敛,称 $\sum_{n=1}^{\infty}u_n$ 为绝对收敛.

如果 $\sum_{n=1}^{\infty}u_n$ 收敛,而 $\sum_{n=1}^{\infty}|u_n|$ 发散,称 $\sum_{n=1}^{\infty}u_n$ 为条件收敛.

(2) 绝对收敛与收敛的关系.

如果级数 $\sum_{n=1}^{\infty}|u_n|$ 收敛,则级数 $\sum_{n=1}^{\infty}u_n$ 一定收敛.

13.2.3 常用解题技巧

(1) 使用比较和比值判别法时,级数必须是正项的.

(2) 使用比较判别法时,必须熟记一些敛散性已知的正项级数作为参照级数,如调和级数 $\sum_{n=1}^{\infty}\frac{1}{n}$、等比级数 $\sum_{n=1}^{\infty}aq^n$、p 级数.

(3) 判定一个正项级数的敛散性,常按下列顺序:

① 若 $\lim\limits_{n\to\infty}u_n\neq 0$,则发散.

② 用比值或根值判别法.

③ 用比较判别法.

④ 级数收敛的定义,部分和数列极限是否存在,同时考虑到级数的基本性质.

注 莱布尼茨判别法的条件是交错级数收敛的充分条件而不是必要条件;当不满足条件时,不能判定级数必发散.

注意:若用正项级数的比值判别法判定 $\sum_{n=1}^{\infty}|u_n|$ 发散,则级数 $\sum_{n=1}^{\infty}u_n$ 也发散.

例 1 讨论级数 $\sum_{n=1}^{\infty}n!\left(\dfrac{x}{n}\right)^n$ 的敛散性.

解 当 $x=0$ 时,级数收敛.

讨论 $\sum_{n=1}^{\infty}n!\left(\dfrac{|x|}{n}\right)^n$,当 $x\neq 0$ 时,有

$$\lim_{n\to\infty}\left|\frac{u_{n+1}}{u_n}\right|=\lim_{n\to\infty}\left|\frac{(n+1)!\left(\frac{x}{n+1}\right)^{n+1}}{n!\left(\frac{x}{n}\right)^n}\right|=|x|\lim_{n\to\infty}\left(\frac{n}{n+1}\right)^n=\frac{|x|}{\mathrm{e}}$$

当 $\dfrac{|x|}{\mathrm{e}}<1$,即 $0<|x|<\mathrm{e}$ 时,级数收敛,原级数绝对收敛;当 $\dfrac{|x|}{\mathrm{e}}>1$,即 $|x|>\mathrm{e}$ 时,级数发散,从而原级数发散;当 $x=\mathrm{e}$ 时,比值审敛法失效,但 $\left(1+\dfrac{1}{n}\right)^n$ 是单增数列,且

$(1+\frac{1}{n})^n < e$,所以当 $x = e$ 时,有

$$\frac{u_{n+1}}{u_n} = \frac{e}{\left(1+\frac{1}{n}\right)^n} > 1$$

从而 $\lim\limits_{n\to\infty} u_n \neq 0$,说明此级数发散.

当 $x = -e$, n 为偶数时,与 $x = e$ 相同,故是发散的,故当 $x = -e$ 时,是发散的.

故原级数当 $0 \leqslant |x| < e$ 时,收敛,$|x| \geqslant e$ 时,发散.

(4) 利用级数收敛的必要条件求极限,即若级数收敛,则通项的极限为零.

例 2 求极限 $\lim\limits_{n\to\infty} \dfrac{2^n n!}{n^n}$.

解 构造级数 $\sum\limits_{n=1}^{\infty} \dfrac{2^n n!}{n^n}$,由于

$$\lim_{n\to\infty} \frac{\dfrac{2^{n+1}(n+1)!}{(n+1)^{n+1}}}{\dfrac{2^n n!}{n^n}} = \lim_{n\to\infty} \frac{2}{\left(1+\dfrac{1}{n}\right)^n} = \frac{2}{e} < 1$$

所以级数 $\sum\limits_{n=1}^{\infty} \dfrac{2^n n!}{n^n}$ 收敛,从而 $\lim\limits_{n\to\infty} \dfrac{2^n n!}{n^n} = 0$.

13.2.4 典型题解

例 3 用比较判别法审敛下列级数的收敛性.

(1) $\sum\limits_{n=1}^{\infty} \dfrac{1}{2n-1}$;(2) $\sum\limits_{n=1}^{\infty} \sin\dfrac{\pi}{2^n}$.

解 (1) $\lim\limits_{n\to\infty} \dfrac{\dfrac{1}{2n-1}}{\dfrac{1}{n}} = \dfrac{1}{2}$,而 $\sum\limits_{n=1}^{\infty} \dfrac{1}{n}$ 发散,故由极限形式的比较审敛法知原级数发散.

(2) $\lim\limits_{n\to\infty} \dfrac{\sin\dfrac{\pi}{2^n}}{\dfrac{1}{2^n}} = \lim\limits_{n\to\infty} \pi \cdot \dfrac{\sin\dfrac{\pi}{2^n}}{\dfrac{\pi}{2^n}} = \pi$,而 $\sum\limits_{n=1}^{\infty} \dfrac{1}{2^n}$ 收敛,故由极限形式的比较审敛法知原级数收敛.

例 4 用比值法判别下列级数的收敛性.

(1) $\sum\limits_{n=1}^{\infty} \dfrac{2^n n!}{n^n}$;(2) $\sum\limits_{n=1}^{\infty} \dfrac{4^n}{n \cdot 3^n}$.

解 (1) $\lim\limits_{n\to\infty} \dfrac{2^{n+1}(n+1)!}{(n+1)^{n+1}} \Big/ \dfrac{2^n n!}{n^n} = \lim\limits_{n\to\infty} 2\left(\dfrac{n}{n+1}\right)^n = \dfrac{2}{e} < 1$,故级数收敛.

(2) $\lim\limits_{n\to\infty} \dfrac{4^{n+1}}{(n+1) \cdot 3^{n+1}} \Big/ \dfrac{4^n}{n \cdot 3^n} = \lim\limits_{n\to\infty} \dfrac{4}{3} \cdot \dfrac{n}{n+1} = \dfrac{4}{3} > 1$,故级数发散.

例 5 用根值法判别下列级数的收敛性.

(1) $\sum_{n=1}^{\infty}\left(\dfrac{3}{4n-1}\right)^n$; (2) $\sum_{n=1}^{\infty} n\left(\dfrac{2}{3}\right)^n$; (3) $\sum_{n=1}^{\infty}\dfrac{2}{n}\left(\dfrac{3}{2}\right)^n$.

解 (1) $\lim\limits_{n\to\infty}\sqrt[n]{u_n}=\lim\limits_{n\to\infty}\sqrt[n]{\left(\dfrac{3}{4n-1}\right)^n}=\lim\limits_{n\to\infty}\dfrac{3}{4n-1}=0<1$,故级数收敛.

(2) $\lim\limits_{n\to\infty}\sqrt[n]{u_n}=\lim\limits_{n\to\infty}\sqrt[n]{n\left(\dfrac{2}{3}\right)^n}=\lim\limits_{n\to\infty}\dfrac{2}{3}\sqrt[n]{n}=\dfrac{2}{3}<1$,故级数收敛. $(\lim\limits_{n\to\infty}\sqrt[n]{n}=1)$

(3) $\lim\limits_{n\to\infty}\sqrt[n]{u_n}=\lim\limits_{n\to\infty}\sqrt[n]{\dfrac{2}{n}\left(\dfrac{3}{2}\right)^n}=\lim\limits_{n\to\infty}\dfrac{3}{2}\sqrt[n]{\dfrac{2}{n}}=\dfrac{3}{2}>1$,故级数发散.

例 6 判定下列级数是否收敛?如果是收敛的,则是绝对收敛还是条件收敛?

(1) $\sum_{n=1}^{\infty}(-1)^{n-1}\dfrac{n}{2^{n-1}}$ (2) $\sum_{n=1}^{\infty}(-1)^{n-1}\dfrac{1}{4}\cdot\dfrac{1}{2^n}$

(3) $\sum_{n=1}^{\infty}(-1)^{n-1}\dfrac{1}{n^{\frac{1}{2}}}$ (4) $\sum_{n=1}^{\infty}(-1)^{n+1}\dfrac{2^{n^2}}{n!}$

解 (1) 由于 $\lim\limits_{n\to\infty}\left|\dfrac{u_{n+1}}{u_n}\right|=\lim\limits_{n\to\infty}\dfrac{n+1}{2^n}/\dfrac{n}{2^{n-1}}=\dfrac{1}{2}<1$ 收敛,故原级数绝对收敛.

(2) 由于 $\sum_{n=1}^{\infty}|u_n|=\sum_{n=1}^{\infty}\dfrac{1}{4}\cdot\dfrac{1}{2^n}$ 收敛,故原级数绝对收敛.

(3) 由于 $\sum_{n=1}^{\infty}|u_n|=\sum_{n=1}^{\infty}1/n^{\frac{1}{2}}$ 发散,而 $\sum_{n=1}^{\infty}(-1)^{n-1}\dfrac{1}{n^{\frac{1}{2}}}$ 是莱布尼茨型级数,故级数条件收敛.

(4) 由于 $\lim\limits_{n\to\infty}\left|\dfrac{u_{n+1}}{u_n}\right|=\lim\limits_{n\to\infty}\dfrac{2^{(n+1)^2}}{(n+1)!}/\dfrac{2^{n^2}}{n!}=\dfrac{2^{2n+1}}{n+1}=\infty$,故一般项极限 $\lim\limits_{n\to\infty}u_n\neq 0$,从而级数发散.

13.3 幂级数

13.3.1 基本要求

(1) 理解幂级数的定义,并掌握求幂级数收敛半径的公式.
(2) 会用阿贝尔定理判定级数的敛散性,掌握幂级数的审敛法.
(3) 会求幂级数的收敛半径、收敛区间及收敛域.
(4) 会求幂级数的和函数.

13.3.2 知识考点概述

1. 幂级数

(1) 定义.

形如 $\sum_{n=0}^{\infty}a_n x^n=a_0+a_1 x+a_2 x^2+\cdots+a_n x^n+\cdots$ 称为 x 的幂级数,其中 $a_n(n=0,1,2,\cdots)$ 称为幂级数的系数.

形如 $\sum_{n=0}^{\infty} b_n (x-x_0)^n = b_0 + b_1(x-x_0) + b_2(x-x_0)^2 + \cdots + b_n(x-x_0)^n + \cdots$ 称为 $(x-x_0)$ 的幂级数.

(2) 阿贝尔定理.

如果级数 $\sum_{n=0}^{\infty} a_n x^n$, 当 $x \neq x_0 (x_0 \neq 0)$ 时收敛, 则在 $(-|x_0|, |x_0|)$ 内, 幂级数 $\sum_{n=0}^{\infty} a_n x^n$ 都是绝对收敛的; 反之, 如果 $\sum_{n=0}^{\infty} a_n x^n$, 当 $x = x_0$ 时发散, 则当 $|x| > |x_0|$ 时, $\sum_{n=0}^{\infty} a_n x^n$ 都发散.

(3) 收敛半径、收敛区间及收敛域的定义.

① 如果 $\sum_{n=0}^{\infty} a_n x^n$ 在 $(-R, R)$ 内绝对收敛 $(R > 0)$, 而在 $|x| > R$ 时发散, 则称 R 为 $\sum_{n=0}^{\infty} a_n x^n$ 的收敛半径, 对于两种极端情况: $\sum_{n=0}^{\infty} a_n x^n$ 只在 $x=0$ 一点收敛, 或 $\sum_{n=0}^{\infty} a_n x^n$ 在所有 x 值都收敛, 我们分别规定 $R=0$ 与 $R=\infty$.

② R 为 $\sum_{n=0}^{\infty} a_n x^n$ 的收敛半径, 称区间 $(-R, R)$ 为 $\sum_{n=0}^{\infty} a_n x^n$ 收敛区间.

③ R 为 $\sum_{n=0}^{\infty} a_n x^n$ 的收敛半径, 由 $\sum_{n=0}^{\infty} a_n R^n$ 及 $\sum_{n=0}^{\infty} a_n (-R)^n$ 的敛散性, 决定它的收敛区间, 称为 $\sum_{n=0}^{\infty} a_n x^n$ 收敛域.

(4) 幂级数 $\sum_{n=0}^{\infty} a_n x^n$ 或 $\sum_{n=0}^{\infty} a_n (x-x_0)^n$ $(a_n \neq 0, n=0,1,2,\cdots)$ 的收敛半径 R 与收敛区间的求法

幂级数 $\sum_{n=0}^{\infty} a_n x^n$, 如果 $\lim\limits_{n \to \infty} \left| \dfrac{a_{n+1}}{a_n} \right| = \rho$, 则

$$R = \lim_{n \to \infty} \left| \frac{a_n}{a_{n+1}} \right| = \begin{cases} \dfrac{1}{\rho}, & \rho \neq 0 \\ +\infty, & \rho = 0 \\ 0, & \rho = +\infty \end{cases}$$

收敛区间为 $(-R, R)$ 或 $(x_0 - R, x_0 + R)$, 对于缺项的幂级数 $\sum_{n=1}^{\infty} u_n(x)$ 可按 $\lim\limits_{n \to \infty} \left| \dfrac{u_{n+1}(x)}{u_n(x)} \right| < 1$ 求出 x 的范围 (x_1, x_2), 从而得收敛区间为 (x_1, x_2).

2. 幂级数的性质

关于幂级数的和函数有下列重要性质:

性质 1 幂级数的和函数 $S(x) = \sum_{n=0}^{\infty} a_n x^n$ 在其收敛域上连续.

性质 2 幂级数的和函数 $S(x) = \sum_{n=0}^{\infty} a_n x^n$ 在其收敛区间内可导, 并且可以逐项求导,

求导后的级数的收敛半径不变,其收敛域不会扩大.

性质 3 幂级数的和函数在它的收敛域内可积,并且可以逐项积分,积分后的级数收敛半径不变,收敛域不会缩小.

13.3.3 常用解题技巧

1. 幂级数收敛域的求法

$$R = \lim_{n \to \infty} \left| \frac{a_n}{a_{n+1}} \right| = \begin{cases} \frac{1}{\rho}, \rho \neq 0 \\ +\infty, \rho = 0 \\ 0, \rho = +\infty \end{cases}$$

一般分成 3 种情况讨论:

(1) $\sum_{n=0}^{\infty} a_n x^n$ 型. 利用公式求出收敛半径,得到收敛区间,再讨论级数在区间端点处的敛散性,得收敛域.

(2) $\sum_{n=0}^{\infty} a_n (f(x))^n$ 型. 可先令 $t = f(x)$,化级数为 $\sum_{n=0}^{\infty} a_n t^n$,按(1)的步骤求出 $\sum_{n=0}^{\infty} a_n t^n$ 的收敛域,再利用 $t = f(x)$ 求出原级数的收敛域.

(3) $\sum_{n=0}^{\infty} a_n x^{2n+1}$ (或 $\sum_{n=0}^{\infty} a_n (f(x))^{2n+1}$) 型,一般由 $\lim_{n \to \infty} \left| \frac{u_{n+1}(x)}{u_n(x)} \right| < 1$,求出收敛半径及收敛区间,再讨论端点处的敛散性,即得到收敛域.

例 1 求幂级数 $\sum_{n=0}^{\infty} n(x-1)^n$ 的收敛域.

解 令 $x - 1 = t$,则原级数变成 $\sum_{n=0}^{\infty} nt^n$,$\lim_{n \to \infty} \left| \frac{a_{n+1}}{a_n} \right| = \lim_{n \to \infty} \frac{n+1}{n} = 1$,当 $t = \pm 1$ 时,级数 $\sum_{n=0}^{\infty} nt^n$ 发散,其收敛域为 $-1 < t < 1$,所以原级数的收敛域为 $(0, 2)$.

2. 幂级数在其收敛区间内的和函数的求法

(1) 利用一些常用的初等函数的幂级数展开式.

(2) 熟记几个常用的幂级数的和函数.

(3) 利用幂级数的性质,先对幂级数逐项积分或逐项微分,化成容易求和的幂级数,求其和函数后,再进行相应的逆运算,从而得到原级数的和函数. 用此方法时是先积分还是先微分,关键是看经逐项积分或逐项微分后所得新级数是否容易求和. 一般地,通项形如 $\frac{x^n}{n}$,常用先微分后积分的办法求和;若通项形如 nx^{n-1} 或 $(2n+1)x^{2n}$,常用先积分后微分的办法求和. 但在实际问题中遇到的幂级数的形式常常并不如此明显,这就要求能熟练地凑出比较容易求和的幂级数的形式. 另外,在进行逐项积分运算时,必须注意积分下限的处理,有时 $s(0) = 0$,也常有 $s(0) \neq 0$ 的情况.

例 2 求幂级数 $\sum_{n=0}^{\infty} n(x-1)^n$ 的和函数.

解 令 $x-1=t$,由例 1 知 $\sum_{n=0}^{\infty} n(x-1)^n$ 的收敛域为 $-1<t<1$,和函数为

$$S(t) = t\sum_{n=1}^{\infty} nt^{n-1} = t\Big(\sum_{n=1}^{\infty}\int_0^t nt^{n-1}\mathrm{d}t\Big)' = t\Big(\sum_{n=1}^{\infty} t^n\Big)' = t\Big(\frac{t}{1-t}\Big)' = \frac{t}{(1-t)^2}$$

故和函数为 $\dfrac{x-1}{(2-x)^2}, x\in(0,2)$.

13.3.4 典型题解

例 3 求下列幂级数的收敛区间.

(1) $\sum_{n=1}^{\infty} \dfrac{2^n}{n^2+1} x^n$ (2) $\sum_{n=1}^{\infty} (-1)^{n-1} \dfrac{x^{2n-2}}{(2n-2)!}$

(3) $\sum_{n=1}^{\infty} \dfrac{1}{n\cdot 3^n} x^n$ (4) $\sum_{n=1}^{\infty} \dfrac{2n-1}{2^n} x^{2n-2}$

解 (1) $\lim\limits_{n\to\infty}\left|\dfrac{a_{n+1}}{a_n}\right| = \lim\limits_{n\to\infty}\dfrac{2^{n+1}}{(n+1)^2+1}\Big/\dfrac{2^n}{n^2+1} = 2\lim\limits_{n\to\infty}\dfrac{n^2+1}{n^2+2n+2} = 2$,故收敛的半径为 $\dfrac{1}{2}$,从而收敛区间为 $\left(-\dfrac{1}{2},\dfrac{1}{2}\right)$.

(2) $\lim\limits_{n\to\infty}\left|(-1)^n\dfrac{x^{2n}}{(2n)!}\Big/(-1)^{n-1}\dfrac{x^{2n-2}}{(2n-2)!}\right| = \lim\limits_{n\to\infty}\dfrac{1}{2n(2n-1)}|x|^2 = 0$,故 $R=+\infty$,从而收敛区间为 $(-\infty,+\infty)$.

(3) $\lim\limits_{n\to\infty}\left|\dfrac{a_{n+1}}{a_n}\right| = \lim\limits_{n\to\infty}\dfrac{1}{(n+1)\cdot 3^{n+1}}\Big/\dfrac{1}{n\cdot 3^n} = \dfrac{1}{3}$,故收敛半径为 3,从而收敛区间为 $(-3,3)$.

(4) $\lim\limits_{n\to\infty}\left|\dfrac{2(n+1)-1}{2^{n+1}} x^{2(n+1)-2}\Big/\dfrac{2n-1}{2^n}x^{2n-2}\right| = \lim\limits_{n\to\infty}\dfrac{1}{2}\dfrac{2n+1}{2n-1}|x|^2 = \dfrac{1}{2}|x|^2$.

当 $\dfrac{1}{2}|x|^2<1$,即 $|x|<\sqrt{2}$,幂级数绝对收敛;当 $\dfrac{1}{2}|x|^2>1$,即 $|x|>\sqrt{2}$ 时,幂级数发散,从而收敛区间为 $(-\sqrt{2},\sqrt{2})$.

例 4 求下列各幂级数的和函数,并求所给数项级数的和.

(1) $\sum_{n=1}^{\infty} \dfrac{n(n+1)}{2} x^{n-1}$; (2) $\sum_{n=1}^{\infty} \dfrac{(-1)^{n-1}}{2n-1} x^{2n-1}$,并求 $\sum_{n=1}^{\infty} \dfrac{(-1)^n}{2n-1}\left(\dfrac{3}{4}\right)^n$.

解 (1) $\lim\limits_{n\to\infty}\left|\dfrac{a_{n+1}}{a_n}\right| = \lim\limits_{n\to\infty}\dfrac{(n+1)(n+2)}{2}\cdot\dfrac{2}{n(n+1)} = 1$,幂级数的收敛半径为 $R=1$.

令 $S(x) = \sum_{n=1}^{\infty} \dfrac{n(n+1)}{2} x^{n-1} (-1<x<1)$,则

$$\int_0^x S(x)\mathrm{d}x = \sum_{n=1}^{\infty}\int_0^x \dfrac{n(n+1)}{2} x^{n-1}\mathrm{d}x = \sum_{n=1}^{\infty} \dfrac{n+1}{2} x^n = \dfrac{1}{2}\sum_{n=1}^{\infty}(n+1)x^n$$

记 $S_1(x) = \sum_{n=1}^{\infty}(n+1)x^n, |x|<1$,则

$$\int_0^x S_1(x)\mathrm{d}x = \sum_{n=1}^{\infty}\int_0^x (n+1)x^n\mathrm{d}x = \sum_{n=1}^{\infty} x^{n+1} =$$

$$x^2 + x^3 + \cdots + x^{n+1} + \cdots = \frac{x^2}{1-x}, \ |x| < 1$$

$$S_1(x) = \left(\int_0^x S_1(x)\mathrm{d}x\right)' = \frac{2x-x^2}{(1-x)^2} = \frac{1}{(1-x)^2} - 1$$

则

$$S(x) = \frac{1}{2}\left(\frac{1}{(1-x)^2} - 1\right)' = \frac{1}{(1-x)^3}, \ |x| < 1$$

为所求的和函数.

(2) 记 $u_n = \frac{(-1)^{n-1}}{2n-1}x^{2n-1}$, $\lim\limits_{n\to\infty}\left|\frac{u_{n+1}}{u_n}\right| = |x|^2$ 当 $|x| < 1$ 时,级数收敛,当 $|x| > 1$ 时,级数发散. 此幂级数的收敛半径为 $R=1$,收敛区间为 $(-1,1)$,收敛域为 $[-1,1]$.

记和函数 $S(x) = \sum\limits_{n=1}^{\infty}\frac{(-1)^{n-1}}{2n-1}x^{2n-1}, x\in[-1,1]$,则

$$S'(x) = \sum_{n=1}^{\infty}\left(\frac{(-1)^{n-1}}{2n-1}x^{2n-1}\right)' = \sum_{n=1}^{\infty}(-1)^{n-1}x^{2n-2} =$$
$$1 - x^2 + x^4 - \cdots = \frac{1}{1+x^2}, \ |x| < 1$$

$$S(x) - S(0) = \int_0^x S'(x)\mathrm{d}x = \arctan x, x\in[-1,1]$$

而 $S(0) = 0$,故 $S(x) = \arctan x, x\in[-1,1]$.

$$\sum_{n=1}^{\infty}\frac{(-1)^{n-1}}{2n-1}\left(\frac{3}{4}\right)^n = \sum_{n=1}^{\infty}\frac{(-1)^{n-1}}{2n-1}\left(\frac{\sqrt{3}}{2}\right)^{2n-1}\left(\frac{\sqrt{3}}{2}\right) = \frac{\sqrt{3}}{2}S\left(\frac{\sqrt{3}}{2}\right) = \frac{\sqrt{3}}{2}\arctan\frac{\sqrt{3}}{2}$$

$$\sum_{n=1}^{\infty}\frac{(-1)^n}{2n-1}\left(\frac{3}{4}\right)^n = -\sum_{n=1}^{\infty}\frac{(-1)^{n-1}}{2n-1}\left(\frac{3}{4}\right)^n = -\frac{\sqrt{3}}{2}\arctan\frac{\sqrt{3}}{2}$$

例 5 求幂级数 $\sum\limits_{n=0}^{\infty}(2n+1)x^n$ 的收敛区间,并求其和函数.

解 此幂函数收敛半径为 $R=1$,收敛区间为 $(-1,1)$. 设其和函数为 $S(x)$,则

$$S(x) = \sum_{n=0}^{\infty}(2n+1)x^n = 2x\sum_{n=0}^{\infty}nx^{n-1} + \sum_{n=0}^{\infty}x^n =$$
$$2x\sum_{n=0}^{\infty}(x^n)' + \frac{1}{1-x} =$$
$$2x\left(\sum_{n=0}^{\infty}x^n\right)' + \frac{1}{1-x} = 2x\left(\frac{1}{1-x}\right)' + \frac{1}{1-x} =$$
$$\frac{2x}{(1-x)^2} + \frac{1}{1-x} = \frac{1+x}{(1-x)^2}, -1 < x < 1$$

例 6 求下列各幂级数的收敛域.

(1) $\sum\limits_{n=1}^{\infty}\frac{x^{n^2}}{4^n}$; (2) $\sum\limits_{n=1}^{\infty}\frac{x^n}{(n+1)^p}$.

解 缺项幂级数,由于

$$\lim_{n\to\infty}\left|\frac{C_{n+1}(x)}{C_n(x)}\right| = \lim_{n\to\infty}\left|\frac{x^{(n+1)^2}}{4^{n+1}}\cdot\frac{4^n}{x^{n^2}}\right| = \lim_{n\to\infty}\frac{|x|^{2n-1}}{4}$$

当 $|x|<1$ 时,$\lim\limits_{n\to\infty}\dfrac{|x|^{2n+1}}{4}=0<1$,收敛(比值法).

当 $|x|=1$ 时,$\lim\limits_{n\to\infty}\dfrac{|x|^{2n+1}}{4}=\dfrac{1}{4}$,收敛.

故原级数收敛域为$[-1,1]$

(2) 不缺项幂级数

① $R=\lim\limits_{n\to\infty}\left|\dfrac{C_n}{C_{n+1}}\right|=\lim\limits_{n\to\infty}\dfrac{(n+1)^p}{(n+2)^p}=1$

② 当 $x=1$ 时,原级数 $\sum\limits_{n=1}^{\infty}\dfrac{1}{(n+1)^p}=\begin{cases}\text{收敛},&p>1\\\text{发散},&p\leqslant 1\end{cases}$

当 $x=-1$ 时,原级数 $\sum\limits_{n=1}^{\infty}(-1)^n\dfrac{1}{(n+1)^p}=\begin{cases}\text{收敛},&p>0\\\text{发散},&p\leqslant 0\end{cases}$

综上知:

① 当 $p\leqslant 0$ 时,级数收敛域为$(-1,1)$

② 当 $0<p\leqslant 1$ 时,级数收敛域为$[-1,1)$

③ 当 $p>1$ 时,级数收敛域为$[-1,1]$

13.4 函数展成幂级数

13.4.1 基本要求

(1) 理解泰勒公式.
(2) 熟练掌握函数展成幂级数的直接展法和间接展法.
(3) 了解幂级数的近似计算.

13.4.2 知识考点概述

1. 泰勒公式

函数 $f(x)$ 在 x_0 的某邻域 $U(x_0)$ 内具有 $n+1$ 阶导数,则任一 $x\in U(x_0)$,有

$$f(x)=f(x_0)+f'(x_0)(x-x_0)+\dfrac{f''(x_0)}{2!}(x-x_0)^2+\cdots+\dfrac{f^{(n)}(x_0)}{n!}(x-x_0)^n+R_n(x)$$

其中,$R_n(x)=\dfrac{f^{(n+1)}(\xi)}{(n+1)!}(x-x_0)^{n+1}$,$\xi$ 介于 x_0 与 x 之间的某个值.

这个公式称为 n 阶泰勒公式,最后一项 $R_n(x)=\dfrac{f^{(n+1)}(\xi)}{(n+1)!}(x-x_0)^{n+1}$ 称为拉格朗日型余项.

在不需要余项的精确表达式时,n 阶泰勒公式也可写成

$$f(x)=f(x_0)+f'(x_0)(x-x_0)+\dfrac{f''(x_0)}{2!}(x-x_0)^2+\cdots+$$

$$\frac{f^{(n)}(x_0)}{n!}(x-x_0)^n + 0((x-x_0)^n)$$

其中,$R_n(x)=0((x-x_0)^n)$ 称为佩亚诺型余项.

在泰勒公式中,如果取 $x_0=0$,则称为麦克劳林公式.

$$f(x)=f(x_0)+f'(0)x+\frac{f''(0)}{2!}x^2+\cdots+\frac{f^{(n)}(0)}{n!}x^n+\frac{f^{(n+1)}(\theta x)}{(n+1)!}x^{n+1}, 0<\theta<1$$

称为拉格朗日型余项的麦克劳林公式.

$$f(x)=f(0)+f'(0)x+\frac{f''(0)}{2!}x^2+\cdots+\frac{f^{(n)}(0)}{n!}x^n+0(x^n)$$

称为佩亚诺型余项的麦克劳林公式.

2. 函数展成幂级数

(1) 函数展成幂级数的条件及公式.

$f(x)$ 在 x_0 的某一邻域 $U(x_0)$ 内具有任意阶导数,且 $f(x)$ 的泰勒公式中的余项 $\lim\limits_{n\to\infty}R_n(x)=0$,则

$$f(x)=\sum_{n=0}^{\infty}b_n(x-x_0)^n$$

其中

$$b_n=\frac{f^{(n)}(x_0)}{n!}, n=0,1,2,\cdots$$

称 $f(x)=\sum\limits_{n=0}^{\infty}\dfrac{f^{(n)}(x_0)}{n!}(x-x_0)^n$ 为 $f(x)$ 的泰勒级数.

当 $x_0=0$ 时,称 $f(x)=\sum\limits_{n=0}^{\infty}\dfrac{f^{(n)}(0)}{n!}x^n$ 为 $f(x)$ 的麦克劳林级数.

(2) 几个常用初等函数的麦克劳林展开式.

$$\frac{1}{1-x}=\sum_{n=0}^{\infty}x^n=1+x+x^2+\cdots+x^n+\cdots, -1<x<1$$

$$e^x=\sum_{n=0}^{\infty}\frac{x^n}{n!}=1+x+\frac{x^2}{2!}+\cdots+\frac{x^n}{n!}+\cdots, -\infty<x<+\infty$$

$$\sin x=\sum_{n=0}^{\infty}\frac{(-1)^n x^{2n+1}}{(2n+1)!}=x-\frac{x^3}{3!}+\frac{x^5}{5!}-\cdots, -\infty<x<+\infty$$

$$\ln(1+x)=\sum_{n=1}^{\infty}(-1)^{n-1}\frac{x^n}{n}=x-\frac{x^2}{2}+\frac{x^3}{3}-\cdots, -1<x\leqslant 1$$

$$\cos x=\sum_{n=0}^{\infty}\frac{(-1)^n}{(2n)!}x^{2n}=1-\frac{x^2}{2!}+\frac{x^4}{4!}-\frac{x^6}{6!}+\cdots, -\infty<x<+\infty$$

3. 函数的幂级数展开式的应用

(1) 近似计算.

有了函数的幂级数展开式 $f(x)=\sum\limits_{n=0}^{\infty}\dfrac{f^{(n)}(0)}{n!}x^n$,就可用它来进行近似计算.

(2) 欧拉公式.

$$e^{ix}=\cos x+i\sin x$$

或者写成

$$\begin{cases} \cos x = \dfrac{e^{ix} + e^{-ix}}{2} \\ \sin x = \dfrac{e^{ix} - e^{-ix}}{2i} \end{cases}$$

这两个式子也称为欧拉公式.

欧拉公式在复变函数和积分变换中有着十分重要的应用.

13.4.3 常用解题技巧

1. 直接展开法

按公式 $f(x) = \sum\limits_{n=0}^{\infty} a_n x^n, a_n = \dfrac{f^{(n)}(0)}{n!}$ 展开,要把函数 $f(x)$ 展开成 x 的幂级数,可以按照下列步骤进行:

(1) 求出 $f(x)$ 的各阶导数,即

$$f'(x), f''(x), \cdots, f^{(n)}(x), \cdots$$

(2) 求出函数及其各阶导数在 $x=0$ 处的值,即

$$f(0), f'(0), f''(0), \cdots, f^{(n)}(0), \cdots$$

(3) 考察余项 $R_n(x)$ 的极限是否为 0,如果 $\lim\limits_{n \to \infty} R_n(x) = 0$,则

$$f(x) = \sum\limits_{n=0}^{\infty} \dfrac{f^{(n)}(0)}{n!} x^n$$

但证明余项的极限 $\lim\limits_{n \to \infty} R_n(x) = 0$ 通常是较困难的.

2. 间接展开法

利用已知函数的展开式,通过恒等变形、变量代换、级数的代数运算及逐项求导或积分,把函数展开成幂级数.

注意:(1) 熟记几个常用初等函数的麦克劳林展开式.

(2) 根据已知展开式写出所求展开式相应的收敛区间. 逐项求导或积分后,原级数的收敛半径不变,但收敛区间可能会变.

例 1 将函数 $f(x) = \arctan \dfrac{1-x}{1+x}$ 展成 x 的幂级数,并求级数 $\sum\limits_{n=0}^{\infty} \dfrac{(-1)^n}{2n+1}$ 的和.

解 $f'(x) = -\dfrac{1}{1+x^2} = -\sum\limits_{n=0}^{\infty} (-1)^n (x^2)^n = \sum\limits_{n=0}^{\infty} (-1)^{n+1} x^{2n}, |x^2| < 1$

$$f(x) = \int_0^x f'(x) \, dx + f(0) = \dfrac{\pi}{4} + \sum\limits_{n=0}^{\infty} (-1)^{n+1} \dfrac{x^{2n+1}}{2n+1}, -1 < x < 1$$

当 $x = 1$ 时 右式 $= \dfrac{\pi}{4} + \sum\limits_{n=0}^{\infty} (-1)^{n+1} \dfrac{1}{2n+1}$

左式 $= f(1) = \arctan 0 = 0$

所以

$$\sum\limits_{n=0}^{\infty} (-1)^n \dfrac{1}{2n+1} = \dfrac{\pi}{4}$$

故
$$\arctan\frac{1-x}{1+x} = \frac{\pi}{4} + \sum_{n=0}^{\infty}(-1)^{n+1}\frac{x^{2n+1}}{2n+1}, -1 < x \leqslant 1$$

例 2 求幂级数 $\sum_{n=1}^{\infty}(-1)^{n-1}\left(1+\frac{1}{n(2n-1)}\right)x^{2n}$ 的收敛区间与和函数 $f(x)$.

解 因为 $\lim_{n\to\infty}\left|\frac{u_{n+1}}{u_n}\right| = \lim_{n\to\infty}\left|\frac{\left(1+\frac{1}{(n+1)(2n+1)}\right)x^{2n+2}}{\left(1+\frac{1}{n(2n-1)}\right)x^{2n}}\right| = |x|^2$,所以当 $|x|^2 < 1$ 时,级数绝对收敛;当 $|x|^2 > 1$ 时,级数发散;当 $|x| = 1$ 时,级数成为 $\sum_{n=1}^{\infty}(-1)^{n-1}\left(1+\frac{1}{n(2n-1)}\right)$ 是发散的,所以所求收敛区间为 $(-1,1)$.

令
$$f(x) = \sum_{n=1}^{\infty}(-1)^{n-1}\left(1+\frac{1}{n(2n-1)}\right)x^{2n} =$$
$$\sum_{n=1}^{\infty}(-1)^{n-1}x^{2n} + \sum_{n=1}^{\infty}(-1)^{n-1}\frac{x^{2n}}{n(2n-1)}$$
$$S_1(x) = \sum_{n=1}^{\infty}(-1)^{n-1}x^{2n} = \frac{x^2}{1+x^2}$$
$$S_2(x) = 2\sum_{n=1}^{\infty}(-1)^{n-1}\frac{x^{2n}}{2n(2n-1)}$$
$$S_2''(x) = 2\sum_{n=1}^{\infty}(-1)^{n-1}x^{2n-2} = \frac{2}{1+x^2}$$
$$S_2'(x) = 2\int_0^x \frac{1}{1+x^2}dx = 2\arctan x$$

从而
$$S_2(x) = 2\int_0^x \arctan x\, dx = 2x\arctan x - \ln(1+x^2)$$

故
$$f(x) = S_1(x) + S_2(x) = \frac{x^2}{1+x^2} + 2x\arctan x - \ln(1+x^2)$$

13.4.4 典型题解

例 3 将下列各题中的函数展开成 x 的幂级数,并求展开式成立的区间.

(1) $\frac{1}{4-x^2}$; (2) $\cos^2 x$; (3) $\sin\left(x+\frac{\pi}{4}\right)$.

解
$$\frac{1}{4-x^2} = \frac{1}{4}\left(\frac{1}{2-x}+\frac{1}{2+x}\right) = \frac{1}{8}\left(\frac{1}{1-\frac{x}{2}}+\frac{1}{1+\frac{x}{2}}\right) =$$
$$\frac{1}{8}\sum_{n=0}^{\infty}\left(\frac{x}{2}\right)^n + \sum_{n=0}^{\infty}\left(-\frac{x}{2}\right)^n =$$
$$\frac{1}{8}\sum_{n=0}^{\infty}[1+(-1)^n]\frac{x^n}{2^n}$$

展开式的收敛区间为 $(-2,2)$.

$(2) \cos^2 x = \dfrac{1+\cos 2x}{2} = \dfrac{1}{2} + \dfrac{1}{2}\sum\limits_{n=0}^{\infty}(-1)^n \dfrac{(2x)^{2n}}{(2n)!} =$
$$1 + \sum_{n=1}^{\infty}(-1)^n \dfrac{(2x)^{2n}}{2\cdot (2n)!}, -\infty < x < +\infty$$

$(3) \sin\left(x+\dfrac{\pi}{4}\right) = \sin\dfrac{\pi}{4}\cos x + \cos\dfrac{\pi}{4}\sin x = \dfrac{\sqrt{2}}{2}(\cos x + \sin x) =$
$$\dfrac{\sqrt{2}}{2}\sum_{n=0}^{\infty}(-1)^n \left(\dfrac{x^{2n}}{(2n)!} + \dfrac{x^{2n+1}}{(2n+1)!}\right), -\infty < x < +\infty$$

例 4 将下列各题中的函数展成 $(x-1)$ 的幂级数,并求展开式成立的区间.

$(1) \dfrac{1}{x(1+x)}$; $(2) \ln \dfrac{x}{1+x}$.

解 $(1) \dfrac{1}{x(1+x)} = \dfrac{-1}{1+x} + \dfrac{1}{x} = \dfrac{1}{1+(x-1)} - \dfrac{1}{2+(x-1)}$

$\dfrac{1}{1+(x-1)} = 1 - (x-1) + (x-1)^2 - (x-1)^3 + \cdots (|x-1|<1$ 即 $0<x<2)$

$\dfrac{1}{2+(x-1)} = \dfrac{1}{2}\dfrac{1}{1+\frac{x-1}{2}} = \dfrac{1}{2}\left(1 - \dfrac{x-1}{2} + \left(\dfrac{x-1}{2}\right)^2 - \left(\dfrac{x-1}{2}\right)^3 + \cdots\right)$

$\left(\left|\dfrac{x-1}{2}\right|<1, \text{即} -1<x<3\right)$

$$\dfrac{1}{x(1+x)} = \sum_{n=0}^{\infty}(-1)^n\left(1-\dfrac{1}{2^{n+1}}\right)(x-1)^n, x\in(0,2)$$

$(2) \ln\dfrac{x}{1+x} = \ln x - \ln(1+x) = \ln(1+(x-1)) - \left(\ln 2 + \ln\left(1+\dfrac{x-1}{2}\right)\right) =$
$$\sum_{n=1}^{\infty}(-1)^{n-1}\dfrac{(x-1)^n}{n} - \ln 2 - \sum_{n=1}^{\infty}(-1)^{n-1}\dfrac{\left(\frac{x-1}{2}\right)^n}{n} =$$
$$\sum_{n=1}^{\infty}(-1)^{n-1}\left(1-\dfrac{1}{2^n}\right)\dfrac{(x-1)^n}{n} - \ln 2, x\in(0,2)$$

例 5 求幂级数 $\sum\limits_{n=0}^{\infty}(-1)^n\dfrac{x^{2n}}{n!}$ 在 $(-\infty,+\infty)$ 内的和函数.

解 $e^x = \sum\limits_{n=0}^{\infty}\dfrac{x^n}{n!}, x\in(-\infty,\infty)$,故 $\sum\limits_{n=0}^{\infty}(-1)^n\dfrac{x^{2n}}{n!} = \sum\limits_{n=0}^{\infty}\dfrac{(-x^2)^n}{n!}$ 的和函数为 e^{-x^2},
$x\in(-\infty,+\infty)$.

例 6 求幂函数 $\sum\limits_{n=0}^{\infty}\dfrac{n^2+1}{2^n n!}x^n$ 的收敛区间及和函数.

解 记 $a_n = \dfrac{n^2+1}{2^n n!}$,则 $\lim\limits_{n\to\infty}\left|\dfrac{a_{n+1}}{a_n}\right| = 0$,收敛半径 $R=\infty$,收敛区间为 $(-\infty,+\infty)$.

设 $S(x) = \sum\limits_{n=0}^{\infty}\dfrac{n^2+1}{2^n n!}x^n, x\in(-\infty,\infty)$,则

$$S(x) = \sum_{n=0}^{\infty} \frac{n(n-1)+n+1}{n!} \left(\frac{x}{2}\right)^n =$$

$$\left(\frac{x}{2}\right)^2 \sum_{n=0}^{\infty} \frac{1}{n!} \left(\frac{x}{2}\right)^n +$$

$$\frac{x}{2} \sum_{n=0}^{\infty} \frac{1}{n!} \left(\frac{x}{2}\right)^n + \sum_{n=0}^{\infty} \frac{1}{n!} \left(\frac{x}{2}\right)^n =$$

$$\left(\frac{x^2}{4} + \frac{x}{2} + 1\right) e^{\frac{x}{2}}, x \in (-\infty, +\infty)$$

例 7 利用幂级数的展开式求 $\ln 3$ 的近似值.

解 因为

$$\ln \frac{1+x}{1-x} = 2\left(x + \frac{x^3}{3} + \frac{x^5}{5} + \cdots + \frac{x^{2n-1}}{2n-1} + \cdots\right), x \in (-1, 1)$$

令 $\ln \frac{1+x}{1-x} = \ln 3$,可得 $x = \frac{1}{2}$,于是

$$\ln 3 = 2\left(\frac{1}{2} + \frac{1}{3 \cdot 2^3} + \frac{1}{5 \cdot 2^5} + \cdots + \frac{1}{(2n-1)2^{2n-1}} + \cdots\right)$$

$$|r_n| = 2\left(\frac{1}{(2n+1)2^{2n+1}} + \frac{1}{(2n+3)2^{2n+3}} + \cdots\right) =$$

$$\frac{2}{(2n+1)2^{2n+1}} \left(1 + \frac{(2n+1)}{(2n+3)} \frac{1}{2^2} + \frac{(2n+1)}{(2n+5)} \frac{1}{2^4} + \cdots\right) <$$

$$\frac{2}{(2n+1)2^{2n+1}} \left(1 + \frac{1}{2^2} + \frac{1}{2^4} + \cdots\right) =$$

$$\frac{2}{(2n+1)2^{2n+1}} \cdot \frac{1}{1 - \frac{1}{4}} = \frac{1}{3(2n+1)2^{2n-2}}$$

$|r_5| < \frac{1}{3 \cdot 11 \cdot 2^8} \approx 0.000\,12$,$|r_6| < \frac{1}{3 \cdot 13 \cdot 2^{10}} \approx 0.000\,03 < 10^{-4}$,故取 $n = 6$,于是 $\ln 3 \approx 2\left(\frac{1}{2} + \frac{1}{3 \cdot 2^3} + \frac{1}{5 \cdot 2^5} + \cdots + \frac{1}{11 \cdot 2^{11}}\right)$,考虑到误差,取五位小数,得 $\ln 3 \approx 1.098\,6$.

例 8 将函数 $f(x) = e^x \cos x$ 展开成的 x 幂级数.

解 由欧拉公式 $e^{ix} = \cos x + i\sin x$ 知,$\cos x = \text{Re}(e^{ix})$,故

$$e^x \cos x = e^x \cdot \text{Re}(e^{ix}) = \text{Re}(e^x \cdot e^{ix}) = \text{Re}(e^{(1+i)x})$$

因为 $e^{(1+i)x} = \sum_{n=0}^{\infty} \frac{1}{n!} (1+i)^n x^n = \sum_{n=0}^{\infty} \left(\sqrt{2}\left(\cos \frac{\pi}{4} + i\sin \frac{\pi}{4}\right)\right)^n \frac{x^n}{n!} =$

$$\sum_{n=0}^{\infty} \left(\cos \frac{n\pi}{4} + i\sin \frac{n\pi}{4}\right) 2^{\frac{n}{2}} \frac{x^n}{n!}, x \in (-\infty, +\infty)$$

所以

$$e^x \cos x = \text{Re}(e^{(1+i)x}) = \sum_{n=0}^{\infty} \cos \frac{n\pi}{4} \cdot 2^{\frac{n}{2}} \cdot \frac{x^n}{n!}, x \in (-\infty, +\infty)$$

13.5 傅里叶级数

13.5.1 基本要求
(1) 理解傅里叶级数的定义.
(2) 掌握傅里叶级数的展开方法.

13.5.2 知识考点概述

1. 正交系

三角函数系 $\{1,\cos x,\sin x,\cdots,\cos nx,\sin nx,\cdots\}$ 中任何不同的两个函数的乘积在区间 $[-\pi,\pi]$ 上积分为零,称该三角函数系为区间 $[-\pi,\pi]$ 上的正交系.

2. 傅里叶系数

$$a_0 = \frac{1}{\pi}\int_{-\pi}^{\pi} f(x)\,dx$$

$$a_n = \frac{1}{\pi}\int_{-\pi}^{\pi} f(x)\cos nx\,dx, n=1,2,\cdots$$

$$b_n = \frac{1}{\pi}\int_{-\pi}^{\pi} f(x)\sin nx\,dx, n=1,2,\cdots$$

称为函数 $f(x)$ 的傅里叶系数.

3. 傅里叶级数

由 $f(x)$ 的傅里叶系数所构成的三角级数: $\dfrac{a_0}{2}+\sum\limits_{n=1}^{\infty}(a_n\cos nx+b_n\sin nx)$ 称为函数 $f(x)$ 的傅里叶级数.

4. 收敛定理

若周期为 2π 的函数 $f(x)$ 满足:
(1) 在一个周期 $[-\pi,\pi]$ 内连续或只有有限个第一类间断点;
(2) 在一个周期 $[-\pi,\pi]$ 内只有有限个极值点.
则 $f(x)$ 的傅里叶级数收敛,且和函数为

$$S(x)=\begin{cases} f(x), & x\text{ 为 }f(x)\text{ 的连续点}\\ \dfrac{1}{2}[f(x-0)-f(x+0)], & x\text{ 为 }f(x)\text{ 的间断点}\\ \dfrac{1}{2}[f(-\pi+0)+f(\pi-0)], & x=\pm\pi \end{cases}$$

5. 奇或偶函数的傅里叶级数

设 $f(x)$ 是奇函数,则

$$a_n=\frac{1}{\pi}\int_{-\pi}^{\pi} f(x)\cos nx\,dx=0, n=0,1,2,\cdots$$

$$b_n=\frac{2}{\pi}\int_{0}^{\pi} f(x)\sin nx\,dx$$

于是奇函数 $f(x)$ 的傅里叶级数只含正弦项,因此称为正弦级数,即

$$f(x) \sim \sum_{n=1}^{\infty} b_n \sin nx$$

如果 $f(x)$ 是偶函数,则

$$a_n = \frac{2}{\pi} \int_0^{\pi} f(x) \cos nx \, dx, n = 0, 1, 2 \cdots$$

$$b_n = \frac{1}{\pi} \int_{-\pi}^{\pi} f(x) \sin x \, dx = 0$$

于是偶函数 $f(x)$ 的傅里叶级数只含余弦项,因此称为余弦级数,即

$$f(x) \sim \frac{a_0}{2} + \sum_{n=1}^{\infty} a_n \cos nx$$

6. 任意区间上的傅里叶级数

收敛定理 $f(x)$ 在 $[-l, l]$ 上满足收敛定理的条件,则它的傅里叶级数为

$$\frac{a_0}{2} + \sum_{n=1}^{\infty} \left(a_n \cos \frac{n\pi x}{l} + b_n \sin \frac{n\pi x}{l} \right) = \begin{cases} f(x), & x \text{ 连续点} \\ \frac{f(x-0) + f(x+0)}{2}, & x \text{ 间断点} \end{cases}$$

其中

$$a_n = \frac{1}{l} \int_{-l}^{l} f(x) \cos \frac{n\pi x}{l} dx, n = 0, 1, 2, \cdots$$

$$b_n = \frac{1}{l} \int_{-l}^{l} f(x) \sin \frac{n\pi x}{l} dx, n = 0, 1, 2, \cdots$$

当 $f(x)$ 为奇函数时,有

$$f(x) \sim \sum_{n=1}^{\infty} b_n \sin \frac{n\pi x}{l}; b_n = \frac{2}{l} \int_0^l f(x) \sin \frac{n\pi x}{l} dx, n = 1, 2, 3, \cdots$$

当 $f(x)$ 为偶函数时,有

$$f(x) \sim \frac{a_0}{2} + \sum_{n=1}^{\infty} a_n \cos \frac{n\pi x}{l}$$

其中

$$a_n = \frac{2}{l} \int_0^l f(x) \cos \frac{n\pi x}{l} dx, n = 0, 1, 2, \cdots$$

(作变量代换 $t = \frac{\pi x}{l}$,于是区间 $-l \leqslant x \leqslant l$ 就变成 $-\pi \leqslant t \leqslant \pi$)

7. 函数的奇延拓或偶延拓

如果 $f(x)$ 在区间 $[0, l]$ 给出,那么可以把 $f(x)$ 延拓到区间 $[-l, 0]$,也就是给 $f(x)$ 在 $[-l, 0)$ 加以补充定义,这就得到一个确定在区间 $[-l, l]$ 的函数 $F(x)$,它在区间 $[0, l]$ 上与 $f(x)$ 重合,如果 $F(x)$ 已经在区间 $[-l, l]$ 上展成傅里叶级数,那么 $f(x)$ 也就在区间 $[0, l]$ 被展成傅里叶级数.

把 $f(x)$ 展成为正弦级数或余弦级数,这就是函数的奇延拓或函数的偶延拓.

13.5.3 常用解题技巧

根据函数的奇偶性及所给区间进行奇延拓或偶延拓或根据要求将所给函数展成正弦

级数或余弦级数,并利用结论求某些常数项级数的和函数.

例 1 将函数 $f(x)=x-1(0\leqslant x\leqslant 2)$ 展成周期为 4 的余弦级数.

解 将 $f(x)$ 进行偶延拓得

$$F(x)=\begin{cases} x-1, 0\leqslant x\leqslant 2 \\ -x-1, -2<x<0 \end{cases}$$

再将 $F(x)$ 延拓成周期为 4 的周期函数 $G(x)$,则 $G(x)$ 的傅里叶级数在 $[0,2]$ 上收敛于 $f(x)$,且 $b_n=0, n=1,2,3,\cdots$,则

$$a_0=\frac{2}{2}\int_0^2 G(x)dx=\int_0^2(x-1)dx=0$$

$$a_n=\frac{2}{2}\int_0^2 G(x)\cos\frac{n\pi x}{2}dx=\int_0^2(x-1)\cos\frac{n\pi x}{2}dx=$$

$$\frac{2}{n\pi}\int_0^2(x-1)d\sin\frac{n\pi x}{2}=-\frac{2}{n\pi}\int_0^2\sin\frac{n\pi x}{2}dx=$$

$$\frac{4}{n^2\pi^2}(\cos n\pi-1)=\frac{4}{n^2\pi^2}((-1)^n-1)$$

$$\begin{cases} -\frac{8}{n^2\pi^2}, n=1,3,5,\cdots \\ 0, n=2,4,6,\cdots \end{cases}$$

所以

$$f(x)=x-1=-\frac{8}{\pi^2}\sum_{k=0}^{\infty}\frac{1}{(2k+1)^2}\cos\frac{(2k+1)\pi x}{2}, x\in[0,2]$$

例 2 将函数 $f(x)=2+|x|(-1\leqslant x\leqslant 1)$ 展成以 2 为周期的傅里叶级数,并用之求级数 $\sum_{n=1}^{\infty}\frac{1}{n^2}$ 的和.

解 因为 $f(x)$ 为偶函数,于是

$$a_n=\frac{2}{l}\int_0^l f(x)\cos\frac{n\pi x}{l}dx=2\int_0^1(2+|x|)\cos n\pi x dx=$$

$$\frac{2}{n^2\pi^2}((-1)^n-1)=\begin{cases} \frac{-4}{(2k-1)^2\pi^2}, n=2k-1 \\ 0, n=2k \end{cases}$$

$$a_0=2\int_0^1(2+|x|)dx=5$$

故

$$2+|x|=\frac{5}{2}-\frac{4}{\pi^2}\sum_{n=1}^{\infty}\frac{1}{(2n-1)^2}\cos(2n-1)\pi x, 0\leqslant x\leqslant 1$$

令 $x=0$,可知 $\sum_{n=1}^{\infty}\frac{1}{(2n-1)^2}=\frac{\pi^2}{8}$,又因 $\sum_{n=1}^{\infty}\frac{1}{(2n)^2}=\frac{1}{4}\sum_{n=1}^{\infty}\frac{1}{n^2}$,注意到级数 $\sum_{n=1}^{\infty}\frac{1}{n^2}$ 收敛.

故

$$\sum_{n=1}^{\infty}\frac{1}{n^2}=\sum_{n=1}^{\infty}\frac{1}{(2n-1)^2}+\sum_{n=1}^{\infty}\frac{1}{(2n)^2}=\frac{\pi^2}{8}+\frac{1}{4}\sum_{n=1}^{\infty}\frac{1}{n^2}$$

即
$$\sum_{n=1}^{\infty} \frac{1}{n^2} = \frac{\pi^2}{6}$$

13.5.4 典型题解

例3 下列周期函数 $f(x)$ 的周期为 2π，如果 $f(x)$ 在 $[-\pi,\pi)$ 上的表达式为：
(1) $f(x) = 3x^2 + 1$
(2) $f(x) = \begin{cases} bx, & -\pi \leqslant x < 0 \\ ax, & 0 \leqslant x < \pi \end{cases}$，$a,b$ 为常数，且 $a > b > 0$

试将 $f(x)$ 展开成傅里叶级数.

解 (1) $a_0 = \frac{1}{\pi} \int_{-\pi}^{\pi} (3x^2 + 1) dx = 2(\pi^2 + 1)$

$a_n = \frac{1}{\pi} \int_{-\pi}^{\pi} (3x^2 + 1) \cos nx \, dx =$
$\frac{1}{\pi} \left(\frac{1}{n}(3x^2 + 1) \sin nx \Big|_{-\pi}^{\pi} - \frac{1}{n} \int_{-\pi}^{\pi} 6x \sin nx \, dx \right) =$
$\frac{6}{n^2 \pi} \left(x \cos nx \Big|_{-\pi}^{\pi} - \int_{-\pi}^{\pi} \cos nx \, dx \right) =$
$\frac{12}{n^2} (-1)^n - \frac{6}{n^3 \pi} \sin nx \Big|_{-\pi}^{\pi} =$
$\frac{(-1)^n 12}{n^2}, n = 1, 2, \cdots$

由于 $(3x^2 + 1) \sin nx$ 是奇函数，故
$$b_n = \frac{1}{\pi} \int_{-\pi}^{\pi} (3x^2 + 1) \sin nx \, dx = 0$$

因为 $f(x)$ 满足收敛定理的条件且在 $(-\infty, \infty)$ 内连续，故
$$f(x) = \pi^2 + 1 + 12 \sum_{n=1}^{\infty} \frac{(-1)^n}{n^2} \cos nx, x \in (-\infty, \infty)$$

(2) $a_0 = \frac{1}{\pi} \left(\int_{-\pi}^{0} bx \, dx + \int_{0}^{\pi} ax \, dx \right) = \frac{\pi}{2}(a - b)$

$a_n = \frac{1}{\pi} \left(\int_{-\pi}^{0} bx \cos nx \, dx + \int_{0}^{\pi} ax \cos nx \, dx \right)$

在上式右端第一个积分中令 $x = -t$，有
$$\int_{-\pi}^{0} bx \cos nx \, dx = \int_{\pi}^{0} bt \cos nt \, dt = -\int_{0}^{\pi} bx \cos nx \, dx$$

故
$a_n = \frac{1}{\pi} \int_{0}^{\pi} (a-b) x \cos nx \, dx = \frac{a-b}{n\pi} \left(x \sin nx \Big|_{0}^{\pi} - \int_{0}^{\pi} \sin nx \, dx \right) =$
$\frac{a-b}{n^2 \pi} (\cos n\pi - 1) = \frac{b-a}{n^2 \pi} (1 - (-1)^n), n = 1, 2, \cdots$

同理 $b_n = \frac{1}{\pi} \left(\int_{-\pi}^{0} bx \sin nx \, dx + \int_{0}^{\pi} ax \sin nx \, dx \right) =$

$$\frac{1}{\pi}\int_0^\pi (a+b)x\sin nx\,\mathrm{d}x = \frac{a+b}{n\pi}\left(-x\cos nx\bigg|_0^\pi + \int_0^\pi \cos nx\,\mathrm{d}x\right) =$$

$$\frac{a+b}{n\pi}\left[(-1)^{n+1}\pi + \frac{1}{n}\sin nx\bigg|_0^\pi\right] = \frac{a+b}{n}(-1)^{n+1}, n=1,2,\cdots$$

$f(x)$ 满足收敛条件，而在 $x=(2k+1)\pi(k\in \mathbf{Z})$ 处不连续，故

$$f(x) = \frac{\pi}{4}(a-b) + \sum_{n=1}^\infty \left(\frac{b-a}{n^2\pi}(1-(-1)^n)\cos nx + \frac{a+b}{n}(-1)^{n+1}\sin nx\right)$$

$$x\neq(2k+1)\pi, k\in\mathbf{Z}$$

例 4 设 $f(x)$ 是周期为 2π 的周期函数，它在 $[-\pi,\pi)$ 上的表达式为

$$f(x) = \begin{cases} -\dfrac{\pi}{2}, & -\pi \leqslant x < -\dfrac{\pi}{2} \\ x, & -\dfrac{\pi}{2} \leqslant x < \dfrac{\pi}{2} \\ \dfrac{\pi}{2}, & \dfrac{\pi}{2} \leqslant x < \pi \end{cases}$$

将 $f(x)$ 展开成傅里叶级数.

解 $f(x)$ 是奇函数，故 $a_n = 0(n=0,1,2,\cdots)$，即

$$b_n = \frac{2}{\pi}\int_0^\pi f(x)\sin nx\,\mathrm{d}x = \frac{2}{\pi}\left(\int_0^{\frac{\pi}{2}} x\sin nx\,\mathrm{d}x + \int_{\frac{\pi}{2}}^\pi \frac{\pi}{2}\sin nx\,\mathrm{d}x\right) =$$

$$\frac{2}{\pi}\left(\frac{-x\cos nx}{n}\bigg|_0^{\frac{\pi}{2}} + \frac{1}{n}\int_0^{\frac{\pi}{2}}\cos nx\,\mathrm{d}x\right) + \int_{\frac{\pi}{2}}^\pi \sin nx\,\mathrm{d}x =$$

$$\frac{2\sin\dfrac{n\pi}{2}}{n^2\pi} + \frac{\cos\dfrac{n\pi}{2} - \cos n\pi}{n} =$$

$$\frac{2}{n^2\pi}\sin\frac{n\pi}{2} + \frac{(-1)^{n+1}}{n}, n=1,2,\cdots$$

因 $f(x)$ 满足收敛定理的条件，而在 $x=(2k+1)\pi(k\in\mathbf{Z})$ 处间断，故

$$f(x) = \sum_{n=1}^\infty \left(\frac{(-1)^{n+1}}{n} + \frac{2}{n^2\pi}\sin\frac{n\pi}{2}\right)\sin nx, x\neq(2k+1)\pi, k\in\mathbf{Z}$$

例 5 设函数 $f(x) = \pi x + x^2(-\pi\leqslant x\leqslant \pi)$ 的傅里叶级数为 $\dfrac{a_0}{2} + \sum\limits_{n=1}^\infty(a_n\cos nx + b_n\sin nx)$，求其中的系数 b_3 的值.

解 由所给出的傅里叶级数的形式知，函数 $f(x)$ 应按周期为 2π 展开，按公式有

$$b_3 = \frac{1}{\pi}\int_{-\pi}^\pi f(x)\sin 3x\,\mathrm{d}x = \frac{1}{\pi}\int_{-\pi}^\pi (\pi x + x^2)\sin 3x\,\mathrm{d}x = 2\int_0^\pi x\sin 3x\,\mathrm{d}x =$$

$$-\frac{2}{3}\int_0^\pi x\,\mathrm{d}(\cos 3x) = -\frac{2}{3}\left(x\cos 3x\bigg|_0^\pi - \int_0^\pi \cos 3x\,\mathrm{d}x\right) = \frac{2}{3}\pi$$

单元测试题 A

一、填空题

1. $\sum_{n=0}^{\infty}\left(\frac{1}{2}\right)^n=$ _____.

2. $\sum_{n=0}^{\infty}\left(\frac{2}{3}\right)^n=$ _____.

3. 部分和数列$\{s_n\}$有界是正项级数$\sum_{n=1}^{\infty}u_n$收敛的_____条件.

4. $\sum_{n=1}^{\infty}\frac{(x-3)^n}{n\cdot 3^n}$的收敛区间是_____.

5. 级数$\sum_{n=1}^{\infty}2^n\sin\frac{\pi}{3^n}$是_____（填"收敛"或"发散"）.

6. 幂函数$\sum_{n=1}^{\infty}2nx^{2n-1}$在其收敛区间_____.

7. 级数$\sum_{n=1}^{\infty}\frac{n^2}{3n^4+1}$是_____.

8. 设$f(x)=\begin{cases}-1,-\pi\leqslant x\leqslant 0\\ x,0<x<\pi\end{cases}$，且$f(x)$在$[-\pi,\pi]$上的傅里叶级数的和函数为$s(x)$,则$s(\pi)+s\left(\frac{\pi}{3}\right)$为_____.

二、选择题

1. $\sum_{n=1}^{\infty}\frac{1}{n^p}$收敛,则（   ）.

   A. $p<\frac{1}{2}$ B. $p\leqslant\frac{1}{2}$ C. $p\geqslant 1$ D. $p>1$

2. $\sum_{n=1}^{\infty}(2n)x^n$的收敛半径为（   ）.

   A. 2   B. 1   C. $\frac{1}{2}$ D. $\frac{1}{4}$

3. $\sum_{n=1}^{\infty}\frac{1}{2^n}x^n$的收敛半径为（   ）.

   A. 4   B. 2   C. $\frac{1}{2}$ D. $\frac{1}{4}$

4. 幂级数$\sum_{n=1}^{\infty}(-1)^{n-1}\frac{x^n}{n^2}$的收敛半径为（   ）.

   A. 2   B. 1   C. $\frac{1}{2}$ D. $\frac{1}{4}$

5. 幂级数$\sum_{n=1}^{\infty}\frac{x^n}{2^n\cdot n}$的收敛半径为（   ）.

A. 2　　　　　　B. 1　　　　　　C. $\dfrac{1}{2}$　　　　　　D. $\dfrac{1}{4}$

6. 设 α 为常数,则级数 $\sum\limits_{n=1}^{\infty}\left(\dfrac{\sin n\alpha}{n^2}-\dfrac{1}{\sqrt{n}}\right)$ (　　).

A. 绝对收敛　　　B. 条件收敛　　　C. 发散　　　D. 敛散性与 α 的取值有关

7. 设常数 $k>0$,则级数 $\sum\limits_{n=1}^{\infty}(-1)^n\dfrac{k+n}{n^2}$ (　　).

A. 发散　　　B. 条件收敛　　　C. 绝对收敛　　　D. 敛散性与 k 的取值有关

8. 若 $\sum\limits_{n=1}^{\infty}a_n(x-1)^n$ 在 $x=-1$ 处收敛,则此级数在 $x=2$ 处(　　).

A. 条件收敛　　　B. 绝对收敛　　　C. 发散　　　D. 敛散性不能确定

9. 若 $\sum\limits_{n=1}^{\infty}a_n(-1)^{n-1}=2$,$\sum\limits_{n=1}^{\infty}a_{2n-1}=5$,则 $\sum\limits_{n=1}^{\infty}a_n=$(　　).

A. 3　　　　　　B. 7　　　　　　C. 8　　　　　　D. 9

10. 设 $f(x)=\begin{cases}x,&0\leqslant x\leqslant\dfrac{1}{2}\\ 2-2x&\dfrac{1}{2}<x<1\end{cases}$,$s(x)=\dfrac{a_0}{2}+\sum\limits_{n=1}^{\infty}a_n\cos n\pi x(-\infty<x<+\infty)$,其中 $a_n=2\int_0^1 f(x)\cos n\pi x\,\mathrm{d}x(n=0,1,2,\cdots)$,则 $s\left(-\dfrac{5}{2}\right)$ 等于(　　).

A. $\dfrac{1}{2}$　　　　B. $-\dfrac{1}{2}$　　　　C. $\dfrac{3}{4}$　　　　D. $-\dfrac{3}{4}$.

三、计算题

1. 将 $f(x)=\dfrac{2x}{4-x^2}$ 展成 x 的幂级数.

2. 将 $f(x)=\dfrac{x}{1+x-2x^2}$ 展成 x 的幂级数.

3. 将 $f(x)=\dfrac{\mathrm{d}}{\mathrm{d}x}\left(\dfrac{\mathrm{e}^x-1}{x}\right)$ 展成 x 的幂级数,并求级数 $\sum\limits_{n=1}^{\infty}\dfrac{n}{(n+1)!}$ 的和.

4. 将 $f(x)=\mathrm{e}^x$ 展成 x 的幂级数,并求级数 $\sum\limits_{n=1}^{\infty}\dfrac{1}{n!}$ 的和.

5. 求 $\sum\limits_{n=1}^{\infty}\dfrac{x^n}{n}$ 的和函数,并求 $\sum\limits_{n=1}^{\infty}\dfrac{1}{n\cdot 2^n}$ 的和.

6. 将 $\ln(x+\sqrt{x^2+1})$ 展成 x 的幂级数.

7. 将 $\dfrac{1}{(2-x)^2}$ 展成 x 的幂级数.

四、证明题

1. 正项级数 $\sum\limits_{n=1}^{\infty}a_n$ 收敛,证明 $\sum\limits_{n=1}^{\infty}a_n^2$ 收敛.

2. 已知 $\sum\limits_{n=1}^{\infty}(a_n)^2$ 与 $\sum\limits_{n=1}^{\infty}b_n^2$ 收敛,证明 $\sum\limits_{n=1}^{\infty}a_nb_n$ 绝对收敛.

3. 设级数 $\sum_{n=1}^{\infty} a_n^2$ 收敛,证明 $\sum_{n=1}^{\infty} \frac{|a_n|}{n}$ 收敛.

4. 正项级数 $\sum_{n=1}^{\infty} a_n^2$ 收敛,证明 $\sum_{n=1}^{\infty} |a_n a_{n+1}|$ 收敛.

单元测试题 B

一、填空题

1. 若 $\sum_{n=0}^{\infty} a_n x^n$ 的收敛半径是 3,则 $\sum_{n=0}^{\infty} n a_n (x-1)^{n+1}$ 的收敛区间是_____.

2. 幂函数 $\sum_{n=1}^{\infty} (-1)^{n-1} \left(1 + \frac{1}{n(2n-1)}\right) x^{2n}$ 的和函数是_____.

3. 函数 2^x 展开成 x 的幂级数为_____.

4. 若 $\sum_{n=0}^{\infty} a_n x^n$ 的收敛半径是 8,则 $\sum_{n=0}^{\infty} a_n x^{3n+1}$ 的收敛半径是_____.

5. $f(x) = \frac{1}{x}$ 关于 $x-3$ 的幂函数展开式是_____.

二、讨论下列级数的敛散性

1. $\frac{3}{1 \cdot 2} + \frac{3^2}{2 \cdot 2^2} + \frac{3^3}{3 \cdot 2^3} + \cdots + \frac{3^n}{n \cdot 2^n} + \cdots$

2. $\sum_{n=1}^{\infty} n \tan \frac{\pi}{2^{n+1}}$

3. $\left(\frac{1}{2} + \frac{1}{3}\right) + \left(\frac{1}{2^2} + \frac{1}{3^2}\right) + \left(\frac{1}{2^3} + \frac{1}{3^3}\right) + \cdots + \left(\frac{1}{2^n} + \frac{1}{3^n}\right) + \cdots$

4. $\sum_{n=1}^{\infty} \left(\frac{n}{2n+1}\right)^n$

5. $\sum_{n=1}^{\infty} \frac{1}{(\ln(n+1))^n}$

6. $\sum_{n=1}^{\infty} \left(\frac{b}{a_n}\right)^n$ $(a_n \to a, a_n, a, b$ 均为正数$)$.

三、讨论下列级数的收敛性,并指出收敛时是绝对收敛还是条件收敛

1. $\sum_{n=1}^{\infty} (-1)^n \frac{\beta^n}{n^a}$

2. $\sum_{n=1}^{\infty} \sin(\pi \sqrt{n^2+1})$

3. $\sum_{n=1}^{\infty} (-1)^n \frac{1}{n^p}$

4. $\sum_{n=1}^{\infty} (-1)^n \frac{(n+1)!}{n^{n+1}}$

四、计算题

1. 求幂级数 $\sum_{n=1}^{\infty} n(n+1) x^{n-1}$ 的收敛区间及和函数.

2. 求幂级数 $\sum_{n=1}^{\infty} \frac{n^2}{n!} x^n$ 的和函数.

3. 设有级数 $\sum_{n=1}^{\infty} \frac{2n-1}{2^n} x^{2n-2}$.

(1) 求级数的收敛区间.

(2) 在收敛区间内求级数的和函数.

4. 将函数 $f(x)=\arctan \frac{1-2x}{1+2x}$ 展成 x 幂级数,并求级数 $\sum_{n=0}^{\infty} \frac{(-1)^n}{2n+1}$ 的和.

5. 将函数 $f(x)=2x^2 (0 \leqslant x \leqslant \pi)$ 分别展成正弦级数和余弦级数.

6. 设 $f(x)$ 是周期函数为 2π 的函数,它在 $[-\pi,\pi)$ 上的表达式为 $f(x)=\begin{cases} 0, x \in [-\pi,0) \\ e^x, x \in [0,\pi) \end{cases}$. 将 $f(x)$ 展开成傅里叶级数.

单元测试题 A 答案

一、填空题

1. 2 2. 3 3. 充要 4. (0,6) 5. 收敛 6. (−1,1) 7. 收敛

8. $\frac{5}{6}\pi - \frac{1}{2}$ [分析:事实上,由于 $x=\pi$ 是 $f(x)$ 的间断点,所以在点 $x=\pi$ 处级数收敛于 $\frac{f(\pi-0)+f(\pi+0)}{2}=\frac{f(\pi-0)+f(-\pi+0)}{2}=\frac{\pi-1}{2}$,即 $s(\pi)=\frac{\pi-1}{2}$;$x=\frac{\pi}{3}$ 是 $f(x)$ 的连续点,在 $x=\frac{\pi}{3}$ 处级数收敛于 $f\left(\frac{\pi}{3}\right)=\frac{\pi}{3}$,即 $s\left(\frac{\pi}{3}\right)=\frac{\pi}{3}$,故 $s(\pi)+s\left(\frac{\pi}{3}\right)=\frac{5}{6}\pi-\frac{1}{2}$]

二、选择题

1. D 2. B 3. B 4. B 5. A 6. C 7. B 8. B 9. C 10. C

三、计算题

1. $f(x)=\frac{2x}{4-x^2}=\frac{1}{2-x}-\frac{1}{2+x}=\frac{1}{2\left(1-\frac{x}{2}\right)}-\frac{1}{2\left(1+\frac{x}{2}\right)}=$

$\frac{1}{2}\sum_{n=0}^{\infty}\left(\frac{x^n}{2^n}-(-1)^n\frac{x^n}{2^n}\right)=\sum_{n=0}^{\infty}(1-(-1)^n)\frac{x^n}{2^{n+1}}, -2<x<2$

2. $f(x)=\frac{x}{1+x-2x^2}=\frac{1}{3}\left(\frac{1}{1-x}-\frac{1}{1+2x}\right)=$

$\frac{1}{3}\left(\sum_{n=0}^{\infty} x^n - \sum_{n=0}^{\infty}(-1)^n(2x)^n\right)=$

$\frac{1}{3}\sum_{n=0}^{\infty}(1-(-2)^n)x^n, -\frac{1}{2}<x<\frac{1}{2}$

3. $f(x)=\frac{\mathrm{d}}{\mathrm{d}x}\left[\frac{x+\frac{x^2}{2!}+\frac{x^3}{3!}+\cdots+\frac{x^n}{n!}+\cdots}{x}\right] (x \neq 0)=$

$$\frac{\mathrm{d}}{\mathrm{d}x}\left(1+\frac{x}{2!}+\frac{x^2}{3!}+\cdots+\frac{x^{n-1}}{n!}+\cdots\right)=$$

$$\frac{1}{2!}+\frac{2x}{3!}+\cdots+\frac{n-1}{n!}x^{n-2}+\cdots=\sum_{n=2}^{\infty}\frac{n-1}{n!}x^{n-2}, x\neq 0$$

$$f(x)=\frac{\mathrm{d}}{\mathrm{d}x}\left(\frac{\mathrm{e}^x-1}{x}\right)=\frac{x\mathrm{e}^x-(\mathrm{e}^x-1)}{x^2}$$

令 $x=1$,则

$$f(1)=\sum_{n=2}^{\infty}\frac{n-1}{n!}=\sum_{n=1}^{\infty}\frac{n}{(n+1)!}=1$$

4. $$\mathrm{e}^x=1+x+\frac{1}{2!}x^2+\frac{1}{3!}x^3+\cdots=1+\sum_{n=1}^{\infty}\frac{1}{n!}x^n$$

令 $x=1$,则 $\mathrm{e}=1+\sum_{n=1}^{\infty}\frac{1}{n!}$,所以 $\sum_{n=1}^{\infty}\frac{1}{n!}=\mathrm{e}-1$.

5. 设和函数为 $S(x)$, $\sum_{n=1}^{\infty}\frac{x^n}{n}$ 的收敛半径 $R=1$,收敛域 $[-1,1)$,则

$$S(x)=\sum_{n=1}^{\infty}\frac{x^n}{n}$$

两边求导得

$$S'(x)=\sum_{n=1}^{\infty}x^{n-1}=\frac{1}{1-x}$$

$$S(x)=\int_0^x\frac{1}{1-x}\mathrm{d}x+S(0)=-\ln(1-x)$$

令 $x=\frac{1}{2}$,得

$$S\left(\frac{1}{2}\right)=-\ln\left(1-\frac{1}{2}\right)=\ln 2=\sum_{n=1}^{\infty}\frac{1}{n\cdot 2^n}$$

6. 因为 $(\ln(x+\sqrt{x^2+1}))'=\frac{1}{\sqrt{x^2+1}}=(x^2+1)^{-\frac{1}{2}}$,而

$$(x^2+1)^{-\frac{1}{2}}=1+\sum_{n=1}^{\infty}(-1)^n\frac{(2n-1)!!}{2n!!}x^{2n}, x\in[-1,1]$$

故

$$\ln(x+\sqrt{x^2+1})=\int_0^x(x^2+1)^{-\frac{1}{2}}\mathrm{d}x=\int_0^x\left(1+\sum_{n=1}^{\infty}(-1)^n\frac{(2n-1)!!}{2n!!}x^{2n}\right)\mathrm{d}x=$$

$$x+\sum_{n=1}^{\infty}(-1)^n\frac{(2n-1)!!}{2n!!\,(2n+1)}x^{2n+1}, x\in[-1,1]$$

7. 因为 $\frac{1}{(2-x)^2}=\left(\frac{1}{2-x}\right)^2, x\neq 2$,而

$$\frac{1}{2-x}=\frac{1}{2}\cdot\frac{1}{1-\frac{x}{2}}=\frac{1}{2}\cdot\sum_{n=0}^{\infty}\left(\frac{x}{2}\right)^n=\sum_{n=0}^{\infty}\frac{1}{2^{n+1}}x^n, x\in(-2,2)$$

故

$$\frac{1}{(2-x)^2} = \left(\frac{1}{2-x}\right)^2 = \left(\frac{1}{2-x}\right)' = \left(\sum_{n=0}^{\infty} \frac{1}{2^{n+1}} x^n\right)' = \left(\frac{1}{2} + \sum_{n=1}^{\infty} \frac{1}{2^{n+1}} x^n\right)' =$$
$$\sum_{n=1}^{\infty} \frac{n}{2^{n+1}} x^{n-1}, x \in (-2, 2)$$

四、证明题

1. 因为 $\sum_{n=1}^{\infty} a_n$ 收敛,所以, $a_n \to 0$,当 n 充分大时, $0 \leqslant a_n < 1$;故 $0 \leqslant a_n^2 \leqslant a_n$ 由比较法可知 $\sum_{n=1}^{\infty} a_n^2$ 收敛

2. $0 \leqslant |a_n b_n| \leqslant 2|a_n b_n| \leqslant a_n^2 + b_n^2$. 因为 $\sum_{n=1}^{\infty} a_n^2$ 与 $\sum_{n=1}^{\infty} b_n^2$ 收敛,所以 $\sum_{n=1}^{\infty}(a_n^2) + (b_n^2)$ 收敛,所以 $\sum_{n=1}^{\infty} |a_n b_n|$ 收敛,因此 $\sum_{n=1}^{\infty} a_n b_n$ 绝对收敛

3. 由于 $\frac{|a_n|}{n} \leqslant \frac{1}{2}\left(a_n^2 + \frac{1}{n^2}\right)$,因为级数 $\sum_{n=1}^{\infty} a_n^2$ 与级数 $\sum_{n=1}^{\infty} \frac{1}{n^2}$ 都收敛,由比较判别法可知 $\sum_{n=1}^{\infty} \frac{|a_n|}{n}$ 收敛

4. 由于 $|a_n a_{n+1}| \leqslant \frac{1}{2}(a_n^2 + a_{n+1}^2)$,因为级数 $\sum_{n=1}^{\infty} a_n^2$ 与级数 $\sum_{n=1}^{\infty} a_{n+1}^2$ 都收敛,由比较判别法可知 $\sum_{n=1}^{\infty} |a_n a_{n+1}|$ 收敛

单元测试题 B 答案

一、填空题

1. $(-2, 4)$ 2. $\frac{x^2}{1+x^2} + 2x \arctan x - \ln(1+x^2)$ 3. $\sum_{n=0}^{\infty} \frac{(\ln a)^n}{n!} x^n, x \in (-\infty, +\infty)$ 4. 2   5. $\frac{1}{3} \sum_{n=0}^{\infty} (-1)^n \frac{(x-3)^n}{3^n}$ $x \in (0, 6)$

二、讨论下列级数的收敛性

1. 因为 $\lim\limits_{n \to \infty} \frac{u_{n+1}}{u_n} = \lim\limits_{n \to \infty} \frac{\frac{3^{n+1}}{(n+1)2^{n+1}}}{\frac{3^n}{n 2^n}} = \lim\limits_{n \to \infty} \frac{3}{2} \cdot \frac{n}{n+1} = \frac{3}{2} > 1$,故级数发散

2. 因为 $\lim\limits_{n \to \infty} \frac{u_{n+1}}{u_n} = \lim\limits_{n \to \infty} \frac{(n+1)\tan \frac{\pi}{2^{n+2}}}{n \tan \frac{\pi}{2^{n+1}}} = \lim\limits_{n \to \infty} \frac{n+1}{n} \cdot \frac{\frac{\pi}{2^{n+2}}}{\frac{\pi}{2^{n+1}}} = \lim\limits_{n \to \infty} \frac{n+1}{n} \cdot \frac{1}{2} = \frac{1}{2} < 1$,

故级数收敛

3. 此级数的一般项为 $u_n = \frac{1}{2^n} + \frac{1}{3^n}$,因为 $\sum_{n=1}^{\infty} \frac{1}{2^n}$ 与 $\sum_{n=1}^{\infty} \frac{1}{3^n}$ 分别是公比为 $q = \frac{1}{2}$ 与 $q = \frac{1}{3}$

的等比级数,而 $|q|<1$,故 $\sum_{n=1}^{\infty} \frac{1}{2^n}$ 与 $\sum_{n=1}^{\infty} \frac{1}{3^n}$ 都收敛,根据收敛级数的性质知,原级数 $\sum_{n=1}^{\infty}\left(\frac{1}{2^n}+\frac{1}{3^n}\right)$ 收敛

4.因为 $\lim_{n\to\infty}\sqrt[n]{u_n}=\lim_{n\to\infty}\frac{n}{2n+1}=\frac{1}{2}<1$,故级数收敛

5.因为 $\lim_{n\to\infty}\sqrt[n]{u_n}=\lim_{n\to\infty}\frac{1}{\ln(n+1)}=0<1$,故级数收敛

6.因为 $\lim_{n\to\infty}\sqrt[n]{u_n}=\lim_{n\to\infty}\frac{b}{a_n}=\frac{b}{a}$,当 $b<a$ 时,$\lim_{n\to\infty}\sqrt[n]{u_n}<1$,故级数收敛;当 $b>a$ 时,$\lim_{n\to\infty}\sqrt[n]{u_n}>1$,故级数发散;当 $b=a$ 时,$\lim_{n\to\infty}\sqrt[n]{u_n}=1$,级数的收敛性不能确定

三、讨论下列级数的收敛性,并指出收敛时是绝对收敛还是条件收敛

1.对级数 $\sum_{n=1}^{\infty}\frac{\beta^n}{n^\alpha}$,由于 $\lim_{n\to\infty}\frac{u_{n+1}}{u_n}=\beta$,故 $\beta<1$,绝对收敛;当 $\beta=1$ 时,级数成为 $\sum_{n=1}^{\infty}(-1)^n\frac{1}{n^\alpha}$,故当 $\beta=1$,而当 $\alpha>1$ 时,也绝对收敛;当 $\beta=1$,且 $0<\alpha\le 1$ 时,条件收敛

2.因为
$$\sin(\pi\sqrt{n^2+1})=(-1)^n\sin(\pi\sqrt{n^2+1}-n\pi)=(-1)^n\sin\left(\frac{\pi}{\sqrt{n^2+1}+n}\right)$$
而 $\sin\left(\frac{\pi}{\sqrt{n^2+1}+n}\right)$ 单调趋于0,故由莱布尼茨判别法知原级数条件收敛

3.$u_n=(-1)^n\frac{1}{n^p}$,$|u_n|=\frac{1}{n^p}$,当 $p>1$ 时,$\sum_{n=1}^{\infty}|u_n|$,收敛;当 $0<p\le 1$ 时,$\sum_{n=1}^{\infty}(-1)^n\cdot\frac{1}{n^p}$ 是交错级数,且满足莱布尼茨定理的条件,因而收敛且为条件收敛;当 $p\le 0$ 时,由于 $u_n\nrightarrow 0(n\to\infty)$,此时级数发散.综上可知,当 $p>1$ 时,级数收敛;当 $0<p\le 1$ 时,级数条件收敛;当 $p\le 0$ 时,级数发散

4.
$$u_n=(-1)^n\frac{(n+1)!}{n^{n+1}}$$
$$\lim_{n\to\infty}\frac{|u_{n+1}|}{|u_n|}=\lim_{n\to\infty}\frac{(n+2)n^{n+1}}{(n+1)(n+1)^{n+1}}=\lim_{n\to\infty}\frac{n+2}{n+1}\frac{1}{\left(1+\frac{1}{n}\right)^{n+1}}=\frac{1}{e}<1$$

由比值审敛法知 $\sum_{n=1}^{\infty}|u_n|$ 收敛,即原级数绝对收敛

四、计算题

1.设 $a_n=n(n+1)>0$,则 $\lim_{n\to\infty}\frac{a_{n+1}}{a_n}=1$,且当 $x=\pm 1$ 时,级数发散,因此级数收敛区间为 $(-1,1)$.设当 $x\in(-1,1)$ 时,$s(x)=\sum_{n=1}^{\infty}n(n+1)x^{n-1}$,于是
$$f(x)=\int_0^x s(t)dt=\sum_{n=1}^{\infty}(n+1)x^n,\int_0^x f(t)dt=\sum_{n=1}^{\infty}x^{n+1}=\frac{x^2}{1-x}$$

所以
$$s(x) = \left(\frac{x^2}{1-x}\right)'' = \frac{2}{(1-x)^3}$$

2. 因为 $\rho = \lim\limits_{n\to\infty}\left|\frac{a_{n+1}}{a_n}\right| = \lim\limits_{n\to\infty}\frac{n!\,(n+1)^2}{n^2(n+1)!} = 0$,幂级数的收敛区间是 $(-\infty, +\infty)$,令 $s(x) = \sum\limits_{n=1}^{\infty}\frac{n^2}{n!}x^n$,则

$$s(x) = \sum_{n=1}^{\infty}\frac{n}{(n-1)!}x^n = x\sum_{n=1}^{\infty}\frac{n}{(n-1)!}x^{n-1} =$$
$$x\sum_{n=1}^{\infty}\left[\frac{1}{(n-1)!}x^n\right]' = x\left(x\sum_{n=1}^{\infty}\frac{x^{n-1}}{(n-1)!}\right)' =$$
$$x(xe^x)' = x(1+x)e^x, x \in (-\infty, +\infty)$$

3. (1) 因为 $\lim\limits_{n\to\infty}\left|\frac{u_{n+1}(x)}{u_n(x)}\right| = \frac{|x|^2}{2}$,故当 $\frac{|x|^2}{2} < 1$ 时,即 $|x| < \sqrt{2}$ 时,收敛,当 $\frac{|x|^2}{2} > 1$ 时,即 $|x| > \sqrt{2}$ 时,发散,所以,收敛半径为 $\sqrt{2}$

当 $x = \pm\sqrt{2}$ 时,由于一般项的极限 $\lim\limits_{n\to\infty}\frac{2n-1}{2^n}(\pm\sqrt{2})^{2n-2} \neq 0$,所以收敛区间为 $(-\sqrt{2}, \sqrt{2})$

(2) 设 $s(x) = \sum\limits_{n=1}^{\infty}\frac{2n-1}{2^n}x^{2n-2}, |x| < \sqrt{2}$,则

$$\int_0^x s(x)\,dx = \sum_{n=1}^{\infty}\int_0^x \frac{2n-1}{2^n}x^{2n-2}\,dx = \sum_{n=1}^{\infty}\frac{1}{2^n}x^{2n-1} = \frac{1}{x}\sum_{n=1}^{\infty}\left(\frac{x^2}{2}\right)^n = \frac{x}{2-x^2} \quad (x \neq 0)$$

所以
$$s(x) = \left(\frac{x}{2-x^2}\right)' = \frac{2+x^2}{(2-x^2)^2}, |x| < \sqrt{2}$$

4. (1)(因为 $f'(x)$ 简单,先求 $f'(x)$ 的展开式,然后逐项积分得 $f(x)$ 的展开式.)因
$$f'(x) = \frac{1}{1+\left(\frac{1-2x}{1+2x}\right)^2}\left(\frac{1-2x}{1+2x}\right)' = \frac{-2}{1+4x^2} = -2\sum_{n=0}^{\infty}(-1)^n 4^n x^{2n}, x \in \left(-\frac{1}{2}, \frac{1}{2}\right)$$

又 $f(0) = \frac{\pi}{4}$,两边积分得

$$f(x) = \frac{\pi}{4} - 2\int_0^x \sum_{n=0}^{\infty}(-1)^n 4^n t^{2n}\,dt = \frac{\pi}{4} - 2\sum_{n=0}^{\infty}(-1)^n \frac{4^n}{2n+1}x^{2n+1}, x \in \left(-\frac{1}{2}, \frac{1}{2}\right)$$

因为 $f(x)$ 在 $x = \frac{1}{2}$ 处连续

$$\sum_{n=0}^{\infty}(-1)^n\frac{4^n}{2n+1}x^{2n+1}\bigg|_{x=\frac{1}{2}} = \frac{1}{2}\sum_{n=0}^{\infty}(-1)^n\frac{1}{2n+1}$$

所以
$$f(x) = \frac{\pi}{4} - 2\sum_{n=0}^{\infty}(-1)^n\frac{4^n}{2n+1}x^{2n+1}, x \in \left(-\frac{1}{2}, \frac{1}{2}\right]$$

(2) 令 $x = \frac{1}{2}$,得

$$f\left(\frac{1}{2}\right)=\frac{\pi}{4}-2\sum_{n=0}^{\infty}(-1)^{n}\frac{4^{n}}{2n+1}\frac{1}{2^{2n+1}}=\frac{\pi}{4}-\sum_{n=0}^{\infty}(-1)^{n}\frac{1}{2n+1}$$

而 $f\left(\frac{1}{2}\right)=0$. 所以 $\sum_{n=0}^{\infty}(-1)^{n}\frac{1}{2n+1}=\frac{\pi}{4}$.

5.（1）展成正弦级数. 令 $\varphi(x)=\begin{cases}2x^{2}, & x\in[0,\pi]\\ -2x^{2}, & x\in(-\pi,0)\end{cases}$ 是 $f(x)$ 的奇延拓，又 $\Phi(x)$ 是 $\varphi(x)$ 的周期延拓函数，则 $\Phi(x)$ 满足收敛定理的条件，而在 $x=(2k+1)\pi$ 处间断，又在 $[0,\pi]$ 上，$\Phi(x)=f(x)$，故它的傅里叶级数在 $[0,\pi]$ 上收敛于 $f(x)$. 而 $a_n=0(n=0,1,2,\cdots)$，故

$$f(x)=\frac{4}{\pi}\sum_{n=1}^{\infty}(-1)^{n+1}\frac{\pi^{2}}{n}-\frac{4}{n^{3}}\sin nx, x\in[0,\pi]$$

（2）展成余弦级数. 令 $\varphi(x)=2x^{2}, x\in(-\pi,\pi]$ 是的偶延拓，又 $\Phi(x)$ 是 $\varphi(x)$ 的周期延拓函数，则 $\Phi(x)$ 满足收敛定理的条件且处处连续，又在 $[0,\pi]$ 上，$\Phi(x)=f(x)$，故它的傅里叶级数在 $[0,\pi]$ 上收敛于 $f(x)$.

$$b_n=0, n=0,1,2,\cdots$$

$$a_0=\frac{2}{\pi}\int_0^{\pi}2x^2\,dx=\frac{4}{3}\pi^2$$

$$a_n=\frac{2}{\pi}\int_0^{\pi}2x^2\cos nx\,dx=(-1)^n\frac{8}{n^2}, n=1,2,\cdots$$

故

$$f(x)=\frac{2}{3}\pi^2+8\sum_{n=1}^{\infty}\frac{(-1)^n}{n^2}\cos nx, x\in[0,\pi]$$

6. $f(x)$ 满足收敛定理的条件，且除了 $x=k\pi(k\in\mathbf{Z})$ 外，处处连续.

$$a_0=\frac{1}{\pi}\int_{-\pi}^{\pi}f(x)\,dx=\frac{1}{\pi}\int_0^{\pi}e^x\,dx=\frac{e^{\pi}-1}{\pi}$$

$$a_n=\frac{1}{\pi}\int_{-\pi}^{\pi}f(x)\cos nx\,dx=\frac{1}{\pi}\int_0^{\pi}e^x\cos nx\,dx=\frac{1}{\pi}\int_0^{\pi}\cos nx\,de^x=$$

$$\frac{1}{\pi}\left(e^x\cos nx\bigg|_0^{\pi}+n\int_0^{\pi}e^x\sin nx\,dx\right)=$$

$$\frac{(-1)^n e^{\pi}-1}{\pi}+\frac{n}{\pi}\left(e^x\sin nx\bigg|_0^{\pi}-n\int_0^{\pi}e^x\cos nx\,dx\right)=$$

$$\frac{(-1)^n e^{\pi}-1}{\pi}-n^2 a_n$$

故

$$a_n=\frac{(-1)^n e^{\pi}-1}{(n^2+1)\pi}, n=1,2,\cdots$$

而

$$b_n=\frac{1}{\pi}\int_{-\pi}^{\pi}f(x)\sin nx\,dx=\frac{1}{\pi}\int_0^{\pi}e^x\sin nx\,dx=\frac{1}{\pi}\int_0^{\pi}\sin nx\,de^x=$$

$$\frac{1}{\pi}\left(e^x\sin nx\bigg|_0^{\pi}-n\int_0^{\pi}e^x\cos nx\,dx\right)=-na_n, n=1,2,\cdots$$

于是

$$f(x)=\frac{e^{\pi}-1}{2\pi}+\frac{1}{\pi}\sum_{n=1}^{\infty}\left(\frac{(-1)^n e^{\pi}-1}{n^2+1}\cos nx+\frac{(-1)^{n+1}e^{\pi}+1}{n^2+1}n\sin nx\right)$$

$$x\in\mathbf{R}\setminus\{k\pi\mid k\in\mathbf{Z}\}$$

综合自测题

综合自测题(1)

一、填空题

1. 椭圆面 $2x^2+3y^2+z^2=6$ 在点 $(1,1,1)$ 处的切平面方程是_____.

2. $\oint_L (x^2+y^2)\mathrm{d}s = $ _____,其中 L 是圆周 $x^2+y^2=r^2$.

3. 设曲面 S 的方程为 $z=f(x,y)$,且 $f(x,y)$ 具有连续偏导数,D 为 S 为 xOy 面上的投影,则 S 的面积为_____.

4. 设 D 为闭区域,L 是分段光滑的 D 的边界曲线,则格林公式 $\iint_D \left(\dfrac{\partial Q}{\partial x}-\dfrac{\partial P}{\partial y}\right)\mathrm{d}x\mathrm{d}y = \oint_L P\mathrm{d}x+Q\mathrm{d}y$ 成立的充分条件是_____.

5. $f(x)=\dfrac{1}{x}$ 关于 $x-2$ 的幂函数展开式是_____.

二、选择题

1. 将 $\iint\limits_{x^2+y^2\leq 4} \mathrm{e}^{x^2+y^2}\mathrm{d}\sigma$ 化为二次积分是( ).

   A. $\int_{-2}^{2}\mathrm{d}x\int_{-2}^{2}\mathrm{e}^{x^2+y^2}\mathrm{d}y$ B. $\int_{0}^{2\pi}\mathrm{d}\theta\int_{0}^{2}r\mathrm{e}^{r^2}\mathrm{d}r$ C. $\int_{0}^{2\pi}\mathrm{d}\theta\int_{0}^{2}r\mathrm{e}^{r^4}\mathrm{d}r$ D. $\int_{0}^{2\pi}\mathrm{d}\theta\int_{0}^{2}\mathrm{e}^{r^2}\mathrm{d}r$

2. $\lim\limits_{n\to\infty}u_n=0$ 是常数项级数 $\sum\limits_{n=1}^{\infty}u_n$ 收敛的( ).

   A. 必要条件   B. 充分条件   C. 充要条件   D. 无关条件

3. 已知 $z=\mathrm{e}^{x+y}+y$,则下列等式不准确的是( ).

   A. $z''_{xx}=z''_{yy}$ B. $z''_{xy}=z'_y$ C. $z'_x=z''_{yx}$ D. $z''_{xy}=z''_{yx}$

4. 级数 $\sum\limits_{n=1}^{\infty}\dfrac{(-1)^n}{n^p}x^n (p>1)$ 的收敛域为( ).

   A. $(-1,1)$ B. $[-1,1]$ C. $[-1,1)$ D. $(-1,1]$

5. 设有二元函数 $z=f(x,y)$,则当点 $p(x,y)$ 处( )时,$z=f(x,y)$ 的全微分存在.

   A. $z=f(x,y)$ 连续   B. f_x, f_y 存在
   C. f_x, f_y 存在且连续   D. 沿任一方向的方向导数 $\dfrac{\partial f}{\partial l}$ 存在

三、计算题

1. 设 $z=f(x^2-y^2, xy)$,其中 f 具有二阶偏导数,求 $\dfrac{\partial z}{\partial x}, \dfrac{\partial^2 z}{\partial x\partial y}$.

2. 计算 $\int_0^1 dx \int_x^1 e^{-y^2} dy$.

3. 设 Ω 是由 $x^2+y^2+z^2=2$ 及 $z=x^2+y^2$ 所围成的空间区域 $z\geqslant 0$, 求 $I=\iiint\limits_{\Omega} z\,dv$ 的值.

4. 已知 Σ 是球面 $x^2+y^2+z^2=R^2$ 的下半部分下侧, 计算 $\iint\limits_{\Sigma}(x^2+y^2)z\,dx\,dy$.

5. 求幂级数 $\sum\limits_{n=1}^{\infty} n(n+1)x^{n-1}$ 的收敛区间及和函数.

6. 设平面曲线 C 是抛物线 $2x=\pi y^2$ 从点 $A(0,0)$ 到点 $B(\frac{\pi}{2},1)$ 的一段弧, 计算: $I=\int_C (2xy^3-y^2\cos x)dx+(1-2y\sin x+3x^2y^2)dy$.

综合自测题(2)

一、填空题

1. 若 $f\left(x+y,\dfrac{y}{x}\right)=x^2-y^2$, 则 $f(x,y)=$ _____.

2. 设 $z=e^{xy}$, 则 $dz=$ _____.

3. 曲面 $x^2+y^2-z=1$ 在点 $(2,1,4)$ 处的切平面方程是 _____.

4. 若 Ω 是曲面 $z=(x-1)^2+y^2$ 及平面 $z=1$ 所围成的闭区域, 则 $\iiint\limits_{\Omega} f(x,y,z)dv$ 在柱坐标下的累次积分表达式为 _____.

5. 设 $I=\oint_L x\,dy-y\,dx$, 其中 L 为 $x^2+y^2=2ax$ 取正向, 则 $I=$ _____.

二、选择题

1. 函数 $f(x,y)=\begin{cases}\dfrac{xy}{x^2+y^2}, & x^2+y^2\neq 0\\ 0, & x^2+y^2=0\end{cases}$ 在 $(0,0)$ 处( ).

   A. 无定义　　　　B. 无极限　　　　C. 连续　　　　D. 有极限但不连续

2. 对多元函数而言, 下列命题中正确的是( ).

   A. 可微的充分必要条件是偏导数存在
   B. 可微时偏导数一定存在且连续
   C. 可微时不仅偏导数存在, 而且函数本身必连续
   D. 方向导数都存在时必可微

3. $f(x,y)=x^3-3x-y^2$ 在点 $(1,0)$ 处( ).

   A. 取得极大值　　　　　　　　B. 取得极小值
   C. 无极值　　　　　　　　　　D. 不能确定是否取得极值

4. 设 a 为大于 0 的常数,则级数 $\sum\limits_{n=1}^{\infty} \dfrac{(-1)^n}{1+n^a}$ (   ).

A. 条件收敛 　　　　　　　B. 发散
C. 绝对收敛 　　　　　　　D. 当 $a>1$ 时,绝对收敛,当 $a\leqslant 1$ 时,条件收敛

5. 将二次积分 $I=\int_1^e dx \int_0^{\ln x} f(x,y) dy$ 改变积分次序,则 $I=$(   ).

A. $\int_1^e dy \int_0^{\ln y} f(x,y) dx$ 　　　　　　　B. $\int_0^1 dy \int_{e^y}^e f(x,y) dx$

C. $\int_0^1 dy \int_{e^u}^e f(x,y) dx$ 　　　　　　　D. $\int_1^e dy \int_0^{e^y} f(x,y) dx$

三、计算题

1. 设函数 $z=f(u,v)$,其中 f 有连续的二阶偏导数,又 $u=x^2, v=\dfrac{x}{y}$,求 $\dfrac{\partial^2 z}{\partial x \partial y}$.

2. 求 $\iint\limits_D \dfrac{\sin x}{x} dx dy$,其中 D 是由曲线 $y=x^2$ 及直线 $y=x$ 所围成的区域.

3. 计算 $\int_L xy dx + xy^2 dy$,其中 L 是顺次连接点 $A(-2,0), B(0,2), C(2,2), D(2,4)$ 的折线段 $\overline{ABCD}$.

4. 求 $\iiint\limits_\Omega (x^2+y^2+z^2) dv$,其中 Ω 是上半球体 $x^2+y^2+z^2 \leqslant 1 (z \geqslant 0)$.

5. 设有级数 $\sum\limits_{n=1}^{\infty} \dfrac{2n-1}{2^n} x^{2n-2}$.

(1) 求级数的收敛区间;(2) 在收敛区间内求级数的和函数.

6. 设 Σ 是由四平面 $x+y+z=1, x=0, y=0, z=0$ 所围成的四面体 Ω 的表面外侧,计算 $\iint\limits_\Sigma z dy dz + x^3 y dz dx + y^2 dx dy$.

综合自测题(3)

一、填空题

1. 设 $f(x,y)=x^2+y^2-xy\tan\dfrac{x}{y}$,则 $f(tx,ty)=$ _____.

2. 函数 $u=\dfrac{1}{\sqrt{x}}+\dfrac{1}{\sqrt{y}}+\dfrac{1}{\sqrt{z}}$ 的定义域为 _____.

3. 设 $z=y^x$,则 $dz=$ _____.

4. 将 $I=\int_0^{2a} dx \int_0^{\sqrt{2ax-x^2}} (x^2+y^2) dy$ 化为极坐标系下的二次积分为 _____.

5. $\int_0^1 dx \int_0^{1-x} dy \int_0^{1-x-y} dz =$ _____.

二、选择题

1. 若 $\lim\limits_{\substack{y=kx \\ x\to 0}} f(x,y) = I$,对任意的实数 K 都成立,则 $\lim\limits_{x,y\to(0,0)} f(x,y) = $(   ).

A. 存在且为 I B. 存在且为 $|I|$
C. 不一定存在   D. 一定不存在

2. 函数 $z=xy$ 的极值为( ).

A. $(0,0)$ B. 0   C. 存在且不为零   D. 不存在

3. 设 Σ 为曲面 $z=\sqrt{a^2-x^2-y^2}$，则 $\iint\limits_{\Sigma} ds = ($).

A. $\dfrac{3}{4}\pi a^2$ B. $4\pi a^2$ C. $2\pi a^2$ D. $\dfrac{1}{2}\pi a^2$

4. 设常数 $k \geqslant 0$，则级数 $\sum\limits_{n=1}^{\infty}(-1)^n \dfrac{k}{\ln(1+n)}$ 是( ).

A. 发散   B. 绝对收敛   C. 条件收敛   D. 敛散性与 k 有关

5. 设 $f(x+2\pi)=f(x)$，且 $f(x)=\begin{cases} -1, -\pi \leqslant x \leqslant 0 \\ 0, 0 < x < \pi \end{cases}$，则 $f(x)$ 的傅里叶级数 $a_n = ($).

A. 0   B. 1   C. -1 D. $\dfrac{2}{n\pi}(1-(-1)^n)$

三、计算题

1. 设 $z=f(x,y)$ 且 $\begin{cases} x=t+\sin t \\ y=\varphi(t) \end{cases}$，其中 f 具有二阶连续偏导数，φ 二阶可导，求 $\dfrac{dz}{dx}$，$\dfrac{d^2 z}{dx^2}$.

2. 将 $f(x)=\dfrac{d}{dx}\left(\dfrac{e^x-1}{x}\right)$ 展开成 x 的幂级数，并求其收敛区间.

3. 求 $\iint\limits_{D}\sqrt{(y+\sqrt{3}x)^2}\,dxdy$，其中 $D: x^2+y^2 \leqslant 1$.

4. 求 $I=\int\limits_{L}y\,ds$，其中 L 为在 $y^2=4x$ 上自 $A(1,2)$ 到 $B(0,0)$ 的一段弧.

综合自测题(1) 答案

一、填空题

1. $2x+3y+z-6=0$ 2. $2\pi r^3$ 3. $\iint\limits_{D}\sqrt{1+f_x^2+f_y^2}\,dxdy$ 4. P,Q 在 D 上有连续一阶偏导数，且积分曲线沿正向   5. $\dfrac{1}{2}\sum\limits_{n=0}^{\infty}(-1)^n \dfrac{(x-2)^n}{2^n}$，$-1 < x < 3$

二、选择题

1. B   2. A   3. B   4. B   5. C

三、计算题

1. $\dfrac{\partial z}{\partial x}=f_1 \cdot 2x + yf_2$

$$\frac{\partial^2 z}{\partial x \partial y} = 2x(-2yf''_{11} + xf''_{12}) + f_2 + y(-2yf''_{21} + xf''_{22}) = f_2 - 4xyf''_{11} + 2(x^2 - y^2)f''_{12} + xyf''_{22}$$

2. $\int_0^1 dx \int_x^1 e^{-y^2} dy = \int_0^1 dy \int_0^y e^{-y^2} dx = \int_0^1 y e^{-y^2} dy = -\frac{1}{2} e^{-y^2} \Big|_0^1 = \frac{1}{2}(1 - e^{-1})$

3. 用柱面坐标,则 $I = \int_0^{2\pi} d\theta \int_0^1 r dr \int_{r^2}^{\sqrt{2-r^2}} z dz = \pi \int_0^1 (2r - r^3 - r^5) dr = \frac{7}{12}\pi$

4. $\iint_\Sigma (x^2 + y^2) z dx dy = \iint_{x^2+y^2 \leqslant R^2} (x^2 + y^2)\sqrt{R^2 - x^2 - y^2} dx dy = \int_0^{2\pi} d\theta \int_0^R \sqrt{R^2 - r^2} \cdot r^3 dr = \frac{4\pi R^5}{15}$

5. 设 $a_n = n(n+1) > 0$,则 $\lim_{n \to \infty} \frac{a_{n+1}}{a_n} = 1$,且当 $x = \pm 1$ 时,级数发散,因此级数收敛区间为 $(-1, 1)$. 设当 $x \in (-1, 1)$ 时,$s(x) = \sum_{n=1}^\infty n(n+1) x^{n-1}$,于是

$$f(x) = \int_0^x s(t) dt = \sum_{n=1}^\infty (n+1) x^n, \int_0^x f(t) dt = \sum_{n=1}^\infty x^{n+1} = \frac{x^2}{1-x}$$

所以 $$s(x) = \left(\frac{x^2}{1-x}\right)'' = \frac{2}{(1-x)^3}$$

6. 因为 $\frac{\partial P}{\partial y} = 6xy^2 - 2y\cos x = \frac{\partial Q}{\partial x}$,所以积分与路径无关,有

$$I = \int_0^{\frac{\pi}{2}} (0-0) dx + \int_0^1 \left(1 - 2y + \frac{3}{4}\pi^2 y^2\right) dy = \frac{1}{4}\pi^2$$

综合自测题(2)答案

一、填空题

1. $\frac{x^2(1-y)}{1+y}$ 2. $ye^{xy} dx + xe^{xy} dy$ 3. $4x + 2y - z - 6 = 0$

4. $\int_{-\frac{\pi}{2}}^{\frac{\pi}{2}} d\theta \int_0^{2\cos\theta} dr \int_{r^2 - 2r\cos\theta + 1}^1 f(r\cos\theta, r\sin\theta, z) r dz$ 5. $2\pi a^2$

二、选择题

1. B   2. C   3. C   4. D   5. B

三、计算题

1. $\frac{\partial z}{\partial} = 2xf_u + \frac{1}{y}f_v$

$$\frac{\partial^2 z}{\partial x \partial y} = 2xf''_{uv}\left(-\frac{x}{y^2}\right) - \frac{1}{y^2}f_v + \frac{1}{y}f''_{vv}\left(-\frac{x}{y^2}\right) = -\frac{1}{y^2}\left(2x^2 f''_{uv} + \frac{x}{y}f''_{vv} + f_v\right)$$

2. 原式 $= \int_0^1 dx \int_{x^2}^x \frac{\sin x}{x} dy = \int_0^1 (1-x) \sin x dx = \int_0^1 \sin x dx - \int_0^1 x \sin x dx = 1 - \sin 1$

3. 原式 $=\int_{\overline{AB}} x^2 y dx + xy^2 dy + \int_{\overline{BC}} x^2 y dx + xy^2 dy + \int_{\overline{CD}} x^2 y dx + xy^2 dy =$
$$\int_{-2}^{0}(x^2(x+2)+x(x+2)^2)dx+\int_0^2 2x^2 dx+\int_2^4 2y^2 dy=\frac{128}{3}$$

4. 原式 $=\int_0^{2\pi}d\theta\int_0^{\frac{\pi}{2}}d\varphi\int_0^1 r^2 r^2 \sin\varphi dr = \frac{1}{5}\int_0^{2\pi}d\theta\int_0^{\frac{\pi}{2}}\sin\varphi d\varphi = \frac{2\pi}{5}$

5. 由 Gauss 公式，原式 $= \iiint_\Omega x^3 dv = \int_0^1 dx \int_0^{1-x} dy \int_0^{1-x-y} x^3 dz =$
$$\int_0^1 \left(x^3(1-x)^2 - \frac{1}{2}x^3(1-x)^2\right)dx = \frac{1}{120}$$

综合自测题（3）答案

一、填空题

1. $t^2 f(x,y)$ 2. $\{(x,y,z) | x > 0, y > 0, z > 0\}$ 3. $y^x \ln y dx + xy^{x-1} dy$

4. $\int_0^{\frac{\pi}{2}} d\theta \int_0^{2a\cos\theta} r^3 dr$ 5. $\frac{1}{6}$

二、选择题

1. C   2. D   3. C   4. D   5. A

三、计算题

1. $y_x' = \frac{\varphi'(t)}{1+\cos t}, y_x'' = \frac{\varphi''(t)(1+\cos t) + \varphi'(t)\sin t}{(1+\cos t)^3}$

$\frac{dz}{dx} = f_1 + f_2 y_x' = f_1 + f_2 \cdot \frac{\varphi'(t)}{1+\cos t}$

$\frac{d^2 z}{dx^2} = f_{11}'' + f_{12}'' y_x' + (f_{22}'' y_x' + f_{21}'') y_x' + f_2 y_x'' =$

$$f_{11}'' + 2\frac{\varphi'(t)}{1+\cos t} f_{12}'' + \left(\frac{\varphi'(t)}{1+\cos t}\right)^2 f_{22}'' + \frac{\varphi''(t)(1+\cos t) + \varphi'(t)\sin t}{(1+\cos t)^3} f_2$$

2. 因为
$$e^x = 1 + x + \frac{1}{2!}x^2 + \frac{1}{3!}x^3 + \cdots \frac{1}{n!}x^n + \cdots$$

$$\frac{e^x - 1}{x} = 1 + \frac{1}{2!}x + \frac{1}{3!}x^2 + \cdots \frac{1}{n!}x^{n-1} + \cdots$$

所以
$$\frac{d}{dx}\left(\frac{e^x - 1}{x}\right) = \frac{1}{2!} + \frac{2}{3!}x + \cdots \frac{n-1}{n!}x^{n-2} + \cdots$$

又因为
$$\lim_{n\to\infty}\left|\frac{u_{n+1}}{u_n}\right| = \lim_{n\to\infty}\frac{n!}{(n+1)!} \cdot \frac{n}{n-1} = 0$$

所以收敛半径为 ∞，从而

$$\frac{d}{dx}\left(\frac{e^x - 1}{x}\right) = \sum_{n=2}^{\infty} \frac{n-1}{n!} x^{n-2}, (-\infty, 0) \cup (0, +\infty)$$

3. 用直线 $y + \sqrt{3} x = 0$ 将区域 D 分成两部分 D_1 和 D_2，则

$$\iint_D \sqrt{(y+\sqrt{3}\,x)^2}\,d\sigma = \iint_D |y+\sqrt{3}\,x|\,d\sigma = \iint_{D_1} -(y+\sqrt{3}\,x)\,d\sigma + \iint_{D_2}(y+\sqrt{3}\,x)\,d\sigma =$$

$$-\int_{\frac{2\pi}{3}}^{\frac{5\pi}{3}}(\sin\theta+\sqrt{3}\cos\theta)\,d\theta\int_0^1 r^2\,dr + \int_{-\frac{\pi}{3}}^{\frac{2\pi}{3}}(\sin\theta+\sqrt{3}\cos\theta)\,d\theta\int_0^1 r^2\,dr = \frac{8}{3}$$

4. $\int_L y\,ds = 2\int_0^1 \sqrt{x}\sqrt{1+\frac{1}{x}}\,dx = 2\int_0^1 \sqrt{1+x}\,dx = \frac{4}{3}(2\sqrt{2}-1)$

教材课后习题解答

第9章

9.1

1. 非零向量 a 与三个坐标轴正向的夹角的余弦值, $a=\{x,y,z\}$,

$\cos\alpha=\dfrac{x}{\sqrt{x^2+y^2+z^2}}$, $\cos\beta=\dfrac{y}{\sqrt{x^2+y^2+z^2}}$, $\cos\gamma=\dfrac{z}{\sqrt{x^2+y^2+z^2}}$

2. 设 a 的起点坐标为 (x,y,z),从而 $\{1-x,2-y,3-z\}=\{7,-4,4\}$,解得 a 的起点坐标为 $(-6,6,-1)$,故 $|a|=9$, $\cos\alpha=\dfrac{7}{9}$, $\cos\beta=-\dfrac{4}{9}$, $\cos\gamma=\dfrac{4}{9}$

3. $5a-2j+3b-c=5(i-j+4k)-2j+3(2i+3j-k)-\{5j-3k\}=11i-3j+20k$

4. A、IV 卦限;B、V;C、IIIV 卦限;D、III

5. A 在 xoy 面上;B 在 yoz 面上;C 在 x 轴上;D 在 y 轴上

6. (a,b,c) 关于(1)xoy 面的对称点的坐标为 $(a,b,-c)$;yoz 面的对称点的坐标为 $(-a,b,c)$;zox 面的对称点的坐标为 $(a,-b,c)$;关于(2)x 轴对称点的坐标为 $(a,-b,-c)$;y 轴对称点的坐标为 $(-a,b,-c)$, z 轴对称点的坐标为 $(-a,-b,c)$,关于(3)坐标原点对称的点的坐标为 $(-a,-b,-c)$

7. 到 x 轴的距离为 5;到 y 轴的距离为 $\sqrt{34}$;到 z 轴的距离为 $\sqrt{41}$

8. 设 yoz 面上的点的坐标为 $(0,a,b)$,由已知有

$\sqrt{(0-3)^2+(a-1)^2+(b-2)^2}=\sqrt{(0-4)^2+(a+2)^2+(b+2)^2}$

$\sqrt{(0-3)^2+(a-1)^2+(b-2)^2}=\sqrt{(0-0)^2+(a-5)^2+(b-1)^2}$

解得 $a=1,b=-2$,所以所求点的坐标为 $(0,1,-2)$

9. 由已知 $\overrightarrow{P_1P_2}=\{0,-3,4\}$ $|\overrightarrow{P_1P_2}|=5$,方向余弦

$\cos\alpha=\dfrac{0}{|\overrightarrow{P_1P_2}|}=0$, $\cos\beta=\dfrac{-3}{|\overrightarrow{P_1P_2}|}=-\dfrac{3}{5}$, $\cos\gamma=\dfrac{4}{|\overrightarrow{P_1P_2}|}=\dfrac{4}{5}$

方向角:$\alpha=0$, $\beta=\arccos(-\dfrac{3}{5})$, $\gamma=\arccos\dfrac{4}{5}$

10. 由已知 $|\gamma|=6$, $\theta=\dfrac{\pi}{3}$, $prj_u r=|\gamma|\cos\theta=6\times\dfrac{1}{2}=3$

11. 设起点 A 的坐标为 (a,b,c),从而 $\overrightarrow{AB}=\{2-a,-1-b,7-c\}=\{2,5,-2\}$

解得 $a=0,b=-6,c=9$,所以所求点的坐标为 $A(0,-6,9)$

12. $a = 4m - 3n + p = 4(3i + 5j + 8k) - 3(2i - 4j - 7k) + (5i + j - 4k) = 11i + 33j + 49k$

故 a 在 x 轴上的投影 $a_x = 11$,在 y 轴上的分量为 $33j$.

9.2

1. $\cos^2\alpha + \cos^2\beta + \cos^2\gamma = 1$,而 $\alpha = \beta = \gamma$,所以 $\cos^2\alpha = \frac{1}{3}$,故 $\cos\alpha = \frac{1}{\sqrt{3}}$($\alpha$ 为锐角),

所以与 u 同向的单位向量为 $e_u = \left\{\frac{1}{\sqrt{3}}, \frac{1}{\sqrt{3}}, \frac{1}{\sqrt{3}}\right\}$

(1) $a \cdot u = |u| \, prj_u a$,故 $prj_u a = \frac{a \cdot u}{|u|} = a \cdot e_u = \sqrt{3}$

(2) $\cos\theta = \frac{a \cdot u}{|a||u|} = \frac{1}{|a|} a \cdot u = \frac{\sqrt{3}}{\sqrt{29}}$

2. $a_b = \frac{a \cdot b}{|b|} = \frac{4 \times 2 + (-3) \mp 2 + 4 \times 1}{3} = 2$

3. (1) $a \cdot b = 2 \times 1 - 1 \times 2 + 1 = 1$

(2) $a \times b = \begin{vmatrix} i & j & k \\ 2 & -1 & 1 \\ 1 & 2 & 1 \end{vmatrix} = \{-3, -1, 5\}$

(3) $\cos\theta = \frac{1}{\sqrt{6} \cdot \sqrt{6}} = \frac{1}{6}$

4. 由已知 $(\lambda a + \mu b) \cdot \{0, 0, 1\} = 0$,故 $-2\lambda + 4\mu = 0$,所以 $\lambda = 2\mu$

5. (1) $(a \cdot b)c - (a \cdot c)b = 8c - 8b = 8\{0, -1, -3\} = \{0, -8, -24\}$

(2) $(a + b) \times (b + c) = \{3, -4, 4\} \times \{2, -3, 3\} = \begin{vmatrix} i & j & k \\ 3 & -4 & 4 \\ 2 & -3 & 3 \end{vmatrix} = \{0, -1, -1\}$

(3) $(a \times b) \cdot c = \begin{vmatrix} 2 & -3 & 1 \\ 1 & -1 & 3 \\ 1 & -2 & 0 \end{vmatrix} = 0 + (-9) - 2 + 1 + 12 = 2$

6. $\overrightarrow{OA} \times \overrightarrow{OB} = \begin{vmatrix} i & j & k \\ 1 & 0 & 3 \\ 0 & 1 & 3 \end{vmatrix} = \{-3, -3, 1\}$,$S_{\triangle OAB} = \frac{1}{2}|\overrightarrow{OA} \times \overrightarrow{OB}| = \frac{1}{2}\sqrt{19}$

7. 证明:令 $a = \{a_1, a_2, a_3\}$,$b = \{b_1, b_2, b_3\}$,$a \cdot b = |a||b|\cos\theta$,从而 $|a \cdot b| = |a||b||\cos\theta| \leqslant |a||b|$,故 $\sqrt{a_1^2, a_2^2, a_3^2} \cdot \sqrt{b_1^2, b_2^2, b_3^2} \geqslant |a_1b_1 + a_2b_2 + a_3b_3|$ 当 $|\cos\theta| = 1$ 时,等号成立,即 a 与 b 平行或重合

9.3

1. 取 $n = \overrightarrow{OP} = \{1, 2, 1\}$,故 $(x-1) + 2(y-2) + (z-1) = 0$,即 $x + 2y + z - 6 = 0$

2. $\overrightarrow{AB} = \{-2,2,2\}$, $\overrightarrow{AC} = \{-4,0,-1\}$, 从而取

$$\boldsymbol{n} = \overrightarrow{AB} \times \overrightarrow{AC} = \begin{vmatrix} \boldsymbol{i} & \boldsymbol{j} & \boldsymbol{k} \\ -2 & 2 & 2 \\ -4 & 0 & -1 \end{vmatrix} = \{-2,-10,8\}$$

故 $-2(x+1) - 10y + 8z = 0$, 即 $x + 5y - 4z + 1 = 0$

3. 取 $\boldsymbol{n} = \{3,-7,5\}$, 则 $3(x+1) - 7(y+1) + 5z = 0$, 即 $3x - 7y + 5z - 4 = 0$

4. 与 xoy 面的夹角的余弦, $\boldsymbol{k} = \{0,0,1\}$, $\cos \alpha = \dfrac{1}{3}$

与 yoz 面的夹角的余弦, $\boldsymbol{i} = \{1,0,0\}$, $\cos \beta = \dfrac{2}{3}$

与 zox 面的夹角的余弦, $\boldsymbol{j} = \{0,1,0\}$, $\cos \gamma = \dfrac{2}{3}$

5. 取 $\boldsymbol{n} = \boldsymbol{a} \times \boldsymbol{b} = \begin{vmatrix} \boldsymbol{i} & \boldsymbol{j} & \boldsymbol{k} \\ 1 & 2 & 3 \\ -1 & 1 & 2 \end{vmatrix} = \{1,-5,3\}$

从而 $x - 1 - 5(y+1) + 3(z-2) = 0$, 即 $x - 5y + 3z - 12 = 0$

6. $\begin{cases} x + 3y + z = 1 \\ 2x - y - z = 0 \end{cases}$, 消去 z, 有 $3x + 2y = 1$; $\begin{cases} -x + 2y + 2z = 3 \\ 2x - y - z = 0 \end{cases}$, 消去 z, 有 $3x = 3$, 解得 $x = 1, y = -1, z = 3$, 故交点为 $(1, -1, 3)$

9.4

1. 令 $z = 1$, 得 $x^2 + y^2 + z^2 = 1$, 解得 $x = 2, y = 0$

直线过点 $(2, 0, 1)$, 取 $\boldsymbol{s} = \{3,1,-2\} \times \{2,-3,1\} = \begin{vmatrix} \boldsymbol{i} & \boldsymbol{j} & \boldsymbol{k} \\ 3 & 1 & -2 \\ 2 & -3 & 1 \end{vmatrix} = \{-5,-7,-11\}$

对称式方程为 $\dfrac{x-2}{5} = \dfrac{y}{7} = \dfrac{z-1}{11}$

2. $\overrightarrow{p_1 p_2} = \{9, -2, 13\}$, 设 $\boldsymbol{n} = \{A, B, C\}$, 由 $\overrightarrow{p_1 p_2} \perp \boldsymbol{n}$

故 $\begin{cases} 9A - 2B + 13C = 0 \\ 2A - B + 4C = 0 \end{cases} \Rightarrow \begin{cases} A = -C \\ B = 2C \end{cases}$, 取 $\boldsymbol{n} = \{-1, 2, 1\}$

平面方程为 $-(x+6) + 2y + z + 4 = 0$, 即 $x - 2y - z + 2 = 0$

3. 取 $\boldsymbol{s} = \{4,-2,3\} \times \{2,-3,1\} = \begin{vmatrix} \boldsymbol{i} & \boldsymbol{j} & \boldsymbol{k} \\ 4 & -2 & 3 \\ 2 & -3 & 1 \end{vmatrix} = \{7, 2, -8\}$

直线方程为 $\dfrac{x-2}{7} = \dfrac{y}{2} = \dfrac{z+1}{-8}$

4. 取 $n=\{5,3,-2\}\times\{4,2,3\}=\begin{vmatrix} i & j & k \\ 5 & 3 & -2 \\ 4 & 2 & 3 \end{vmatrix}=\{13,-23,-2\}$

平面方程为 $13(x-3)-23(y-2)-2(z+4)=0$，即 $13x-23y-2z-1=0$

5. 设平面束为 $x+y+z+\lambda(2x-3y-z+1)=0$

即 $(1+2\lambda)x+(1-3\lambda)y+(1-\lambda)z+\lambda=0$

由已知 $1+2\lambda+1-3\lambda+1-\lambda=0$，得 $\lambda=\dfrac{3}{2}$

得所求平面方程为 $x+y+z+\dfrac{3}{2}(2x-3y-z+1)=0$，即 $8x-7y-z+3=0$

6. $\sin\theta=\dfrac{|2\times10+3\times2+6\times(-11)|}{\sqrt{2^2+3^2+6^2}\cdot\sqrt{10^2+2^2+11^2}}=\dfrac{40}{7\cdot15}=\dfrac{8}{21}$ $\theta=\arcsin\dfrac{8}{21}$

直线的参数方程为 $x=-1+2t, y=3t, z=3+6t$

代入平面方程 $10(2t-1)+6t-11(3+6t)-3=0$

得 $t=-\dfrac{23}{20}$，交点为 $\left(-\dfrac{23}{10},-\dfrac{69}{20},-\dfrac{39}{10}\right)$

7. $\dfrac{x-4}{2}=\dfrac{y+1}{1}=\dfrac{z-3}{5}$

8. 取 $n=\{1,-2,4\}\times\{3,5,-2\}=\begin{vmatrix} i & j & k \\ 1 & -2 & 4 \\ 3 & 5 & -2 \end{vmatrix}=\{-16,14,11\}$

平面方程为 $-16(x-2)+14y+11(z+3)=0$

即 $16x-14y-11z-65=0$

9. $s_1=\{5,-3,3\}\times\{3,-2,1\}=\begin{vmatrix} i & j & k \\ 5 & -3 & 3 \\ 3 & -2 & 1 \end{vmatrix}=\{3,4,-1\}$

$s_2=\{2,2,-1\}\times\{3,8,1\}=\begin{vmatrix} i & j & k \\ 2 & 2 & 1 \\ 3 & 8 & 1 \end{vmatrix}=\{10,-5,10\}=5\{2,-1,2\}$

$\cos\theta=\dfrac{|6-4-2|}{\sqrt{3^3+4^2+(-1)^2}\cdot\sqrt{2^2+(-1)^2+2^2}}=0$

10. $x=1+t, y=2+t, z=1+t$，代入已知的平面方程 $4+3t+2=0$，得 $t=-2$，交点为 $(-1,0,-1)$ 即为投影点

11. 取 $s_1=\begin{vmatrix} i & j & k \\ 1 & 2 & -1 \\ 1 & -1 & 1 \end{vmatrix}=\{1,-2,-3\}, s_2=\begin{vmatrix} i & j & k \\ 2 & -1 & 1 \\ 1 & -1 & 1 \end{vmatrix}=\{0,-1,-1\}$

$n=s_1\times s_2=\begin{vmatrix} i & j & k \\ 1 & -2 & -3 \\ 0 & -1 & -1 \end{vmatrix}=\{-1,1,-1\}$

167

所求平面方程为 $-(x-1)+y-2-(z-1)=0$,即 $x-y+z=0$

12. 取 $s=\begin{vmatrix} i & j & k \\ 1 & 0 & 2 \\ 0 & 1 & 3 \end{vmatrix}=\{-2,3,1\}$,所求直线方程为 $\dfrac{x}{-2}=\dfrac{y-2}{3}=\dfrac{z-4}{1}$

9.5

1. $p(x,y,z)$ 由已知

$$\sqrt{x^2+y^2+z^2}=\dfrac{1}{2}\sqrt{(x-2)^2+(y-3)^2+(z-4)^2}$$

即 $(x-2)^2+(y-3)^2+(z-4)^2=4(x^2+y^2+z^2)$

$3x^2+4x+3y^2+6y+3z^2+8z-29=0$

$(x+\dfrac{2}{3})^2+(y+1)^2+(z+\dfrac{4}{3})^2=\dfrac{116}{9}$

2. 球心坐标为 (a,a,a),过点 $(-1,-2,-5)$

$(x-a)^2+(y-a)^2+(z-a)^2=a^2$

从而 $(-1-a)^2+(-2-a)^2+(-5-a)^2=a^2$

$2a^2+16a+30=0$,即 $a^2+8a+15=0$

得 $a=-3, a=-5$

$(x+3)^2+(y+3)^2+(z+3)^2=9$ 或 $(x+5)^2+(y+5)^2+(z+5)^2=25$

3. $4x^2+9y^2=36$ 绕 y 轴

$\dfrac{x^2}{9}+\dfrac{y^2}{4}=1 \qquad \dfrac{x^2+z^2}{9}+\dfrac{y^2}{4}=1$

4. $y=kx$ 绕 x 轴

$\pm\sqrt{y^2+z^2}=kx, y^2+z^2=k^2x^2$

5. $\begin{cases} z=x^2+y^2 \\ x+y+z=1 \end{cases}$ 在平面 $z=2$ 上投影方程

消 z $x^2+x+y^2+y=1$

即 $(x+\dfrac{1}{2})^2+(y+\dfrac{1}{2})^2=\dfrac{3}{2}$

故 $\begin{cases} (x+\dfrac{1}{2})^2+(y+\dfrac{1}{2})^2=\dfrac{3}{2} \\ z=2 \end{cases}$ 为投影方程

6. $-2y-2z=-2$ 即 $y+z-1=0 \Rightarrow z=1-y$ 代入 $x^2+y^2+z^2=1$

$x^2+(y-1)^2+(z-1)^2=1$ 即 $x^2+2y^2-2y=0$ $x^2+2(y-\dfrac{1}{2})^2=\dfrac{1}{2}$

$\begin{cases} x^2+2(y-\dfrac{1}{2})^2=\dfrac{1}{2} \\ z=0 \end{cases}$

7. xoy 面上曲线 $\begin{cases} y=e^x \\ z=0 \end{cases}$ 绕 x 轴

$\pm\sqrt{y^2+z^2}=e^x$ 即 $y^2+z^2=e^{2x}$

复习题九

1. 填空题

(1) $(-x_0,-y_0,-z_0)$, $(x_0,-y_0,-z_0)$, $(x_0,y_0,-z_0)$

(2) $|a-b|^2=(a-b)(a-b)=a\cdot a-2a\cdot b+b\cdot b=|a|-2a\cdot b+|b|=484\Rightarrow 2a\cdot b=46$

$|a+b|^2=(a+b)(a+b)=a\cdot a+2a\cdot b+b\cdot b=169+46+361=576\Rightarrow|a+b|=24$

(3) $(a\times b)=\begin{vmatrix}i&j&k\\2&-3&1\\1&-1&3\end{vmatrix}=-8i-5j+k$, $(a\times b)\cdot c=\{-8,-5,1\}\cdot\{1,-2,0\}=2$

(4) $\cos\widehat{(a,b)}=\dfrac{a\cdot b}{|a||b|}=\dfrac{\{\cos\alpha_1,\cos\beta_1,\cos\gamma_1\}\{\cos\alpha_2,\cos\beta_2,\cos\gamma_2\}}{1}=\cos\alpha_1\cos\alpha_2+\cos\beta_1\cos\beta_2+\cos\gamma_1\cos\gamma_2$

(5) $\lambda a+\mu b=\lambda\{3,5,-2\}+\mu\{2,1,4\}=\{3\lambda+2\mu,5\lambda+\mu,-2\lambda+4\mu\}$, $\lambda a+\mu b$ 与 Oz 轴垂直 $\Rightarrow(\lambda a+\mu b)\cdot\{0,0,1\}=0\Rightarrow\{3\lambda+2\mu,5\lambda+\mu,-2\lambda+4\mu\}\cdot\{0,0,1\}\Rightarrow 4\mu-2\lambda=0,\lambda=2\mu$

(6) 平面经过原点,可设次平面方程为 $Ax+By+Cz=0$,法向量 $n_1=\{A,B,C\}$

过点 $(6,-3,2)$ 有, $6A-3B+2C=0$, 与平面 $4x-y+2z-9=0$ 垂直,法向量 $n_2=\{4,-1,2\}$, 有 $n_1\cdot n_2=\{A,B,C\}\cdot\{4,-1,2\}=0$, 即 $4A-B+2C=0$

$\begin{cases}6A-3B+2C=0\\4A-B+2C=0\end{cases}\Rightarrow A=B,C=-\dfrac{3}{2}B$, 代入 $Ax+By+Cz=0$ 得 $Bx+By-\dfrac{3}{2}Bz=0\Rightarrow 2x+2y-3z=0$

(7) $\begin{cases}2x+5z+3=0\\x-3y+z+2=0\end{cases}\Rightarrow n_1=\{2,0,5\},n_2=\{1,-3,1\}$, 所求直线的方向向量 $a=n_1\times n_2=\{2,0,5\}\times\{1,-3,1\}=\begin{vmatrix}i&j&k\\2&0&5\\1&-3&1\end{vmatrix}=15i+j-2k$

直线 $\begin{cases}2x+5z+3=0\\x-3y+z+2=0\end{cases}$ 上取一点(点可任意取),令 $z=1$ 得 $x=-4,y=-\dfrac{1}{3}$, 直线方程为 $\dfrac{x+4}{15}=\dfrac{y+\frac{1}{3}}{3}=\dfrac{z-1}{-6}\Rightarrow\dfrac{x+4}{5}=\dfrac{y+\frac{1}{3}}{1}=\dfrac{z-1}{-2}$

(8) 过点 $P_0(-1,2,0)$ 且与平面 $\Pi:x+2y-z+1=0$ 垂直的直线方程为 $\dfrac{x+1}{1}=\dfrac{y-2}{2}=\dfrac{z}{-1}$, 参数方程为 $\begin{cases}x=t-1\\y=2t+2\\z=-t\end{cases}$, 投影点坐标为垂线与平面的交点坐标,直线代入平面得 $t-$

$1+2(2t+2)+t+1=0 \Rightarrow t=-\dfrac{2}{3}$,投影点坐标为$(-\dfrac{5}{3},\dfrac{2}{3},\dfrac{2}{3})$

设对称点坐标为(x,y,z),投影点为$P_0(-1,2,0)$和对称点的中点,由中点坐标公式有

$\begin{cases}\dfrac{x-1}{2}=-\dfrac{5}{3}\\ \dfrac{y+2}{2}=\dfrac{2}{3}\\ \dfrac{z}{2}=\dfrac{2}{3}\end{cases} \Rightarrow x=-\dfrac{7}{3},y=-\dfrac{2}{3},z=\dfrac{4}{3}$,对称点坐标为$(-\dfrac{7}{3},-\dfrac{2}{3},\dfrac{4}{3})$

(9) 由点到线的距离公式 $d=\dfrac{\overrightarrow{P_0P}\times \boldsymbol{a}}{|\boldsymbol{a}|}$,$P_0=(3,-4,4)$,$P=(4,5,2)$,$\overrightarrow{P_0P}=\{1,9,-2\}$

$\boldsymbol{a}=\{2,-2,1\}$,代入得 $d=\dfrac{\|\{1,9,-2\}\times\{2,-2,1\}\|}{3}=\dfrac{|5\boldsymbol{i}-5\boldsymbol{j}-20\boldsymbol{k}|}{3}=5\sqrt{2}$

(10) 两平行平面距离公式 $d=\dfrac{|D_1-D_2|}{\sqrt{A^2+B^2+C^2}}=\dfrac{|5+1|}{\sqrt{2^2+2^2+(-1)^2}}=2$

(11) 直线L_1的方向向量$\boldsymbol{a}_1=\{1,-2,1\}$,直线$L_2$的方向向量$\boldsymbol{a}_2=\boldsymbol{n}_1\times\boldsymbol{n}_2=\begin{vmatrix}\boldsymbol{i}&\boldsymbol{j}&\boldsymbol{k}\\1&-1&0\\0&2&-1\end{vmatrix}=\{1,1,2\}$

$\cos\theta=\dfrac{|\boldsymbol{a}_1\cdot\boldsymbol{a}_2|}{|\boldsymbol{a}_1|\cdot|\boldsymbol{a}_2|}=\dfrac{|1\times1+(-2)\times1+1\times2|}{\sqrt{6}\cdot\sqrt{6}}=\dfrac{1}{6}$,故两直线的夹角为$\arccos\dfrac{1}{6}$.

(12) 由已知可取$\boldsymbol{n}=\boldsymbol{a}=\{-1,3,1\}$,由点法式写平面方程为$-(x-1)+3(y-2)+z+1=0$,即 $x-3y-z+4=0$

(13) 平面法向量为 $\boldsymbol{n}=\overrightarrow{p'p}=\{4,-4,-12\}$,平面过点$p,p'$的中点,其坐标为 $x=\dfrac{2-2}{2}=0,y=\dfrac{-1+3}{2}=1,z=\dfrac{-1+11}{2}=5$,点法式写平面方程为$4x-4(y-1)-12(z-5)=0$,即 $x-y-3z+16=0$

(14) 设在三个坐标轴上的截距分别为$a,3a,2a$,由平面的截距式方程得 $\dfrac{x}{a}+\dfrac{y}{3a}+\dfrac{z}{2a}=1$,整理得 $6x+2y+3z-6a=0$,与原点距离为6,有 $6=\dfrac{|6a|}{\sqrt{36+4+9}}\Rightarrow a=\pm7$,所以平面方程为 $6x+2y+3z\pm42=0$

(15) 解 直线L_1的方向向量$\boldsymbol{a}_1=\{2,-4,3\}$,直线$L_2$的方向向量$\boldsymbol{a}_2=\{3,2,1\}$,所求直线的方向向量为 $\boldsymbol{a}=\boldsymbol{a}_1\times\boldsymbol{a}_2=\begin{vmatrix}\boldsymbol{i}&\boldsymbol{j}&\boldsymbol{k}\\2&-4&3\\3&2&1\end{vmatrix}=\{-10,7,16\}$,点向式写直线方程为

$\dfrac{x}{-10}=\dfrac{y+3}{7}=\dfrac{z+2}{16}$

(16) 由两直线之间的距离公式 $d = \dfrac{|(s_1 \times s_2) \cdot \overrightarrow{p_1 p_2}|}{|s_1 \times s_2|}$,其中 $s_1 = \{0,1,1\}$,$s_2 = \{2,-1,0\}$,$p_1(1,0,0)$,$p_2(0,0,-2)$,有 $\overrightarrow{p_1 p_2} = \{-1,0,-2\}$,$s_1 \times s_2 = \begin{vmatrix} i & j & k \\ 0 & 1 & 1 \\ 2 & -1 & 0 \end{vmatrix} = \{1,2,-2\}$

$(s_1 \times s_2) \cdot \overrightarrow{p_1 p_2} = 3$,所以 $d = \dfrac{|3|}{\sqrt{1+4+4}} = 1$

(17) 投影曲面方程由 $\begin{cases} z = x^2 + 2y^2 \\ z = 2 - x^2 \end{cases}$ 消去 z 得投影柱面方程 $x^2 + y^2 = 1$

投影曲线方程为 $\begin{cases} x^2 + y^2 = 1 \\ z = 0 \end{cases}$

2. 单项选择题

(1) 由 $a \perp b$ 有 $a \cdot b = 0$,$|a-b|^2 = (a-b) \cdot (a-b) = |a|^2 + |b|^2$,$|a+b|^2 = (a+b) \cdot (a+b) = |a|^2 + |b|^2$

故 $|a-b| = |a+b|$,从而选择 D

(2) $a \cdot b = 4\sqrt{2} = |a| \cdot |b| \cos\theta$,$\cos\theta = \dfrac{\sqrt{2}}{2}$,从而 $\sin\theta = \dfrac{\sqrt{2}}{2}$,$a \times b = |a| \cdot |b| \sin\theta = 4 \cdot 2 \cdot \dfrac{\sqrt{2}}{2} = 4\sqrt{2}$

从而选择 C

(3) 若 $a \times b + b \times c + c \times a = a \times b + b \times c - a \times c = a \times b + (b-a) \times c = 0$,则有 $a \times b \perp a$,$a \times b \perp b$ 故 $a \times b \perp (b-a)$,又 $(b-a) \times c \perp (b-a)$ 且 $(b-a) \times c // a \times b$(由等式为 0 可得),故

a,b,c 一定共面,所以选择 C

(4) a,b,c 满足 $a+b+c=0$,则 $a \times b = (\qquad)$
A. $b \times c$ B. $c \times b$ C. $a \times c$ D. $b \times a$

(5) $a \times b = c \times a$,可得 $a \times b - c \times a = 0$,则有 $a \times b + a \times c = 0$,从而 $a \times (b+c) = 0$,故 $a // (b+c)$,选择 A

(6) 设向量 $\boldsymbol{\alpha} = \{x,y,z\}$,$\cos\alpha = \dfrac{\sqrt{x^2+y^2}}{\sqrt{x^2+y^2+z^2}}$,$\cos\beta = \dfrac{\sqrt{y^2+z^2}}{\sqrt{x^2+y^2+z^2}}$,$\cos\gamma = \dfrac{\sqrt{x^2+z^2}}{\sqrt{x^2+y^2+z^2}}$

故 $\cos^2\alpha + \cos^2\beta + \cos^2\gamma = 2$,故选择 B

(7) 直线 L 的方向向量 $a = n_1 \times n_2 = \begin{vmatrix} i & j & k \\ 1 & 3 & 2 \\ 2 & -1 & -10 \end{vmatrix} = \{-28,14,-7\} = -7\{4,-2,1\}$,于是 $a // n = \{4,-2,1\}$,所以直线 L 垂直于 Π,所以选择 B

(8) $d = \dfrac{|D_1 - D_2|}{\sqrt{A^2 + B^2 + C^2}} = \dfrac{|-6+2|}{\sqrt{1^2 + (-2)^2 + 1^2}} = \dfrac{4}{\sqrt{6}}$,所以选择 D

(9) 直线 L_1 的方向向量为 $\boldsymbol{a}_1 = \begin{vmatrix} \boldsymbol{i} & \boldsymbol{j} & \boldsymbol{k} \\ 1 & 2 & -1 \\ -2 & 1 & 1 \end{vmatrix} = \{3, 9, 5\}$,直线 L_2 的方向向量为

$\boldsymbol{a}_2 = \begin{vmatrix} \boldsymbol{i} & \boldsymbol{j} & \boldsymbol{k} \\ 3 & 6 & -3 \\ 2 & -1 & -1 \end{vmatrix} = \{-9, -3, -15\}$,$\boldsymbol{a}_1 = -3\boldsymbol{a}_2$,所以 $\boldsymbol{a}_1 // \boldsymbol{a}_2$,故 $L_1 \parallel L_2$ 所以选择 B

(10) 曲线 $\Gamma \begin{cases} \dfrac{x^2}{16} + \dfrac{y^2}{4} - \dfrac{z^2}{5} = 1 \\ x - 2z + 3 = 0 \end{cases}$,消去 z $\begin{cases} \dfrac{x^2}{16} + \dfrac{y^2}{4} - \dfrac{\left(\dfrac{x+3}{2}\right)^2}{5} = 1 \\ x - 2z + 3 = 0 \end{cases}$ 整理得

$\begin{cases} x^2 + 20y^2 - 24x - 116 = 0 \\ z = 0 \end{cases}$,所以选择 C

(11) 平面曲线 $\begin{cases} y^2 + 3 = z \\ x = 0 \end{cases}$ 绕 y 轴旋转的旋转曲面方程为 $y^2 + 3 = \pm\sqrt{x^2 + z^2}$,所以 $(y^2 + 3)^2 = x^2 + z^2$,从而选择 A

3. 计算题

(1) $|\boldsymbol{a} + \boldsymbol{b} + \boldsymbol{c}| = \sqrt{(\boldsymbol{a}+\boldsymbol{b}+\boldsymbol{c})\cdot(\boldsymbol{a}+\boldsymbol{b}+\boldsymbol{c})} = \sqrt{|\boldsymbol{a}|^2 + |\boldsymbol{b}|^2 + |\boldsymbol{c}|^2 + 2(\boldsymbol{a}\cdot\boldsymbol{b} + \boldsymbol{b}\cdot\boldsymbol{c} + \boldsymbol{a}\cdot\boldsymbol{c})} =$

$\sqrt{1 + 4 + 9 + 2\left(0 + |\boldsymbol{b}|\cdot|\boldsymbol{c}|\cos\dfrac{\pi}{6} + |\boldsymbol{a}|\cdot|\boldsymbol{c}|\cos\dfrac{\pi}{3}\right)} = \sqrt{17 + 6\sqrt{3}}$

(2) 设 $\boldsymbol{\gamma} = \{x, y, z\}$,由已知 $\boldsymbol{\gamma}\cdot\boldsymbol{a} = 0$,$\boldsymbol{\gamma}\cdot\boldsymbol{b} = 0$,有 $2x - 3y + z = 0$ ①,$x - 2y + 3z = 0$,②,并且 $P_{r_{\boldsymbol{c}}}\boldsymbol{\gamma} = \dfrac{\boldsymbol{c}\cdot\boldsymbol{\gamma}}{|\boldsymbol{c}|} = \dfrac{2x + y + 2z}{\sqrt{2^2 + 1 + 2^2}} = 14$,即 $2x + y + 2z = 42$ ③,解得 $x = 14$,$y = 10$,$z = 2$,所以 $\boldsymbol{\gamma} = \{14, 10, 2\}$

(3) $\boldsymbol{a} \times \boldsymbol{b} = \begin{vmatrix} \boldsymbol{i} & \boldsymbol{j} & \boldsymbol{k} \\ 2 & -2 & 1 \\ -1 & 2 & -2 \end{vmatrix} = \{2, 3, 2\}$,$P_{r_{\boldsymbol{c}}}\boldsymbol{a}\times\boldsymbol{b} = \dfrac{\{2,3,2\}\cdot\{1,1,1\}}{\sqrt{1+1+1}} = \dfrac{2+3+2}{\sqrt{3}} = \dfrac{7\sqrt{3}}{3}$

4. 计算题

(1) 因所求平面过直线 L_2,则有所求平面平行于 L_2,且 L_2 上的点 $(1, 2, 3)$ 在所求平面上 由平面平行于直线 L_1,L_2,则有,所求平面的法向量

$\boldsymbol{n} = \{2, 1, 1\} \times \{1, 0, 1\} = \begin{vmatrix} \boldsymbol{i} & \boldsymbol{j} & \boldsymbol{k} \\ 2 & 1 & 1 \\ 1 & 0 & 1 \end{vmatrix} = \{1, -1, -1\}$

则所求平面方程为 $(x - 1) - (y - 2) - (z - 3) = 0$,即 $x - y - z + 4 = 0$

(2) 过点 $(0, 1, 2)$ 且与直线 $\dfrac{x-1}{1} = \dfrac{y-1}{-1} = \dfrac{z}{2}$ 垂直的平面方程为

$x - (y - 1) + 2(z - 2) = 0$ 即 $x - y + 2z - 3 = 0$

化直线方程为参数方程 $\dfrac{x-1}{1}=\dfrac{y-1}{-1}=\dfrac{z}{2}=t$，$\begin{cases}x=1+t\\y=1-t\\z=2t\end{cases}$，代入平面方程求交点

$t=\dfrac{1}{2}$，交点为 $\left(\dfrac{3}{2},\dfrac{1}{2},1\right)$. 则所求直线的方向向量 $s=\left\{-\dfrac{3}{2},\dfrac{1}{2},1\right\}=\dfrac{1}{2}\{-3,1,2\}$

所求直线方程为 $\dfrac{x}{-3}=\dfrac{y-1}{1}=\dfrac{z-2}{2}$

(3) $n_1=\{1,-2,2\}$，$|n_1|=3$ $n_2=\{7,0,24\}$，$|n_2|=25$

取 $n_2'=\dfrac{3}{25}n_2$，则角分面的法向量可取 $n=n_1+n_2'=\left\{\dfrac{46}{25},-2,\dfrac{122}{25}\right\}$

$n=n_1-n_2'=\left\{\dfrac{4}{25},-2,-\dfrac{22}{25}\right\}$，

$\begin{cases}x-2y+2z+21=0\\7x+24z-5=0\end{cases}$，令 $z=0$，$x=\dfrac{5}{7}$，$y=\dfrac{76}{14}$，点 $\left(\dfrac{5}{7},\dfrac{76}{14},0\right)$ 在角平分面上，由点法

式，角平分面方程为 $\dfrac{46}{25}\left(x-\dfrac{5}{7}\right)-2\left(y-\dfrac{76}{14}\right)+\dfrac{122}{25}z=0$

$\dfrac{4}{25}\left(x-\dfrac{5}{7}\right)-2\left(y-\dfrac{76}{14}\right)-\dfrac{22}{25}z=0$，整理得

$23x-25y+61z+255=0$，$2x-25y-11z+270=0$

(4) $2(2x+y-z-2)+(3x-2y-2z+1)=0\Rightarrow 7x=3+4z$

令 $x=1$ 则 $z=1$，代入方程求得 $y=1$，则点 $(1,1,1)$ 在已知直线上．

已知直线的方向向量 $s=\{2,1,-1\}\times\{3,-2,-2\}=\{-4,1,-7\}$

所求平面过直线 L，且平行于平面 Π，则所求平面的法向量

$n=\{-4,1,-7\}\times\{3,2,3\}=\{17,-9,-11\}$

平面方程为 $17(x-1)-9(y-1)-11(z-1)=0$ 即 $17x-9y-11z+3=0$

(5) 化 L_1，L_2 方程为参数方程 $L_1:\begin{cases}x=t\\y=4t\\z=1-t\end{cases}$，$L_2:\begin{cases}x=4+2t\\y=1\\z=2+t\end{cases}$

L_1 与平面交点为 $(0,0,1)$，L_2 与平面交点为 $(-2,1,-1)$

所求直线方向向量 $\{-2,1,-2\}$

直线方程为 $\dfrac{x}{-2}=\dfrac{y}{1}=\dfrac{z-1}{-2}$

第 10 章

10.1

1. 求下列函数的偏导数.

(1) $z=(1+xy)^y$ 求 $\dfrac{\partial z}{\partial x},\dfrac{\partial z}{\partial y}$.

解：$z=(1+xy)^y=e^{y\ln(1+xy)}$，于是

$$\frac{\partial z}{\partial y}=(1+xy)^y\frac{y^2}{1+xy}=y^2(1+xy)^{y-1}$$

$$\frac{\partial z}{\partial y}=(1+xy)^y\left(\ln(1+xy)+\frac{xy}{1+xy}\right)=(1+xy)^{y-1}((1+xy)\ln(1+xy)+xy)$$

(2) $z=\dfrac{x}{\sqrt{x^2+y^2}}$,求$\dfrac{\partial z}{\partial x},\dfrac{\partial z}{\partial y}$.

解:$\dfrac{\partial z}{\partial x}=\dfrac{1}{\sqrt{x^2+y^2}}+\dfrac{x(-2x)}{2(x^2+y^2)^{\frac{3}{2}}}=\dfrac{y^2}{(x^2+y^2)^{\frac{3}{2}}}$,$\dfrac{\partial z}{\partial y}=\dfrac{x(-2y)}{2(x^2+y^2)^{\frac{3}{2}}}=\dfrac{-xy}{(x^2+y^2)^{\frac{3}{2}}}$

(3) $z=xy+\dfrac{x}{y}$ 求$\dfrac{\partial z}{\partial x},\dfrac{\partial z}{\partial y}$.

解:$\dfrac{\partial z}{\partial x}=y+\dfrac{1}{y},\dfrac{\partial z}{\partial y}=x-\dfrac{x}{y^2}$

(4) $z=\arctan\dfrac{x+y}{1-xy}$,求$\dfrac{\partial z}{\partial x},\dfrac{\partial z}{\partial y}$.

解:$\dfrac{\partial z}{\partial x}=\dfrac{1}{1+\dfrac{(x+y)^2}{(1-xy)^2}}\cdot\dfrac{1-xy-(-y)(x+y)}{(1-xy)^2}=\dfrac{y^2+1}{1+x^2+y^2+x^2y^2}=\dfrac{1}{1+x^2}$

$\dfrac{\partial z}{\partial y}=\dfrac{1}{1+\dfrac{(x+y)^2}{(1-xy)^2}}\cdot\dfrac{1-xy-(-x)(x+y)}{(1-xy)^2}=\dfrac{x^2+1}{1+x^2+y^2+x^2y^2}=\dfrac{1}{1+y^2}$

2.求二阶偏导数.

(1) $z=\sin^2(ax+by)$.

解:$\dfrac{\partial z}{\partial x}=2\sin(ax+by)\cos(ax+by)a=a\sin(2(ax+by))$

$\dfrac{\partial z}{\partial y}=2\sin(ax+by)\cos(ax+by)b=b\sin(2(ax+by))$

$\dfrac{\partial^2 z}{\partial x^2}=2a\cos(2(ax+by))a=2a^2\cos(2(ax+by))$

$\dfrac{\partial^2 z}{\partial x\partial y}=a\cos(2(ax+by))2b=2ab\cos(2(ax+by))$

$\dfrac{\partial^2 z}{\partial y^2}=2b\cos(2(ax+by))b=2b^2\cos(2(ax+by))$

(2) $z=\arctan\dfrac{y}{x}$.

解:$\dfrac{\partial z}{\partial x}=\dfrac{1}{1+\dfrac{y^2}{x^2}}\dfrac{-y}{x^2}=\dfrac{-y}{x^2+y^2}$,$\dfrac{\partial z}{\partial y}=\dfrac{1}{1+\dfrac{y^2}{x^2}}\dfrac{1}{x}=\dfrac{x}{x^2+y^2}$

$\dfrac{\partial^2 z}{\partial x^2}=\dfrac{2xy}{(x^2+y^2)^2},\dfrac{\partial^2 z}{\partial y^2}=\dfrac{-2xy}{(x^2+y^2)^2},\dfrac{\partial^2 z}{\partial x\partial y}=\dfrac{-(x^2+y^2)+2y^2}{(x^2+y^2)^2}=\dfrac{y^2-x^2}{(x^2+y^2)^2}$

(3) $f(x,y)=\dfrac{(x-1)e^{y^2}}{x^2+y^2+1}+2x^3y^2$,求$f'_y(1,y)$.

解:$f(1,y)=2y^2,f'_y(1,y)=4y$

(4) 设 $r=\sqrt{x^2+y^2+z^2}$,证明 $\dfrac{\partial^2 r}{\partial x^2}+\dfrac{\partial^2 r}{\partial y^2}+\dfrac{\partial^2 r}{\partial z^2}=\dfrac{2}{r}$.

证明: $\dfrac{\partial r}{\partial x}=\dfrac{x}{r}$, $\dfrac{\partial^2 r}{\partial x^2}=\dfrac{r^2-x^2}{r^3}$, $\dfrac{\partial^2 r}{\partial y^2}=\dfrac{r^2-y^2}{r^3}$, $\dfrac{\partial^2 r}{\partial z^2}=\dfrac{r^2-z^2}{r^3}$

所以 $\dfrac{\partial^2 r}{\partial x^2}+\dfrac{\partial^2 r}{\partial y^2}+\dfrac{\partial^2 r}{\partial z^2}=\dfrac{3r^2-x^2-y^2-z^2}{r^3}=\dfrac{2r^2}{r^3}=\dfrac{2}{r}$

(5) 设 $f(x+y,x-y)=x^2-y^2$,求 ① $f(x,y)$; ② $f'_x(x,y)$, $f'_y(x,y)$; ③ $f''_{xy}(x,y)$.

解: ① $f(x+y,x-y)=x^2-y^2=(x+y)(x-y)$, 得 $f(x,y)=xy$

② $f'_x(x,y)=y$, $f'_y(x,y)=x$

③ $f''_{xy}(x,y)=0$

10.2

1. $z=u^2+v^2$, $u=x+y$, $v=x-y$, 求 $\dfrac{\partial z}{\partial x}$, $\dfrac{\partial z}{\partial y}$.

解: $\dfrac{\partial z}{\partial x}=\dfrac{\partial z}{\partial u}\cdot\dfrac{\partial u}{\partial x}+\dfrac{\partial z}{\partial v}\dfrac{\partial v}{\partial x}=2u+2v=4x$

$\dfrac{\partial z}{\partial y}=\dfrac{\partial z}{\partial u}\cdot\dfrac{\partial u}{\partial y}+\dfrac{\partial z}{\partial v}\dfrac{\partial v}{\partial y}=2u-2v=4y$

2. $z=\arctan\dfrac{x}{y}$, $x=u+v$, $y=u-v$, 求 $\dfrac{\partial z}{\partial u}+\dfrac{\partial z}{\partial v}$.

解: $\dfrac{\partial z}{\partial u}=\dfrac{\partial z}{\partial x}\dfrac{\partial x}{\partial u}+\dfrac{\partial z}{\partial y}\dfrac{\partial y}{\partial u}=\dfrac{y}{x^2+y^2}+\dfrac{-x}{x^2+y^2}=\dfrac{y-x}{x^2+y^2}$

$\dfrac{\partial z}{\partial v}=\dfrac{\partial z}{\partial x}\dfrac{\partial x}{\partial v}+\dfrac{\partial z}{\partial y}\dfrac{\partial y}{\partial v}=\dfrac{y}{x^2+y^2}+\dfrac{-x}{x^2+y^2}(-1)=\dfrac{y+x}{x^2+y^2}$

所以 $\dfrac{\partial z}{\partial u}+\dfrac{\partial z}{\partial v}=\dfrac{2y}{x^2+y^2}=\dfrac{u-v}{u^2+v^2}$

3. $z=\arctan(xy)$, $y=e^x$, 求 $\dfrac{dz}{dx}$.

解: $\dfrac{dz}{dx}=\dfrac{y+xy'_x}{1+x^2y^2}=\dfrac{(1+x)e^x}{1+x^2e^{2x}}$

4. $z=(3x^2+y^2)^{4x+2y}$, 求 $\dfrac{\partial z}{\partial x}$, $\dfrac{\partial z}{\partial y}$.

解: $z=(3x^2+y^2)^{4x+2y}=e^{(4x+2y)\ln(3x^2+y^2)}$

所以 $\dfrac{\partial z}{\partial x}=(3x^2+y^2)^{4x+2y}((4x+2y)\ln(3x^2+y^2))'_x=$

$(3x^2+y^2)^{4x+2y}\left(4\ln(3x^2+y^2)+\dfrac{6x(4x+2y)}{3x^2+y^2}\right)=$

$6x(4x+2y)(3x^2+y^2)^{4x+2y-1}+4(3x^2+y^2)^{4x+2y}\ln(3x^2+y^2)$

$\dfrac{\partial z}{\partial y}=(3x^2+y^2)^{4x+2y}((4x+2y)\ln(3x^2+y^2))'_y=$

$(3x^2+y^2)^{4x+2y}\left(2\ln(3x^2+y^2)+\dfrac{2y(4x+2y)}{3x^2+y^2}\right)=$

· 175 ·

$$2y(4x+2y)(3x^2+y^2)^{4x+2y-1} + 2(3x^2+y^2)^{4x+2y}\ln(3x^2+y^2)$$

5. $z = u^2 \ln v, u = \dfrac{x}{y}, v = 3x - 2y$ 求 $\dfrac{\partial z}{\partial x}, \dfrac{\partial z}{\partial y}$.

解:$\dfrac{\partial z}{\partial x} = \dfrac{\partial z}{\partial u}\dfrac{\partial u}{\partial x} + \dfrac{\partial z}{\partial v}\dfrac{\partial v}{\partial x} = 2u\dfrac{1}{y}\ln v + \dfrac{u^2}{v} \cdot 3 = \dfrac{2x}{y^2}\ln(3x-2y) + \dfrac{3x^2}{y^2(3x-2y)}$

$\dfrac{\partial z}{\partial y} = \dfrac{\partial z}{\partial u}\dfrac{\partial u}{\partial y} + \dfrac{\partial z}{\partial v}\dfrac{\partial v}{\partial y} = 2u\left(-\dfrac{x}{y^2}\right)\ln v + \dfrac{u^2}{v}\cdot(-2) =$

$\qquad -\dfrac{2x^2}{y^3}\ln(3x-2y) - \dfrac{2x^2}{y^2(3x-2y)}$

6. $u = f(x, xy, xyz)$,求 $\dfrac{\partial z}{\partial x}, \dfrac{\partial z}{\partial y}, \dfrac{\partial z}{\partial z}$.

解:$\dfrac{\partial u}{\partial x} = f'_1 + yf'_2 + yzf'_3, \dfrac{\partial u}{\partial y} = xf'_2 + xzf'_3, \dfrac{\partial u}{\partial z} = xyf'_3$

7. $z = \dfrac{y}{f(x^2-y^2)}$,验证 $\dfrac{1}{x}\dfrac{\partial z}{\partial x} + \dfrac{1}{y}\dfrac{\partial z}{\partial y} = \dfrac{z}{y^2}$.

解:$\dfrac{1}{x}\dfrac{\partial z}{\partial x} = \dfrac{1}{x}\left(\dfrac{y}{f^2}\cdot f'(-2x)\right) = \dfrac{1}{x}\dfrac{\partial z}{\partial x} = \dfrac{-2yf'}{f^2}$

$\qquad \dfrac{1}{y}\dfrac{\partial z}{\partial y} = \dfrac{1}{y}\dfrac{f - yf'(-2y)}{f^2} = \dfrac{1}{yf} + \dfrac{2yf'}{f^2}$

所以 $\qquad \dfrac{1}{x}\dfrac{\partial z}{\partial x} + \dfrac{1}{y}\dfrac{\partial z}{\partial y} = \dfrac{1}{yf} = \dfrac{1}{y\frac{y}{z}} = \dfrac{z}{y^2}$

8. $z = xy + xF(u), u = \dfrac{y}{x}$,证明:$x\dfrac{\partial z}{\partial x} + y\dfrac{\partial z}{\partial y} = z + xy$.

证明:$x\dfrac{\partial z}{\partial x} = x\left(y + xF'\left(-\dfrac{y}{x^2}\right) + F\right) = xy - yF' + xF$

$y\dfrac{\partial z}{\partial y} = y\left(x + xF'\dfrac{1}{x}\right) = xy + yF'$

所以 $x\dfrac{\partial z}{\partial x} + y\dfrac{\partial z}{\partial y} = 2xy + xF = 2xy + z - xy = xy + z$

9. $z = f(xy, y)$,求 $\dfrac{\partial^2 z}{\partial x^2}, \dfrac{\partial^2 z}{\partial x \partial y}, \dfrac{\partial^2 z}{\partial y^2}$.

解: $\qquad \dfrac{\partial z}{\partial x} = yf'_1, \dfrac{\partial z}{\partial y} = xf'_1 + f'_2$

所以 $\qquad \dfrac{\partial^2 z}{\partial x^2} = y(yf''_{11} + 0f''_{12}) = y^2 f''_{11}$

$\qquad \dfrac{\partial^2 z}{\partial x \partial y} = f'_1 + y(xf''_{11} + f''_{12}) = \dfrac{\partial^2 z}{\partial y^2} = \dfrac{\partial}{\partial y}(xf'_1 + f'_2) =$
$\qquad x(xf''_{11} + f''_{12}) + xf''_{12} + f''_{22} = x^2 f''_{11} + 2xf''_{12} + f''_{22}$

10.3

1. 由方程 $e^z - xyz = 0$ 确定了 $z = f(x,y)$,求 $\dfrac{\partial z}{\partial x}, \dfrac{\partial z}{\partial y}, \dfrac{\partial^2 z}{\partial x^2}$.

解：$F(x,y,z) = e^z - xyz$，$f'_x = -yz$，$f'_y = -xz$，$f'_z = e^z - xy$

$$\frac{\partial z}{\partial x} = \frac{yz}{e^z - xy} = \frac{yz}{xyz - xy} = \frac{z}{x(z-1)}$$

$$\frac{\partial z}{\partial y} = \frac{xz}{e^z - xy} = \frac{zx}{xyz - xy} = \frac{z}{y(z-1)}$$

$$\frac{\partial^2 z}{\partial x^2} = \frac{\frac{z}{x(z-1)}x(z-1) - z\left((z-1) + x\frac{z}{x(z-1)}\right)}{x^2(z-1)^2} =$$

$$\frac{z(z-1) - z((z-1)^2 + z)}{x^2(z-1)^3} = \frac{z^2 - z - z(z-1)^2 - z^2}{x^2(z-1)^3} = \frac{-z(1+(z-1)^2)}{x^2(z-1)^3} =$$

$$\frac{-z(2 - 2z + z^2)}{x^2(z-1)^3}$$

2. 由方程 $2\sin(x + 2y - 3z) = x + 2y - 3z$ 确定了 $z = f(x,y)$，求 $\frac{\partial z}{\partial x} + \frac{\partial z}{\partial y}$。

解：$F(x,y,z) = 2\sin(x + 2y - 3z) - x + 2y + 3z$

$f'_x = 2\cos(x + 2y - 3z) - 1$，$f'_y = 4\cos(x + 2y - 3z) - 2$，$f'_z = -6\cos(x + 2y - 3z) + 3$

$$\frac{\partial z}{\partial x} = \frac{1 - 2\cos(x + 2y - 3z)}{3 - 6\cos(x + 2y - 3z)}, \frac{\partial z}{\partial y} = \frac{2 - 4\cos(x + 2y - 3z)}{3 - 6\cos(x + 2y - 3z)}, \frac{\partial z}{\partial x} + \frac{\partial z}{\partial y} = 1$$

3. 设 $x = x(y,z)$，$y = y(x,z)$，$z = z(x,y)$ 都是 $F(x,y,z) = 0$ 确定的具有连续偏导数的函数。求 $\frac{\partial x}{\partial y}\frac{\partial y}{\partial z}\frac{\partial z}{\partial x}$。

解：由题设有 $\frac{\partial x}{\partial y}\frac{\partial y}{\partial z}\frac{\partial z}{\partial x} = \left(-\frac{F_y}{F_x}\right)\left(-\frac{F_z}{F_y}\right)\left(-\frac{F_x}{F_z}\right) = -1$

4. 由方程 $z - y - x + xe^{z-y-x} = 0$ 确定了 $z = f(x,y)$，求 $\frac{\partial z}{\partial x}, \frac{\partial z}{\partial y}$。

解：$F(x,y,z) = z - y - x + xe^{z-y-x}$

$F_x = -1 - (x-1)e^{z-y-x}$，$F_y = -1 - xe^{z-y-x}$，$F_z = 1 + xe^{z-y-x}$

$$\frac{\partial z}{\partial x} = \frac{1 + (x-1)e^{z-y-x}}{1 + xe^{z-y-x}}, \frac{\partial z}{\partial y} = 1$$

5. 由方程 $x^2 + 2xy - y^2 = a^3$ 确定了 $y = f(x)$，求 $\frac{dy}{dx}, \frac{d^2y}{dx^2}$。

解：$F(x,y) = x^2 + 2xy - y^2 - a^3$

$F'_x = 2x + 2y$，$F'_y = 2x - 2y$

所以 $\frac{dy}{dx} = -\frac{2(x+y)}{2(x-y)} = \frac{x+y}{y-x}$

$$\frac{d^2y}{dx^2} = \frac{\left(1 + \frac{x+y}{y-x}\right)(y-x) - \left(\frac{x+y}{y-x} - 1\right)(x+y)}{(y-x)^2} =$$

$$\frac{2y(y-x) - 2x(x+y)}{(y-x)^3} = \frac{2y^2 - 4xy - 2x^2}{(y-x)^3}$$

6. 求由方程 $x^3 + y^3 + z^3 + xyz - 6 = 0$ 确定的 $z = f(x,y)$ 在点 $P(1\ 2\ -1)$ 的偏

导数 $\dfrac{\partial z}{\partial x}, \dfrac{\partial z}{\partial y}$.

解：$F(x,y) = x^3 + y^3 + z^3 + xyz - 6$

$F'_x = (3x^2 + yz)\big|_{(1,2,-1)} = 3 - 2 = 1$, $F'_y = (3y^2 + xz)\big|_P = 11$, $F'_z = (3z^2 + xy)\big|_P = 5$

所以 $\dfrac{\partial z}{\partial x} = -\dfrac{1}{5}, \dfrac{\partial z}{\partial y} = -\dfrac{11}{5}$

7. 设 $\dfrac{x}{z} = \ln \dfrac{z}{y}$, 求 $\dfrac{\partial z}{\partial x}, \dfrac{\partial z}{\partial y}$.

解：$f(x,y,z) = \dfrac{x}{z} - \ln \dfrac{z}{y}$

$f'_x = \dfrac{1}{z}, f'_y = \dfrac{1}{y}, f'_z = -\dfrac{x}{z^2} - \dfrac{1}{z} = -\dfrac{x+z}{z^2}$

$\dfrac{\partial z}{\partial x} = -\dfrac{f'_x}{f'_z} = \dfrac{z}{x+z}, \dfrac{\partial z}{\partial y} = -\dfrac{f'_y}{f'_z} = \dfrac{z^2}{y(x+z)}$

10.4

1. 求下列各函数的全微分.

(1) $z = \sqrt{x^2 + y^2}$.

解：$dz = \dfrac{\partial z}{\partial x}dx + \dfrac{\partial z}{\partial y}dy = \dfrac{xdx + ydy}{\sqrt{x^2+y^2}}$

(2) $z = e^x \cos y$.

解：$dz = \dfrac{\partial z}{\partial x}dx + \dfrac{\partial z}{\partial y}dy = e^x(\cos y\, dx - \sin y\, dy)$

(3) $z = \arccos \dfrac{x}{y}$.

解：$dz = \dfrac{\partial z}{\partial x}dx + \dfrac{\partial z}{\partial y}dy = -\dfrac{1}{\sqrt{1-\dfrac{x^2}{y^2}}} \dfrac{1}{y}dx - \dfrac{1}{\sqrt{1-\dfrac{x^2}{y^2}}}\left(-\dfrac{x}{y^2}\right)dy =$

$-\dfrac{1}{\sqrt{y^2-x^2}}dx + \dfrac{x}{y\sqrt{y^2-x^2}}dy = \dfrac{xdy - ydx}{y\sqrt{y^2-x^2}}$

(4) $u = \ln(x^2 + y^2 + z^2)$.

解：$du = \dfrac{2(xdx + ydy + zdz)}{x^2+y^2+z^2}$

(5) $u = (xy)^z$.

解：$du = \dfrac{\partial u}{\partial x}dx + \dfrac{\partial u}{\partial y}dy + \dfrac{\partial u}{\partial z}dz = zy(xy)^{z-1}dx + zx(xy)^{z-1}dy + (xy)^z \ln(xy)dz =$
$(xy)^{z-1}(zydx + zxdy + (xy)\ln(xy)dz)$

2. 求函数 $z = e^{xy}$ 在 $x=1, y=1, \Delta x = 0.15, \Delta y = 0.1$ 时的全微分.

解：$dz = e^{xy}(ydx + xdy)$, 于是有 $dz = e(0.15 + 0.1) = 0.25e$

3. 设 $F(x+z, y+z)$ 可微分, 由方程 $F(x+z, y+z) - \dfrac{1}{2}(x^2 + y^2 + z^2) = 2$ 确定了

函数 $z=z(x,y)$，求 $\mathrm{d}z$.

解：令 $f=F(x+z,y+z)-\dfrac{1}{2}(x^2+y^2+z^2)-2$，$f'_x=F_1-x$，$f'_y=F_2-y$，$f'_z=F_1+F_2-z$

所以 $\mathrm{d}z=\dfrac{1}{F_1+F_2-z}((x-F_1)\mathrm{d}x+(y-F_2)\mathrm{d}y)$

4. $u=z^{y^x}$，求 $\mathrm{d}u$.

解：$\mathrm{d}u=\dfrac{\partial u}{\partial x}\mathrm{d}x+\dfrac{\partial u}{\partial y}\mathrm{d}y+\dfrac{\partial u}{\partial z}\mathrm{d}z=z^{y^x}\ln z\cdot y^x\ln y\mathrm{d}x+z^{y^x}\ln z\cdot xy^{x-1}\mathrm{d}y+(y^x)z^{y^x-1}\mathrm{d}z$

10.5

1. 求下列曲面在给定点处的切平面方程与法线方程.

(1) $z^2=x^2+y^2$，给定点 $P(3,4,5)$.

解：设 $F(x,y,z)=x^2+y^2-z^2$

于是 $\boldsymbol{n}=\{f'_x,f'_y,f'_z\}|_P=\{2x,2y,-2z\}|_P=2\{3,4,-5\}$

切平面方程：$3(x-3)+4(y-4)-5(z-5)=0$，即 $3x+4y-5z=0$

法线方程：$\dfrac{x-3}{3}=\dfrac{y-4}{4}=\dfrac{z-5}{-5}$

(2) $x^3+y^3+z^3+xyz-6=0$，给定点 $P(1,2,-1)$.

解：设 $F(x,y,z)=x^3+y^3+z^3+xyz-6$

于是 $\boldsymbol{n}=\{f'_x,f'_y,f'_z\}|_P=\{3x^2+yz,3y^2+zx,3z^2+xy\}|_P=\{1,11,5\}$

切平面方程：$(x-1)+11(y-2)+5(z+1)=0$，即 $x+11y+5z-18=0$

法线方程：$\dfrac{x-1}{1}=\dfrac{y-2}{11}=\dfrac{z+1}{5}$

(3) $\mathrm{e}^z-z+xy=3$，给定点 $P(2,1,0)$.

解：设 $F(x,y,z)=\mathrm{e}^z-z+xy-3$

于是 $\boldsymbol{n}=\{f'_x,f'_y,f'_z\}|_P=\{y,x,\mathrm{e}^z-1\}|_P=\{1,2,0\}$

切平面方程：$(x-2)+2(y-1)=0$，即 $x+2y-4=0$

法线方程：$\dfrac{x-1}{1}=\dfrac{y-2}{2}=\dfrac{z}{0}$

2. 求下列曲线在给定点处的切线方程与法平面方程.

(1) $x=t,y=2t^2,z=t^2$ 在 $t=1$ 处.

解：$\boldsymbol{T}=\{1\ \ 4t\ \ 2t\}|_{t=1}=\{1\ \ 4\ \ 2\}$

切线方程：$\dfrac{x-1}{1}=\dfrac{y-2}{4}=\dfrac{z-1}{2}$

法平面方程：$(x-1)+4(y-2)+2(z-1)=0$，即 $x+4y+2z-11=0$

(2) $\begin{cases}x^2+y^2=1\\y^2+z^2=1\end{cases}$ 在点 $P(1,0,1)$ 处.

解：设 $f(x,y,z)=x^2+y^2-1$，$G(x,y,z)=y^2+z^2-1$

$f'_x = 2x|_{x=1} = 2, f'_y = 2y|_{y=0} = 0, f'_z = 0$
$G'_x = 0, G'_y = 2y|_{y=0} = 0, G'_z = 2z|_{z=1} = 2$

于是 $\boldsymbol{T} = \left\{ \begin{vmatrix} 0 & 0 \\ 0 & 2 \end{vmatrix} \quad \begin{vmatrix} 0 & 2 \\ 2 & 0 \end{vmatrix} \quad \begin{vmatrix} 2 & 0 \\ 0 & 0 \end{vmatrix} \right\} = -4\{0 \quad 1 \quad 0\}$

切线方程：$\dfrac{x-1}{0} = \dfrac{y}{1} = \dfrac{z-1}{0}$

法平面方程：$y = 0$

(3) $x = 3\cos\theta, y = 3\sin\theta, z = 4\theta$，在 $\theta = \dfrac{\pi}{4}$ 处.

解：$\boldsymbol{T} = \{-3\sin\theta, 3\cos\theta, 4\}|_{\theta=\frac{\pi}{4}} = \left\{-\dfrac{3\sqrt{2}}{2}, \dfrac{3\sqrt{2}}{2}, 4\right\} =$

$-\dfrac{1}{2}\{3\sqrt{2}, -3\sqrt{2}, -8\}$

切线方程：$\dfrac{x - \dfrac{3}{\sqrt{2}}}{3\sqrt{2}} = \dfrac{y - \dfrac{3}{\sqrt{2}}}{-3\sqrt{2}} = \dfrac{z - \pi}{-8}$

法平面方程：$3\sqrt{2}\left(x - \dfrac{3}{\sqrt{2}}\right) - 3\sqrt{2}\left(y - \dfrac{3}{\sqrt{2}}\right) - 8(z - \pi) = 0$，即 $3\sqrt{2}x - 3\sqrt{2}y - 8z + 8\pi = 0$

3. 在曲线 $x = t, y = t^2, z = t^3$ 上求出其切线平行于平面 $x + 2y + z = 4$ 的切点坐标.

解：$\boldsymbol{T} = \{1, 2t, 3t^2\}$，于是 $1 + 4t + 3t^2 = 0 \Rightarrow t = -1, t = -\dfrac{1}{3}$

所求的点为 $P_1(-1, 1, 1), P_2\left(-\dfrac{1}{3}, \dfrac{1}{9}, -\dfrac{1}{27}\right)$

4. 求椭球面 $x^2 + 2y^2 + z^2 = 1$ 平行于平面 $x - y + 2z = 0$ 的切平面方程.

解：先求出切点，$\boldsymbol{n} = \{2x, 4y, 2z\} = \lambda\{1, -1, 2\}$，得到 $x = \dfrac{\lambda}{2}, y = -\dfrac{1}{4}\lambda, z = \lambda$，代入椭球面 $x^2 + 2y^2 + z^2 = 1$ 方程，得 $\lambda = \pm\sqrt{\dfrac{8}{11}}$. 于是所求切平面方程为 $\left(x - \dfrac{\lambda}{2}\right) - \left(y + \dfrac{\lambda}{4}\right) + 2(z - \lambda) = 0$，整理得 $x - y + 2z = \pm\sqrt{\dfrac{2}{11}}$

5. 证明曲面 $xyz = a^3 (a > 0)$ 的切平面与坐标平面所围成的四面体体积为一常数.

证明：$f'_x = y_0 z_0, f'_y = z_0 x_0, f'_z = x_0 y_0$

所以切平面方程为 $y_0 z_0(x - x_0) + z_0 x_0(y - y_0) + x_0 y_0(z - z_0) = 0$

整理为 $\dfrac{x}{3x_0} + \dfrac{y}{3y_0} + \dfrac{z}{3z_0} = 1$

于是得 $\boldsymbol{s}_1 = \left\{\dfrac{1}{3x_0}, 0, 0\right\}, \boldsymbol{s}_2 = \left\{0, \dfrac{1}{3y_0}, 0\right\}, \boldsymbol{s}_3 = \left\{0, 0, \dfrac{1}{3z_0}\right\}$

$V = \dfrac{1}{6}[\boldsymbol{s}_1 \quad \boldsymbol{s}_2 \quad \boldsymbol{s}_3] = \dfrac{1}{6}\begin{vmatrix} 3x_0 & 0 & 0 \\ 0 & 3y_0 & 0 \\ 0 & 0 & 3z_0 \end{vmatrix} = \dfrac{27}{6}x_0 y_0 z_0 = \dfrac{9}{2}a^3$

10.6 方向导数与梯度

1. 设 $f(x,y,z)=x^2+2y^2+3z^2+xy+3x-2y-6z$，求 grad $f(0,0,0)$, grad $f(1,1,1)$.

解：$f'_x=2x+y+3, f'_y=4y+x-2, f'_z=6z-6$

所以 $\nabla f(0,0,0)=\{3,-2,-6\}, \nabla f(1,1,1)=\{6,3,0\}$

2. 求 $u=xyz$ 在点 $(5,1,2)$ 处沿从点 $(5,1,2)$ 到点 $(9,4,1)$ 的方向导数.

解：$u'_x=yz\big|_{(5,1,2)}=2, u'_y=xz\big|_{(5,1,2)}=10, u'_z=xy\big|_{(5,1,2)}=5$

$l=\{4,3,-1\}=\dfrac{1}{\sqrt{26}}\{4,3,-1\}$

所以 $\dfrac{\partial u}{\partial l}=\nabla u \cdot \dfrac{l}{|l|}=\dfrac{1}{\sqrt{26}}(8+30-5)=\dfrac{33}{\sqrt{26}}$

3. 求 $u=xy^2z$ 在点 $P_0(1,-1,2)$ 处变化最快的方向.

解：$u'_x=y^2z\big|_{(1,-1,2)}=2, u'_y=2xyz\big|_{(1,-1,2)}=-4, u'_z=xy^2\big|_{(1,-1,2)}=1$

所以 $\nabla u=\{2,-4,1\}$，为增加最快的方向，方向导数为 $\sqrt{21}$

$-\nabla u=\{-2,4,-1\}$ 为减少最快的方向，方向导数为 $-\sqrt{21}$

4. 求 $u=xy+yz+xz$ 在点 $P(1,2,3)$ 处沿 P 的向径方向的方向导数.

解：$u'_x=(y+z)\big|_{(1,2,3)}=5, u'_y=(x+z)\big|_{(1,2,3)}=4, u'_z=(x+y)\big|_{(1,2,3)}=3$

$l=\{1,2,3\}=\dfrac{1}{\sqrt{14}}\{1,2,3\}$

所以 $\dfrac{\partial u}{\partial l}=\nabla u \cdot \dfrac{l}{|l|}=\dfrac{1}{\sqrt{14}}(5+8+9)=\dfrac{22}{\sqrt{14}}$

5. 求 $u=x^2y^2+yz^3$ 在点 $M_0(1,2,1)$ 处的梯度.

解：$u'_x=(2xy^2)\big|_{(1,2,1)}=8, u'_y=(2x^2y+z^3)\big|_{(1,2,1)}=5, u'_z=3yz^2\big|_{(1,2,1)}=6$

$\nabla u=8\boldsymbol{i}+5\boldsymbol{j}+6\boldsymbol{k}$

6. 求 $f(x,y)=x^2-2xy+y^2$ 在点 $(2,3)$ 处方向导数的最大值.

解：$f'_x=(2x-2y)\big|_{(2,3)}=-2, f'_y=(-2x+2y)\big|_{(2,3)}=2$

$\nabla f=-2\boldsymbol{i}+2\boldsymbol{j}, \text{Max}\left\{\dfrac{\partial f}{\partial l}\right\}=|\nabla f|=2\sqrt{2}$

7. 求函数 $u=xyz$ 在点 $M(3,4,5)$ 处正圆锥面 $z=\sqrt{x^2+y^2}$ 外法线方向的方向导数.

解：$u'_x=(yz)\big|_{(3,4,5)}=20, u'_y=(xz)\big|_{(3,4,5)}=15, u'_z=xy\big|_{(3,4,5)}=12$

$\nabla u=20\boldsymbol{i}+15\boldsymbol{j}+12\boldsymbol{k}$，令 $F(x,y,z)=\sqrt{x^2+y^2}-z$

$\boldsymbol{n}=\{F_x,F_y,F_z\}\big|_M=\left\{\dfrac{x}{\sqrt{x^2+y^2}},\dfrac{y}{\sqrt{x^2+y^2}},-1\right\}\bigg|_M=\left\{\dfrac{3}{5},\dfrac{4}{5},-1\right\}$

$\dfrac{\boldsymbol{n}}{|\boldsymbol{n}|}=\dfrac{1}{\sqrt{2}}\left\{-\dfrac{3}{5},-\dfrac{4}{5},1\right\},\dfrac{\partial u}{\partial \boldsymbol{n}}=\nabla u\cdot\dfrac{\boldsymbol{n}}{|\boldsymbol{n}|}=\dfrac{-1}{\sqrt{2}}(12+12-12)=-6\sqrt{2}$

10.7

1. 求函数 $f(x,y)=(6x-x^2)(4y-y^2)$ 的极值.

解：$f_x=(6-2x)(4y-y^2),f_y=(6x-x^2)(4-2y)$

$\begin{cases}6-2x=0\\4-2y=0\end{cases}\Rightarrow\begin{cases}x=3\\y=2\end{cases}$

$\begin{cases}6x-x^2=0\\4y-y^2=0\end{cases}\Rightarrow\begin{cases}x=0\\y=0\end{cases},\begin{cases}x=0\\y=4\end{cases},\begin{cases}x=6\\y=0\end{cases},\begin{cases}x=6\\y=4\end{cases}$

$f_{xx}=-2(4y-y^2),f_{xy}=(6-2x)(4-2y),f_{yy}=-2(6x-x^2)$

当 $\begin{cases}x=3\\y=2\end{cases}$ 时，有 $A=-8,B=0,C=-18,B^2-AC=-144<0$，所以取极大值 $f(3,2)=36$

当 $\begin{cases}x=0\\y=0\end{cases}$ 时，有 $A=0,B=24,C=0,B^2-AC=576>0$，所以不取极值

当 $\begin{cases}x=0\\y=4\end{cases}$ 时，有 $A=0,B=-24,C=0,B^2-AC=576>0$，所以不取极值

当 $\begin{cases}x=6\\y=0\end{cases}$ 时，有 $A=0,B=-24,C=0,B^2-AC=576>0$，所以不取极值

当 $\begin{cases}x=6\\y=4\end{cases}$ 时，有 $A=0,B=24,C=0,B^2-AC=576>0$，所以不取极值

2. 求函数 $f(x,y)=e^{2x}(x+y^2+2y)$ 的极值.

解：$f_x=e^{2x}(2x+2y^2+4y+1),f_y=e^{2x}(2y+2)$

$\begin{cases}2x+2y^2+4y+1=0\\2y+2=0\end{cases}\Rightarrow\begin{cases}x=\dfrac{1}{2}\\y=-1\end{cases}$

$f_{xx}=e^{2x}(4x+4y^2+8y+3),f_{xy}=e^{2x}(4y+4),f_{yy}=2e^{2x}$

有 $A=e(2+4-8+3)=e>0,B=0,C=2e,B^2-AC=-2e^2<0$，所以取极小值 $f\left(\dfrac{1}{2},-1\right)=-\dfrac{e}{2}$

3. 函数 $z=f(x,y)$ 由方程 $x^2+y^2+z^2-2x+2y-4z-10=0$ 确定，求函数 $z=f(x,y)$ 的极值.

解：$F=x^2+y^2+z^2-2x+2y-4z-10$

$F_x=2x-2,F_y=2y+2,F_z=2z-4$

得到 $z'_x=-\dfrac{x-1}{z-2},z'_y=-\dfrac{y+1}{z-2}$

令 $z'_x=-\dfrac{x-1}{z-2}=0\Rightarrow x=1,z'_y=-\dfrac{y+1}{z-2}=0\Rightarrow y=-1$，此时有 $z=-2,z=6$

驻点 $P_1(1,-1,-2), P_2(1,-1,6)$

$$z''_{xx} = -\frac{(z-2)-(x-1)\left(-\frac{x-1}{z-2}\right)}{(z-2)^2} = -\frac{(z-2)^2-(x-1)^2}{(z-2)^3}$$

$$z''_{xy} = \frac{-(x-1)\left(-\frac{x-1}{z-2}\right)}{(z-2)^2} = \frac{(z-2)(x-1)}{(z-2)^3}$$

$$z''_{yy} = -\frac{(z-2)-(y+1)\left(-\frac{y+1}{z-2}\right)}{(z-2)^2} = -\frac{(z-2)^2+(y+1)^2}{(z-2)^3}$$

当在 $P_1(1,-1,6)$,有 $A=\frac{1}{4}>0, B=0, C=\frac{1}{4}, B^2-AC=-\frac{1}{16}<0$,所以取极大值 $z(-1,1)=6$

当在 $P_1(1,-1,-2)$,有 $A=-\frac{1}{4}<0, B=0, C=-\frac{1}{4}, B^2-AC=-\frac{1}{16}<0$,所以取极小值 $z(-1,1)=-2$

4. 求函数 $f(x,y)=xy-x^2$ 在闭区域 $D=\{(x,y)|0\leqslant x\leqslant 1, 0\leqslant y\leqslant 1\}$ 上的最值.

解:$f'_x(x,y)=y-2x, f'_y(x,y)=x \Rightarrow x=0, y=0, f(0,0)=0$.

在边界 $y=0$ 上得 $z=-x^2$,驻点 $(0,0)$ 与前同

在边界 $x=0$ 上得 $z=0$,无极值

在边界 $x=1$ 上得 $z=y-1$,无极值单调 $f(1,0)=-1$

在边界 $y=1$ 上得 $z=x-x^2$,得驻点 $x=\frac{1}{2} f\left(\frac{1}{2},1\right)=\frac{1}{4}$

综上有 $M=\frac{1}{4}, m=-1$

5. 求函数 $u=xyz$ 在约束条件 $x^2+2y^2+3z^2=6$ 下的极值.

解:设 $L(x,y,z,\lambda)=xyz+\lambda(x^2+2y^2+3z^2-6)$

$$\begin{cases} xL'_x=xyz+2\lambda x^2=0 \\ yL'_y=xyz+4\lambda y^2=0 \\ zL'_z=xyz+6\lambda z^2=0 \\ x^2+2y^2+3z^2-6=0 \end{cases} \Rightarrow \begin{cases} x^2=2y^2=3z^2 \\ x^2=2 \\ y^2=1 \\ z^2=\frac{2}{3} \end{cases}$$

得到稳定点为 $A_1\left(\sqrt{2},1,\frac{\sqrt{2}}{\sqrt{3}}\right), A_2\left(-\sqrt{2},1,\frac{\sqrt{2}}{\sqrt{3}}\right), A_3\left(-\sqrt{2},-1,\frac{\sqrt{2}}{\sqrt{3}}\right),$ $A_4\left(\sqrt{2},-1,\frac{\sqrt{2}}{\sqrt{3}}\right), A_5\left(\sqrt{2},1,-\frac{\sqrt{2}}{\sqrt{3}}\right), A_6\left(-\sqrt{2},1,-\frac{\sqrt{2}}{\sqrt{3}}\right), A_7\left(-\sqrt{2},-1,-\frac{\sqrt{2}}{\sqrt{3}}\right),$ $A_8\left(\sqrt{2},-1,-\frac{\sqrt{2}}{\sqrt{3}}\right)$

于是 $u(A_1)=u(A_3)=u(A_6)=u(A_8)=\frac{2\sqrt{3}}{3}$ 为最大值

于是 $u(A_2)=u(A_4)=u(A_5)=u(A_7)=-\dfrac{2\sqrt{3}}{3}$ 为最小值

6. 求函数 $u=x^2+y^2-3$ 在约束条件 $x-y+1=0$ 下的极值.

解：设 $L(x,y,\lambda)=x^2+y^2-3+\lambda(x-y+1)$

$$\begin{cases} L'_x=2x+\lambda=0 \\ L'_y=2y-\lambda=0 \\ L'_\lambda=x-y+1=0 \end{cases} \Rightarrow \begin{cases} x=-\dfrac{\lambda}{2} \\ y=\dfrac{\lambda}{2} \\ x=-y \\ 2x+1=0 \end{cases}$$

得到稳定点为 $A_1\left(-\dfrac{1}{2},\dfrac{1}{2}\right)$

由于 $A=L_{xx}=2>0, B=L_{xy}=0, C=L_{yy}=2, B-AC=-8<0$

可知 $z(A_1)=-\dfrac{5}{2}$ 是极小值

7. 在半径为 a 的半球内，内接一个长方体，问各边长为多少时体积最大？

解：设长、宽、高分别为 $2x,2y,z$，则体积为 $V=4xyz$，约束条件 $x^2+y^2+z^2=a^2$ 下的极值.

设 $L(x,y,z,\lambda)=xyz+\lambda(x^2+y^2+z^2-a^2)$，则

$$\begin{cases} xL'_x=xyz+2\lambda x^2=0 \\ yL'_y=xyz+2\lambda y^2=0 \\ zL'_z=xyz+2\lambda z^2=0 \\ L'_\lambda=x^2+y^2+z^2-a^2=0 \end{cases} \Rightarrow \begin{cases} x^2=y^2=z^2 \\ x=\dfrac{a}{\sqrt{3}} \\ y=\dfrac{a}{\sqrt{3}} \\ z=\dfrac{a}{\sqrt{3}} \end{cases} \Rightarrow \begin{cases} 长=\dfrac{2a}{\sqrt{3}} \\ 宽=\dfrac{2a}{\sqrt{3}} \\ 高=\dfrac{a}{\sqrt{3}} \end{cases}$$

$M=V\left(\dfrac{a}{\sqrt{3}},\dfrac{a}{\sqrt{3}},\dfrac{a}{\sqrt{3}}\right)=\dfrac{4a^3}{3\sqrt{3}}$

8. 在底面半径为 r、高为 h 的直圆锥内，内接一个长方体，问各边长为多少时体积最大？

解：设长、宽、高分别为 $2x,2y,z$，则体积为 $V=4xyz$，于是有 4 个顶点在圆锥面上，这 4 个顶点形成的矩形的对角线的一半 $\sqrt{x^2+y^2}$ 就是长方体的上面与圆锥的截口的半径，于是根据相似三角形原理有 $\dfrac{h-z}{h}=\dfrac{\sqrt{x^2+y^2}}{r}$，则 $h\sqrt{x^2+y^2}-r(h-z)=0$ 为约束条件.

设 $L(x,y,z,\lambda)=xyz-\lambda(h\sqrt{x^2+y^2}-r(h-z))$

$$\begin{cases} L'_x = yz - \dfrac{\lambda xh}{\sqrt{x^2+y^2}} = 0 & (1) \\ L'_y = xz - \dfrac{\lambda y}{\sqrt{x^2+y^2}} = 0 & (2) \\ L'_z = xy - \lambda r = 0 & (3) \\ L'_\lambda = h\sqrt{x^2+y^2} - r(h-z) = 0 & (4) \end{cases}$$

由(1)、(2)可得 $x = y, z = \dfrac{\lambda h}{\sqrt{2}x}$；由(3)得 $x = y = \sqrt{\lambda r}$，一齐代入(4)得 $\lambda = \dfrac{2r}{9}$，于是得

$x = y = \dfrac{\sqrt{2}}{3}r$，所以长 = 宽 = $2x = \dfrac{2\sqrt{2}}{3}r$，高 = $z = \dfrac{1}{3}h$.

9. 围一个面积为 60 m² 的矩形场地，正面所用材料的造价为每米 10 元，其余 3 个面造价为每米 5 元，求场地长、宽各多少米能使造价最少？

解：设正面长为 x，侧面为 y，则 $C(x,y) = 15x + 10y$，约束条件为 $xy - 60 = 0$

$L(x,y,\lambda) = 15x + 10y + \lambda(xy - 60)$

$\begin{cases} L'_x = 15 + \lambda y = 0 \\ L'_y = 10 + \lambda x = 0 \Rightarrow x = \dfrac{2y}{3}，解得 x = 2\sqrt{10}, y = 3\sqrt{10} \\ L'_\lambda = xy - 60 = 0 \end{cases}$

复习题十

1. 填空题

(1) 曲面 $F(x,y,z) = 0$，则坐标原点到曲面上点 $P_0(x_0, y_0, z_0)$ 的切平面的距离为_____.

解：$\boldsymbol{n} = \{F_x, F_y, F_z\}\Big|_{P_0}$，切平面方程为 $F_x(x-x_0) + F_y(y-y_0) + F_z(z-z_0) = 0$

$d = \dfrac{|x_0 F_x + y_0 F_y + z_0 F_z|}{\sqrt{F_x^2 + F_y^2 + F_z^2}}$

(2) 曲线 $l: \begin{cases} x = x(t) \\ y = y(t) \\ z = z(t) \end{cases}$，$P_0(x_0, y_0, z_0) = (x(t_0), y(t_0), z(t_0))$，则坐标原点到曲线 l 在

点 $P_0(x_0, y_0, z_0)$ 的切线的距离为_____.

解：l 在点 $P_0(x_0, y_0, z_0)$ 的切线的切向量为：$\boldsymbol{T} = \{x'(t_0), y'(t_0), z'(t_0)\}$

$\overrightarrow{OP_0} = \{x(t_0), y(t_0), z(t_0)\}$

于是 $d \cdot |\boldsymbol{T}| = |\overrightarrow{OP_0} \times \boldsymbol{T}|$

所以 $d = \dfrac{|\overrightarrow{OP_0} \times \boldsymbol{T}|}{|\boldsymbol{T}|} = \dfrac{|\overrightarrow{OP_0} \times \{x'(t_0)\ y'(t_0)\ z'(t_0)\}|}{\sqrt{[x'(t_0)]^2 + [y'(t_0)]^2 + [z'(t_0)]^2}}$

(3) 若曲面 $F(x,y,z) = 0$ 上点 $Q(x,y,z)$ 的法线经过曲面外一点 $P(a,b,c)$，则点 $Q(x,y,z)$ 必须满足_____.

解：$\boldsymbol{n} = \{F_x, F_y, F_z\}\big|_{Q_0}$，法线过 $P(a,b,c)$，法线方程为 $\dfrac{x-a}{F_x} = \dfrac{y-b}{F_y} = \dfrac{z-c}{F_z}$

(4) 曲线 $l: \begin{cases} x = x(t) \\ y = y(t) \\ z = z(t) \end{cases}$ 在 $t = t_0$ 的法平面与 yOz 面的夹角为 _____．

解：法向量为 $\boldsymbol{T} = \{x'(t_0), y'(t_0), z'(t_0)\}$

于是 $\cos\theta = \dfrac{|x'(t_0)|}{\sqrt{(x'(t_0))^2 + (y'(t_0))^2 + (z'(t_0))^2}}$

$\theta = \arccos \dfrac{|x'(t_0)|}{\sqrt{(x'(t_0))^2 + (y'(t_0))^2 + (z'(t_0))^2}}$

(5) 曲线 $\begin{cases} 2x^2 + 3y^2 + z^2 = 47 \\ x^2 + 2y^2 = z \end{cases}$ 上点 $(-2, 1, 6)$ 处的切线方程为 _____．

解：设 $F(x,y,z) = 2x^2 + 3y^2 + z^2 - 47$，$G(x,y,z) = x^2 + 2y^2 - z$

则 $f'_x = 4x\big|_{x=-2} = -8$，$f'_y = 6y\big|_{y=1} = 6$，$f'_z = 2z\big|_{z=6} = 12$

$G'_x = 2x\big|_{x=-2} = -4$，$G'_y = 4y\big|_{y=1} = 4$，$G'_z = -1$

于是 $\boldsymbol{T} = \left\{ \begin{vmatrix} 6 & 12 \\ 4 & -1 \end{vmatrix}, \begin{vmatrix} 12 & -8 \\ -1 & -4 \end{vmatrix}, \begin{vmatrix} -8 & 6 \\ -4 & 4 \end{vmatrix} \right\} = \{-54, -56, -8\} = -2\{27, 28, 4\}$

即 $\dfrac{x+2}{27} = \dfrac{y-1}{28} = \dfrac{z-6}{4}$

(6) 曲面 $xyz = a^3 (a > 0)$ 的切平面与三个坐标面所围成的四面体的体积是常数，该常数为 _____．

解：$f'_x = y_0 z_0$，$f'_y = z_0 x_0$，$f'_z = x_0 y_0$

所以切平面方程为 $y_0 z_0 (x - x_0) + z_0 x_0 (y - y_0) + x_0 y_0 (z - z_0) = 0$

整理为 $\dfrac{x}{3x_0} + \dfrac{y}{3y_0} + \dfrac{z}{3z_0} = 1$

于是得，$\boldsymbol{s}_1 = \{3x_0, 0, 0\}$，$\boldsymbol{s}_2 = \{0, 3y_0, 0\}$，$\boldsymbol{s}_3 = \{0, 0, 3z_0\}$

$V = \dfrac{1}{6}[\boldsymbol{s}_1, \boldsymbol{s}_2, \boldsymbol{s}_3] = \dfrac{1}{6} \begin{vmatrix} 3x_0 & 0 & 0 \\ 0 & 3y_0 & 0 \\ 0 & 0 & 3z_0 \end{vmatrix} = \dfrac{27}{6} x_0 y_0 z_0 = \dfrac{9}{2} a^3$

(7) 曲线 $\begin{cases} z = \dfrac{1}{4}(x^2 + y^2) \\ y = 4 \end{cases}$ 在点 $(2, 4, 5)$ 处的切线与 x 轴的夹角为 _____．

解：设 $F(x,y,z) = \dfrac{1}{4}x^2 + \dfrac{1}{4}y^2 - z$，$G(x,y,z) = y - 4$

则 $f'_x = \dfrac{1}{2}x\big|_{x=2} = 1$，$f'_y = \dfrac{1}{2}y\big|_{y=4} = 2$，$f'_z = -1$

$G'_x = 0$，$G'_y = 1$，$G'_z = 0$，

于是 $\boldsymbol{T} = \left\{ \begin{vmatrix} 2 & -1 \\ 1 & 0 \end{vmatrix}, \begin{vmatrix} -1 & 1 \\ 0 & 0 \end{vmatrix}, \begin{vmatrix} 1 & 2 \\ 0 & 1 \end{vmatrix} \right\} = \{1, 0, 1\}$

$\cos\theta = \dfrac{1}{\sqrt{2}}, \theta = \dfrac{\pi}{4}$

(8) 平面 $2x+3y-z=\lambda$ 是曲面 $z=2x^2+3y^2$ 在点 $\left(\dfrac{1}{2},\dfrac{1}{2},\dfrac{5}{4}\right)$ 处的切平面,则 _____.

解:$f'_x=4x|_{x=\frac{1}{2}}=2, f'_y=6y|_{y=\frac{1}{2}}=3, f'_z=-1$

$2\left(x-\dfrac{1}{2}\right)+3\left(y-\dfrac{1}{2}\right)-\left(z-\dfrac{5}{4}\right)=0$,即 $2x+3y-z=\dfrac{5}{4}$

(9) 曲面 $x^2+2y^2+3z^2=21$ 与平面 $x+4y+6z=0$ 平行的切平面是 _____.

解:$n=\pm\{1,4,6\}$,所以 $z=2x, y=2x$ 代入曲面得 $x=\pm 1, y=\pm 2, z=\pm 2$

所求的平面方程为 $x-1+4(y-2)+6(y-2)=0$ 或 $-(x+1)-4(y+2)-6(z+2)=0$,

即 $x+4y=6z=\pm 21$

(10) $P_0(x_0,y_0,z_0)$ 是椭球面 $\dfrac{x^2}{a^2}+\dfrac{y^2}{b^2}+\dfrac{z^2}{c^2}=1$ 上的一点,则坐标原点到该点的切平面的距离为 _____.

解:$F(x,y,z)=\dfrac{x^2}{a^2}+\dfrac{y^2}{b^2}+\dfrac{z^2}{c^2}-1, F_x=\dfrac{2x_0}{a^2}, F_y=\dfrac{2y_0}{b^2}, F_z=\dfrac{2z_0}{c^2}$

该点的切平面方程为 $\dfrac{2x_0}{a^2}(x-x_0)+\dfrac{2y_0}{b^2}(y-y_0)+\dfrac{2z_0}{c^2}(z-z_0)=0$

$d=\dfrac{1}{\sqrt{\dfrac{x_0^2}{a^4}+\dfrac{y_0^2}{b^4}+\dfrac{z_0^2}{c^4}}}\left|\dfrac{x_0^2}{a^2}+\dfrac{y_0^2}{b^2}+\dfrac{z_0^2}{c^2}\right|=\dfrac{1}{\sqrt{\dfrac{x_0^2}{a^4}+\dfrac{y_0^2}{b^4}+\dfrac{z_0^2}{c^4}}}$

2.单项选择题

(1) $z=f(x,y)$ 在 (x_0,y_0) 取极大值,那么在点 (x_0,y_0) 有( ).

A. $f_x=f_y=0$
B. $f_{xy}^2-f_{xx}f_{yy}<0$
C. $f(x_0,y)$ 在 y_0 取极大值
D. 以上结论都可能不对

解:并没有给定 $z=f(x,y)$ 在点是否有偏导数,所以不选择 A、C

当 $z=f(x,y)$ 在 (x_0,y_0) 取极大值时,必然有 $f(x_0,y)$ 在 y_0 取极大值,$f(x,y_0)$ 在 x_0 取极大值,所以选 C

(2) 若面 $F(x,y,z)=0$ 在点 (x_0,y_0,z_0) 的切平面经过原点,那么在点 (x_0,y_0,z_0) 有( ).

A. $x_0F_x+y_0F_y+z_0F_z=0$
B. $\dfrac{F_x}{x_0}=\dfrac{F_y}{y_0}=\dfrac{F_z}{z_0}$
C. $\dfrac{F_x}{x_0}+\dfrac{F_y}{y_0}+\dfrac{F_z}{z_0}=1$
D. $(x_0,y_0,z_0)=(0,0,0)$

解:$F(x,y,z)=0$ 在点 (x_0,y_0,z_0) 的切平面方程为 $(x-x_0)F_x+(y-y_0)F_y+(z-z_0)F_z=0$,过原点,则有 $-x_0F_x-y_0F_y-z_0F_z=0$,就是 $x_0F_x+y_0F_y+z_0F_z=0$,故选 A

(3) 空间曲线 $L:\begin{cases} x=a\sin^2 t \\ y=b\sin t\cos t \\ z=c\cos^2 t \end{cases}$ 在 $t=\dfrac{\pi}{4}$ 处的法平面是( ).

A. 平行于 Oz 轴   B. 平行于 Oy 轴

C. 平行于 xOy 面   D. 垂直于 yOz 面

解：$\boldsymbol{n}=\boldsymbol{T}=\{a\sin 2t, b\cos 2t, -c\sin 2t\}\Big|_{t=\frac{\pi}{4}}=\{a,0,-c\}$

$\boldsymbol{n}\cdot\boldsymbol{j}=0$，所以法平面平行于 Oy 轴，选择 B

(4) 设点 (x_0, y_0) 是 $f(x,y)$ 的驻点，记 $f_{xx}=A, f_{xy}=B, f_{yy}=C$，当 $f(x,y)$ 满足（ ）时，$f(x,y)$ 在该点取极大值.

A. $B^2-AC>0, A>0$ B. $B^2-AC>0, A<0$

C. $B^2-AC<0, A>0$ D. $B^2-AC<0, A<0$

答：选择 D.

(5) 曲线 $L:\begin{cases}x=x(t)\\y=y(t)\\z=z(t)\end{cases}$ 有经过原点的切线，那么（ ）.

A. $\dfrac{x(t)}{x'(t)}=\dfrac{y(t)}{y'(t)}=\dfrac{z(t)}{z'(t)}$ 有解

B. $x(t)x'(t)+y(t)y'(t)+z(t)z'(t)=0$ 有解

C. $\{x(t)\ \ y(t)\ \ z(t)\}=\{0\ \ 0\ \ 0\}$ 有解

D. 只要 l 不是直线就成立

解：曲线的切线向量为 $\{x'(t_0), y'(t_0), z'(t_0)\}$，切线方程为 $\dfrac{x(t)-x(t_0)}{x'(t_0)}=\dfrac{y(t)-y(t_0)}{y'(t_0)}=\dfrac{z(t)-z(t_0)}{z'(t_0)}$，由于过原点，所以成立 $\dfrac{-x(t_0)}{x'(t_0)}=\dfrac{-y(t_0)}{y'(t_0)}=\dfrac{-z(t_0)}{z'(t_0)}$，就是 $\dfrac{x(t)}{x'(t)}=\dfrac{y(t)}{y'(t)}=\dfrac{z(t)}{z'(t)}$ 有解，所以选 A

(6) 曲面 $e^z-z+xy=3$ 在点 $\{2\ \ 1\ \ 0\}$ 的切平面方程是（ ）.

A. $2x+y-z-4=0$ B. $2x+y-5=0$

C. $x+2y-4=0$ D. $2x+y-4=0$

解：$f'_x=y|_{y=1}=1, f'_y=x|_{x=2}=2, f'_z=(e^z-1)|_{z=0}=0$

$(x-2)+2(y-1)=0$，即 $x+2y-4=0$，选择 C

(7) 曲面 $x^2-4y^2+2z^2=6$ 在点 $\{2,2,3\}$ 的法线方程是（ ）.

A. $\dfrac{x-2}{-1}=\dfrac{y-2}{-4}=\dfrac{z-3}{3}$ B. $\dfrac{x-2}{1}=\dfrac{y-2}{-4}=\dfrac{z-3}{3}$

C. $\dfrac{x-2}{1}=\dfrac{y-2}{-4}=\dfrac{z-3}{-3}$ D. $\dfrac{x-2}{1}=\dfrac{y-2}{4}=\dfrac{z-3}{3}$

解：$f'_x=2x\big|_{x=2}=4, f'_y=-8y\big|_{y=2}=-16, f'_z=4z\big|_{z=3}=12$

$\boldsymbol{s}=\boldsymbol{n}=4\{1,-4,3\}$，法线方程 $\dfrac{x-2}{1}=\dfrac{y-2}{-4}=\dfrac{z-3}{3}$，选择 B

(8) 曲线 $\begin{cases}x^2+y^2+z^2=3x\\2x-3y+5z=4\end{cases}$ 在点 $\{1,1,1\}$ 的切线方程为（ ）.

A. $\begin{cases} x^2+y^2+z^2=3x \\ x+16z-17=0 \end{cases}$ B. $16x+9y-z-24=0$

C. $\dfrac{x-1}{16}=\dfrac{y-1}{-9}=\dfrac{z-1}{-1}$ D. $8(x-1)-3(y-1)-5(z-1)=0$

解:设 $F(x,y,z)=x^2+y^2+z^2-3x, G(x,y,z)=2x-3y+5z-4$

则 $f'_x=(2x-3)\big|_{x=1}=-1, f'_y=2y\big|_{y=1}=2, f'_z=2z\big|_{z=1}=2$

$G'_x=2, G'_y=-3, G'_z=5$

于是 $T=\left\{\begin{vmatrix} 2 \\ -3 \end{vmatrix}, \begin{vmatrix} 2 & -1 \\ 5 & 2 \end{vmatrix}, \begin{vmatrix} -1 & 2 \\ 2 & -3 \end{vmatrix}\right\}=\{16,9,-1\}$

切线方程为 $\dfrac{x-1}{16}=\dfrac{y-1}{9}=\dfrac{z-1}{-1}$, 选择 C

(9) 设 $f(x,y)=x^4+y^4-x^2-2xy-y^2$ 驻点为 $M_0(0,0), M_1(1,1), M_2(-1,-1)$, 其中正确的是( ).

A. $f(M_0)$ 是极大值   B. $f(M_1)$ 是极大值

C. $f(M_2)$ 是极小值   D. 都是极小值

解: $f_{xx}=12x^2-2, f_{xy}=-2, f_{yy}=12y^2-2$

在点 $M_0(0,0):A=-2,B=-2,C=-2,B^2-AC=0$, 不选择

在点 $M_1(1,1):A=10,B=-2,C=10,B^2-AC=-96<0$, 且 $A=10>0$, 所以 $f(M_1)$ 是极小值, 不选择

在 $M_2(-1,-1):A=10,B=-2,C=10,B^2-AC=-96<0$, 且 $A=10>0$, 所以 $f(M_2)$ 是极小值. 选择 C

(10) 设函数 $f(x,y)$ 在点 $M_0(0,0)$ 邻域有定义, 且 $f_x(0,0)=3, f_y(0,0)=1$, 则正确的是( ).

A. $dz\big|_{(0,0)}=3dx+2dy$

B. 曲面 $z=f(x,y)$ 在点 $(0,0,f(0,0))$ 的法向量为 $\{3,1,1\}$

C. 曲线 $\begin{cases} z=f(x,y) \\ y=0 \end{cases}$ 在点 $(0,0,f(0,0))$ 的切向量为 $\{1,0,3\}$

D. $\begin{cases} z=f(x,y) \\ y=0 \end{cases}$ 在点 $(0,0,f(0,0))$ 的切向量为 $\{3,0,1\}$

解:没有给出可微, 所以不选择 A; 曲面 $z=f(x,y)$ 在点 $(0,0,f(0,0))$ 的法向为 $\{3,1,-1\}$, 所以不选择 B

$F_x=f_x=3, F_y=f_y=1, F_z=-1,; G_x=0, G_y=1, G_z=0$

于是 $T=\left\{\begin{vmatrix} 1 & -1 \\ 1 & 0 \end{vmatrix}, \begin{vmatrix} -1 & 3 \\ 0 & 0 \end{vmatrix}, \begin{vmatrix} 3 & 1 \\ 0 & 1 \end{vmatrix}\right\}=\{1,0,3\}$, 选择 C

(11) 设 $z=f(x,y), \dfrac{\partial^2 f}{\partial y^2}=2, f(x,0)=1, f_y(x,0)=x$, 则 $f(x,y)=$( ).

A. $1-xy+y^2$ B. $1-x^2y+y^2$

C. $1+xy+y^2$ D. $1+x^2y+y^2$

解：用排除法验证：

若 $f(x,y)=1-xy+y^2$，则有 $\frac{\partial^2 f}{\partial y^2}=2$，$f(x,0)=1$，$f_y(x,0)=-x$ 不选择 A

若 $f(x,y)=1+xy+y^2$，则有 $\frac{\partial^2 f}{\partial y^2}=2$，$f(x,0)=1$，$f_y(x,0)=x$，选择 C

(12) 已知 $\frac{(x+ay)\mathrm{d}x+y\mathrm{d}y}{(x+y)^2}$ 是某函数的全微分，则 $a=(\quad)$.

A. -1 B. 0   C. 1   D. 2

解：设 $P(x,y)=\frac{x+ay}{(x+y)^2}$，$Q(x,y)=\frac{y}{(x+y)^2}$，由题设有 $\frac{\partial Q}{\partial x}=\frac{\partial P}{\partial y}$

$\frac{\partial Q}{\partial x}=\frac{0-y\cdot 2(x+y)}{(x+y)^4}=\frac{-2y}{(x+y)^3}=\frac{\partial P}{\partial y}=\frac{(a-2)x-ay}{(x+y)^3}$，所以 $a=2$，选择 D

(13) 若函数 $z=f(x,y,z)$ 可微，$1-f_z\neq 0$，则在点 (x_0,y_0,z_0) 处正确的是（ ）.

A. $\mathrm{d}z=f_x\mathrm{d}x+f_y\mathrm{d}y+f_z\mathrm{d}z$ B. $\mathrm{d}z=f_x\mathrm{d}x+f_y\mathrm{d}y$

C. $\Delta z=f_x\Delta x+f_y\Delta y+f_z\Delta z$ D. $\Delta z=f_x\Delta x+f_y\Delta y$

解：由 $z=f(x,y,z)\cdot 1-f_z\neq 0$ 可知 $z=f(x,y)$ 可微，$f'_y=f_y$，$f'_x=f_x$

于是 $\frac{\partial z}{\partial x}=\frac{f'_x}{1-f'_z}$，$\frac{\partial z}{\partial y}=\frac{f'_y}{1-f'_z}$

$\mathrm{d}z=\frac{f'_x\mathrm{d}x+f'_y\mathrm{d}y}{1-f'_z}$，推出 $\mathrm{d}z=f_x\mathrm{d}x+f_y\mathrm{d}y+f_z\mathrm{d}z$，选择 A

(14) 设 $u=y(x,y,z)$ 具有连续的一阶偏导数，P_1，P_2 为空间中的两点，则 $u=y(x,y,z)$ 沿着 $\overrightarrow{P_1P_2}$ 方向的方向导数为（ ）.

A. $\nabla u\cdot\frac{\overrightarrow{P_1P_2}}{|\overrightarrow{P_1P_2}|}$ B. $\nabla u\cdot\overrightarrow{P_1P_2}$

C. $\frac{\nabla u\cdot\overrightarrow{P_1P_2}}{|\nabla u||\overrightarrow{P_1P_2}|}$ D. $\nabla u\frac{\overrightarrow{P_1P_2}}{|\overrightarrow{P_1P_2}|}$

解：由定义选择 A

(15) 设 $z=z(x,y)$ 是由方程 $F(x-az,y-bz)=0$ 确定的函数，其中 $F(u,v)$ 可微，a,b 为常数，则必有（ ）

A. $a\frac{\partial z}{\partial x}-b\frac{\partial z}{\partial y}=1$ B. $b\frac{\partial z}{\partial x}-a\frac{\partial z}{\partial y}=1$

C. $b\frac{\partial z}{\partial x}+a\frac{\partial z}{\partial y}=1$ D. $a\frac{\partial z}{\partial x}+b\frac{\partial z}{\partial y}=1$

解：$F_x=F_1$，$F_y=F_1$，$F_z=-aF_1-bF_2$

于是 $\frac{\partial z}{\partial x}=\frac{F_1}{aF_1+bF_2}$，$\frac{\partial z}{\partial y}=\frac{F_2}{aF_1+bF_2}$，所以 $a\frac{\partial z}{\partial x}+b\frac{\partial z}{\partial y}=\frac{aF_1+bF_2}{aF_1+bF_2}=1$，选择 D

3. 设 $z=f(x,y)$ 有方程 $F\left(\frac{y}{x},\frac{z}{x}\right)=0$ 确定，其中 $F(u,v)$ 可微，$F_2\neq 0$，求 $x\frac{\partial z}{\partial x}+y\frac{\partial z}{\partial y}$.

解：$F_x = -\dfrac{y}{x^2}F_1 - \dfrac{z}{x^2}F_2, F_y = \dfrac{1}{x}F_1, F_z = \dfrac{1}{x}F_2$

$x\dfrac{\partial z}{\partial x} = \dfrac{yF_1 + zF_2}{F_2}, y\dfrac{\partial z}{\partial y} = -\dfrac{yF_1}{F_2}$，所以 $x\dfrac{\partial z}{\partial x} + y\dfrac{\partial z}{\partial y} = \dfrac{zF_2}{F_2} = z$

4. $f(x,y)$ 具有连续的二阶偏导数，$z = f(x, xy)$，求 $\dfrac{\partial^2 z}{\partial x \partial y}$.

解：$\dfrac{\partial z}{\partial x} = f_1 + yf_2$，所以 $\dfrac{\partial^2 z}{\partial x \partial y} = xf_{12} + f_2 + xyf_{22}$

5. 求 $f(x,y) = x^2(2+y^2) + y\ln y$ 的极值.

解：$f_x(x,y) = 4x + 2xy^2, f_y(x,y) = 2x^2 y + 1 + \ln y$

解方程 $\begin{cases} 4x + 2xy^2 = 0 \\ 2x^2 y + 1 + \ln y = 0 \end{cases} \Rightarrow \begin{cases} x = 0 \\ y = \dfrac{1}{e} \end{cases}$

$f_{xx}(x,y) = 4 + 2y^2, f_{xy}(x,y) = 4xy, f_{yy}(x,y) = 2x^2 + \dfrac{1}{y}$

$A = 4 + \dfrac{2}{e^2} > 0, B = 0, C = e, B^2 - AC = -\left(4e + \dfrac{2}{e}\right) < 0$

所以 $f\left(0, \dfrac{1}{e}\right) = -\dfrac{1}{e}$ 为极小值

6. 求函数 $f(x,y) = \arctan\dfrac{y}{x}$ 在点 $(0,1)$ 的梯度.

解：$f_x\big|_{(0,1)} = \dfrac{y}{x^2 + y^2}\Big|_{(0,1)} = 1, f_x = \dfrac{x}{x^2+y^2}\Big|_{(0,1)} = 0$

所以 $\mathrm{grad}\, f(0,1) = i$

7. 求 $f(x,y) = x^2 + 2y^2 - x^2 y^2$ 在区域 $D = \{(x,y) \mid x^2 + y^2 \leq 4, y \geq 0\}$ 上的最值.

解：$f_x(x,y) = 2x - 2xy^2, f_y(x,y) = 4y - 2x^2 y$

令 $\begin{cases} 2x - 2xy^2 = 0 \\ 4y - 2x^2 y = 0 \end{cases} \Rightarrow \begin{cases} x = 0 \\ y = 0 \end{cases}, (\pm\sqrt{2}, 1), (\pm\sqrt{2}, -1)$ 为驻点，在区域 D 上的点有 $(0, 0), (1,1), (-1,1)$，则 $f(0,0) = 0, f(1,1) = 2, f(-1,1) = 2$

在边界上 $x = 2\cos t, y = 2\sin t$

$f(x,y) = 4\cos^2 t + 8\sin^2 t - 16\cos^2 t \sin^2 t = 4 + 4\sin^2 t(1 - 4\cos^2 t)$，当 $t = \dfrac{\pi}{2}$ 时，取极大值 $f(0,2) = 8$，极小值 $f(0,0) = 0$

8. 证明 $z = \sqrt{x^2 + y^2}$ 在 $(0,0)$ 沿任何方向的方向导数都存在，但是 $f_x(0,0), f_y(0,0)$ 不存在.

证明：$f_x(x,y) = \dfrac{x}{\sqrt{x^2+y^2}}, f_y(x,y) = \dfrac{y}{\sqrt{x^2+y^2}}$

$f_x(0,0) = \lim\limits_{x \to 0}\dfrac{f(0+x,0) - f(0,0)}{x} = \lim\limits_{x \to 0}\dfrac{|x|}{x} = \begin{cases} 1, x > 0 \\ -1, x < 0 \end{cases}$

$f_y(0,0) = \lim\limits_{y \to 0}\dfrac{f(0,y) - f(0,0)}{y} = \lim\limits_{x \to 0}\dfrac{|y|}{y} = \begin{cases} 1, y > 0 \\ -1, y < 0 \end{cases}$

表明 $f_x(0,0), f_y(0,0)$ 不存在

但是任意方向 $\boldsymbol{u} = \overrightarrow{OM} = \dfrac{x\boldsymbol{i}+y\boldsymbol{j}}{\sqrt{x^2+y^2}}$ 有方向导数

$\nabla f \cdot \dfrac{\boldsymbol{u}}{|\boldsymbol{u}|} = \dfrac{x^2}{x^2+y^2} + \dfrac{y^2}{x^2+y^2} = 1$ 都存在

第 11 章

11.1

1. 比较 $\iint\limits_{D} \ln(x+y)\mathrm{d}\sigma$ 与 $\iint\limits_{D} [\ln(x+y)]^2 \mathrm{d}\sigma$ 的大小. $D = \{(x,y) \mid 3 \leqslant x \leqslant 5, 0 \leqslant y \leqslant 1\}$.

解:由于在 $D = \{(x,y) \mid 3 \leqslant x \leqslant 5, 0 \leqslant y \leqslant 1\}$ 上, $1 < \ln(x+y)$
所以 $\ln((x+y) < \ln^2(xy)$

所以 $\iint\limits_{D} \ln(x+y)\mathrm{d}\sigma < \iint\limits_{D} (\ln(x+y))^2 \mathrm{d}\sigma$

2. 利用二重积分的性质估计下列积分的值.

(1) $\iint\limits_{D} xy(x+y)\mathrm{d}\sigma\ D = \{(x,y) \mid 0 \leqslant x \leqslant 1, 0 \leqslant y \leqslant 1\}$

解:由于 $0 \leqslant xy(x+y) \leqslant 2$,而积分区域面积 $A = 1$
所以 $0 \leqslant \iint\limits_{D} xy(x+y)\mathrm{d}\sigma \leqslant 2$

(2) $\iint\limits_{D} (x^2+4y^2+9)\mathrm{d}\sigma\ D = \{(x,y) \mid x^2+y^2 \leqslant 4\}$

解:由于 $9 \leqslant x^2+y^2+3y^2+9 \leqslant 25$,所以 $36\pi \leqslant \iint\limits_{D} (x^2+4y^2+9)\mathrm{d}\sigma \leqslant 100\pi$

3. 计算下列二重积分.

(1) $\iint\limits_{D} (3x+2y)\mathrm{d}\sigma, D: x=0, y=0, x+y=2$ 所围成的面积.

解: $\iint\limits_{D} (3x+2y)\mathrm{d}\sigma = \int_0^2 \mathrm{d}x \int_0^{2-x} (3x+2y)\mathrm{d}y = \int_0^2 (3x(2-x)+(2-x)^2) \mathrm{d}x = \int_0^2 (4+2x-2x^2) \mathrm{d}x = 8+4-\dfrac{16}{3} = \dfrac{20}{3}$

(2) $\iint\limits_{D} xy(x-y)\mathrm{d}\sigma, D: 0 \leqslant x \leqslant y \leqslant a$

解: $\iint\limits_{D} xy(x-y) = \int_0^a \mathrm{d}x \int_x^a xy(x-y)\mathrm{d}y = \int_0^a \left(x^2 \dfrac{y^2}{2} - x\dfrac{y^3}{3}\right)\Big|_x^a \mathrm{d}x =$
$\dfrac{a^2}{2}\int_0^a x^2 \mathrm{d}x - \dfrac{a^3}{3}\int_0^a x \mathrm{d}x - \dfrac{1}{6}\int_0^a x^4 \mathrm{d}x = -\dfrac{a^5}{30}$

(3) $\iint\limits_D x^2 y\cos(xy^2)\mathrm{d}\sigma, D: 0 \leqslant x \leqslant \dfrac{\pi}{2}, 0 \leqslant y \leqslant 2$

解:$\iint\limits_D x^2 y\cos(xy^2)\mathrm{d}\sigma = \int_0^{\frac{\pi}{2}}\mathrm{d}x\int_0^2 x^2 y\cos(xy^2)\mathrm{d}y = \int_0^{\frac{\pi}{2}}\mathrm{d}x\int_0^2 \dfrac{1}{2}x\cos(xy^2)\mathrm{d}(xy^2) =$

$\dfrac{1}{2}\int_0^{\frac{\pi}{2}} x\sin(xy^2)\Big|_0^2 \mathrm{d}x = \dfrac{1}{2}\int_0^{\frac{\pi}{2}} x\sin 4x\,\mathrm{d}x = \dfrac{1}{2}\left(-x\dfrac{1}{4}\cos 4x\Big|_0^{\frac{\pi}{2}} + \dfrac{1}{32}\sin 4x\Big|_0^{\frac{\pi}{2}}\right) = -\dfrac{\pi}{16}$

4. 计算下列二重积分.

(1) $\iint\limits_D \sqrt{4x - y^2}\,\mathrm{d}\sigma, D: y=x, x=1, y=0$ 所围成的面积.

解:$\iint\limits_D \sqrt{4x - y^2}\,\mathrm{d}\sigma = \int_0^1 \mathrm{d}y\int_y^1 \sqrt{4x - y^2}\,\mathrm{d}x = \int_0^1 \left(\dfrac{1}{4}\cdot\dfrac{2}{3}(4x - y^2)^{\frac{3}{2}}\right)\Big|_y^1 \mathrm{d}y =$

$\dfrac{1}{6}\int_0^1 ((4 - y^2)^{\frac{3}{2}} - (4y - y^2)^{\frac{3}{2}})\mathrm{d}y = \dfrac{1}{6}\int_0^1 (4 - y^2)^{\frac{3}{2}}\mathrm{d}y - \dfrac{1}{6}\int_0^1 (4 - (y-2)^2)^{\frac{3}{2}}\mathrm{d}(y-2) =$

$\dfrac{1}{6}\int_0^1 (4 - y^2)^{\frac{3}{2}}\mathrm{d}y - \dfrac{1}{6}\int_{-2}^{-1}(4 - u^2)^{\frac{3}{2}}\mathrm{d}u = \dfrac{1}{6}\int_0^{\frac{\pi}{6}}16\cos^4 t\,\mathrm{d}t - \dfrac{1}{6}\int_{\frac{\pi}{6}}^{\frac{\pi}{2}}16\cos^4 t\,\mathrm{d}t =$

$\dfrac{1}{6}\int_0^{\frac{\pi}{2}}16\cos^4 t\,\mathrm{d}t - \dfrac{16}{3}\int_{\frac{\pi}{6}}^{\frac{\pi}{2}}\cos^4 t\,\mathrm{d}t = A - B$

而 $A = \dfrac{1}{6}\int_0^{\frac{\pi}{6}}16\cos^4 t\,\mathrm{d}t = \dfrac{4}{6}\int_0^{\frac{\pi}{6}}\left(1 + \cos 2t + \dfrac{1+\cos 4t}{2}\right)\mathrm{d}t = \dfrac{\pi}{6} + \dfrac{3}{8}\sqrt{3}$

$B = \dfrac{16}{6}\int_{\frac{\pi}{6}}^{\frac{\pi}{2}}\cos^4 t\,\mathrm{d}t = \dfrac{16}{6}\int_{\frac{\pi}{6}}^{\frac{\pi}{2}}\dfrac{3 + 4\cos 2t + \cos 4t}{8}\mathrm{d}t = \dfrac{1}{3}\left(3\cdot\dfrac{\pi}{3} + 2\sin 2t + \dfrac{1}{4}\sin 4t\right)\Big|_{\frac{\pi}{6}}^{\frac{\pi}{2}} =$

$\dfrac{1}{3}\left(\pi - \sqrt{3} + \dfrac{1}{4}\left(-\dfrac{\sqrt{3}}{2}\right)\right) = \dfrac{\pi}{3} - \dfrac{3\sqrt{3}}{8}$

所以,原式 $= \dfrac{3\sqrt{3}}{4} - \dfrac{\pi}{6}$

(2) $\iint\limits_D \cos(x+y)\mathrm{d}\sigma, D: y=\pi, x=0, y=x$ 所围的面积.

解:$\iint\limits_D \cos(x+y)\mathrm{d}\sigma = \int_0^{\pi}\mathrm{d}x\int_x^{\pi}\cos(x+y)\mathrm{d}y = -\int_0^{\pi}(\sin x + \sin 2x)\mathrm{d}x =$

$\left(\cos x + \dfrac{1}{2}\cos 2x\right)\Big|_0^{\pi} = -2$

(3) $\iint\limits_D x\sin\dfrac{y}{x}\mathrm{d}\sigma, D: y=x, x=1, y=0$ 所围的面积.

解:$\iint\limits_D x\sin\dfrac{y}{x}\mathrm{d}\sigma = \int_0^1 x^2\,\mathrm{d}x\int_0^x \sin\dfrac{y}{x}\mathrm{d}\left(\dfrac{y}{x}\right) = -\int_0^1 x^2\cos\dfrac{y}{x}\Big|_0^x \mathrm{d}x =$

$\int_0^1 x^2(1 - \cos 1)\mathrm{d}x = \dfrac{1}{3}(1 - \cos 1)$

(4) $\iint\limits_D \dfrac{xy}{\sqrt{1+y^3}}\mathrm{d}\sigma, D: y=1, x=0, y=x^2$ 所围的面积.

解:$\iint\limits_D \dfrac{xy}{\sqrt{1+y^3}}\mathrm{d}\sigma = \int_0^1 \dfrac{y}{\sqrt{1+y^3}}\mathrm{d}y\int_0^{\sqrt{y}} x\,\mathrm{d}x = \dfrac{1}{2}\int_0^1 \dfrac{y^2}{\sqrt{1+y^3}}\mathrm{d}y =$

$$\frac{1}{6}\int_0^1 (1+y^3)^{-\frac{1}{2}}d(1+y^3) = \frac{1}{3}\sqrt{1+y^3}\Big|_0^1 = \frac{1}{3}(\sqrt{2}-1)$$

(5) $\iint\limits_D (|x|+y)d\sigma, D: |x|+|y| \leqslant 1$ 所围的面积.

解:由性质得 $\iint\limits_D (|x|+y)d\sigma = \iint\limits_D |x|d\sigma + \iint\limits_D y\sigma = 2\iint\limits_{D_1} xd\sigma = 2\int_0^1 xdx\int_{x-1}^{1-x}dy =$

$4\int_0^1 (x-x^2)dx = 4\left(\frac{1}{2}-\frac{1}{3}\right) = \frac{2}{3}$

(6) $I = \int_1^2 dx\int_{\sqrt{x}}^x \sin\frac{\pi x}{2y}dy + \int_2^4 dx\int_{\sqrt{x}}^2 \sin\frac{\pi x}{2y}dy$.

解:画积分区域图形: $D: y=2, y=x, y=\sqrt{x}$ 所围的面积.

改变积分次序: $D: y \leqslant x \leqslant y^2, 1 \leqslant y \leqslant 2$

$I = \int_1^2 dy\int_y^{y^2} \sin\frac{\pi x}{2y}dx = -\frac{2}{\pi}\int_1^2 y\cos\frac{\pi y}{2}dy \xrightarrow{\frac{\pi y}{2}=t, dy=\frac{2dt}{\pi}} \left(-\frac{8}{\pi^3}\right)\int_{\frac{\pi}{2}}^{\pi} t\cos t\, dt =$

$-\frac{8}{\pi^3}(t\sin t + \cos t)\Big|_{\frac{\pi}{2}}^{\pi} = -\frac{8}{\pi^3}\left(-\frac{\pi}{2}-1\right) = \frac{4(\pi+2)}{\pi^3}$

(7) $I = \int_0^1 dx\int_x^{\sqrt{x}} \frac{\sin y}{y}dy$.

解:画积分区域图形: $D: y=x, y=\sqrt{x}$ 所围,改变积分次序: $D: y^2 \leqslant x \leqslant y, 0 \leqslant y \leqslant 1$

$I = \int_0^1 dx\int_x^{\sqrt{x}} \frac{\sin y}{y}dy = \int_0^1 dy\int_{y^2}^y \frac{\sin y}{y}dx = \int_0^1 (\sin y - y\sin y)dy =$

$(-\cos y + y\cos y - \sin y)\Big|_0^1 = 1 - \sin 1$

(8) $I = \int_0^1 dx\int_x^1 x^2 e^{-y^2}dy$.

解:画积分区域图形: $D: y=x, y=1, x=0$ 所围,改变积分次序: $D: 0 \leqslant x \leqslant y, 0 \leqslant y \leqslant 1$.

$I = \int_0^1 dx\int_x^1 x^2 e^{-y^2}dy = \int_0^1 dy\int_0^y x^2 e^{-y^2}dx = \frac{1}{3}\int_0^1 y^3 e^{-y^2}dy \xrightarrow{y^2=t} \frac{1}{6}\int_0^1 te^{-t}dt =$

$\frac{1}{6}(-te^{-t} - e^{-t})\Big|_0^1 = \frac{1}{6}\left(1-\frac{2}{e}\right)$

5.利用极坐标计算下列二重积分的面积.

(1) $\iint\limits_D e^{x^2+y^2}d\sigma, D: x^2+y^2=4$ 所围的面积.

解: $\iint\limits_D e^{x^2+y^2}d\sigma = \int_0^{2\pi}d\theta\int_0^2 e^{\rho^2}\rho d\rho = 2\pi \cdot \frac{1}{2}e^{\rho^2}\Big|_0^2 = \pi(e^4-1)$

(2) $\iint\limits_D \ln(1+x^2+y^2)d\sigma, D: x^2+y^2=1$ 与坐标轴所围第一象限部分.

解: $\iint\limits_D \ln(1+x^2+y^2)d\sigma =$

$$\frac{1}{2}\int_0^{\frac{\pi}{2}}d\theta\int_0^1\ln(1+\rho^2)d(1+\rho^2)=\frac{1}{4}\pi\cdot(t\ln t-t)\Big|_1^2=\frac{1}{4}\pi(2\ln 2-1)$$

(3) $\iint_D \arctan\dfrac{y}{x}d\sigma$, $D: x^2+y^2=1$ 与 $x^2+y^2=4$ 及直线 $y=0, y=x$ 所围第一象限部分.

解: $\iint_D \arctan\dfrac{y}{x}d\sigma=\int_0^{\frac{\pi}{4}}\theta d\theta\int_1^2\rho d\rho=\dfrac{1}{2}\theta^2\Big|_0^{\frac{\pi}{4}}\cdot\dfrac{\rho^2}{2}\Big|_1^2=\dfrac{3}{64}\pi^2$

(4) $\iint_D \dfrac{x+y}{x^2+y^2}d\sigma$, $D: x^2+y^2\leqslant 1$ 与 $x+y\geqslant 1$.

解: $\iint_D \dfrac{x+y}{x^2+y^2}d\sigma=\int_0^{\frac{\pi}{2}}d\theta\int_{\frac{1}{\cos\theta+\sin\theta}}^1(\cos\theta+\sin\theta)d\rho=\int_0^{\frac{\pi}{2}}(\cos\theta+\sin\theta-1)d\theta=2-\dfrac{\pi}{2}$

6. 变换下列二次积分的积分次序

(1) $\int_0^1 dy\int_0^y f(x,y)dx$.

解: 先画图 $0\leqslant x\leqslant y, 0\leqslant y\leqslant 1$, 改为 $x\leqslant y\leqslant 1, 0\leqslant x\leqslant 1$

所以 $\int_0^1 dy\int_0^y f(x,y)dx=\int_0^1 dx\int_x^1 f(x,y)dy$

(2) $\int_0^2 dy\int_{y^2}^{2y} f(x,y)dx$.

解: 先画图 $y^2\leqslant x\leqslant 2y, 0\leqslant y\leqslant 2$, 改为 $\dfrac{1}{2}x\leqslant y\leqslant \sqrt{x}, 0\leqslant x\leqslant 4$

所以 $\int_0^2 dy\int_{y^2}^{2y} f(x,y)dx=\int_0^4 dy\int_{\frac{x}{2}}^{\sqrt{x}} f(x,y)dy$

(3) $\int_1^2 dx\int_{2-x}^{\sqrt{2x-x^2}} f(x,y)dy$.

解: 先画图 $D: y^2+(x-1)^2=1, x+y=2$, 改为 $2-y\leqslant x\leqslant 1+\sqrt{1-y^2}, 0\leqslant y\leqslant 1$

$\int_1^2 dx\int_{2-x}^{\sqrt{2x-x^2}} f(x,y)dy=\int_0^1 dx\int_{2-y}^{1+\sqrt{1-y^2}} f(x,y)dx$

7. 把下列积分化成极坐标形式,并计算积分值.

(1) $\int_0^a dy\int_0^x \sqrt{x^2+y^2}dy$.

解: 先画出积分区域图形: $D: y=x, y=0, x=1$ 化成极坐标

$0\leqslant\rho\leqslant\dfrac{a}{\cos\theta}, 0\leqslant\theta\leqslant\dfrac{\pi}{4}$

$\int_0^a dy\int_0^x \sqrt{x^2+y^2}dy=\int_0^{\frac{\pi}{4}}d\theta\int_0^{a\sec\theta}\rho^2 d\rho=$

$\dfrac{a^3}{3}\int_0^{\frac{\pi}{4}}\sec^3\theta d\theta=\dfrac{a^3}{3}\left(\dfrac{1}{2}\tan\theta\sec\theta+\dfrac{1}{2}\ln(\sec\theta+\tan\theta)\right)\Big|_0^{\frac{\pi}{4}}=\dfrac{a^3}{6}(\sqrt{2}+\ln(1+\sqrt{2}))$

(2) $\int_0^a dy\int_0^{\sqrt{a^2-y^2}}(x^2+y^2)dx$.

解: 先画出积分区域图形: $D: x^2+y^2=a^2, y=0, x=0$ 第一象限部分, 化成极坐标 $0\leqslant$

$\rho \leqslant a, 0 \leqslant \theta \leqslant \dfrac{\pi}{2}$

$$\int_0^a dy \int_0^{\sqrt{a^2-y^2}} (x^2+y^2)dx = \int_0^{\frac{\pi}{2}} d\theta \int_0^a \rho^3 d\rho = \dfrac{\pi a^4}{8}$$

8.求曲面 $z = x^2 + 2y^2$ 及 $z = 6 - 2x^2 - y^2$ 所围的立体体积.

解:求得两曲面的交线在 xOy 面的投影为 $\begin{cases} x^2 + y^2 = 2 \\ x = 0 \end{cases}$,得积分区域 $D: 0 \leqslant \rho \leqslant \sqrt{2}$, $0 \leqslant \theta \leqslant 2\pi$

$$V = \iint_D ((6-2x^2-y^2) - (x^2+2y^2))d\sigma \quad V = \iint_D (6-3x^2-3y^2)d\sigma$$

$$V = \int_0^{2\pi} d\theta \int_0^{\sqrt{2}} (6-3\rho^2)\rho d\rho = 2\pi \left(3\rho^2 - \dfrac{3}{4}\rho^4\right)\bigg|_0^{\sqrt{2}} = 6\pi$$

9.设平面片所占闭区域 D,由直线 $x+y=2, y=x$ 和 x 轴围成,它的面密度 $\mu(x,y) = x^2 + y^2$,求该片的质量.

解:积分区域为 $D: y \leqslant x \leqslant 2-y, 0 \leqslant y \leqslant 1$

$$m = \iint_D (x^2+y^2)d\sigma = \int_0^1 dy \int_y^{2-y}(x^2+y^2)dx =$$

$$\int_0^1 \left(4y^2 - \dfrac{8}{3}y^3 + \dfrac{8}{3} - 4y\right)dy = \dfrac{4}{3} - \dfrac{2}{3} + \dfrac{8}{3} - 2 = \dfrac{4}{3}$$

11.2

1.计算下列三重积分.

(1) $\iiint_\Omega xy\, dv, \Omega: x^2+y^2 = 1, z = 0, z = 1$.

解:由于积分区域是关于 $x=0, y=0$ 面对称的,并且 $f(x,-y) = -f(x,y)$

所以 $\iiint_\Omega xy\, dv = 0$

(2) $\iiint_\Omega xyz\, dv, \Omega: x^2+y^2+z^2=1, z=0, y=0, x=0$

解:$D_{xy}: x^2+y^2 \leqslant 1, x \geqslant 0, y \geqslant 0$

$$\iiint_\Omega xyz\, dv = \iint_{D_{xy}} xy\, dxdy \int_0^{\sqrt{1-x^2-y^2}} z\, dz = \dfrac{1}{2}\iint_D xy(1-x^2-y^2)dxdy =$$

$$\dfrac{1}{2}\int_0^{\frac{\pi}{2}} d\theta \int_0^1 \rho^3 \sin\theta\cos\theta(1-\rho^2)d\rho = \dfrac{1}{2}\left(\dfrac{1}{4} - \dfrac{1}{6}\right)\int_0^1 t\, dt = \dfrac{1}{48}$$

(3) $\iiint_\Omega \dfrac{1}{(1+x+y+z)^3}dv, \Omega: x+y+z=1, z=0, y=0, x=0$

解:$\iiint_\Omega \dfrac{1}{(1+x+y+z)^3}dv = \iint_{D_{xy}} dxdy \int_0^{1-x-y} \dfrac{1}{(1+x+y+z)^3}d(1+x+y+z) =$

$-\dfrac{1}{2}\iint_{D_{xy}} \dfrac{1}{(1+x+y+z)^2}\bigg|_0^{1-x-y} dxdy = -\dfrac{1}{2}\iint_{D_{xy}}\left(\dfrac{1}{4} - \dfrac{1}{(1+x+y)^2}\right)dxdy =$

$$-\frac{1}{8}\iint_{D_{xy}}dxdy+\frac{1}{2}\int_0^1 dx\int_0^{1-x}\frac{1}{(1+x+y)^2}dy=-\frac{1}{16}+\frac{1}{2}\int_0^1 -\frac{1}{1+x+y}\Big|_0^{1-x}dx=$$

$$-\frac{1}{16}+\frac{1}{2}\int_0^1\left(-\frac{1}{2}+\frac{1}{1+x}\right)dx=\frac{1}{2}\ln 2-\frac{5}{16}$$

(4) $\iiint_\Omega z\,dv, \Omega: z=\frac{h}{R}\sqrt{x^2+y^2}, z=h(R>0,h>0)$ 围成的立体.

解:用先二后一方法:任意取 $0\leqslant z\leqslant R$, 得截面 $\begin{cases}x^2+y^2=\dfrac{R^2z^2}{h^2}\\z=z\end{cases}$, 面积为 $A(z)=\dfrac{\pi R^2z^2}{h^2}$. 于是 $\iiint_\Omega z\,dv=\int_0^h zA(z)dz=\dfrac{\pi R^2}{h^2}\int_0^h z^3 dz=\dfrac{\pi R^2 h^2}{4}$

(5) $\iiint_\Omega x\,dv, \Omega: x+2y+z=1, x=0, y=0, z=0$ 围成的立体体积.

解:用先二后一方法:任意取 $0\leqslant x\leqslant 1$, 得截面 $\begin{cases}2y+z=1-x\\x=x\end{cases}$, 面积为 $A(x)=\dfrac{yz}{2}=\dfrac{(1-x)^2}{4}$, 于是

$$\iiint_\Omega x\,dv=\int_0^1 xA(x)dx=\frac{1}{4}\int_0^1 x(1-x)^2 dx=\frac{1}{4}\int_0^1(x-2x^2+x^3)dx=$$

$$\frac{1}{4}\left(\frac{1}{2}-\frac{2}{3}+\frac{1}{4}\right)=\frac{1}{48}$$

(6) $\iiint_\Omega z^2 dv, \Omega: \dfrac{x^2}{a^2}+\dfrac{y^2}{b^2}+\dfrac{z^2}{c^2}=1$ 围成的立体体积.

解:用先二后一方法:任意取 $-c\leqslant z\leqslant c$, 得截面 $\begin{cases}\dfrac{x^2}{a^2(1-\frac{z^2}{c^2})}+\dfrac{y^2}{b^2(1-\frac{z^2}{c^2})}=1\\z=z\end{cases}$, 面积为 $A(z)=\dfrac{\pi ab}{c^2}(c^2-z^2)$, 于是 $\iiint_\Omega z^2 dv=\dfrac{2\pi ab}{c^2}\int_0^c z^2(c^2-z^2)dz=\dfrac{4\pi abc^3}{15}$

2.利用柱坐标计算下列三重积分.

(1) $\iiint_\Omega(x^2+y^2)dv, \Omega: 2z=x^2+y^2, z=2$ 围成的立体体积.

解: $\Omega: 2z=x^2+y^2, z=2$ 在 $z=0$ 面的投影为 $D: x^2+y^2\leqslant 4$

于是 $\iiint_\Omega(x^2+y^2)dv=\int_0^{2\pi}d\theta\int_0^2\rho^3 d\rho\int_{\frac{\rho^2}{2}}^2 dz=2\pi\int_0^2\rho^3\left(2-\frac{1}{2}\rho^2\right)d\rho=$

$$2\pi\left(\frac{1}{2}\rho^4-\frac{1}{12}\rho^6\right)\Big|_0^2=2\pi\left(\frac{1}{2}\cdot 16-\frac{1}{12}\cdot 64\right)=\frac{16\pi}{3}$$

(2) $\iiint_\Omega z\,dv, \Omega: z=\sqrt{2-x^2-y^2}, z=x^2+y^2$ 围成的立体体积.

解:由 $\Omega: z=\sqrt{2-x^2-y^2}, z=x^2+y^2$, 得 $z=2-z^2\Rightarrow z=1$, 于是 $D: x^2+y^2\leqslant 1$

$$\iiint_\Omega z\mathrm{d}v = \int_0^{2\pi}\mathrm{d}\theta\int_0^1 \rho\mathrm{d}\rho\int_{\rho^2}^{\sqrt{2-\rho^2}} z\mathrm{d}z = 2\pi\int_0^1 \frac{1}{2}\rho(2-\rho^2-\rho^4)\mathrm{d}\rho = \pi(\rho^2-\frac{1}{4}\rho^3-\frac{1}{6}\rho^6)\Big|_0^1 = \frac{7\pi}{12}$$

3. 利用球面坐标计算下列三重积分.

(1) $\iiint_\Omega x^2\mathrm{d}v$, $\Omega: x^2+y^2+z^2=1$ 围成的立体体积.

解: $\iiint_\Omega x^2\mathrm{d}v = \int_0^{2\pi}\mathrm{d}\theta\int_0^\pi \mathrm{d}\varphi\int_0^1 \rho^2\sin^2\varphi\cos^2\varphi \cdot \rho^2\sin\varphi\mathrm{d}\rho = \int_0^{2\pi}\cos^2\theta\mathrm{d}\theta\int_0^\pi \sin^3\varphi\mathrm{d}\varphi\int_0^1 \rho^4\mathrm{d}\rho =$

$\frac{1}{5}\int_0^{2\pi}\frac{1+\cos 2\theta}{2}\mathrm{d}\theta\int_0^\pi (\cos^2\varphi-1)\mathrm{d}\cos\varphi = \frac{2}{5}\cdot\pi\int_{-1}^1 (1-t^2)\mathrm{d}t = \frac{2}{5}\cdot\pi\left(1-\frac{1}{3}\right) = \frac{4\pi}{15}$

(2) $\iiint_\Omega (x+y+z)^2\mathrm{d}v$, $\Omega: x^2+y^2+z^2 \leqslant 2az$ 围成的立体体积.

解: 由于积分区域是关于 $x=0, y=0$ 坐标面对称的, 而函数 $2(xy+yz+zx)$ 分别是关于这两个坐标面的奇函数, 所以 $2\iiint_\Omega (xy+yz+zx)\mathrm{d}v = 0$

$\iiint_\Omega (x+y+z)^2\mathrm{d}v = \iiint_\Omega (x^2+y^2+z^2)\mathrm{d}v + 2\iiint_\Omega (xy+yz+zx)\mathrm{d}v =$

$\iiint_\Omega (x^2+y^2+z^2)\mathrm{d}v = \int_0^{2\pi}\mathrm{d}\theta\int_0^{\frac{\pi}{2}}\mathrm{d}\varphi\int_0^{2a\cos\varphi} \rho^4\sin\varphi\mathrm{d}\rho =$

$\frac{64\pi a^5}{5}\int_0^{\frac{\pi}{2}}\cos^5\varphi\sin\varphi\mathrm{d}\varphi = \frac{64\pi a^5}{5}\int_0^1 t^5\mathrm{d}t = \frac{32\pi a^5}{15}$

4. 计算由曲面 $z=\sqrt{x^2+y^2}$ 及 $z=x^2+y^2$ 围成的立体体积.

解: $z=\sqrt{x^2+y^2}$ 及 $z=x^2+y^2$, 得 $z^2=z$, 所以其交线在 $z=0$ 上的投影区域是 $D: x^2+y^2 \leqslant 1$

$V = \iiint_\Omega \mathrm{d}v = \int_0^{2\pi}\mathrm{d}\theta\int_0^1 \rho\mathrm{d}\rho\int_{\rho^2}^{\rho}\mathrm{d}z = 2\pi\int_0^1 \rho(\rho-\rho^2)\mathrm{d}\rho = 2\pi\left(\frac{1}{3}-\frac{1}{4}\right) = \frac{\pi}{6}$

11.3

1. 设 Ω 为曲面 $az=x^2+y^2$ 与 $z=2a-\sqrt{x^2+y^2}$ $(a>0)$ 所封闭的闭区域.

(1) 求 Ω 的体积.

(2) 求 Ω 的表面积.

解: 曲面 $az=x^2+y^2$ 与 $z=2a-\sqrt{x^2+y^2}$ 交线在 $z=0$ 上的投影区域为 $D: x^2+y^2 \leqslant a^2$, 于是

$V = \iiint_\Omega \mathrm{d}v = \int_0^{2\pi}\mathrm{d}\theta\int_0^a \rho\mathrm{d}\rho\int_{\frac{1}{a}\rho^2}^{2a-\rho}\mathrm{d}z = 2\pi\int_0^a \rho(2a-\rho-\frac{1}{a}\rho^2)\mathrm{d}\rho =$

$2\pi a^3\left(1-\frac{1}{3}-\frac{1}{4}\right) = \frac{5\pi a^3}{6}$

2. 表面积 $A = S_1+S_2$, $1+(z'_x)^2+(z'_y)^2 = \frac{2x^2+2y^2}{x^2+y^2} = 2$

$1+(z'_x)^2+(z'_y)^2 = \dfrac{a^2+4x^2+4y^2}{a^2}$

$S_1 = \iint\limits_{D} \sqrt{2}\,dx\,dy = \sqrt{2}\pi a^2$

$S_2 = \dfrac{1}{a}\iint\limits_{D} \sqrt{a^2+4x^2+4y^2}\,dx\,dy = \dfrac{1}{a}\int_0^{2\pi}d\theta\int_0^a \sqrt{a^2+4\rho^2}\,\rho\,d\rho =$

$\dfrac{2\pi}{a}\cdot\dfrac{1}{8}\int_0^a (a^2+4\rho^2)^{\frac{1}{2}}\,d(a+4\rho^2) =$

$\dfrac{\pi}{4a}\cdot\dfrac{2}{3}(a+4\rho^2)^{\frac{3}{2}}\Big|_0^a = \dfrac{\pi}{4}\cdot\dfrac{2}{3}(5\sqrt{5}-1)a^2 = \dfrac{\pi}{6}(5\sqrt{5}-1)a^2$

所以 $A = S_1+S_2 = \pi a^2\left(\sqrt{2}+\dfrac{1}{6}(5\sqrt{5}-1)\right)$

2. 求球面 $x^2+y^2+z^2=a^2$ 含在圆柱面 $x^2+y^2=ax$ 内部的面积.

解:两曲面交线在 $z=0$ 上的投影区域为 $D:x^2+y^2 \leqslant ax$

$1+(z'_x)^2+(z'_y)^2 = \dfrac{a^2}{a^2-x^2-y^2}$

$S = a\iint\limits_{D}\dfrac{1}{\sqrt{a^2-x^2-y^2}}\,dx\,dy = 4a\int_0^{\frac{\pi}{2}}d\theta\int_0^{a\cos\theta}\dfrac{\rho\,d\rho}{\sqrt{a^2-\rho^2}} = -4\int_0^{\frac{\pi}{2}}\sqrt{a^2-\rho^2}\Big|_0^{a\cos\theta}d\theta =$

$4a^2\int_0^{\frac{\pi}{2}}(1-\sin\theta)\,d\theta = 2a^2(\pi-2)$

3. 求锥面 $z=\sqrt{x^2+y^2}$ 被圆柱 $z^2=2x$ 所割下部分的曲面面积.

解:两曲面交线在 $z=0$ 上的投影区域为 $D:x^2+y^2 \leqslant 2x$,面积为 π

$1+(z'_x)^2+(z'_y)^2 = 2$

$S = \iint\limits_{D}\sqrt{2}\,dx\,dy = \sqrt{2}\pi$

4. 均匀薄片 $D:\left\{(x,y)\,\Big|\,\dfrac{x^2}{a^2}+\dfrac{y^2}{b^2}\leqslant 1,y\geqslant 0\right\}$,求 D 的形心.

解:由对称性有 $\tilde{x}=0, M = \iint\limits_{D}\mu\,dx\,dy = \dfrac{\pi}{2}\mu ab$

$\tilde{y} = \dfrac{1}{M}\iint\limits_{D}y\mu\,dx\,dy$ $x=a\rho\cos\theta, y=b\rho\sin\theta, dx\,dy = ab\rho\,d\rho\,d\theta =$

$\dfrac{\mu ab}{M}\int_0^{\pi}d\theta\int_0^1 \rho^2 b\sin\theta\,d\rho = \dfrac{2\mu ab^2}{\pi\mu ab}\cdot 2\cdot\dfrac{1}{3} = \dfrac{4b}{3\pi}$

所以形心为 $\left(0,\dfrac{4b}{3\pi}\right)$

5. 求均匀椭球体 $\dfrac{x^2}{a^2}+\dfrac{y^2}{b^2}+\dfrac{z^2}{c^2}=1, z\geqslant 0$ 的形心.

解:由对称性有 $\tilde{x}=0, \tilde{y}=0, M = \dfrac{\mu}{2}\pi abc$

$\tilde{z} = \dfrac{1}{M}\iiint\limits_{\Omega}z\mu\,dx\,dy\,dz$,用广义式坐标变换有

$x = a\rho\sin\varphi\cos\theta, y = b\rho\sin\varphi\sin\theta, z = c\rho\cos\varphi, \mathrm{d}x\mathrm{d}y\mathrm{d}z = abc\rho^2\sin\varphi$

$$M = \mu\iiint_\Omega \mathrm{d}x\mathrm{d}y\mathrm{d}z = \mu abc\int_0^{2\pi}\mathrm{d}\theta\int_0^{\frac{\pi}{2}}\sin\varphi \mathrm{d}\varphi\int_0^1 \rho^2\mathrm{d}\rho = 2\pi \cdot 1 \cdot \frac{1}{3} \cdot \mu abc = \frac{2\pi\mu abc}{3}$$

$$\iiint_\Omega z\mu \mathrm{d}x\mathrm{d}y\mathrm{d}z = \mu abc^2\int_0^{2\pi}\mathrm{d}\theta\int_0^{\frac{\pi}{2}}\sin\varphi\cos\varphi \mathrm{d}\varphi\int_0^1 \rho^3\mathrm{d}\rho = \mu abc^2 \cdot 2\pi \cdot \frac{1}{2} \cdot \frac{1}{4} = \frac{\pi\mu abc^2}{4}$$

所以 $\tilde{z} = \frac{3c}{8}$，形心为 $\left(0, 0, \frac{3c}{8}\right)$

6. 设平面薄片 $D: y = x^2, y = x$ 围成，密度 $\mu(x,y) = x^2 y$，求 D 的质心.

解: $M = \iint_D x^2 y \mathrm{d}x\mathrm{d}y = \int_0^1 x^2 \mathrm{d}x\int_{x^2}^x y\mathrm{d}y = \frac{1}{2}\int_0^1(x^4 - x^6)\mathrm{d}x = \frac{1}{35}$

$M_y = \iint_D x^3 y \mathrm{d}x\mathrm{d}y = \int_0^1 x^3 \mathrm{d}x\int_{x^2}^x y\mathrm{d}y = \frac{1}{2}\int_0^1(x^5 - x^7)\mathrm{d}x = \frac{1}{48}$

$M_x = \iint_D x^2 y^2 \mathrm{d}x\mathrm{d}y = \int_0^1 x^2 \mathrm{d}x\int_{x^2}^x y^2\mathrm{d}y = \frac{1}{3}\int_0^1(x^5 - x^8)\mathrm{d}x = \frac{1}{54}$

$\tilde{x} = \frac{M_y}{M} = \frac{35}{48}, \tilde{y} = \frac{M_x}{M} = \frac{35}{54}$，形心为 $\left(\frac{35}{48}, \frac{35}{54}\right)$

7. 求由平面 $x + y + z = 1, x = 0, y = 0, z = 0$ 所围均匀物体对 z 轴的转动惯量.

解: $D: x + y \leq 1, x \geq 0, y \geq 0$

$$I_z = \iiint_\Omega \mu(x^2 + y^2)\mathrm{d}v = \mu\int_0^1\mathrm{d}x\int_0^{1-x}\mathrm{d}y\int_0^{1-x-y}(x^2+y^2)\mathrm{d}z =$$

$$\mu\int_0^1\mathrm{d}x\int_0^{1-x}(x^2+y^2)(1-x-y)\mathrm{d}y =$$

$$\mu\int_0^1\mathrm{d}x\int_0^{1-x}(x^2(1-x) - x^2 y + y^2(1-x) - y^3)\mathrm{d}y =$$

$$\mu\int_0^1\left(x^2(1-x)^2 - \frac{1}{2}x^2(1-x)^2 + \frac{1}{3}(1-x)^4 - \frac{1}{4}(1-x)^4\right)\mathrm{d}x =$$

$$\mu\int_0^1\left(\frac{1}{2}x^2(1-x)^2 + \frac{1}{12}(1-x)^4\right)\mathrm{d}x =$$

$$\frac{\mu}{12}\int_0^1(7x^4 - 16x^3 + 12x^2 - 4x + 1)\mathrm{d}x = \frac{\mu}{12}\left(\frac{7}{5} - 4 + 4 - 2 + 1\right) = \frac{\mu}{30}$$

8. 求均匀长方体关于它的一条棱的转动惯量.

解: 选择坐标系, 长方体的一个顶点为坐标原点, 3条两两垂直的棱为3个坐标轴
长方体的边长为 a, b, c，则质量 $M = abc\mu$，于是

$$I_x = \iiint_\Omega \mu(y^2 + z^2)\mathrm{d}v = \mu\int_0^a\mathrm{d}x\int_0^b\mathrm{d}y\int_0^c(y^2+z^2)\mathrm{d}z = \mu\int_0^a\mathrm{d}x\int_0^b\left(cy^2 + \frac{1}{3}c^3\right)\mathrm{d}y =$$

$$\mu\int_0^a\left(\frac{1}{3}cb^3 + \frac{1}{3}bc^3\right)\mathrm{d}x = \frac{\mu}{3}abc(b^2 + c^2) = \frac{m}{3}(b^2 + c^2)$$

同理 $I_y = \frac{m}{3}(a^2 + c^2), I_z = \frac{m}{3}(a^2 + b^2)$

复习题十一

1. 填空题

(1) 换次序 $\int_{-1}^{1} dx \int_{-\sqrt{1-x^2}}^{1-x^2} f(x,y) dy = $ _____.

解:先画出给定的积分区域的图形 $D: -\sqrt{1-x^2} \leqslant y \leqslant 1-x^2, -1 \leqslant x \leqslant 1$,这是典型的 X 型区域,把它改为 Y 型区域:$D_1: -\sqrt{1-y^2} \leqslant \sqrt{1-y^2}, -1 \leqslant y \leqslant 0$.

$$\int_{-1}^{1} dx \int_{-\sqrt{1-x^2}}^{1-x^2} f(x,y) dy = \int_{-1}^{0} dy \int_{-\sqrt{1-y^2}}^{\sqrt{1-y^2}} f(x,y) dx + \int_{0}^{1} dy \int_{-\sqrt{1-y}}^{\sqrt{1-y}} f(x,y) dx$$

(2) $\int_{1}^{5} dy \int_{y}^{5} \frac{1}{y \ln x} dx = $ _____.

解:该题改变积分次序解较容易,否则很难. $D: y \leqslant x \leqslant 5, 1 \leqslant y \leqslant 5$,改为 $D: 1 \leqslant y \leqslant x, 1 \leqslant x \leqslant 5$

$$\int_{1}^{5} dy \int_{y}^{5} \frac{1}{y \ln x} dx = \int_{1}^{5} \frac{1}{\ln x} \ln y \Big|_{1}^{x} dx = \int_{1}^{5} dx = 4$$

(3) $\int_{0}^{\frac{\pi}{6}} dy \int_{y}^{\frac{\pi}{6}} \frac{\cos x}{x} dx = $ _____.

解:该题改变积分次序解好,否则很难. $D: y \leqslant x \leqslant \frac{\pi}{6}, 0 \leqslant y \leqslant \frac{\pi}{6}$,改为 $D: 0 \leqslant x \leqslant \frac{\pi}{6}, 0 \leqslant y \leqslant x$

$$\int_{0}^{\frac{\pi}{6}} dy \int_{y}^{\frac{\pi}{6}} \frac{\cos x}{x} dx = \int_{0}^{\frac{\pi}{6}} dx \int_{0}^{x} \frac{\cos x}{x} dy = \int_{0}^{\frac{\pi}{6}} \cos x dx = \sin x \Big|_{0}^{\frac{\pi}{6}} = \frac{1}{2}$$

(4) $\iint\limits_{x^2+y^2 \leqslant a^2} x^4 \sin^3 y dx dy = $ _____.

解:由于积分区域关于坐标轴对称,而被积函数关于 y 是奇函数

所以 $\iint\limits_{x^2+y^2 \leqslant a^2} x^4 \sin^3 y dx dy = 0$

(5) $\int_{0}^{1} dy \int_{\arcsin y}^{\pi - \arcsin y} x dx = $ _____.

改变积分次序 $\int_{0}^{1} dy \int_{\arcsin y}^{\pi - \arcsin y} x dx = \int_{0}^{\pi} x dx \int_{0}^{\sin x} dy = 3\pi$

(6) $\iiint\limits_{\Omega} (x+y+z) dv = $ _____.其中 $\Omega: x^2+y^2+z^2 \leqslant R^2$.

$$\iiint\limits_{\Omega} (x+y+z) dv = \iiint\limits_{\Omega} x dv + \iiint\limits_{\Omega} y dv + \iiint\limits_{\Omega} z dv = 0+0+0=0$$

(7) 设 $\Omega: |x|+|y|+|z| \leqslant 1$,则 $\iiint\limits_{\Omega} [z \cos(x^2+y^2+z^2) + x^2 y] dv = $ _____.

解:0

(8) 设 $I = \iiint\limits_{\Omega} f(\sqrt{x^2+y^2+z^2})\mathrm{d}v$,其中 $\Omega: z = \sqrt{3(x^2+y^2)}$,$x^2+y^2-y=0$ 及 $z=0$ 围成,则在直角坐标系内,将其化成先对 z 后,再对 x,最后对 y 的三次积分为_____. 在柱坐标系内为,先对 z,再对 r,对 θ 积分次序的三次积分为_____.

解:$I = \iiint\limits_{\Omega} f(\sqrt{x^2+y^2+z^2})\mathrm{d}v = \int_0^1 \mathrm{d}y \int_{-\sqrt{y-y^2}}^{\sqrt{y-y^2}} \mathrm{d}x \int_0^{\sqrt{3(x^2+y^2)}} f \mathrm{d}z$

在柱坐标下,$I = \int_0^{\pi} \mathrm{d}\theta \int_0^{\sin\theta} r\mathrm{d}r \int_0^{\sqrt{3}r} f(\sqrt{r^2+z^2}) \mathrm{d}z$

(9) Ω 由 $x^2+y^2=2z$ 及 $z=2$ 围成,则 $I = \iiint\limits_{\Omega} (x^2+2xyz)\mathrm{d}v =$ _____.

$I = \iiint\limits_{\Omega} x^2 \mathrm{d}v = \int_0^{2\pi} \mathrm{d}\theta \int_0^2 r^3\cos^2\theta \mathrm{d}r \int_{\frac{r^2}{2}}^2 \mathrm{d}z = \int_0^{2\pi} \frac{1+\cos 2\theta}{2} \mathrm{d}\theta \int_0^2 (2r^3 - \frac{1}{2}r^5)\mathrm{d}r =$ _____.

$\pi \left(\frac{1}{2}r^4 - \frac{1}{12}r^6 \right) \Big|_0^2 = \frac{8\pi}{3}$

2. 单项选择题

(1) $f(x)$ 连续,若 $\lim\limits_{r \to 0} \frac{1}{r^2} \iint\limits_{\substack{|x| \leqslant r \\ |y| \leqslant r}} f(x^2+y^2)\mathrm{d}\sigma = I$,则 $I = ($).

A. $4f(0)$ B. $4f'(0)$ C. $\pi f(0)$ D. $\pi f'(0)$

解:$I = \lim\limits_{r \to 0} \frac{1}{r^2} \iint\limits_{\substack{|x| \leqslant r \\ |y| \leqslant r}} f(x^2+y^2)\mathrm{d}\sigma = \lim\limits_{r \to 0} \frac{f(\xi^2+\eta^2)}{r^2} \iint\limits_{\substack{|x| \leqslant r \\ |y| \leqslant r}} \mathrm{d}\sigma = \lim\limits_{r \to 0} \frac{f(0,0)}{r^2} 4r^2 = 4f(0)$

(2) $\int_0^{\frac{\pi}{2}} \mathrm{d}\theta \int_0^{\cos\theta} f(r\cos\theta, r\sin\theta) r \mathrm{d}r = ($).

A. $\int_0^1 \mathrm{d}y \int_0^{\sqrt{y-y^2}} f(x,y)\mathrm{d}x$ B. $\int_0^1 \mathrm{d}y \int_0^{\sqrt{1-y^2}} f(x,y)\mathrm{d}x$

C. $\int_0^1 \mathrm{d}x \int_0^1 f(x,y)\mathrm{d}y$ D. $\int_0^1 \mathrm{d}x \int_0^{\sqrt{x-x^2}} f(x,y)\mathrm{d}y$

解:化成直角坐标系 $D: y^2 = x-x^2, y = 0$,围成 $0 \leqslant y \leqslant \sqrt{x-x^2}$,$0 \leqslant x \leqslant 1$ 为 $\int_0^1 \mathrm{d}x \int_0^{\sqrt{x-x^2}} f(x,y)\mathrm{d}y$,选择 D

(3) $f(x,y)$ 连续,且 $f(x,y) = xy + \iint\limits_{D} f(x,y)\mathrm{d}x\mathrm{d}y$,$D: y = 0, y = x^2, x = 1$ 所围区域,则 $f(x,y) = ($).

A. xy B. $2xy$ C. $xy + \frac{1}{8}$ D. $xy+1$

解:设 $\iint\limits_{D} f(x,y)\mathrm{d}x\mathrm{d}y = c$,则 $f(x,y) = xy+c$,于是

$c = \iint\limits_{D} (xy+c)\mathrm{d}x\mathrm{d}y = \iint\limits_{D} xy\mathrm{d}x\mathrm{d}y + c\iint\limits_{D} \mathrm{d}x\mathrm{d}y = \int_0^1 x\mathrm{d}x \int_0^{x^2} y\mathrm{d}y + \frac{c}{3} = \frac{1}{12} + \frac{c}{3} \Rightarrow c = \frac{1}{8}$

选择 C

(4) 设 $I_1=\iint\limits_{D}\cos\sqrt{x^2+y^2}\,d\sigma$, $I_2=\iint\limits_{D}\cos(x^2+y^2)\,d\sigma$, $I_3=\iint\limits_{D}\cos(x^2+y^2)^2\,d\sigma$, 其中 $D=\{(x,y)\,|\,x^2+y^2\leqslant 1\}$.

A. $I_1>I_2>I_3$ B. $I_3>I_2>I_1$

C. $I_2>I_1>I_3$ D. $I_3>I_1>I_2$

由于 $\sqrt{x^2+y^2}\geqslant x^2+y^2\geqslant(x^2+y^2)^2$, 所以 $\cos\sqrt{x^2+y^2}\leqslant\cos(x^2+y^2)\leqslant\cos(x^2+y^2)^2$, 并且等号成立的点不构成区域, 所以 $I_3>I_2>I_1$ 成立, 选择 B

(5) 设 D 是 xOy 平面上以 $(1,1),(-1,1),(-1,-1)$ 为顶点的三角形区域, D_1 是 D 在第一象限的部分, 则有 $\iint\limits_{D}(xy+\cos x\sin y)\,dxdy=(\quad)$.

A. 0 B. $2\iint\limits_{D_1}xy\,dxdy$

C. $\iint\limits_{D_1}(xy+\cos x\sin y)\,dxdy$ D. $2\iint\limits_{D_1}\cos x\sin y\,dxdy$

解: $\iint\limits_{D}(xy+\cos x\sin y)\,dxdy=\iint\limits_{D}(xy)\,dxdy+\iint\limits_{D}\cos x\sin y\,dxdy=$
$\iint\limits_{D}\cos x\sin y\,dxdy=\int_{-1}^{1}\cos x\,dx\int_{x}^{1}\sin y\,dy=2=2\int_{0}^{1}\cos x\,dx\int_{x}^{1}\sin y\,dy=$
$2\iint\limits_{D_1}\cos x\sin y\,dxdy$, 选择 D

(6) $D:x^2+y^2\leqslant R^2$, D_1 是 D 在第一象限的部分, $f(x)$ 连续, $I=\iint\limits_{D}f(x^2+y^2)\,dxdy$, 则有 ( ).

A. $I=4\iint\limits_{D_1}f(x^2+y^2)\,dxdy$ B. $I=8\iint\limits_{D_1}f(x^2)\,d\sigma$

C. $I=\int_{-R}^{R}dx\int_{-R}^{R}f(x^2+y^2)\,d\sigma$ D. $I=0$

解: 由于积分区域的对称性及被积函数是偶函数, 所以 $I=4\iint\limits_{D_1}f(x^2+y^2)\,dxdy$

(7) $(0,0)$ 有连续导数, $g(0)=0$, $g'(0)\neq 0$, $f(x,y)$ 在 $(0,0)$ 的某邻域内连续, 则

$$\lim_{r\to 0^+}\frac{\iint\limits_{x^2+y^2\leqslant r^2}f(x,y)\,dxdy}{g(r^2)}=(\quad).$$

A. $\dfrac{\pi}{2a}f(0,0)$ B. $\dfrac{\pi}{a}f(0,0)$

C. $\dfrac{1}{2a}f(0,0)$ D. $\dfrac{1}{a}f(0,0)$

解：$\lim\limits_{r \to 0^+} \dfrac{\iint\limits_{x^2+y^2 \leqslant r^2} f(x,y) \mathrm{d}x \mathrm{d}y}{g(r^2)} = \lim\limits_{r \to 0^+} \dfrac{f(\xi,\eta)\pi r^2}{g(r^2)} = \lim\limits_{r \to 0^+} \dfrac{f(0,0)\pi 2r}{g'(r^2) 2r} = \dfrac{\pi f(0,0)}{a}$，选择 B

(8) $\Omega: x^2+y^2+z^2 \leqslant R^2, z \geqslant 0; \Omega_1$ 是 Ω 在第一象限部分,则正确的是( ).

  A. $\iiint\limits_{\Omega} x \mathrm{d}v = 4\iiint\limits_{\Omega_1} x \mathrm{d}v$ B. $\iiint\limits_{\Omega} y \mathrm{d}v = 4\iiint\limits_{\Omega_1} y \mathrm{d}v$

  C. $\iiint\limits_{\Omega} z \mathrm{d}v = 4\iiint\limits_{\Omega_1} z \mathrm{d}v$ D. $\iiint\limits_{\Omega} xyz \mathrm{d}v = 4\iiint\limits_{\Omega_1} xyz \mathrm{d}v$

由于积分区域的对称性及被积函数是奇函数 $\iiint\limits_{\Omega} x \mathrm{d}v = \iiint\limits_{\Omega} y \mathrm{d}v = \iiint\limits_{\Omega} xyz \mathrm{d}v = 0$

$\iiint\limits_{\Omega} z \mathrm{d}v = \int_0^R z A(z) \mathrm{d}z \iiint\limits_{\Omega} z \mathrm{d}v = \dfrac{1}{4} \int_0^R z A(z) \mathrm{d}z$，选择 C

(9) $\Omega: x^2+y^2+z^2 \leqslant 1, z \geqslant 0$,则 $\iiint\limits_{\Omega} (xyz+3) \mathrm{d}v = ($).

A. 2π B. 3π C. 4π D. 6π

解：$\iiint\limits_{\Omega} (xyz+3) \mathrm{d}v = \iiint\limits_{\Omega} 3 \mathrm{d}v = 3 \cdot \dfrac{2\pi}{3} = 2\pi$，选择 A

(10) 设 $I = \iiint\limits_{\Omega} z^2 \mathrm{d}v$,其中 $\Omega: \dfrac{x^2}{a^2} + \dfrac{y^2}{b^2} + \dfrac{z^2}{c^2} \leqslant 1$,则正确的是( ).

A. $I = \dfrac{1}{3} \iiint\limits_{\Omega} (x^2+y^2+z^2) \mathrm{d}v$

B. $I = 8 \iiint\limits_{\Omega_1} z^2 \mathrm{d}v, \Omega_1$ 是 Ω 在第一象限部分

C. $I = \int_{-c}^{c} z^2 \pi \left(1 - \dfrac{z^2}{c^2}\right) \mathrm{d}z$

D. $I = \int_0^{2\pi} \mathrm{d}\theta \int_0^{\pi} \mathrm{d}\varphi \int_0^1 (r\cos\varphi)^2 r^2 \sin\varphi \mathrm{d}r$

解：$I = \iiint\limits_{\Omega} z^2 \mathrm{d}v = \int_{-c}^{c} z^2 A(z) \mathrm{d}z = \pi ab \int_{-c}^{c} z^2 \left(1 - \dfrac{z^2}{c^2}\right) \mathrm{d}z = 2\pi ab \int_0^{c} z^2 \left(1 - \dfrac{z^2}{c^2}\right) \mathrm{d}z =$

$8 \times \dfrac{1}{4} \pi ab \int_0^{c} z^2 \left(1 - \dfrac{z^2}{c^2}\right) \mathrm{d}z = 8 \iiint\limits_{\Omega_1} z^2 \mathrm{d}v$，选择 B

3. 计算题

(1) 设 $f(x) = \int_0^x \dfrac{\sin t}{\pi - t} \mathrm{d}t$,求 $\int_0^{\pi} f(x) \mathrm{d}x$.

解：$\int_0^{\pi} f(x) \mathrm{d}x = \int_0^{\pi} \mathrm{d}x \int_0^x \dfrac{\sin t}{\pi - t} \mathrm{d}t = \int_0^{\pi} \mathrm{d}t \int_t^{\pi} \dfrac{\sin t}{\pi - t} \mathrm{d}x = \int_0^{\pi} \sin t \mathrm{d}t = 2$（改变积分次序）

(2) 求 $I = \int_1^2 \mathrm{d}x \int_{\sqrt{x}}^{x} \sin \dfrac{\pi x}{2y} \mathrm{d}y + \int_2^4 \mathrm{d}x \int_{\sqrt{x}}^{2} \sin \dfrac{\pi x}{2y} \mathrm{d}y$.

解：改变积分次序 $I = \int_1^2 \mathrm{d}y \int_y^{y^2} \sin \dfrac{\pi x}{2y} \mathrm{d}x = -\dfrac{2}{\pi} \int_1^2 y \cos \dfrac{\pi y}{2} \mathrm{d}y \xrightarrow{t = \frac{\pi y}{2}} \dfrac{8}{\pi^3} \int_{\frac{\pi}{2}}^{\pi} t \cos t \mathrm{d}t =$

$$-\frac{8}{\pi^3}(t\sin t + \cos t)\Big|_{\frac{\pi}{2}}^{\pi} = \frac{4(\pi+2)}{\pi^3}$$

(3) $D: x^2 + y^2 \leqslant R^2$,求 $\iint_D \left(\frac{x^2}{a^2} + \frac{y^2}{b^2}\right) d\sigma$.

解:$\iint_D \left(\frac{x^2}{a^2} + \frac{y^2}{b^2}\right) d\sigma = \iint_D \frac{x^2}{a^2} d\sigma + \iint_D \frac{y^2}{b^2} d\sigma =$

$\frac{4}{a^2}\int_0^{\frac{\pi}{2}}\cos^2\theta d\theta\int_0^R r^3 dr + \frac{4}{b^2}\int_0^{\frac{\pi}{2}}\sin^2\theta d\theta\int_0^R r^3 dr = \frac{4}{a^2}\cdot\frac{1}{2}\cdot\frac{\pi}{2}\cdot\frac{R^4}{4} + \frac{4}{b^2}\cdot\frac{1}{2}\cdot\frac{\pi}{2}\cdot\frac{R^4}{4} =$

$\left(\frac{1}{a^2} + \frac{1}{b^2}\right)\frac{\pi R^4}{4}$

(4) $D: x^2 + y^2 \leqslant 1$,求 $\iint_D \left(\frac{x + xy + \sin xy}{1 + x^2 + y^2}\right) d\sigma$.

解:由于积分区域的对称性及被积函数是奇函数,得 $\iint_D \left(\frac{x + xy + \sin xy}{1 + x^2 + y^2}\right) d\sigma = 0$

(5) 计算 $I = \iint_D x^2 e^{-y^2} d\sigma$,其中 D 是以 $(0,0),(1,1),(0,1)$ 为顶点的三角形.

解:$I = \int_0^1 e^{-y^2} dy \int_0^y x^2 dx = \frac{1}{3}\int_0^1 y^3 e^{-y^2} dy \xrightarrow{t=y^2} \frac{1}{6}\int_0^1 te^{-t} dt = \frac{1}{6}(-te^{-t} - e^{-t})\Big|_0^1 =$

$\frac{1}{6}(1 - \frac{2}{e})$

(6) D 由 $y = -a + \sqrt{a^2 - x^2}\ (a > 0), y = -x$ 所围,求 $\iint_D \frac{\sqrt{x^2 + y^2}}{\sqrt{4a^2 - x^2 - y^2}} d\sigma$.

$I = \int_{-\frac{\pi}{4}}^0 d\theta \int_0^{-2a\sin\theta} \frac{r^2}{\sqrt{4a^2 - r^2}} dr$

注意到 $\int \frac{r^2 dr}{\sqrt{4a^2 - r^2}} \xrightarrow{r = 2a\sin t} \int 4a^2 \sin^2 t\, dt = 2a^2\left(t - \frac{1}{2}\sin 2t\right) =$

$2a^2\left(\arcsin\frac{r}{2a} - \frac{r}{4a^2}\sqrt{4a^2 - r^2}\right)$

于是 $I = 2a^2 \int_{-\frac{\pi}{4}}^0 (-\theta + \sin\theta\cos\theta) d\theta, I = 2a^2\left(-\frac{1}{2}\theta^2 + \frac{1}{2}\sin^2\theta\right)\Big|_{-\frac{\pi}{4}}^0 = a^2\left(\frac{\pi^2}{16} - \frac{1}{2}\right)$

(7) 计算 $I = \iiint_\Omega z(x^2 + y^2) dv, \Omega: z = \sqrt{x^2 + y^2}, x^2 + y^2 = 1, z = 0$ 围成的区域.

解:$I = \int_0^{2\pi} d\theta \int_0^1 r^3 dr \int_0^r z dz = \frac{1}{2}\int_0^{2\pi} d\theta \int_0^1 r^5 dr = \frac{\pi}{6}$

(8) Ω 为平面曲线 $\begin{cases} y^2 = 2x \\ x = 0 \end{cases}$ 绕 z 轴旋转形成的曲面与平面 $z = 8$ 所围区域,计算:

$I = \iiint_\Omega (x^2 + y^2) dv$.

解:$\begin{cases} y^2 = 2z \\ x = 0 \end{cases}$ 绕 z 轴旋转形成的曲面为 $z = \frac{1}{2}(x^2 + y^2)$,在 $z = 0$ 上的投影区域为

$D: x^2 + y^2 \leqslant 16$

$$I = \iiint\limits_{\Omega} (x^2 + y^2) dv = \int_0^{2\pi} d\theta \int_0^4 r^3 dr \int_{\frac{r^2}{2}}^8 dz =$$

$$2\pi \int_0^4 \left(8r^3 - \frac{1}{2}r^5\right) dr = 2\pi \left(2r^4 - \frac{r^6}{12}\right) \Big|_0^4 = \frac{1\,024\pi}{3}$$

4. 求由曲面 $z = \sqrt{x^2 + y^2}, z = x^2 + y^2$ 所围立体体积.

解:两曲面交线在 $z = 0$ 上的投影区域为 $D: x^2 + y^2 \leqslant 1$

$$V = \iiint\limits_{\Omega} dv = \int_0^{2\pi} d\theta \int_0^1 r dr \int_{r^2}^r dz = 2\pi \int_0^1 (r^2 - r^3) dr = \frac{\pi}{6}$$

5. 一薄片 D 由 $y \leqslant x \leqslant y^2, 1 \leqslant y \leqslant \sqrt{3}$ 所定,密度函数为 $\mu(x,y) = \dfrac{y}{x^2 + y^2}$,求它的质量.

解: $M = \iint\limits_D \dfrac{y}{x^2 + y^2} dx dy = \int_1^{\sqrt{3}} dy \int_y^{y^2} \dfrac{y}{x^2 + y^2} dx =$

$\int_1^{\sqrt{3}} \left(\arctan y - \dfrac{\pi}{4}\right) dy = \left(y\arctan y - \dfrac{1}{2}\ln(1+y^2)\right)\Big|_1^{\sqrt{3}} - (\sqrt{3}-1)\dfrac{\pi}{4} =$

$\dfrac{\sqrt{3}}{3}\pi - \dfrac{\pi}{4} - \dfrac{1}{2}\ln 2 - \sqrt{3}\dfrac{\pi}{4} + \dfrac{\pi}{4} = \dfrac{\sqrt{3}}{12}\pi - \dfrac{1}{2}\ln 2$

第 12 章

12.1

1. 设 L 为连结点 $A(1,1,0)$ 与 $B(2,3,4)$ 的直线段,计算 $\int_L (x+y)z ds$.

解: L 的方程为 $\dfrac{x-1}{1} = \dfrac{y-1}{2} = \dfrac{z}{4} = t$,于是 $x = 1+t, y = 1+2t, z = 4t (0 \leqslant t \leqslant 1)$

$ds = \sqrt{1+4+16} dt = \sqrt{21} dt$

$\int_L (x+y)z ds = \int_0^1 4t(t+1+2t+1)\sqrt{21} dt = 4\sqrt{21}\int_0^1 (2t+3t^2) dt = 8\sqrt{21}$

2. L 为 $x = a(\cos t + t\sin t), y = a(\sin t - t\cos t), 0 \leqslant t \leqslant 2\pi$,计算 $\int_L (x^2+y^2) ds$.

解: $ds = a\sqrt{t^2\cos^2 t + t^2\sin^2 t} dt = at dt$

$x^2 + y^2 = a^2(\cos^2 t + 2t\cos t\sin t + t^2\sin^2 t + \sin^2 t - 2t\cos t\sin t + t^2\cos^2 t) = a^2(1+t^2)$

$\int_L (x^2+y^2) ds = \int_0^{2\pi} a^2(1+t^2) at dt = a^3\left(\dfrac{t^2}{2} + \dfrac{t^4}{4}\right)\Big|_0^{2\pi} = a^3(2\pi^2 + 4\pi^4) = 2\pi^2 a^3(1+2\pi^2)$

3. $L: x = a\cos t, y = b\sin t$ 在第一象限部分,计算 $\int_L xy ds$.

解: $ds = \sqrt{a^2\sin^2 t + b^2\cos^2 t} dt = \sqrt{(a^2-b^2)\sin^2 t + b^2} dt$

$\int_L xy ds = ab\int_0^{\frac{\pi}{2}} \sin t\cos t\sqrt{(a^2-b^2)\sin^2 t + b^2} dt =$

$$\frac{1}{2}ab\int_0^1 \sqrt{(a^2-b^2)u+b^2}\,du = \frac{ab}{2}\cdot\frac{2}{3(a^2-b^2)}((a^2-b^2)u+b^2)^{\frac{3}{2}}\Big|_0^1 =$$
$$\frac{ab(a^2+ab+b^2)}{3(a+b)}$$

4. $L: y^2=4x$ 为从点 $(1,2)$ 到 $(1,-2)$ 的一段，计算 $I=\int_L y\,ds$.

解：由于积分路线关于 x 轴对称，并且被积函数是关于 y 的奇函数 $I=\int_L y\,ds=0$

5. $\Gamma: x=a\cos t, y=a\sin t, z=kt, 0\leqslant t\leqslant 2\pi$，计算 $I=\int_\Gamma xyz\,ds$.

解：$ds=\sqrt{a^2+k^2}\,d\theta$

$$I=\int_\Gamma xyz\,ds = ka^2\sqrt{a^2+k^2}\int_0^{2\pi}\theta\cos\theta\sin\theta\,d\theta =$$
$$\frac{1}{2}ka^2\sqrt{a^2+k^2}\left(-\frac{1}{2}\theta\cos 2\theta+\frac{1}{4}\sin 2\theta\right)\Big|_0^{2\pi} = -\frac{1}{2}\pi ka^2\sqrt{a^2+k^2}$$

6. L 为 $y=x, y=x^2$ 围成区域的边界，计算 $I=\oint_L x\,ds$.

$$I=\oint_L x\,ds = \int_{y=x} x\,ds + \int_{y=x^2} x\,ds = \sqrt{2}\int_0^1 x\,dx + \int_0^1 x\sqrt{1+4x^2}\,dx = \frac{\sqrt{2}}{2}+\frac{1}{8}\cdot\frac{2}{3}(\sqrt{1+4x^2})^3\Big|_0^1 =$$
$$\frac{1}{12}(5\sqrt{5}+6\sqrt{2}-1)$$

7. L 为 $x^2+y^2=a^2, y=x$ 及 x 轴在第一象限内围成扇形区域的边界，计算 $I=\oint_L e^{\sqrt{x^2+y^2}}\,ds$.

解：$I=\oint_L e^{\sqrt{x^2+y^2}}\,ds = \oint_{y=0} e^{\sqrt{x^2+y^2}}\,ds + \oint_{y=x} e^{\sqrt{x^2+y^2}}\,ds + \oint_{x^2+y^2=a^2} e^{\sqrt{x^2+y^2}}\,ds =$

$$\int_0^a e^x\,dx + \sqrt{2}\int_0^{\frac{a}{\sqrt{2}}} e^{\sqrt{2}x}\,dx + a\int_0^{\frac{\pi}{4}} e^a\,dt = (e^a-1)+(e^a-1)+\frac{\pi}{4}ae^a = 2(e^a-1)+\frac{\pi}{4}ae^a$$

8. L 为摆线 $x=a(t-\sin t), y=a(1-\cos t)$ 的一拱 $(0\leqslant t\leqslant 2\pi)$，计算 $I=\int_L y^2\,ds$.

解：$ds=2a\sin\frac{t}{2}\,dt$

$$I=\int_L y^2\,ds = 2a^3\int_0^{2\pi}(1-\cos t)^2\cdot\sin\frac{t}{2}\,dt = 8a^3\int_0^{2\pi}\sin^5\frac{t}{2}\,dt =$$
$$32a^3\int_0^{\frac{\pi}{2}}\sin^5 u\,du = \frac{256a^3}{15}$$

12.2

1. $L:\dfrac{x^2}{a^2}+\dfrac{y^2}{b^2}=1$，沿逆时针方向，计算 $\int_L(xy)dx+\sin x\sin y\,dy$.

解：由于积分路径关于两坐标轴都是对称的，而 $p(x,y)=xy$ 是 x 的奇函数，$Q(x,y)=$

· 207 ·

$\sin x \sin y$ 是 y 的奇函数,所以 $\int_L (xy\mathrm{d}x + \sin x \sin y)\mathrm{d}y = 0$

2. L 为摆线 $x = a(t-\sin t), y = a(1-\cos t)$ 的一拱 $(0 \leqslant t \leqslant 2\pi)$,按 t 增加方向计算 $I = \int_L (2a-y)\mathrm{d}x + x\mathrm{d}y$.

解:$I = \int_L (2a-y)\mathrm{d}x + x\mathrm{d}y = $
$\int_0^{2\pi} ((2a - a(1-\cos t))(a(1-\cos t)) + a(t-\sin t)a\sin t)\mathrm{d}t = $
$a^2 \int_0^{2\pi} t\sin t\,\mathrm{d}t = a^2(-t\cos t + \sin t)\Big|_0^{2\pi} = -2\pi a^2$

3. L 为 $y = 1-|1-x|, 0 \leqslant x \leqslant 2$,沿 x 增加方向计算 $I = \int_L (x^2+y^2)\mathrm{d}x + (x^2-y^2)\mathrm{d}y$.

解:$L_1: y = x, 0 \leqslant x \leqslant 1, L_2: y = 2-x, 1 \leqslant x \leqslant 2$
$I = \int_L (x^2+y^2)\mathrm{d}x + (x^2-y^2)\mathrm{d}y = $
$\int_{L_1} (x^2+y^2)\mathrm{d}x + (x^2-y^2)\mathrm{d}y + \int_{L_2} (x^2+y^2)\mathrm{d}x + (x^2-y^2)\mathrm{d}y = $
$\int_0^1 2x^2 \mathrm{d}x + \int_1^2 (x^2+(2-x)^2)\mathrm{d}x - \int_1^2 (x^2-(2-x)^2)\mathrm{d}x = $
$\int_0^1 2x^2 \mathrm{d}x + \int_1^2 (2x^2-8x+8)\mathrm{d}x = \frac{2}{3}x^3\Big|_0^1 + \left(\frac{2}{3}x^3 - 4x^2 + 8x\right)\Big|_1^2 = $
$\frac{2}{3} + \frac{14}{3} - 12 + 8 = \frac{4}{3}$

4. 计算 $I = \int_L x\mathrm{d}y - y\mathrm{d}x$,其中 L:

(1) 由坐标轴和直线 $\frac{x}{2} + \frac{y}{3} = 1$ 构成的三角形的边界取逆时针方向;

(2) 由直线 $x = 0, y = 0, x = 2, y = 4$ 构成的矩形的边界取逆时针方向.

解:用格林公式解答.

(1) $I = \int_L x\mathrm{d}y - y\mathrm{d}x = \iint_D 2\mathrm{d}x\mathrm{d}y = 2 \times \frac{1}{2} \times 2 \times 3 = 6$

(2) $I = \int_L x\mathrm{d}y - y\mathrm{d}x = \iint_D 2\mathrm{d}x\mathrm{d}y = 2 \times 2 \times 4 = 16$

5. L 为 $\frac{x^2}{a^2} + \frac{y^2}{b^2} = 1$ 上由点 $A(a,0)$ 经点 $B(0,b)$ 到点 $C(-a,0)$ 的一段弧,计算 $I = \int_L (x^2 + 2xy)\mathrm{d}y$.

解:L 的参数方程为 $x = a\cos t, y = b\sin t (0 \leqslant t \leqslant \pi)$
$I = \int_L (x^2 + 2xy)\mathrm{d}y = \int_0^\pi (a^2\cos^2 t + 2ab\cos t\sin t)b\cos t\,\mathrm{d}t = $
$\int_0^\pi a^2 b \cos^3 t\,\mathrm{d}t + 2ab^2 \int_0^\pi \cos^2 t \sin t\,\mathrm{d}t = 0 - \frac{2ab^2}{3}\cos^3 t\Big|_0^\pi = \frac{4}{3}ab^2$

6. $L: x^2 + y^2 = a^2$ 取逆时针方向，计算 $I = \int_L \dfrac{(x+y)\mathrm{d}x - (x-y)\mathrm{d}y}{x^2 + y^2}$.

解：$L: x^2 + y^2 = a^2$ 参数方程为 $x = a\cos t, y = a\sin t (0 \leqslant t \leqslant 2\pi)$

$I = \int_L \dfrac{(x+y)\mathrm{d}x - (x-y)\mathrm{d}y}{x^2 + y^2} =$

$\int_0^{2\pi} \dfrac{a^2(\cos t + \sin t)(-\sin t) - a^2(\cos t - \sin t)\cos t}{a^2} \mathrm{d}t =$

$-\int_0^{2\pi} \mathrm{d}t = -2\pi$

7. Γ 是从点 $(1,1,1,)$ 到点 $(2,3,4)$ 的直线段，计算 $\int_\Gamma x\mathrm{d}x + y\mathrm{d}y + (x+y-1)\mathrm{d}z$.

解：Γ 的参数方程为：$x = 1+t, y = 1+2t, z = 1+3t, 0 \leqslant t \leqslant 1$

$\int_\Gamma x\mathrm{d}x + y\mathrm{d}y + (x+y-1)\mathrm{d}z = \int_0^1 ((1+t) + 2(1+2t) + 3(1+t+1+2t-1))\mathrm{d}t =$

$\int_0^1 (6 + 14t)\mathrm{d}t = 6 + \dfrac{14}{2} = 13$

8. L 为 $y = x^2$ 上从点 $(-1,1)$ 到 $(1,1)$ 的一段弧，计算 $\int_L (x^2 - 2xy)\mathrm{d}x + (y^2 - 2xy)\mathrm{d}y$

解：$\int_L (x^2 - 2xy)\mathrm{d}x + (y^2 - 2xy)\mathrm{d}y =$

$\int_{-1}^1 (x^2 - 2x^3)\mathrm{d}x + \int_{-1}^1 (x^4 - 2x^3)2x\mathrm{d}x = 2\int_0^1 (x^2 - 4x^4)\mathrm{d}x = 2\left(\dfrac{1}{3} - \dfrac{4}{5}\right) = -\dfrac{14}{15}$

12.3

1. 计算 $\oint_L (x^2 + 4xy^2)\mathrm{d}x + (4x^2y + y^3)\mathrm{d}y, L: |x| + |y| = 1$ 的正向.

解：$\oint_L (x^2 + 4xy^2)\mathrm{d}x + (4x^2y + y^3)\mathrm{d}y = \iint_D [8xy - 8xy]\mathrm{d}x\mathrm{d}y = 0$

2. 计算 $\oint_L (x+y)\mathrm{d}x - (x-y)\mathrm{d}y, L: \dfrac{x^2}{a^2} + \dfrac{y^2}{b^2} = 1$ 的正向.

解：$\oint_L (x+y)\mathrm{d}x - (x-y)\mathrm{d}y = -\iint_D (1+1)\mathrm{d}x\mathrm{d}y = -2\pi ab$

3. 计算 $\oint_L (x^2y - 2y)\mathrm{d}x + \left(\dfrac{1}{3}x^3 - x\right)\mathrm{d}y, L: x = 1, y = x, y = 2x$ 所围三角形边界的正向.

解：$\oint_L (x^2y - 2y)\mathrm{d}x + \left(\dfrac{1}{3}x^3 - x\right)\mathrm{d}y = \iint_D (x^2 - 1 - x^2 + 2)\mathrm{d}x\mathrm{d}y = \iint_D \mathrm{d}x\mathrm{d}y = \dfrac{1}{2}$

4. 计算 $I = \oint_L (yx^3 + e^y)\mathrm{d}x + (xy^3 + xe^y - 2y)\mathrm{d}y, L: x^2 + y^2 = a^2$ 的顺时针方向.

解：$I = -\iint_D (y^3 + e^y - x^3 - e^y)\mathrm{d}x\mathrm{d}y = -2\iint_D y^3\mathrm{d}x\mathrm{d}y + 2\iint_D x^3\mathrm{d}x\mathrm{d}y = 0$（由于积分区域关于轴的对称性及被积函数是奇函数）

5. 计算 $I=\oint_L (2x-y+4)dx+(5y+3x-6)dy$，$L:A(0,0),B(3,0),C(3,2)$ 为顶点的三角形边界的正向.

解：$I=\iint_D [3-(-1)]dxdy=4\iint_D dxdy=4\times\dfrac{1}{2}\times 2\times 3=12$

6. 计算 $I=\oint_L (x^2y\cos x+2xy\sin x-y^2 e^x)dx+(x^2\sin x-2ye^x)dy$，$L:x^{\frac{2}{3}}+y^{\frac{2}{3}}=a^{\frac{2}{3}}$ 星形线的正向.

解：$I=\iint_D (2x\sin x+x^2\cos x-2ye^x-x^2\cos x-2x\sin x+2ye^x)dxdy=$
$\iint_D 0 dxdy=0$（由于积分区域关于轴的对称性及被积函数是奇函数）

7. 计算 $I=\oint_L \dfrac{ydx-xdy}{x^2+y^2}$，其中 L 为：

(1) 圆周 $(x-1)^2+(y-1)^2=1$ 的正向；

(2) 正方形 $|x|+|y|\leqslant 1$ 边界的正向.

解：(1) $Q(x,y)=\dfrac{-x}{x^2+y^2}$，$P(x,y)=\dfrac{y}{x^2+y^2}$ 在圆周 $(x-1)^2+(y-1)^2=1$ 及包围的区域连续，并且 $\dfrac{\partial Q}{\partial x}=\dfrac{x^2-y^2}{(x^2+y^2)^2}=\dfrac{\partial P}{\partial y}$，所以 $I=\oint_L \dfrac{ydx-xdy}{x^2+y^2}=0$

(2) 由于正方形 $|x|+|y|\leqslant 1$ 边界的正向，包围原点，取小圆 $\gamma:x=a\cos t,y=a\sin t$ 落在正方形内部，则

$$I=\oint_L \dfrac{ydx-xdy}{x^2+y^2}=\oint_\gamma \dfrac{ydx-xdy}{x^2+y^2}=-\int_0^{2\pi}\dfrac{a^2}{a^2}dt=-2\pi$$

8. 计算 $I=\int_L (x^2-y)dx-(x+\sin^2 y)dy$，其中 L 是圆周 $y=\sqrt{2x-x^2}$ 上由点 $(0,0)$ 到点 $(1,1)$ 的一段弧.

解：设由 $(0,0)$ 到 $(1,0)$ 的直线段为 γ，由 $(1,0)$ 到 $(1,1)$ 的直线段为 δ，于是 $\Gamma=\gamma+\delta+L$ 为以逆时针方向的闭曲线，有格林公式

$$\oint_\Gamma (x^2-y)dx-(x+\sin^2 y)dy=\iint_D (-1+1)dxdy=0$$

所以 $I=\int_L (x^2-y)dx-(x+\sin^2 y)dy=\int_\gamma -\int_\delta =\int_0^1 x^2 dx-\int_0^1 (1+\sin^2 y)dy=$
$\dfrac{1}{3}-1-\dfrac{1}{2}\int_0^1 (1-\cos 2y)dy=-\dfrac{7}{6}+\dfrac{\sin 2y}{4}\Big|_0^1=\dfrac{\sin 2}{4}-\dfrac{7}{6}$

9. 验证 $(3x^2y+8xy^2)dx+(x^3+8x^2y+12ye^y)dy$ 是 xOy 面上某个函数 $u(x,y)$ 的全微分，并求一个 $u(x,y)$.

解：$Q(x,y)=x^3+8x^2y+12ye^y$，$P(x,y)=3x^2y+8xy^2$

$\dfrac{\partial Q}{\partial x}=3x^2+16xy=\dfrac{\partial P}{\partial y}$，所以存在 $u(x,y)$，使

$du=(3x^2y+8xy^2)dx+(x^3+8x^2y+12ye^y)dy$

$$u(x,y)=\int_0^x 0\mathrm{d}x+\int_0^y(x^3+8x^2y+12y\mathrm{e}^y)\mathrm{d}y=x^3y+4x^2y^2+12y\mathrm{e}^y-12\mathrm{e}^y+12$$

10. 判定方程$(3x^2+6xy^2)\mathrm{d}x+(6x^2y+4y^2)\mathrm{d}y$是否为全微分方程,若是求这个方程的通解: $Q(x,y)=6x^2y+4y^2, P(x,y)=3x^2+6xy^2$.

$$\frac{\partial Q}{\partial x}=12xy=\frac{\partial P}{\partial y}$$

$$u(x,y)=\int_0^x 3x^2\mathrm{d}x+\int_0^y(6x^2y+4y^2)\mathrm{d}y=x^3+3x^2y^2+\frac{4}{3}y^3-C$$

所以这个方程的通解为 $x^3+3x^2y^2+\frac{4}{3}y^3=C$

12.4

1 计算$\oiint_\Sigma xyz\mathrm{d}S$,其中$\Sigma$由平面$x=0,y=0,z=0,x+y+z=1$围成的四面体的整个边界曲面.

解:$\oiint_\Sigma xyz\mathrm{d}S=\iint_{x=0}+\iint_{y=0}+\iint_{z=0}+\iint_{x+y+z=1}=\iint_{x+y+z=1}xyz\mathrm{d}S=\sqrt{3}\iint_{D_{xy}}xy(1-x-y)\mathrm{d}x\mathrm{d}y$

其中 $D_{xy}:x=0,y=0,x+y+z=1$ 围成的区域

于是 $\oiint_\Sigma xyz\mathrm{d}S=\sqrt{3}\int_0^1\mathrm{d}x\int_0^{1-x}xy(1-x-y)\mathrm{d}y=\sqrt{3}\int_0^1\frac{1}{6}x(1-x)^3\mathrm{d}x=$

$\frac{\sqrt{3}}{6}\int_0^1(x-3x^2+3x^3-x^4)=\frac{\sqrt{3}}{6}\left(\frac{1}{2}-1+\frac{3}{4}-\frac{1}{5}\right)=\frac{\sqrt{3}}{120}$

2. 计算曲面积分 $I=\iint_\Sigma\left(2x+\frac{4}{3}y+z\right)\mathrm{d}S$,其中$\Sigma$是平面$\frac{x}{2}+\frac{y}{3}+\frac{z}{4}=1$在第一象限的部分.

解:$D_{xy}:x=0,y=0,\frac{1}{2}x+\frac{1}{3}y+\frac{1}{4}z=1$围成的区域,$\mathrm{d}S=\sqrt{1+4+\frac{16}{9}}\mathrm{d}x\mathrm{d}y=$

$\frac{\sqrt{61}}{3}\mathrm{d}x\mathrm{d}y$

$I=\iint_\Sigma\left(2x+\frac{4}{3}y+z\right)\mathrm{d}S=\frac{\sqrt{61}}{3}\iint_{D_{xy}}\left(2x+\frac{4y}{3}+4-2x-\frac{4y}{3}\right)\mathrm{d}x\mathrm{d}y=$

$\frac{\sqrt{61}}{3}\iint_{D_{xy}}4\mathrm{d}x\mathrm{d}y=\frac{\sqrt{61}}{3}\times 4\times\frac{1}{2}\times 2\times 3=4\sqrt{61}$

3. 计算曲面积分 $I=\iint_\Sigma(x^2+y^2)\mathrm{d}S$,其中$\Sigma$是锥面$z=\sqrt{x^2+y^2}$及平面$z=1$所围区域的整个边界.

解:$D_{xy}:x^2+y^2\leqslant 1, \mathrm{d}S_1=\sqrt{1+\frac{x^2+y^2}{x^2+y^2}}\mathrm{d}x\mathrm{d}y=\sqrt{2}\mathrm{d}x\mathrm{d}y$

$\mathrm{d}S_2=\sqrt{1+0+0}\mathrm{d}x\mathrm{d}y=\mathrm{d}x\mathrm{d}y$

$$I = \iint_\Sigma (x^2 + y^2) dS = \sqrt{2} \int_0^{2\pi} d\theta \int_0^1 r^3 dr + \int_0^{2\pi} d\theta \int_0^1 r^3 dr = \frac{\sqrt{2}}{2}\pi + \frac{1}{2}\pi = \frac{(\sqrt{2}+1)\pi}{2}$$

4. 计算曲面积分 $I = \iint_\Sigma \frac{1}{z} dS$,其中 Σ 是球面 $x^2+y^2+z^2=a^2$ 被平面 $z=h(0<h<a)$ 截出的顶部.

解: $D_{xy}: x^2+y^2 \leqslant a^2-h^2$, $dS = \sqrt{1 + \frac{x^2+y^2}{a^2-x^2-y^2}} dxdy = \frac{a\,dxdy}{\sqrt{a^2-x^2-y^2}}$

$$I = \iint_\Sigma \frac{1}{z} dS = a\int_0^{2\pi} d\theta \int_0^{\sqrt{a^2-h^2}} \frac{1}{\sqrt{a^2-r^2}} \cdot \frac{r}{\sqrt{a^2-r^2}} dr =$$

$$-\ln(a^2-r^2)\Big|_0^{\sqrt{a^2-h^2}} \frac{2a}{2}\pi = -\pi a(\ln h^2 - \ln a^2) = 2\pi a \ln \frac{a}{h}$$

5. 计算曲面积分 $I = \iint_\Sigma (x+y+z) dS$,其中 Σ 是球面 $x^2+y^2+z^2=a^2$ 上 $z \geqslant h(0<h<a)$ 部分.

解: $D_{xy}: x^2+y^2 \leqslant a^2-h^2$, $dS = \sqrt{1 + \frac{x^2+y^2}{a^2-x^2-y^2}} dxdy = \frac{a\,dxdy}{\sqrt{a^2-x^2-y^2}}$

$$I = \iint_\Sigma (x+y+z) dS = \iint_\Sigma z\,dS = a\iint_D \sqrt{a^2-x^2-y^2} \cdot \frac{1}{\sqrt{a^2-x^2-y^2}} dxdy =$$
$$a\iint_D dxdy = \pi a(a^2-h^2)$$

6. 计算曲面积分 $I = \iint_\Sigma (2xy - 2x^2 - x + z) dS$,其中 Σ 是平面 $2x+2y+z=6$ 在第一象限的部分.

解: $D_{xy}: x+y=3, x=0, y=0$ 所围的区域, $dS = 3\,dxdy$

$$I = \iint_\Sigma (2xy - 2x^2 - x + z) dS = 3\iint_D (2xy - 2x^2 - x + 6 - 2x - 2y) dxdy =$$
$$3\iint_D (2(x-1)y - (2x^2 + 3x - 6)) dxdy =$$
$$3\int_0^3 dx \int_0^{3-x} (2(x-1)y - (2x^2 + 3x - 6)) dy =$$
$$3\int_0^3 ((x-1)(3-x)^2 - (3-x)(2x^2 + 3x - 6)) dx =$$
$$3\int_0^3 (3x^3 - 10x^2 + 9) dx = 3\left(\frac{3}{4} \times 81 - \frac{10}{3} \times 27 + 27\right) = -\frac{27}{4}$$

7. 计算曲面积分 $I = \iint_\Sigma (xy + yz + zx) dS$,其中 Σ 是锥面 $z = \sqrt{x^2+y^2}$ 被柱面 $x^2+y^2 = 2ax$ 所截的有限部分.

解: $D_{xy}: x^2+y^2 \leqslant 2ax$ 所围的区域, $dS = \sqrt{2}\,dxdy$

$$I = \iint_\Sigma (xy + yz + zx) dS = \iint_\Sigma zx\,dS = 2\sqrt{2}\int_0^{\frac{\pi}{2}} d\theta \int_0^{2a\cos\theta} r^3 \cos\theta\,dr =$$

$\frac{1}{4} \times 16a^4 \times 2\sqrt{2} \int_0^{\frac{\pi}{2}} \cos^5\theta d\theta = 8a^4\sqrt{2} \times \frac{8}{15} = \frac{64\sqrt{2}}{15}a$

8. 求抛物面壳 $z = \frac{1}{2}(x^2+y^2)(0 \leqslant z \leqslant 1)$ 的质量，面密度 $\mu = z$.

解：$D_{xy}: x^2+y^2 \leqslant 2$ 所围的区域，$dS = \sqrt{1+x^2+y^2}dxdy$

$M = \iint\limits_{\Sigma} zdS = \iint\limits_{D} \frac{1}{2}(x^2+y^2)\sqrt{1+x^2+y^2}dxdy =$

$\frac{1}{2}\int_0^{2\pi}d\theta\int_0^{\sqrt{2}} r^3\sqrt{1+r^2}dr \xrightarrow{r^2=u} \frac{\pi}{2}\int_0^2 u\sqrt{1+u}du \xrightarrow{\sqrt{1+u}=t} \frac{\pi}{2}\times 2\int_1^{\sqrt{3}}(t^4-t^2)dt =$

$\pi\left(\frac{t^5}{5}-\frac{t^3}{3}\right)\Big|_1^{\sqrt{3}} = \frac{2\pi}{15}(6\sqrt{3}+1)$

12.5

1. 计算 $\iint\limits_{\Sigma} x^2y^2z dxdy$，其中 Σ 是球面 $x^2+y^2+z^2 = R^2$，$z \leqslant 0$ 的下侧.

解：Σ 在 $z=0$ 面的投影区域为 $D: x^2+y^2 \leqslant R^2$，$dxdy$ 取负号

$\iint\limits_{\Sigma} x^2y^2z dxdy = -\iint\limits_{D} x^2y^2(-\sqrt{R^2-x^2-y^2})dxdy = \int_0^{2\pi}d\theta\int_0^R r^5\cos^2\theta\sin^2\theta\sqrt{R^2-r^2}dr =$

$\int_0^{2\pi}\cos^2\sin^2\theta d\theta\int_0^{\frac{\pi}{2}}R^5\sin^5 tR^2\cos^2 tdt = 4\int_0^{\frac{\pi}{2}}(\cos^2\theta-\cos^4\theta)d\theta\int_0^{\frac{\pi}{2}}(\sin^5 t-\sin^7 t)dt =$

$4\frac{\pi}{2}\left(\frac{1}{2}-\frac{3}{8}\right)R^7\left(\frac{4!!}{5!!}-\frac{6!!}{7!!}\right) = \frac{2\pi R^7}{105}$

2. 计算 $\iint\limits_{\Sigma}(x+1)^2 dxdz$，其中 Σ 是球面 $x^2+y^2+z^2 = R^2$，$y \geqslant 0$ 的外侧.

解：Σ 在 $y=0$ 面的投影区域为 $D_{zx}: x^2+z^2 = R^2$，$dzdx$ 取正号

$\iint\limits_{\Sigma}(x+1)^2 dxdz = \iint\limits_{D_{zx}}(x+1)^2 dxdz = \int_0^{2\pi}d\theta\int_0^R r(r\cos\theta+1)^2 dr =$

$\int_0^{2\pi}d\theta\int_0^R (r^3\cos^2\theta+2r^2\cos\theta+r)dr =$

$\int_0^{2\pi}d\theta\int_0^R r^3\cos^2\theta dr + \int_0^{2\pi}d\theta\int_0^R 2r^2\cos\theta dr + \int_0^{2\pi}d\theta\int_0^R rdr =$

$\frac{\pi}{4}R^4 + \pi R^2 = \pi R^2\left(1+\frac{R^2}{4}\right)$

3. 计算 $\oiint\limits_{\Sigma}(x+y+z)dxdy+(y-z)dydz$，其中 Σ 是由 $x=0, y=0, z=0, x=1, y=1$，$z=1$ 所围成正方体的外侧.

解：利用高斯公式计算.

$\oiint\limits_{\Sigma}(x+y+z)dxdy+(y-z)dydz = \iiint\limits_{\Omega}(1+0)dv = \iiint\limits_{\Omega}dv = 1$

4. 计算 $\oiint\limits_{\Sigma} z dxdy$，其中 Σ 是椭球面 $\frac{x^2}{a^2}+\frac{y^2}{b^2}+\frac{z^2}{c^2} = 1$ 的外侧.

解:$\oiint\limits_{\Sigma} z\,dx\,dy = \iiint\limits_{\Omega} 1\,dv = \dfrac{4\pi abc}{3}$

5. 计算 $\iint\limits_{\Sigma} yz\,dx\,dy + zx\,dy\,dz + xy\,dz\,dx$. 其中 Σ 是柱面 $x^2 + y^2 = R^2, z = H(H > 0)$ 及三个坐标面所围成的第一象限中立体表面的外侧.

解:$\iint\limits_{\Sigma} yz\,dx\,dy + zx\,dy\,dz + xy\,dz\,dx = \iiint\limits_{\Omega} x\,dv + \iiint\limits_{\Omega} y\,dv + \iiint\limits_{\Omega} z\,dv =$

$\int_0^{\frac{\pi}{2}} \cos\theta\,d\theta \int_0^R r^2\,dr \int_0^H dz + \int_0^{\frac{\pi}{2}} \sin\theta\,d\theta \int_0^R r^2\,dr \int_0^H dz + \int_0^{\frac{\pi}{2}} d\theta \int_0^R r\,dr \int_0^H z\,dz =$

$\dfrac{2R^3 H}{3} + \dfrac{\pi}{2} \cdot \dfrac{R^2}{2} \cdot \dfrac{H^2}{2} = HR^2 \left(\dfrac{2R}{3} + \dfrac{\pi H}{8} \right)$

6. 计算 $I = \oiint\limits_{\Sigma} dy\,dz + (y+1)\,dz\,dx + z\,dx\,dy$,其中 Σ 是柱面 $x + y + z = 1$ 及三个坐标面所围成的四面体表面外侧.

解:$I = \oiint\limits_{\Sigma} dy\,dz + (y+1)\,dz\,dx + z\,dx\,dy = \iiint\limits_{\Omega} (0 + 1 + 1)\,dv = 2 \cdot \dfrac{1}{6} = \dfrac{1}{3}$

7. 计算 $I = \oiint\limits_{\Sigma} \dfrac{x\,dy\,dz + y\,dz\,dx + z\,dx\,dy}{(x^2 + y^2 + z^2)^{\frac{3}{2}}}$,其中 Σ 是球面 $x^2 + y^2 + z^2 = a^2$ 的外侧.

解:$I = \oiint\limits_{\Sigma} \dfrac{x\,dy\,dz + y\,dz\,dx + z\,dx\,dy}{(x^2 + y^2 + z^2)^{\frac{3}{2}}} =$

$2\iint\limits_{D_{yz}} \dfrac{\sqrt{a^2 - y^2 - z^2}}{a^3}\,dy\,dz + 2\iint\limits_{D_{zx}} \dfrac{\sqrt{a^2 - x^2 - z^2}}{a^3}\,dz\,dx + 2\iint\limits_{D_{xy}} \dfrac{\sqrt{a^2 - x^2 - y^2}}{a^3}\,dx\,dy =$

$\dfrac{6}{a^3} \int_0^{2\pi} d\theta \int_0^a \sqrt{a^2 - r^2}\, r\,dr = 6\int_0^{2\pi} d\theta \int_0^1 t^2\,dt = 4\pi$

8. 计算 $I = \iint\limits_{\Sigma} z\,dx\,dy + x\,dy\,dz + y\,dz\,dx$,其中 Σ 是柱面 $x^2 + y^2 = 1, z = 0, z = 3$ 所围成的第一象限中立体表面的前侧.

解:对给定的曲面加底面 $\sigma:z = 0$,加顶面 $\mu:z = 3$

$\iint\limits_{\Sigma+\sigma+\mu} z\,dx\,dy + x\,dy\,dz + y\,dz\,dx = \iiint\limits_{\Omega} (1+1+1)\,dv = 3 \cdot \dfrac{1}{4}\pi \cdot 3 = \dfrac{9\pi}{4}$

而 $\iint\limits_{\sigma} z\,dx\,dy + x\,dy\,dz + y\,dz\,dx = 0, \iint\limits_{\mu} z\,dx\,dy + x\,dy\,dz + y\,dz\,dx = \iint\limits_{D} 3\,dx\,dy = \dfrac{3}{4}\pi$

所以 $I = \iint\limits_{\Sigma} z\,dx\,dy + x\,dy\,dz + y\,dz\,dx = \dfrac{9\pi}{4} - \dfrac{3\pi}{4} = \dfrac{3}{2}\pi$

12.6

1. 计算 $\oiint\limits_{\Sigma} (x-y)\,dx\,dy + (y-z)x\,dy\,dz$,其中 Σ 是柱面 $x^2 + y^2 = 1, z = 0, z = 3$ 所围成的立体表面的外侧.

解：$\oiint_{\Sigma}(x-y)dxdy+(y-z)xdydz=\iiint_{\Omega}(y-z)dv=\iiint_{\Omega}ydv-\iiint_{\Omega}zdv=$

$-\int_0^{2\pi}d\theta\int_0^1 rdr\int_0^3 zdz=-2\pi\cdot\frac{1}{2}\cdot\frac{9}{2}=-\frac{9\pi}{2}$

2. 计算 $\oiint_{\Sigma}x^2dydz+y^2dzdx+z^2dxdy$，其中 Σ 是由 $x=0,y=0,z=0,x=1,y=1,z=1$ 所围成正方体的外侧.

解：$\oiint_{\Sigma}x^2dydz+y^2dzdx+z^2dxdy=2\iiint_{\Omega}(x+y+z)dv=6\int_0^1 zdz=3$

3. 计算 $\oiint_{\Sigma}xdydz+ydzdx+zdxdy$，其中 Σ 是柱面 $x^2+y^2\leqslant 9,z=0,z=3$ 所围成的立体表面的外侧.

解：$\oiint_{\Sigma}xdydz+ydzdx+zdxdy=3\iiint_{\Omega}dv=3\times\pi\times 9\times 3=81\pi$

4. 计算 $I=\oiint_{\Sigma}4xzdydz-y^2dzdx+yzdxdy$. 其中 Σ 是由 $x=0,y=0,z=0,,x=1,$ $y=1,z=1$ 所围成正方体的外侧.

解：$I=\oiint_{\Sigma}4xzdydz-y^2dzdx+yzdxdy=\iiint_{\Omega}(4z-y)dv=3\iiint_{\Omega}zdv=3\int_0^1 zdz=\frac{3}{2}$

5. 计算 $I=\oiint_{\Sigma}x^3dydz+y^3dzdx+z^3dxdy$，其中 Σ 是球面 $x^2+y^2+z^2=a^2$ 的外侧.

解：$I=\oiint_{\Sigma}x^3dydz+y^3dzdx+z^3dxdy=3\iiint_{\Omega}(x^2+y^2+z^2)dv=$

$3\int_0^{2\pi}d\theta\int_0^{\pi}\sin\varphi d\varphi\int_0^a r^4 dr=3\cdot 2\pi\cdot 2\cdot\frac{a^5}{5}=\frac{12\pi a^5}{5}$

6. 计算 $I=\oiint_{\Sigma}xz^2dydz+(x^2y-z^3)dzdx+(2xy+y^2z)dxdy$，其中 $\Sigma:0\leqslant z\leqslant\sqrt{a^2-x^2-y^2}$ 是上半球体表面的外侧.

解：$I=\oiint_{\Sigma}xz^2dydz+(x^2y-z^3)dzdx+(2xy+y^2z)dxdy=\iiint_{\Omega}(x^2+y^2+z^2)dv=$

$\int_0^{2\pi}d\theta\int_0^{\frac{\pi}{2}}\sin\varphi d\varphi\int_0^a r^4 dr=\pi\cdot 2\cdot\frac{a^5}{5}=\frac{2\pi a^5}{5}$

7. 计算 $I=\oiint_{\Sigma}zdxdy$，其中 Σ 是球面 $x^2+y^2+z^2=a^2$ 的外侧.

解：$I=\oiint_{\Sigma}zdxdy=\iiint_{\Omega}dv=\frac{4\pi a^3}{3}$

8. 计算 $I=\iint_{\Sigma}zdxdy+xydzdx$，其中 Σ 是抛物面 $z=x^2+y^2$ 的上侧位于 $x\geqslant 0,y\geqslant 0,0\leqslant z\leqslant 1$ 内的部分.

解：平面 $z=0,z=1.x=0,y=0$，取外侧

$$I_1 = \iint\limits_{z=0} z\mathrm{d}x\mathrm{d}y + xy\mathrm{d}z\mathrm{d}x = 0, I_2 = \iint\limits_{z=1} z\mathrm{d}x\mathrm{d}y + xy\mathrm{d}z\mathrm{d}x = \iint\limits_{D_{xy}} \mathrm{d}x\mathrm{d}y = \frac{\pi}{4}$$

$$I_3 = \iint\limits_{x=0} z\mathrm{d}x\mathrm{d}y + xy\mathrm{d}z\mathrm{d}x = 0, I_4 = \iint\limits_{y=0} z\mathrm{d}x\mathrm{d}y + xy\mathrm{d}z\mathrm{d}x = 0$$

所以 $I = \iint\limits_{\Sigma} z\mathrm{d}x\mathrm{d}y + xy\mathrm{d}z\mathrm{d}x = -\iiint\limits_{\Omega}(1+x)\mathrm{d}v + \frac{\pi}{4} =$

$$-\int_0^{\frac{\pi}{2}}\mathrm{d}\theta\int_0^1 r\mathrm{d}r\int_{r^2}^1 \mathrm{d}z - \int_0^{\frac{\pi}{2}}\cos\theta\mathrm{d}\theta\int_0^1 r^2\mathrm{d}r\int_{r^2}^1 \mathrm{d}z + \frac{\pi}{4} =$$

$$-\frac{\pi}{8} - \frac{2}{15} + \frac{\pi}{4} = \frac{\pi}{8} - \frac{2}{15}$$

所以 $I = \frac{\pi}{8} - \frac{2}{15}$

12.7

1. 利用斯托克斯公式计算下列积分.

(1) $I = \oint_L y^2\mathrm{d}x + z^2\mathrm{d}y + x^2\mathrm{d}z$, L 为球面 $x^2 + y^2 + z^2 = a^2$ 的外侧位于第一象限部分的正向边界.

解: $I = \oint_L y^2\mathrm{d}x + z^2\mathrm{d}y + x^2\mathrm{d}z = \iint\limits_{\Sigma}\begin{vmatrix} \mathrm{d}y\mathrm{d}z & \mathrm{d}z\mathrm{d}x & \mathrm{d}x\mathrm{d}y \\ \frac{\partial}{\partial x} & \frac{\partial}{\partial y} & \frac{\partial}{\partial z} \\ y^2 & z^2 & x^2 \end{vmatrix} =$

$\iint\limits_{\Sigma} -2z\mathrm{d}y\mathrm{d}z - 2x\mathrm{d}z\mathrm{d}x - 2y\mathrm{d}x\mathrm{d}y = -2\iint\limits_{D_{xy}} z\mathrm{d}y\mathrm{d}z - 2\iint\limits_{D_{zx}} x\mathrm{d}z\mathrm{d}x - 2\iint\limits_{D_{xy}} y\mathrm{d}x\mathrm{d}y =$

$-6\int_0^{\frac{\pi}{2}}\sin\theta\mathrm{d}\theta\int_0^a r^2\mathrm{d}r = -6 \times \frac{a^3}{3} = -2a^3$

(2) $I = \oint_L y\mathrm{d}x + z\mathrm{d}y + x\mathrm{d}z$, L 为球面 $x^2 + y^2 + z^2 = a^2$ 与平面 $x + y + z = 0$ 的交线,正向看去,这个圆周是逆时针方向.

解: $x + y + z = 0$ 的法方向为 $\boldsymbol{n} = \{1,1,1\}$, 方向余弦为 $\cos\alpha = \cos\beta = \cos\gamma = \frac{1}{\sqrt{3}}$

$I = \oint_L y\mathrm{d}x + z\mathrm{d}y + x\mathrm{d}z = \iint\limits_{\Sigma}\begin{vmatrix} \frac{1}{\sqrt{3}} & \frac{1}{\sqrt{3}} & \frac{1}{\sqrt{3}} \\ \frac{\partial}{\partial x} & \frac{\partial}{\partial y} & \frac{\partial}{\partial z} \\ y & z & x \end{vmatrix}\mathrm{d}S = -\frac{1}{\sqrt{3}}\iint\limits_{\Sigma}(1+1+1)\mathrm{d}S = -\sqrt{3}\pi a^2$

(L 为球面 $x^2 + y^2 + z^2 = a^2$ 与平面 $x + y + z = 0$ 的交线是个大圆,面积为 πa^2)

另作: 由 $x + y + z = 0$ 得 $-z'_x = 1, -z'_y = 1$

于是 $I = \oint_L y\mathrm{d}x + z\mathrm{d}y + x\mathrm{d}z = \iint\limits_{\Sigma}\begin{vmatrix} \mathrm{d}y\mathrm{d}z & \mathrm{d}z\mathrm{d}x & \mathrm{d}x\mathrm{d}y \\ \frac{\partial}{\partial x} & \frac{\partial}{\partial y} & \frac{\partial}{\partial z} \\ y & z & x \end{vmatrix} =$

$$-\iint\limits_{\Sigma} dydz + dzdx + dxdy = -\iint\limits_{D_{xy}} 3 dxdy = -3 \times \pi a^2 \cos\gamma = -\frac{3}{\sqrt{3}}\pi a^2 = -\sqrt{3}\pi a^2$$

后一种方法更方便.

(3) $I = \oint_L (y-z)dx + (z-x)dy + (x-y)dz$, L 为柱面 $x^2 + y^2 = a^2$ 与平面 $\frac{x}{a} + \frac{z}{b} = 1$ 的交线（椭圆），正向看去，这个椭圆周是逆时针方向.

解：由平面 $\frac{x}{a} + \frac{z}{b} = 1$ 得 $-z'_x = \frac{b}{a}$, $-z'_y = 0$, 于是

$$I = \oint_L (y-z)dx + (z-x)dy + (x-y)dz =$$

$$\iint\limits_{\Sigma} \begin{vmatrix} dydz & dzdx & dxdy \\ \frac{\partial}{\partial x} & \frac{\partial}{\partial y} & \frac{\partial}{\partial z} \\ y-z & z-x & x-y \end{vmatrix} = -2\iint\limits_{\Sigma} dydz + dzdx + dxdy =$$

$$-2\iint\limits_{D_{xy}} \left(\frac{b}{a} + 1\right) dxdy = -2\left(\frac{a+b}{a}\right)\pi a^2 = -2\pi a(a+b)$$

(4) $I = \oint_L 3ydx - xzdy + yz^2 dz$, L 为圆周 $\begin{cases} x^2 + y^2 = 2z \\ z = 2 \end{cases}$, 从 z 轴正向看去，这圆周是逆时针方向.

解：L 包围的曲面在平面 $z = 2$ 上是 $x^2 + y^2 \leqslant 4$, $-z'_x = 0$, $-z'_y = 0$

$$I = \oint_L 3ydx - xzdy + yz^2 dz = \iint\limits_{\Sigma} \begin{vmatrix} dydz & dzdx & dxdy \\ \frac{\partial}{\partial x} & \frac{\partial}{\partial y} & \frac{\partial}{\partial z} \\ 3y & -xz & yz^2 \end{vmatrix} =$$

$$\iint\limits_{\Sigma} x\,dydz - (z+3)dxdy = \iint\limits_{D_{xy}} ((0 \cdot x) + 0 - (2+3))dxdy = -5 \times 4\pi = -20\pi$$

(5) $I = \oint_L 2ydx + 3xdy - z^2 dz$, L 为圆周 $\begin{cases} x^2 + y^2 + z^2 = 9 \\ z = 0 \end{cases}$, 从 z 轴正向看去，这圆周是逆时针方向.

解：L 包围的曲面在平面 $z = 0$ 上是 $x^2 + y^2 \leqslant 9$, $-z'_x = 0$, $-z'_y = 0$

$$I = \oint_L 2ydx + 3xdy - z^2 dz = \iint\limits_{\Sigma} \begin{vmatrix} dydz & dzdx & dxdy \\ \frac{\partial}{\partial x} & \frac{\partial}{\partial y} & \frac{\partial}{\partial z} \\ 2y & 3x & -z^2 \end{vmatrix} = \iint\limits_{\Sigma}(3-2)dxdy = \iint\limits_{D_{xy}} dxdy = 9\pi$$

(6) $I = \oint_L xydx + z^2 dy + zxdz$, L 为 $\begin{cases} x^2 + y^2 = 2ax \\ z = \sqrt{x^2 + y^2} \end{cases}$, 从 z 轴正向看去，这圆周是逆时针方向.

解：L 为 $\begin{cases} x^2 + y^2 = 2ax \\ z = \sqrt{x^2 + y^2} \end{cases}$ 包围的曲面是个圆域 $x^2 + y^2 \leqslant 2ax$, $-z'_x = 0$, $-z'_y = 0$

$$I = \oint_L xy\,dx + z^2\,dy + zx\,dz = \iint_\Sigma \begin{vmatrix} dydz & dzdx & dxdy \\ \dfrac{\partial}{\partial x} & \dfrac{\partial}{\partial y} & \dfrac{\partial}{\partial z} \\ xy & z^2 & zx \end{vmatrix} =$$

$$\iint_\Sigma -2z\,dydz - z\,dzdx - x\,dxdy =$$

$$\iint_{D_{xy}} -x\,dxdy = -\int_{-\frac{\pi}{2}}^{\frac{\pi}{2}} \cos\theta \int_0^{2a\cos\theta} r^2\,dr =$$

$$-2 \cdot \frac{8a^3}{3} \cdot \int_0^{\frac{\pi}{2}} \cos^4\theta\,d\theta = -\frac{16a^3}{3} \cdot \frac{3!!}{4!!} \cdot \frac{\pi}{2} = -\pi a^3$$

复习题十二

1. 填空题

(1) $\oint_L \dfrac{ds}{x^2+y^2+z^2} = \underline{\qquad}$,其中 $L:\begin{cases} x^2+y^2+z^2=5 \\ z=1 \end{cases}$.

解: $x=2\cos t, y=2\sin t, z=1, ds=2dt$

$$\oint_L \frac{ds}{x^2+y^2+z^2} = \int_0^{2\pi} \frac{2}{5}dt = \frac{4\pi}{5}$$

(2) 设线密度 e^{x+y},则 L 的质量可以表示为 $M = \underline{\int_L e^{x+y}ds}$;又若 $L: y=x(0\leqslant x\leqslant 1)$,则起质量为 $M = \underline{\int_L e^{x+y}ds = \int_0^1 e^{2x}\sqrt{2}\,dx = \dfrac{\sqrt{2}}{2}(e^2-1)}$.

(3) L 为螺旋线 $x=t\cos t, y=t\sin t, z=t(0\leqslant t\leqslant \dfrac{\pi}{4})$,

则 $\int_L z\,ds = \underline{\int_0^{\frac{\pi}{4}} t\sqrt{2+t^2}\,dt = \dfrac{1}{2}\dfrac{2}{3}(2+t^2)^{\frac{3}{2}}\Big|_0^{\frac{\pi}{4}} = \dfrac{1}{3}\left(\left(2+\dfrac{\pi^2}{16}\right)^{\frac{3}{2}} - 2\sqrt{2}\right)}$

(4) L 为螺旋线 $x=a\cos t, y=a\sin t, z=bt(0\leqslant t\leqslant 2\pi)$,

则 $\int_L y\,dx + z\,dy + x\,dz = \underline{\int_0^{2\pi}[a^2(-\sin^2 t) + abt\cos t + ab\cos t]dt =}$

$\underline{a^2\int_0^{2\pi}\left(\dfrac{\cos 2t-1}{2}\right)dt + ab\int_0^{2\pi} t\cos t\,dt + ab\int_0^{2\pi}\cos t\,dt =}$

$\underline{-\pi a^2 + ab(t\sin t + \cos t)\Big|_0^{2\pi} + 0 = -\pi a^2}$.

(5) L 为上半圆周 $x^2+y^2=2x$ 从点 $(0,0)$ 到 $(1,1)$ 把 $\int_L P(x,y)dx + Q(x,y)dy$ 化成对弧长的曲线积分为 $= \underline{\int_L (P\cos\alpha + Q\cos\beta)ds} = \underline{\int_L (P(x,y)\sqrt{2x-x^2} + Q(x,y)(1-x))ds}$.

上半圆周 $x^2+y^2=2x$ 任意点出的切向量为 $\boldsymbol{T}=\{1\quad y'\}=\left\{1\quad -\dfrac{x-1}{\sqrt{2x-x^2}}\right\}$

$|\boldsymbol{T}|=\sqrt{1+\dfrac{(x-1)^2}{2x-x^2}}=\dfrac{1}{\sqrt{2x-x^2}}$

所以 $\cos\alpha=\sqrt{2x-x^2}$，$\cos\beta=(1-x)$ 代入即可

(6) L 为 $x^2+y^2=4$ 的正向，则 $\oint_L(2xy\mathrm{e}^x-y)+2(x-1)\mathrm{e}^x\mathrm{d}y=\underline{4\pi}$.

解：$\oint_L(2xy\mathrm{e}^x-y)+2(x-1)\mathrm{e}^x\mathrm{d}y=\iint_D(\mathrm{e}^x(2x-2+2)-2x\mathrm{e}^x+1)\mathrm{d}x\mathrm{d}y=\iint_D\mathrm{d}x\mathrm{d}y=4\pi$

(7) Σ 为 $x^2+y^2+z^2=R^2$ 的外侧，则 $I=\oiint_\Sigma\sqrt{x^2+y^2+z^2}(x\mathrm{d}y\mathrm{d}z+y\mathrm{d}z\mathrm{d}x+z\mathrm{d}x\mathrm{d}y)=$ _____.

解：$I=\oiint_\Sigma\sqrt{x^2+y^2+z^2}(x\mathrm{d}y\mathrm{d}z+y\mathrm{d}z\mathrm{d}x+z\mathrm{d}x\mathrm{d}y)=R\iiint_\Omega 3\mathrm{d}v=\dfrac{3R\cdot 4\pi R^3}{3}=4\pi R^4$

二、计算题

(1) L 为正半圆周 $x=a\cos t,y=a\sin t(0\leqslant t\leqslant\pi)$ 的正向，计算 $\displaystyle\int_L\dfrac{y^2\mathrm{d}x-x^2\mathrm{d}y}{x^2+y^2}$.

解：$\displaystyle\int_L\dfrac{y^2\mathrm{d}x-x^2\mathrm{d}y}{x^2+y^2}=\int_0^\pi\dfrac{a^2\sin^2t(-a\sin t)-a\cos^2t\cdot a\cos t}{a^2}\mathrm{d}t=$

$-a\displaystyle\int_0^\pi\sin^3t\mathrm{d}t-a\int_0^\pi\cos^3t\mathrm{d}t=a\int_{-1}^1(u^2-1)\mathrm{d}u+0=-\dfrac{4a}{3}$

(2) 利用格林公式计算积分 $\displaystyle\int_L(\mathrm{e}^x\sin y-my)\mathrm{d}x+(\mathrm{e}^x\cos y-m)\mathrm{d}y$，$L:x^2+y^2=ax$. L 由点 $(a,0)$ 到点 $(0,0)$ 的上半圆周 $x^2+y^2=ax$.

解：设 $\Gamma=L+l$，其中 $l:y=0$ 由点 $(0,0)$ 到点 $(a,0)$ 的上半圆周 $x^2+y^2=ax$.

$\displaystyle\int_l(\mathrm{e}^x\sin y-my)\mathrm{d}x+(\mathrm{e}^x\cos y-m)\mathrm{d}y=0$

$\displaystyle\int_\Gamma(\mathrm{e}^x\sin y-my)\mathrm{d}x+(\mathrm{e}^x\cos y-m)\mathrm{d}y=\iint_D(\mathrm{e}^x\cos y-\mathrm{e}^x\cos y+m)\mathrm{d}x\mathrm{d}y=$

$\displaystyle\iint_D m\mathrm{d}x\mathrm{d}y=\dfrac{m\pi a^2}{8}$

(3) Σ 为锥面 $z=\sqrt{x^2+y^2}$ 被圆柱面 $x^2+y^2=2ax$ 所截得有限部分，计算 $\displaystyle\iint_\Sigma(xy+yz+zx)\mathrm{d}s$.

解：由于积分区域关于 $y=0$ 对称，所以 $\displaystyle\iint_\Sigma(xy+yz+zx)\mathrm{d}s=\iint_\Sigma zx\mathrm{d}s=$

$\sqrt{2}\displaystyle\iint_D x\sqrt{x^2+y^2}\mathrm{d}x\mathrm{d}y=\sqrt{2}\int_{-\frac{\pi}{2}}^{\frac{\pi}{2}}\mathrm{d}\theta\int_0^{2a\cos\theta}r^3\cos\theta\mathrm{d}r=2\sqrt{2}\times\dfrac{16a^4}{4}\times\dfrac{4!!}{5!!}=\dfrac{64\sqrt{2}a^4}{15}$

(4) $\displaystyle\iint_\Sigma zx^2\mathrm{d}x\mathrm{d}y$，其中 Σ 为柱面 $x^2+y^2=1$. 平面 $z=0$ 与旋转抛物面 $z=2-x^2-y^2$ 所

围立体的外表面.

解:$\iint\limits_{\Sigma}zx^2\mathrm{d}x\mathrm{d}y = \iiint\limits_{\Omega}x^2\mathrm{d}v = \int_0^{2\pi}\cos^2\theta\mathrm{d}\theta\int_0^1 r^3\mathrm{d}r\int_0^{2-r^2}\mathrm{d}z =$
$\int_0^{2\pi}\frac{1+\cos2\theta}{2}\mathrm{d}\theta\int_0^1(2r^3-r^5)\mathrm{d}r = \pi\left(\frac{1}{2}-\frac{1}{6}\right) = \frac{\pi}{3}$

(5) $\iint\limits_{\Sigma}(6x+4y+3z)\mathrm{d}x\mathrm{d}z$,其中 Σ 为柱面 $\frac{x}{2}+\frac{y}{3}+\frac{z}{4}=1$,在第一象限部分取上侧.

解:$\iint\limits_{\Sigma}(6x+4y+3z)\mathrm{d}x\mathrm{d}z = \iint\limits_{D_{xz}}(6x+3z+12-6x-3z)\mathrm{d}x\mathrm{d}z =$
$12\iint\limits_{D_{xz}}\mathrm{d}x\mathrm{d}z = 12\times\frac{1}{2}\times2\times4 = 48$

(6) $\iint\limits_{\Sigma}xz\mathrm{d}y\mathrm{d}z + z^2\mathrm{d}z\mathrm{d}x + xyz\mathrm{d}x\mathrm{d}y$,其中 Σ 为柱面 $x^2+z^2=a^2$ 在 $x\geqslant 0$,被 $y=0$,$y=h(h>0)$ 截下部分的外侧.

解:$\sigma: x=0$ 取外侧,于是 $\iint\limits_{\sigma}xz\mathrm{d}y\mathrm{d}z + z^2\mathrm{d}z\mathrm{d}x + xyz\mathrm{d}x\mathrm{d}y = 0$

由高斯公式 $\iint\limits_{\Sigma+\sigma}xz\mathrm{d}y\mathrm{d}z + z^2\mathrm{d}z\mathrm{d}x + xyz\mathrm{d}x\mathrm{d}y = \iiint\limits_{\Omega}[z+xy]\mathrm{d}v = \iiint\limits_{\Omega}xy\mathrm{d}v$

由积分区域关于 $z=0$ 对称,$\iiint\limits_{\Omega}z\mathrm{d}v = 0$

于是原式 $= 2\int_0^{\frac{\pi}{2}}\cos\theta\mathrm{d}\theta\int_0^a r^2\mathrm{d}r\int_0^h y\mathrm{d}y = 2\times\frac{a^3}{3}\times\frac{h^2}{2} = \frac{h^2 a^3}{3}$

(7) $\iint\limits_{\Sigma}y\mathrm{d}y\mathrm{d}z - x\mathrm{d}z\mathrm{d}x + z^2\mathrm{d}x\mathrm{d}y$,其中 Σ 为锥面 $z=\sqrt{x^2+y^2}$ 被 $z=1$,$z=2$ 截下部分的外侧.

解:$\iint\limits_{\Sigma}y\mathrm{d}y\mathrm{d}z - x\mathrm{d}z\mathrm{d}x + z^2\mathrm{d}x\mathrm{d}y = 2\iint\limits_{D_{yz}}y\mathrm{d}y\mathrm{d}z - 2\iint\limits_{D_{zx}}x\mathrm{d}z\mathrm{d}x + \iint\limits_{\Sigma}z^2\mathrm{d}x\mathrm{d}y =$
$2\int_1^2\mathrm{d}z\int_0^z y\mathrm{d}y - 2\int_1^2\mathrm{d}z\int_0^z x\mathrm{d}x + \iint\limits_{D_{xy}}(x^2+y^2)(-\mathrm{d}x\mathrm{d}y) =$
$-\int_0^{2\pi}\mathrm{d}\theta\int_1^2 r^3\mathrm{d}r = -2\pi\times\frac{15}{4} = -\frac{15\pi}{2}$

(8) $\iint\limits_{\Sigma}x\mathrm{d}y\mathrm{d}z + y\mathrm{d}z\mathrm{d}x + z\mathrm{d}x\mathrm{d}y$,其中 Σ 为 $A(1,0,0)$,$B\left(0,\frac{1}{2},0\right)$,$C(0,0,1)$ 为顶点的三角形的上侧.

解:设 $\sigma_1: z=0$ 取下侧,$\sigma_2: x=0$ 取外侧,$\sigma_3: y=0$,取外侧

于是 $\Sigma+\sigma_1+\sigma_2+\sigma_3$ 构成四面体的外侧

由高斯公式 $\iint\limits_{\Sigma}x\mathrm{d}y\mathrm{d}z + y\mathrm{d}z\mathrm{d}x + z\mathrm{d}x\mathrm{d}y = 3\iiint\limits_{\Omega}\mathrm{d}v = 3\times\frac{1}{6}\times1\times\frac{1}{2}\times1 = \frac{1}{4}$

$\iint\limits_{\sigma_1}x\mathrm{d}y\mathrm{d}z + y\mathrm{d}z\mathrm{d}x + z\mathrm{d}x\mathrm{d}y = 0$,$\iint\limits_{\sigma_2}x\mathrm{d}y\mathrm{d}z + y\mathrm{d}z\mathrm{d}x + z\mathrm{d}x\mathrm{d}y = 0$

$$\iint\limits_{\sigma_3} x\mathrm{d}y\mathrm{d}z + y\mathrm{d}z\mathrm{d}x + z\mathrm{d}x\mathrm{d}y = 0$$

所以原式 $= \dfrac{1}{4}$

(9) $\iint\limits_{\Sigma} x\mathrm{d}y\mathrm{d}z + y\mathrm{d}z\mathrm{d}x + (z^2 - 2z)\mathrm{d}x\mathrm{d}y$,其中 Σ 为锥面 $z = \sqrt{x^2+y^2}$ 被 $z=0, z=1$ 截下部分的外侧.

解:$\sigma: z=1$ 取上

于是 $\iint\limits_{z=1} x\mathrm{d}y\mathrm{d}z + y\mathrm{d}z\mathrm{d}x + (z^2 - 2z)\mathrm{d}x\mathrm{d}y = -\iint\limits_{z=1} \mathrm{d}x\mathrm{d}y = -\pi$

$$\iint\limits_{\Sigma+\sigma} x\mathrm{d}y\mathrm{d}z + y\mathrm{d}z\mathrm{d}x + (z^2 - 2z)\mathrm{d}x\mathrm{d}y = \iiint\limits_{\Omega} (1+1+2z-2)\mathrm{d}v =$$

$$2\iiint\limits_{\Omega} z\mathrm{d}v = 2\int_0^{2\pi}\mathrm{d}\theta\int_0^1 r\mathrm{d}r\int_r^1 z\mathrm{d}z = \int_0^{2\pi}\mathrm{d}\theta\int_0^1 (r-r^3)\mathrm{d}r = 2\pi\times\left(\dfrac{1}{2}-\dfrac{1}{4}\right) = \dfrac{\pi}{2}$$

所以 $\iint\limits_{\Sigma} x\mathrm{d}y\mathrm{d}z + y\mathrm{d}z\mathrm{d}x + (z^2-2z)\mathrm{d}x\mathrm{d}y = \dfrac{\pi}{2} + \pi = \dfrac{3\pi}{2}$

(10) 计算 $\iint\limits_{\Sigma} \dfrac{xy^2\mathrm{d}y\mathrm{d}z + \mathrm{e}^x\sin x\mathrm{d}z\mathrm{d}x + x^2z\mathrm{d}x\mathrm{d}y}{x^2+y^2}$,其中 Σ 为柱面 $x^2+y^2=4(0\leqslant z\leqslant 2)$ 的外侧.

解:由于 $x^2+y^2=4$,所以先对被积式处理为

$$\iint\limits_{\Sigma} \dfrac{xy^2\mathrm{d}y\mathrm{d}z + \mathrm{e}^x\sin x\mathrm{d}z\mathrm{d}x + x^2z\mathrm{d}x\mathrm{d}y}{x^2+y^2} = \dfrac{1}{4}\iint\limits_{\Sigma} xy^2\mathrm{d}y\mathrm{d}z + \mathrm{e}^x\sin x\mathrm{d}z\mathrm{d}x + zx^2\mathrm{d}x\mathrm{d}y$$

对 Σ 加盖 $\sigma_1, z=2$ 取上侧,加底 $\sigma_2, z=0$,取下侧

$$\dfrac{1}{4}\iint\limits_{\Sigma+\sigma_1+\sigma_2} xy^2\mathrm{d}y\mathrm{d}z + \mathrm{e}^x\sin x\mathrm{d}z\mathrm{d}x + zx^2\mathrm{d}x\mathrm{d}y = \dfrac{1}{4}\iiint\limits_{\Omega} (y^2+x^2)\mathrm{d}x\mathrm{d}y\mathrm{d}z =$$

$$\dfrac{1}{4}\int_0^{2\pi}\mathrm{d}\theta\int_0^2 r^3\mathrm{d}r\int_0^2\mathrm{d}z = \dfrac{1}{2}\pi\times\dfrac{16}{4}\times 2 = 4\pi$$

$$\iint\limits_{\sigma_1} \dfrac{x^2z\mathrm{d}x\mathrm{d}y}{x^2+y^2} = \dfrac{1}{2}\iint\limits_{\sigma_1} x^2\mathrm{d}x\mathrm{d}y = \dfrac{1}{2}\int_0^{2\pi}\cos^2\theta\mathrm{d}\theta\int_0^2 r^3\mathrm{d}r = \dfrac{1}{4}\int_0^{2\pi}(1+\cos 2\theta)\mathrm{d}\theta\times\dfrac{16}{4} = 2\pi$$

$$\dfrac{1}{4}\iint\limits_{z=0} x^2 z\mathrm{d}x\mathrm{d}y = 0$$

所以原式 $= 4\pi - 2\pi = 2\pi$

(11) 计算 $\iint\limits_{\Sigma} (x^3 + \mathrm{e}^{y^2})\mathrm{d}y\mathrm{d}z + y^3\mathrm{d}z\mathrm{d}x + \left(z^3 + \dfrac{6}{5}\right)\mathrm{d}x\mathrm{d}y$,其中 Σ 为 $x^2+y^2+z^2=1(0\leqslant z)$ 的外侧.

解:加底面 $z=0$,取外侧

$$\iint\limits_{z=0} (x^3+\mathrm{e}^{y^2})\mathrm{d}y\mathrm{d}z + y^3\mathrm{d}z\mathrm{d}x + \left(z^3+\dfrac{6}{5}\right)\mathrm{d}x\mathrm{d}y = \iint\limits_{D}\dfrac{6}{5}(-\mathrm{d}x\mathrm{d}y) = -\dfrac{6}{5}\pi$$

由高斯公式有

$$\iint\limits_{\Sigma+\sigma}(x^3+e^{y^2})dydz+y^3dzdx+\left(z^3+\frac{6}{5}\right)dxdy=3\iiint\limits_{\Omega}(x^2+y^2+z^2)dv=$$

$$3\int_0^{2\pi}d\theta\int_0^{\frac{\pi}{2}}\sin\varphi\int_0^1 r^4 dr=\frac{6\pi}{5}$$

所以 $\iint\limits_{\Sigma}(x^3+e^{y^2})dydz+y^3dzdx+\left(z^3+\frac{6}{5}\right)dxdy=\frac{6\pi}{5}-\left(-\frac{6\pi}{5}\right)=\frac{12\pi}{5}$

(12) 求曲线积分 $I=\oint_L (x+y)dx+(3x+y)dy+zdz$, 其中 L 为闭曲线 $x=a\sin^2 t$, $y=2a\cos t\sin t, z=a\cos^2 t(0\leqslant t\leqslant 2\pi)$.

解:给定的封闭曲线是 $\begin{cases} y=2\sqrt{zx} \\ x+z=a \end{cases}$ 在平面 $x+z=a$ 内的一个椭圆投影到 $z=0$ 内就是 $\frac{y^2}{a^2}+\frac{\left(x-\frac{a}{2}\right)^2}{\frac{a^2}{4}}=1$, 面积为 $\frac{\pi}{2}a^2$, 由参数方程可知椭圆走向为顺时针方向

由斯托克斯公式得

$$I=\oint_L(x+y)dx+(3x+y)dy+zdz=-\iint\limits_{\Sigma}\begin{vmatrix} dydz & dzdx & dxdy \\ \frac{\partial}{\partial x} & \frac{\partial}{\partial y} & \frac{\partial}{\partial z} \\ x+y & 3x+y & z \end{vmatrix}=$$

$$-\iint\limits_{\Sigma}0dydz+0dzdx+2dxdy=-\iint\limits_D 2dxdy=-\pi a^2$$

第 13 章

13.1

1.用部分和判定下列级数的敛散性.

(1) $\sum\limits_{N=1}^{\infty}n$; (2) $\sum\limits_{N=1}^{\infty}\frac{1}{(2n-1)(2n+1)}$; (3) $\sum\limits_{N=1}^{\infty}\sqrt{n+1}-\sqrt{n}$.

解:当 $n\to\infty$:

(1) $s_n=1+2+\cdots+n=\frac{n(n+1)}{2}\to\infty(n\to\infty)$, 发散

(2) $s_n=\frac{1}{2}\left(\frac{1}{1}-\frac{1}{3}+\frac{1}{3}-\frac{1}{5}+\cdots+\frac{1}{2n-1}-\frac{1}{2n+1}\right)=\frac{1}{2}-\frac{1}{2(2n+1)}\to\frac{1}{2}$, 收敛

(3) $s_n=\sqrt{2}-1+\sqrt{3}-\sqrt{2}+\cdots+\sqrt{n+1}-\sqrt{n}=\sqrt{n+1}-1\to\infty$, 发散

2.判定下列级数的敛散性.

(1) $\sum\limits_{n=1}^{\infty}(-1)^n\left(\frac{8}{9}\right)^n$, 等比级数,公比 $|q|=\frac{8}{9}<1$, 收敛

(2) $\sum\limits_{n=1}^{\infty}\left(\frac{1}{2^n}+\frac{1}{3^n}\right)$ 两个收敛的级数之和,收敛

(3) $\sum_{n=1}^{\infty} \left(\frac{3}{2}\right)^n$,等比级数,公比 $q = \frac{3}{2} > 1$,发散

(4) $\sum_{n=1}^{\infty} \frac{1}{\sqrt[n]{3}}$, $\lim_{n \to \infty} a_n = 1$,发散

13.2

1.用比较审敛法判定下列级数的敛散性.

(1) $\sum_{n=1}^{\infty} \frac{10n+1}{1+n^3}$,由于 $\sum_{n=1}^{\infty} \frac{1}{n^2}$ 收敛,而 $\lim_{n \to \infty} \frac{10n+1}{1+n^3} \cdot \frac{n^2}{1} = 10$,所以给定的级数收敛

(2) $\sum_{n=1}^{\infty} \frac{1}{2n-1}$,由于 $\sum_{n=1}^{\infty} \frac{1}{n}$ 发散,而 $\lim_{n \to \infty} \frac{1}{2n-1} \cdot \frac{n}{1} = \frac{1}{2}$,所以给定的级数发散

(3) $\sum_{n=1}^{\infty} \sin \frac{\pi}{4^n}$,由于 $\sum_{n=1}^{\infty} \frac{\pi}{4^n}$ 收敛,而 $\lim_{n \to \infty} \sin \frac{\pi}{4^n} \cdot \frac{4^n}{\pi} = 1$,所以给定的级数收敛

(4) $\sum_{n=1}^{\infty} \frac{n+1}{n^2+1}$,由于 $\sum_{n=1}^{\infty} \frac{1}{n}$ 发散,而 $\lim_{n \to \infty} \frac{n+1}{n^2+1} \cdot \frac{n}{1} = 1$,所以给定的级数发散

(5) $\sum_{n=1}^{\infty} \tan \frac{1}{n^2}$,由于 $\sum_{n=1}^{\infty} \frac{1}{n^2}$ 收敛,而 $\lim_{n \to \infty} \tan \frac{1}{n^2} \cdot \frac{n^2}{1} = 1$,所以给定的级数收敛

(6) $\sum_{n=1}^{\infty} \sin \frac{1}{\sqrt{n}}$,由于 $\sum_{n=1}^{\infty} \frac{1}{\sqrt{n}}$ 发散,而 $\lim_{n \to \infty} \sin \frac{1}{\sqrt{n}} \cdot \frac{\sqrt{n}}{1} = 1$,所以给定的级数发散

2.用比值审敛法判定下列级数的敛散性.

(1) $\sum_{n=1}^{\infty} \frac{n^2}{2^n}$,由于 $\lim_{n \to \infty} \frac{a_{n+1}}{a_n} = \frac{1}{2} < 1$,所以给定的级数收敛

(2) $\sum_{n=1}^{\infty} \frac{n!}{n^n}$,由于 $\lim_{n \to \infty} \frac{a_{n+1}}{a_n} = \frac{1}{e} < 1$,所以给定的级数收敛

(3) $\sum_{n=1}^{\infty} n \sin \frac{\pi}{2^n}$,由于 $\lim_{n \to \infty} \frac{a_{n+1}}{a_n} = \frac{1}{2} < 1$,所以给定的级数收敛

(4) $\sum_{n=1}^{\infty} \frac{1}{n} \left(\frac{4}{3}\right)^n$,由于 $\lim_{n \to \infty} \frac{a_{n+1}}{a_n} = \frac{4}{3} > 1$,所以给定的级数发散

(5) $\sum_{n=1}^{\infty} 2^n \sin \frac{\pi}{4^n}$,由于 $\lim_{n \to \infty} \frac{a_{n+1}}{a_n} = \frac{2}{4} < 1$,所以给定的级数收敛

3.用根值法判定下列级数的敛散性.

(1) $\sum_{n=1}^{\infty} \frac{n}{(\ln(n+1))^n}$,由于 $\lim_{n \to \infty} \sqrt[n]{|a_n|} = 0 < 1$,所以给定的级数收敛

(2) $\sum_{n=1}^{\infty} \left(\frac{2n+1}{3n+1}\right)^n$,由于 $\lim_{n \to \infty} \sqrt[n]{|a_n|} = \frac{2}{3} < 1$,所以给定的级数收敛

(3) $\sum_{n=1}^{\infty} \left(\frac{n}{5n+1}\right)^{3n-1}$,由于 $\lim_{n \to \infty} \sqrt[3n-1]{|a_n|} = \frac{1}{5} < 1$,所以给定的级数收敛

(4) $\sum_{n=1}^{\infty} \left(\frac{b_n}{a_n}\right)^n$,由于 $\lim_{n \to \infty} \sqrt[n]{\left(\frac{b}{a}\right)^n} = \frac{b}{a} = \begin{cases} < 1, a > b \\ > 1, a < b \\ = 1, a = b \end{cases}$

所以当 $a>b$ 给定的级数收敛;当 $a<b$ 给定的级数发散;当 $a=b$ 给定,级数的敛散性无法判定.

4.判定下列奇数的敛散性,如果收敛,是绝对收敛还是条件收敛.

(1) $\sum_{n=1}^{\infty} \frac{(-1)^n}{\ln n}$,由于 $\frac{1}{\ln n} > \frac{1}{\ln(n+1)} \to 0$ 由莱布尼茨判定法知级数收敛,而 $\sum_{n=1}^{\infty} \frac{1}{\ln n}$ 发散(这是因为 $\lim_{n\to\infty} \frac{1}{\ln n} \cdot \frac{n}{1} = +\infty$),所以级数 $\sum_{n=1}^{\infty} \frac{(-1)^n}{\ln n}$ 是条件收敛

(2) $\sum_{n=1}^{\infty} \frac{(-1)^n n}{2^n}$,由于 $\sum_{n=1}^{\infty} \frac{n}{2^n}$ 收敛,所以 $\sum_{n=1}^{\infty} \frac{(-1)^n n}{2^n}$ 绝对收敛

(3) $\sum_{n=1}^{\infty} (-1)^n \tan \frac{1}{n^p}$. 该级数的敛散性等价与 $\sum (-1) \frac{1}{n^p}$,这是由于 $\tan \frac{1}{n^p}$ 与 $\frac{1}{n^p}$ 在 $n \to \infty$ 时是等价无穷小,所以当 $0 < p \leq 1$,条件收敛,当 $p > 1$ 时,绝对收敛,当 $p \leq 0$ 时,发散

(4) $\sum_{n=1}^{\infty} (-1)^n \frac{2^{n^2}}{n!}$. 由于 $\lim_{n\to\infty} \frac{2^{n^2}}{n!} = +\infty$,所以级数发散

5.设 $a_n \leq c_n \leq b_n$, $n=1,2,3,\cdots$,并设 $\sum_{n=1}^{\infty} a_n$, $\sum_{n=1}^{\infty} b_n$ 均收敛,证明 $\sum_{n=1}^{\infty} c_n$ 收敛.

证明:由于 $a_n \leq c_n \leq b_n$,所以 $0 \leq c_n - a_n \leq b_n - a_n$,而 $\sum_{n=1}^{\infty} a_n$, $\sum_{n=1}^{\infty} b_n$ 均收敛,所以正项级 $\sum_{n=1}^{\infty} (b_n - a_n)$ 收敛,根据正项级数的比较判定法,可知正项级数 $\sum_{n=1}^{\infty} (c_n - a_n)$ 收敛 所以 $\sum_{n=1}^{\infty} ((c_n - a_n) + a_n)$ 收敛,即 $\sum_{n=1}^{\infty} c_n$ 收敛

6.证明 $\lim_{n\to\infty} \frac{n^n}{(n!)^2} = 0$.

证明:只需证明级数 $\sum_{n=0}^{\infty} \frac{n^n}{(n!)^2}$ 收敛

由于 $\lim_{n\to\infty} \frac{a_{n+1}}{a_n} = \lim_{n\to\infty} \frac{(n+1)^{n+1}}{(n+1)!(n+1)!} \cdot \frac{n!\, n!}{n^n} = \lim_{n\to\infty} \frac{e}{n+1} = 0 < 1$,所以给定的级数收敛;所以 $\lim_{n\to\infty} \frac{n^n}{(n!)^2} = 0$

13.3

1.(1) $R = \lim_{n\to\infty} |\frac{a_n}{a_{n+1}}| = \lim_{n\to\infty} \frac{n}{n+1} = 1$,收敛区间为 $(-1,1)$

(2) $R = \lim_{n\to\infty} |\frac{a_n}{a_{n+1}}| = \lim_{n\to\infty} \frac{(n+1)3^{n+1}}{n3^n} = 3$,收敛区间为 $(-3,3)$

(3) $R = \lim_{n\to\infty} |\frac{a_n}{a_{n+1}}| = \lim_{n\to\infty} \frac{2^n}{n^2+1} \cdot \frac{(n+1)^2+1}{2^{n+1}} = \frac{1}{2}$,收敛区间为 $\left(-\frac{1}{2}, \frac{1}{2}\right)$

(4) $R = \lim_{n\to\infty} |\frac{u_{n+1}}{u_n}| = \lim_{n\to\infty} |\frac{x^{2(n+1)+1}}{2(n+1)+1} \cdot \frac{2n+1}{x^{2n+1}}| = \lim_{n\to\infty} |x^2| < 1$,从而 $|x| < 1$,收敛

区间为$(-1,1)$

(5) 令$t=x-5$,原级数变为$\sum_{n=1}^{\infty}\frac{t^n}{n}$,收敛区间为$(-1,1)$,故原级数的收敛区间为$(4,6)$

2.解:$R=\lim_{n\to\infty}\left|\frac{a_n}{a_{n+1}}\right|=\lim_{n\to\infty}\frac{n(n-1)\cdot 2^{n+1}}{2^n\cdot n(n+1)}=\lim_{n\to\infty}\frac{n-1}{(n+1)}\cdot 2=2$

当$x=-2$时,原级数变为$\sum_{n=1}^{\infty}n(n-1)(-1)^n$,发散

当$x=2$时,原级数变为$\sum_{n=1}^{\infty}n(n-1)$,发散

所以收敛域为$(-2,2)$

3.解:$R=\lim_{n\to\infty}\left|\frac{u_{n+1}}{u_n}\right|=\lim_{n\to\infty}\left|\frac{x^{2(n+1)-1}}{2(n+1)-1}\frac{2n-1}{x^{2n-1}}\right|=|x^2|<1$

收敛半径为1,当$x=-1$时,原级数变为$\sum_{n=1}^{\infty}\frac{(-1)^{2n-1}}{2n-1}$,发散

当$x=1$时,原级数变为$\sum_{n=1}^{\infty}\frac{1}{2n-1}$,发散

所以收敛域为$(-1,1)$

令$\sum_{n=1}^{\infty}\frac{1}{2n-1}x^{2n-1}=s(x),x\in(-1,1)$

两边求导得$s'(x)=\sum_{n=1}^{\infty}x^{2n-2}=\frac{1}{1-x^2}$,两边积分得

$s(x)-s(0)=\int_0^x\frac{1}{1-x^2}\mathrm{d}x=\frac{1}{2}\ln\frac{1+x}{1-x},s(0)=0$

故$\sum_{n=1}^{\infty}\frac{1}{2n-1}x^{2n-1}$的和函数为$\frac{1}{2}\ln\frac{1+x}{1-x},x\in(-1,1)$

13.4

1.解:$f(x)=\frac{1}{(x+1)(x+2)}=\frac{1}{x+1}-\frac{1}{x+2}=\frac{1}{2+x-1}-\frac{1}{3+x-1}=$

$\frac{1}{2}\frac{1}{1+\frac{x-1}{2}}-\frac{1}{3}\frac{1}{1+\frac{x-1}{3}}=$

$\frac{1}{2}\sum_{n=0}^{\infty}(-1)^n\left(\frac{x-1}{2}\right)^n-\frac{1}{3}\sum_{n=0}^{\infty}(-1)^n\left(\frac{x-1}{3}\right)^n$

$\left(\left|\frac{x-1}{2}\right|<1,\left|\frac{x-1}{3}\right|<1\right)=\sum_{n=0}^{\infty}(-1)^n\left(\frac{1}{2^{n+1}}-\frac{1}{3^{n+1}}\right)(x-1)^n,x\in(-1,3)$

2.解:$f(x)=\ln(1-x)(2+3x)=\ln(1-x)+\ln(2+3x)=$

$\ln 2+\ln(1-x)+\ln\left(1+\frac{3}{2}x\right)=$

$\ln 2+\sum_{n=0}^{\infty}\frac{(-1)^n}{n+1}(-x)^{n+1}+\sum_{n=0}^{\infty}\frac{(-1)^n}{n+1}\left(\frac{3}{2}x\right)^{n+1},-1<\frac{3}{2}x<1=$

$$\ln 2 - \sum_{n=0}^{\infty} \frac{1}{n+1} x^{n+1} + \sum_{n=0}^{\infty} \frac{(-1)^n}{n+1} \left(\frac{3}{2}x\right)^{n+1}, -\frac{2}{3} < x \leqslant \frac{2}{3}$$

3. 解: $f(x) = \dfrac{1}{1-2x} - \dfrac{1}{1-x} = \sum_{n=0}^{\infty}(2x)^n - \sum_{n=0}^{\infty} x^n = \sum_{n=0}^{\infty}(2^n-1)x^n$,其中 $|2x|<1$, $|x|<\dfrac{1}{2}$.

4. 解: $f'(x) = \dfrac{1}{\sqrt{1-x^2}} = (1-x^2)^{-\frac{1}{2}} =$

$$1 - \frac{1}{2}(-x^2) + \frac{\left(-\frac{1}{2}\right)\left(-\frac{3}{2}\right)}{2!}(-x^2)^2 + \cdots +$$

$$\frac{\left(-\frac{1}{2}\right)\left(-\frac{3}{2}\right)\cdots\left(-\frac{1}{2}+1-n\right)}{2!}(-x^2)^n + \cdots =$$

$$1 + \frac{1}{2}x^2 + \frac{1\cdot 3}{2!\cdot 2^2}x^4 + \cdots + \frac{1\cdot 3\cdot\cdots\cdot(2n-1)}{n!\cdot 2^n}x^{2n}+\cdots$$

两边积分得

$$f(x) = x + \frac{1}{2}\cdot\frac{x^3}{3} + \frac{1\cdot 3}{2!\,2^2}\frac{x^5}{5} + \frac{1\cdot 3\cdot 5}{3!\,2^3}\frac{x^7}{7} + \cdots + \frac{1\cdot 3\cdot 5\cdot\cdots}{n!\,2^n}\frac{x^{2n+1}}{2n+1}$$

其中 $|x|<1, f(0)=0$

5. 解: $f'(x) = \dfrac{1}{x+\sqrt{1+x^2}}\left(1+\dfrac{x}{\sqrt{1+x^2}}\right) = (1+x^2)^{-\frac{1}{2}} =$

$$1 - \frac{1}{2}x^2 + \frac{\left(-\frac{1}{2}\right)\left(-\frac{3}{2}\right)}{2!}x^4 + \frac{\left(-\frac{1}{2}\right)\left(-\frac{3}{2}\right)\left(-\frac{5}{2}\right)}{3!}x^6 + \cdots =$$

$$1 - \frac{1}{2}x^2 + \frac{1\cdot 3}{2!\cdot 2^2}x^4 - \frac{1\cdot 3\cdot 5}{3!\cdot 2^3}x^6 + \cdots$$

两边积分得 $f(x) = x - \dfrac{1}{2}\dfrac{1}{3}x^3 + \dfrac{1\cdot 3}{2!\,2^2}\dfrac{x^5}{5} - \dfrac{1\cdot 3\cdot 5}{3!\,2^3}\dfrac{x^7}{7} + \cdots, |x|<1$

6. 解: $f(x) = (1+(x+1))^{-2} =$

$$1 - 2(x+1) + \frac{(-2)(-3)}{2!}(x+1)^2 + \frac{(-2)(-3)(-4)}{3!}(x+1)^3 + \cdots =$$

$$1 - 2(x+1) + \frac{2\cdot 3}{2!}(x+1)^2 - \frac{2\cdot 3\cdot 4}{3!}(x+1)^3 + \cdots =$$

$$1 - 2(x+1) + 3(x+1)^2 - 4(x+1)^3 + \cdots =$$

$$\sum_{n=0}^{\infty}(-1)^n(n+1)(x+1)^n$$

7. 解: $f(x) = \cos\left(\left(x+\dfrac{\pi}{3}\right)-\dfrac{\pi}{3}\right) = \dfrac{1}{2}\cos\left(x+\dfrac{\pi}{3}\right) + \dfrac{\sqrt{3}}{2}\sin\left(x+\dfrac{\pi}{3}\right) =$

$$\frac{1}{2}\sum_{n=0}^{\infty}\frac{(-1)^n}{(2n)!}\left(x+\frac{\pi}{3}\right)^{2n} + \frac{\sqrt{3}}{2}\sum_{n=0}^{\infty}\frac{(-1)^n}{(2n+1)!}\left(x+\frac{\pi}{3}\right)^{2n+1} =$$

$$\frac{1}{2}\sum_{n=0}^{\infty}(-1)^n\left[\frac{\left(x+\frac{\pi}{3}\right)^{2n}}{(2n)!}+\sqrt{3}\frac{\left(x+\frac{\pi}{3}\right)^{2n+1}}{(2n+1)!}\right], x\in(-\infty,+\infty)$$

8. 解：$f(x)=\dfrac{1}{3+x-3}=\dfrac{1}{3}\dfrac{1}{1+\dfrac{x-3}{3}}=\dfrac{1}{3}\sum_{n=0}^{\infty}(-1)^n\left(\dfrac{x-3}{3}\right)^n=\sum_{n=0}^{\infty}(-1)^n\cdot\dfrac{(x-3)^n}{3^{n+1}}$

其中 $|\dfrac{x-3}{3}|<1\Rightarrow x\in(0,6)$

9. 解：$f(x)=\dfrac{1}{x+1}-\dfrac{1}{x+2}=\dfrac{1}{-3+x+4}-\dfrac{1}{-2+x+4}=$

$\dfrac{1}{2}\dfrac{1}{1+\dfrac{x+4}{2}}-\dfrac{1}{3}\dfrac{1}{1+\dfrac{x+4}{3}}=\dfrac{1}{2}\sum_{n=0}^{\infty}\left(\dfrac{x+4}{2}\right)^n-\dfrac{1}{3}\sum_{n=0}^{\infty}\left(\dfrac{x+4}{3}\right)^n=$

$\sum_{n=0}^{\infty}\left(\dfrac{1}{2^{n+1}}-\dfrac{1}{3^{n+1}}\right)(x+4)^n, x\in(-6,-2)$

10. 解：$f'(x)=\ln(1+x)+1=\sum_{n=1}^{\infty}(-1)^{n-1}\dfrac{x^n}{n}+1, f(0)=0$

两边积分得 $f(x)=x+\sum_{n=1}^{\infty}(-1)^{n-1}\dfrac{x^{n+1}}{n(n+1)}, x\in(-1,1]$

11. 解：$e^x=\sum_{n=0}^{\infty}\dfrac{x^n}{n!}$，取 $x=\dfrac{1}{2}$，得

$$\sqrt{e}=1+\dfrac{1}{2}+\dfrac{1}{2!}\cdot\dfrac{1}{2^2}+\dfrac{1}{3!}\cdot\dfrac{1}{2^3}+\dfrac{1}{4!}\cdot\dfrac{1}{2^4}+\dfrac{1}{5!}\cdot\dfrac{1}{2^5}+\cdots$$

$$|r_4|=\dfrac{1}{5!}\cdot\dfrac{1}{2^5}+\dfrac{1}{6!}\cdot\dfrac{1}{2^6}+\dfrac{1}{7!}\cdot\dfrac{1}{2^7}+\cdots\leqslant\dfrac{1}{5!}\left(\dfrac{1}{2^5}+\dfrac{1}{2^6}+\dfrac{1}{2^7}+\cdots\right)\leqslant$$

$$\dfrac{1}{120}\cdot\dfrac{1}{2^5}\left(1+\dfrac{1}{2}+\dfrac{1}{2^2}+\cdots\right)=\dfrac{1}{120}\cdot\dfrac{1}{32}\cdot\dfrac{1}{1-\dfrac{1}{2}}\approx 0.000\,5$$

故取 $n=4, \sqrt{e}\approx 1+\dfrac{1}{2}+\dfrac{1}{2!}\cdot\dfrac{1}{2^2}+\dfrac{1}{3!}\cdot\dfrac{1}{2^3}+\dfrac{1}{4!}\cdot\dfrac{1}{2^4}\approx 1.648$

12. 记 $h(x)=\arctan x, h'(x)=\dfrac{1}{1+x^2}=\sum_{n=0}^{\infty}(-1)^n x^{2n}, x\in(-1,1)$

$$h(x)=h(0)+\int_0^x\dfrac{1}{1+x^2}dx=\sum_{n=0}^{\infty}\dfrac{(-1)^n}{2n+1}x^{2n+1}, x\in[-1,1]$$

$$\dfrac{\arctan x}{x}=\sum_{n=0}^{\infty}\dfrac{(-1)^n}{2n+1}x^{2n}, x\in[-1,1], x\neq 0$$

$$\int_0^{0.5}\dfrac{\arctan x}{x}dx=\sum_{n=0}^{\infty}\dfrac{(-1)^n}{2n+1}\int_0^{0.5}x^{2n}dx=\sum_{n=0}^{\infty}\dfrac{(-1)^n}{(2n+1)^2}x^{2n+1}\bigg|_0^{0.5}=$$

$$0.5-\dfrac{1}{9}\cdot 0.5^3+\dfrac{1}{5^2}\cdot 0.5^5-\dfrac{1}{7^2}\cdot 0.5^7+\cdots$$

$|r_2| \leqslant \dfrac{1}{5^2} \cdot 0.5^2$,取 $\int_0^{0.5} \dfrac{\arctan x}{x} \mathrm{d}x = 0.5 - \dfrac{1}{9} \cdot 0.5^3 = 0.487$

复习题十三

一、填空题

(1) $\sum\limits_{n=1}^{\infty} \dfrac{1}{1+2+\cdots+n} = \sum\limits_{n=1}^{\infty} \dfrac{2}{n(n+1)}, \lim\limits_{n\to\infty} \dfrac{\frac{2}{n(n+1)}}{\frac{1}{n^2}} = 2$,收敛

(2) $\lim\limits_{n\to\infty} \dfrac{n^n}{3^n n!} = 0$

$\sum\limits_{n=1}^{\infty} \dfrac{n^n}{3^n n!}, \lim\limits_{n\to\infty} \dfrac{a_{n+1}}{a_n} = \lim\limits_{n\to\infty} \dfrac{(n+1)^{n+1}}{3^{n+1}(n+1)!} \cdot \dfrac{3^n \cdot n!}{n^n} = \lim\limits_{n\to\infty} \left(1+\dfrac{1}{n}\right)^n \cdot \dfrac{1}{3} = \dfrac{\mathrm{e}}{3} < 1$,收敛

(3) $\sum\limits_{n=1}^{\infty} \left(\dfrac{1}{n^2+1}\right)^{\frac{1}{n}}$,发散

$\lim\limits_{n\to\infty} \left(\dfrac{1}{n^2+1}\right)^{\frac{1}{n}} = \lim\limits_{n\to\infty} \mathrm{e}^{\frac{1}{n}\ln\left(\frac{1}{n^2+1}\right)} = \lim\limits_{n\to\infty} \mathrm{e}^{\frac{-\ln(n^2+1)}{n}} = \lim\limits_{n\to\infty} \mathrm{e}^{\frac{-2n}{n^2+1}} = \mathrm{e}^0 = 1 \neq 0$

(4) $\sum\limits_{n=1}^{\infty} \left(\dfrac{n}{2n+1}\right)^n$,收敛. $\lim\limits_{n\to\infty} \sqrt[n]{a_n} = \lim\limits_{n\to\infty} \dfrac{n}{2n+1} = \dfrac{1}{2} < 1$

(5) $\sum\limits_{n=1}^{\infty} \dfrac{2^n}{3^{\ln n}}$,发散. $\lim\limits_{n\to\infty} \dfrac{a_{n+1}}{a_n} = \lim\limits_{n\to\infty} \dfrac{2^{n+1}}{3^{\ln(n+1)}} \cdot \dfrac{3^{\ln n}}{2^n} = \lim 2 \cdot 3^{\ln n - \ln(n+1)} = 2 \cdot 3^{\lim\limits_{n\to\infty} \ln\frac{n}{n+1}} = 2 > 1$

(6) 若 $\sum\limits_{n=1}^{\infty} 2^{-k\ln n}$ 收敛,则 $k > \dfrac{1}{\ln 2}$. $2^{\ln b} = \mathrm{e}^{\ln b \ln 2} = \mathrm{e}^{\ln b^{\ln 2}} = b^{\ln 2}$

$\sum\limits_{n=1}^{\infty} 2^{-k\ln n} = \sum\limits_{n=1}^{\infty} \dfrac{1}{2^{k\ln n}} = \sum\limits_{n=1}^{\infty} \left(\dfrac{1}{2^{\ln n}}\right)^k = \sum\limits_{n=1}^{\infty} \left(\dfrac{1}{n^{\ln 2}}\right)^k = \sum\limits_{n=1}^{\infty} \dfrac{1}{n^{k\ln 2}}$

(7) 若幂级数 $\sum\limits_{n=0}^{\infty} a_n x^n$ 在 $x=-4$ 处为条件收敛,则其收敛半径为 $R=4$

(8) 幂级数 $\sum\limits_{n=1}^{\infty} \dfrac{n}{2^n+(-3)^n} x^{2n-1}$ 的收敛半径 $R=\sqrt{3}$

$\lim\limits_{n\to\infty}\left|\dfrac{u_{n+1}}{u_n}\right| = \lim\limits_{n\to\infty}\left|\dfrac{n+1}{2^{n+1}+(-3)^{n+1}} \cdot \dfrac{2^n+(-3)^n}{n} \cdot \dfrac{x^{2(n+1)-1}}{x^{2n-1}}\right| = \lim\limits_{n\to\infty} \dfrac{1}{3} |x|^2 < 1$,故 $|x|^2 < 3, |x| < \sqrt{3}$

(9) 设幂级数 $\sum\limits_{n=0}^{\infty} a_n x^n$ 的收敛半径为 3,则幂级数 $\sum\limits_{n=2}^{\infty} n a_n (x-1)^{n+1}$ 的收敛区间为 $(-2,4)$

$\left(\sum\limits_{n=0}^{\infty} a_n x^n\right)' = \sum\limits_{n=1}^{\infty} n a_n x^{n-1}, \sum\limits_{n=2}^{\infty} n a_n (x-1)^{n+1} = x^2 \sum\limits_{n=2}^{\infty} n a_n (x-1)^{n-1}$ 向右平移一个单位,得 $\sum\limits_{n=1}^{\infty} n a_n (x-1)^{n-1}$,故 $-3 < x-1 < 3 \Rightarrow -2 < x < 4$

(10) 设 $f(x)=\begin{cases}-1,-\pi<x\leqslant 0\\1+x^2,0<x\leqslant\pi\end{cases}$,则其以 2π 为周期的傅里叶级数在 $x=\pi$ 处收敛

于 $\dfrac{f(-\pi+0)+f(\pi-0)}{2}=\dfrac{-1+1+\pi^2}{2}=\dfrac{\pi^2}{2}$

(11) 设函数 $f(x)=\pi x+x^2(-\pi<x<\pi)$ 的傅里叶级数展开式为

$\dfrac{a_0}{2}+\sum\limits_{n=1}^{\infty}(a_n\cos nx+b_n\sin nx)$ 则其中系数 b_3 的值为 $\dfrac{2}{3}\pi$

$b_3=\dfrac{1}{\pi}\int_{-\pi}^{\pi}f(x)\sin 3x\mathrm{d}x=\dfrac{1}{\pi}\int_{-\pi}^{\pi}(\pi x+x^2)\sin 3x\mathrm{d}x=$

$\dfrac{2}{\pi}\int_0^{\pi}\pi x\sin 3x\mathrm{d}x=\dfrac{-2}{3}\int_0^{\pi}x\mathrm{d}\cos 3x=$

$=-\dfrac{2}{3}\left((x\cos 3x)\big|_0^{\pi}-\int_0^{\pi}\cos 3x\mathrm{d}x\right)=\dfrac{-2}{3}\pi\cos 3\pi=\dfrac{2}{3}\pi$

二、单项选择题

(1) 解:A 错

B 错:反例为 $u_n=\sum\limits_{n=1}^{\infty}\dfrac{(-1)^n}{\sqrt{n}}$,收敛,而 $\sum\limits_{n=1}^{\infty}\dfrac{1}{\sqrt{n}}$ 发散

C 错:反例为 $\sum\limits_{n=1}^{\infty}u_n=\sum\limits_{n=1}^{\infty}\dfrac{(-1)^n}{n}$,收敛,$\sum\limits_{n=1}^{\infty}u_{2n-1}=\sum\limits_{n=1}^{\infty}\dfrac{(-1)^{2n-1}}{2n-1},u_{2n}=\sum\limits_{n=1}^{\infty}\dfrac{(-1)^{2n}}{2n}$

$\sum\limits_{n=1}^{\infty}(u_{2n-1}-u_{2n})=\sum\limits_{n=1}^{\infty}\left(-\dfrac{1}{2n-1}-\dfrac{1}{n}\right)$,发散

D:两个收敛级数的和依然收敛

(2) $u_n^2=\ln^2\left(1+\dfrac{1}{\sqrt{n}}\right)$,$\sum\limits_{n=1}^{\infty}u_n$ 收敛,而 $\sum\limits_{n=1}^{\infty}u_n^2$ 发散,故 A,B,C 不对,选 D

(3) 因为 $u_{2n-1}=\dfrac{1}{2n-1},u_{2n}=-\dfrac{1}{(2n)^p}$,而当 $p=1$ 时,级数是收敛的,当 $p\neq 1$ 时,是发散的,故 A,B,C 都不对,选择 D

(4) A 错;选 B 可以证明它是正确的

C 错.反例为 $\sum\limits_{n=1}^{\infty}a_n=\sum\limits_{n=1}^{\infty}\dfrac{(-1)^n}{n}$,收敛,$\sum\limits_{n=1}^{\infty}a_{2n-1}=\sum\limits_{n=1}^{\infty}\dfrac{(-1)^{2n-1}}{2n-1},a_{2n}=\sum\limits_{n=1}^{\infty}\dfrac{(-1)^{2n}}{2n}$,

$\sum\limits_{n=1}^{\infty}(a_{2n-1}-a_{2n})=\sum\limits_{n=1}^{\infty}\left(-\dfrac{1}{2n-1}-\dfrac{1}{n}\right)$,发散

D 错.反例为 $\sum\limits_{n=1}^{\infty}a_n=\sum\limits_{n=1}^{\infty}\dfrac{(-1)^n}{\sqrt{n}}$ 收敛,而 $a_n^2=\sum\limits_{n=1}^{\infty}\dfrac{1}{n}$,发散

(5) 解:令 $a_n=\dfrac{1}{n},b_n=-\dfrac{1}{n}$,则 $\sum\limits_{n=1}^{\infty}a_nb_n=\sum\limits_{n=1}^{\infty}\dfrac{1}{n}\left(-\dfrac{1}{n}\right)=\sum\limits_{n=1}^{\infty}\left(-\dfrac{1}{n^2}\right)$ 收敛 $p>2$,

$\sum\limits_{n=1}^{\infty}(a_n+b_n)=\sum\limits_{n=1}^{\infty}\left(\dfrac{1}{n}-\dfrac{1}{n}\right)=0$ 收敛,$\sum\limits_{n=1}^{\infty}(a_n^2+b_n^2)=\sum\limits_{n=1}^{\infty}\left(\dfrac{1}{n^2}+\dfrac{1}{(-n)^2}\right)=$

$2\sum\limits_{n=1}^{\infty}\left(\dfrac{1}{n^2}\right)$ 收敛 $p>2$,故 B,C,D 都不对,选 A

(6) 解: $\lim\limits_{n\to\infty}\dfrac{n}{u_n}=1\Rightarrow \dfrac{1}{u_n}\sim\dfrac{1}{n}(n\to\infty)$, 级数 $\sum\limits_{n=1}^{\infty}(-1)^{n+1}\left(\dfrac{1}{u_n}+\dfrac{1}{u_{n+1}}\right)\sim$
$\sum\limits_{n=1}^{\infty}(-1)^{n+1}\left(\dfrac{1}{n}+\dfrac{1}{n+1}\right)$, 级数 $\sum\limits_{n=1}^{\infty}(-1)^{n+1}\left(\dfrac{1}{n}+\dfrac{1}{n+1}\right)$ 条件收敛, 故原级数 $\sum\limits_{n=1}^{\infty}(-1)^{n+1}\left(\dfrac{1}{u_n}+\dfrac{1}{u_{n+1}}\right)$ 条件收敛, 选 C

(7) 解:选择 D. $|a_n|\leqslant b_n$, 由比较判别法可得 D 选项正确

(8) 解: $\lim\limits_{n\to\infty}\left(\dfrac{a_{n+1}}{a_n}\right)^2\left(\dfrac{b_n}{b_{n+1}}\right)^2=\dfrac{9}{5}\times\dfrac{1}{9}=\dfrac{1}{5}$, 选 A

(9) 解: $R=\lim\limits_{n\to\infty}\left|\dfrac{a_n}{a_{n+1}}\right|=\lim\limits_{n\to\infty}\dfrac{\ln(n+1)}{n+1}\dfrac{n}{\ln n}=\lim\limits_{n\to\infty}\dfrac{\ln(n+1)}{\ln n}=1$

当 $x=-1$ 时, $\sum\limits_{n=1}^{\infty}\dfrac{\ln n}{n}(-1)^n$ 收敛(交错级数), 当 $x=1$ 时, $\sum\limits_{n=1}^{\infty}\dfrac{\ln n}{n}$, $\lim\limits_{n\to\infty}\dfrac{\dfrac{\ln n}{n}}{\dfrac{1}{n}}=0$,

级数 $\sum\limits_{n=1}^{\infty}\dfrac{1}{n}$ 发散, 由比较判别法知 $\sum\limits_{n=1}^{\infty}\dfrac{\ln n}{n}$ 发散, 故收敛域为 $[-1,1)$, 选 B

(10) 解: 令 $t=\dfrac{1}{x-2}$, $\sum\limits_{n=1}^{\infty}\sqrt{n}t^n$, 收敛半径 $R=\lim\limits_{n\to\infty}\left|\dfrac{a_n}{a_{n+1}}\right|=\lim\limits_{n\to\infty}\dfrac{\sqrt{n}}{\sqrt{n+1}}=1$

当 $t=1$ 时, 级数 $\sum\limits_{n=1}^{\infty}\sqrt{n}$ 发散, 当 $t=-1$ 时, 级数 $\sum\limits_{n=1}^{\infty}\sqrt{n}(-1)^n$ 发散, 级数 $\sum\limits_{n=1}^{\infty}\sqrt{n}t^n$ 的收敛域为 $(-1,1)$, $-1<\dfrac{1}{x-2}<1$, 得 $x<1$ 或 $x>3$, 选 C

(11) 解: $S(6)=S(4+2)=S(2)=\dfrac{f(-2+0)+f(2-0)}{2}=\dfrac{-5+2}{2}=-\dfrac{3}{2}$, 选 C

三、解答题

(1) 解:

① 当 $a=1$ 时, $\sum\limits_{n=1}^{\infty}\dfrac{a^n}{1+a^{2n}}=\sum\limits_{n=1}^{\infty}\dfrac{1}{2}$ 发散

② 当 $a>1$ 时, $\lim\limits_{n\to\infty}\dfrac{\dfrac{a_n}{1+a^{2n}}}{\dfrac{1}{a^n}}=\lim\limits_{n\to\infty}\dfrac{a^{2n}}{1+a^{2n}}=1$, 级数 $\sum\limits_{n=1}^{\infty}\dfrac{1}{a^n}$ 收敛, 故 $\sum\limits_{n=1}^{\infty}\dfrac{a^n}{1+a^{2n}}$ 收敛

③ $0<a<1$, $\lim\limits_{n\to\infty}\dfrac{\dfrac{a_n}{1+a^{2n}}}{a^n}=\lim\limits_{n\to\infty}\dfrac{1}{1+a^{2n}}=1$, 级数 $\sum\limits_{n=1}^{\infty}a^n$ 收敛, 故 $\sum\limits_{n=1}^{\infty}\dfrac{a^n}{1+a^{2n}}$ 收敛

(2) 解: $a_n=\dfrac{n^2}{\left(2+\dfrac{1}{n}\right)^n}$

$\lim\limits_{n\to\infty}\dfrac{a_{n+1}}{a_n}=\lim\limits_{n\to\infty}\dfrac{(n+1)^2}{\left(2+\dfrac{1}{n+1}\right)^{n+1}}\cdot\dfrac{\left(2+\dfrac{1}{n}\right)^n}{n^2}=\lim\limits_{n\to\infty}\dfrac{\left(2+\dfrac{1}{n}\right)^n}{\left(2+\dfrac{1}{n+1}\right)^n\cdot\left(2+\dfrac{1}{n+1}\right)}=$

$$\frac{1}{2}\lim_{n\to\infty}\left(\frac{2n+1}{2n+3}\cdot\frac{n+1}{n}\right)^n = \frac{1}{2}\lim_{n\to\infty}\left(\frac{2n^2+3n+1}{2n^2+3n}\right)^n =$$

$$\frac{1}{2}\lim_{n\to\infty}\left(1+\frac{1}{2n^2+3n}\right)^n = \frac{1}{2}\lim_{n\to\infty}\left(1+\frac{1}{2n^2+3n}\right)^{(2n^2+3n)\cdot\frac{n}{2n^2+3n}} = \frac{1}{2} < 1$$

故 $\sum_{n=1}^{\infty}\dfrac{n^2}{\left(2+\dfrac{1}{n}\right)^n}$ 收敛

(3) $\left|\dfrac{n\cos^2\dfrac{n\pi}{3}}{2^n}\right| \leqslant \dfrac{n}{2^n}$,级数 $\sum_{n=1}^{\infty}\dfrac{n}{2^n}$,$\lim\limits_{n\to\infty}\dfrac{u_{n+1}}{u_n}=\lim\limits_{n\to\infty}\dfrac{\dfrac{n+1}{2^{n+1}}}{\dfrac{n}{2^n}}=\lim\limits_{n\to\infty}\dfrac{(n+1)2^n}{n2^{n+1}}=\dfrac{1}{2}<1$,故

级数 $\sum_{n=1}^{\infty}\dfrac{n}{2^n}$ 收敛,由比较判别法,知 $\sum_{n=1}^{\infty}\dfrac{n\cos^2\dfrac{n\pi}{3}}{2^n}$ 绝对收敛,由绝对收敛的性质知

$\sum_{n=1}^{\infty}\dfrac{n\cos^2\dfrac{n\pi}{3}}{2^n}$ 收敛

(4) $\lim\limits_{n\to\infty}\dfrac{((n+1)!)^3(3n)!}{(3(n+1))!(n!)^3} = \lim\limits_{n\to\infty}\dfrac{(n+1)^3}{(3n+3)(3n+2)(3n+1)} = \dfrac{1}{27} < 1$,故

$\sum_{n=1}^{\infty}\dfrac{(n!)^3}{(3n)!}$ 收敛

(5) 解:正项数列 $\{a_n\}$ 单调减少,可知 $\lim\limits_{n\to\infty}a_n=a$,再由 $\sum_{n=1}^{\infty}(-1)^n a_n$ 发散,可知 $a>0$,

$\lim\limits_{n\to\infty}\sqrt[n]{\left(\dfrac{1}{a_n+1}\right)^n} = \lim\limits_{n\to\infty}\dfrac{1}{a_n+1} = \dfrac{1}{a+1} < 1(a>0)$,由根值判别法知 $\sum_{n=1}^{\infty}\left(\dfrac{1}{a_n+1}\right)^n$(正项级数) 收敛

(6) 解:令 $t=x^2+x+1$,$\sum_{n=1}^{\infty}\dfrac{1}{n(n+1)}(x^2+x+1)^n = \sum_{n=1}^{\infty}\dfrac{1}{n(n+1)}t^n$

$R=\lim\limits_{n\to\infty}\dfrac{a_n}{a_{n+1}}=\lim\limits_{n\to\infty}\dfrac{(n+1)(n+2)}{n(n+1)}=1$,$t=1$,级数 $\sum_{n=1}^{\infty}\dfrac{1}{n(n+1)}$ 收敛,$t=-1$,级数

$\sum_{n=1}^{\infty}\dfrac{(-1)^n}{n(n+1)}$ 收敛

从而级数 $\sum_{n=1}^{\infty}\dfrac{1}{n(n+1)}t^n$ 的收敛域为 $[-1,1]$,即 $-1\leqslant x^2+x+1\leqslant 1$,得 $-1\leqslant$

$x\leqslant 0$,故级数 $\sum_{n=1}^{\infty}\dfrac{1}{n(n+1)}(x^2+x+1)^n$ 的收敛域为 $[-1,0]$

(7) 解:收敛半径:$t=x+1$,$\sum_{n=1}^{\infty}\dfrac{3^n+(-2)^n}{n}(x+1)^n = \sum_{n=1}^{\infty}\dfrac{3^n+(-2)^n}{n}t^n$

$R=\lim\limits_{n\to\infty}\dfrac{a_n}{a_{n+1}}=\lim\limits_{n\to\infty}\dfrac{3^n+(-2)^n}{n}\cdot\dfrac{n+1}{3^{n+1}+(-2)^{n+1}}=\lim\limits_{n\to\infty}\dfrac{3^n+(-2)^n}{3^{n+1}+(-2)^{n+1}}=\dfrac{1}{3}$,收敛半径

为 $\dfrac{1}{3}$,从而 $|x+1|<\dfrac{1}{3}$,即 $-\dfrac{4}{3}<x<-\dfrac{2}{3}$

收敛域：当 $x=-\frac{4}{3}$，$\sum_{n=1}^{\infty}\frac{3^n+(-2)^n}{n}\left(-\frac{1}{3}\right)^n=\sum_{n=1}^{\infty}\frac{(-1)^n}{n}+\frac{1}{n}\left(\frac{2}{3}\right)^n$，$\sum_{n=1}^{\infty}\frac{(-1)^n}{n}$ 收敛，$\sum_{n=1}^{\infty}\frac{1}{n}\left(\frac{2}{3}\right)^n$

$$\lim_{n\to\infty}\frac{a_{n+1}}{a_n}=\lim_{n\to\infty}\frac{n}{n+1}\frac{\left(\frac{2}{3}\right)^{n+1}}{\left(\frac{2}{3}\right)^n}=\frac{2}{3}<1,\text{故级数}\sum_{n=1}^{\infty}\frac{1}{n}\left(\frac{2}{3}\right)^n\text{收敛}$$

当 $x=-\frac{2}{3}$，$\sum_{n=1}^{\infty}\frac{3^n+(-2)^n}{n}\left(\frac{1}{3}\right)^n=\sum_{n=1}^{\infty}\frac{1}{n}+\frac{1}{n}\left(-\frac{2}{3}\right)^n$，$\sum_{n=1}^{\infty}\frac{1}{n}$ 发散，$\sum_{n=1}^{\infty}\frac{1}{n}\left(-\frac{2}{3}\right)^n=\sum_{n=1}^{\infty}(-1)^n\frac{1}{n}\left(\frac{2}{3}\right)^n$，$\frac{1}{n}\left(\frac{2}{3}\right)^n$ 单调减小，且 $\lim_{n\to\infty}\frac{1}{n}\left(\frac{2}{3}\right)^n=0$，由莱布尼茨判别法可知级数 $\sum_{n=1}^{\infty}\frac{1}{n}\left(-\frac{2}{3}\right)^n$ 收敛，故 $\sum_{n=1}^{\infty}\frac{3^n+(-2)^n}{n}\left(\frac{1}{3}\right)^n$ 发散，级数 $\sum_{n=1}^{\infty}\frac{3^n+(-2)^n}{n}(x+1)^n$ 的收敛域为 $\left[-\frac{4}{3},-\frac{2}{3}\right)$

和函数：$\sum_{n=1}^{\infty}\frac{3^n+(-2)^n}{n}(x+1)^n=\sum_{n=1}^{\infty}\frac{3^n}{n}(x+1)^n+\sum_{n=1}^{\infty}\frac{(-2)^n}{n}(x+1)^n=S(x)$，两边求导得

$$S'(x)=\sum_{n=1}^{\infty}3^n(x+1)^{n-1}+\sum_{n=1}^{\infty}(-2)^n(x+1)^{n-1}=\frac{3}{1-3(x+1)}+\frac{-2}{1+2(x+1)}=-\frac{3}{3x+2}-\frac{2}{2x+3}$$

两边积分得 $S(x)=-\ln|3x+2|-\ln|2x+3|=-\ln|6x^2+13x+6|=-\ln-(6x^2-13x-6), x\in\left[-\frac{4}{3},-\frac{2}{3}\right)$

(8) 解：$f(x)=\ln\frac{x}{1+x}=\ln x-\ln(x+1)=\ln(1+x-1)-\ln 2-\ln\left(1+\frac{x}{2}\right)=$

$$-\ln 2+\sum_{n=1}^{\infty}\frac{(-1)^{n-1}}{n}(x-1)^n-\sum_{n=1}^{\infty}\frac{(-1)^{n-1}}{n}\left(\frac{x-1}{2}\right)^n=$$

$$-\ln 2+\sum_{n=1}^{\infty}\frac{(-1)^{n-1}}{n}\left(1-\frac{1}{2^n}\right)(x-1)^n$$

$-1<x-1\leq 1, -1<\frac{x-1}{2}\leq 1\Rightarrow 0<x\leq 2$，收敛域为 $(0,2]$

(9) 解：$\sum_{n=1}^{\infty}\frac{2n-1}{2^n}=\sum_{n=1}^{\infty}2n\left(\frac{1}{2}\right)^n-\sum_{n=1}^{\infty}\frac{1}{2^n}=\sum_{n=1}^{\infty}n\left(\frac{1}{2}\right)^{n-1}-\frac{\frac{1}{2}}{1-\frac{1}{2}}=\sum_{n=1}^{\infty}n\left(\frac{1}{2}\right)^{n-1}-1$

$\sum_{n=1}^{\infty}nx^{n-1}=\sum_{n=1}^{\infty}(x^n)'=\left(\sum_{n=1}^{\infty}x^n\right)'=\left(\frac{x}{1-x}\right)'=\frac{1}{(1-x)^2}, x\in(-1,1)$ 所以

$\sum_{n=1}^{\infty}n\left(\frac{1}{2}\right)^{n-1}=\frac{1}{\left(1-\frac{1}{2}\right)^2}=4$

故 $\sum_{n=1}^{\infty} \frac{2n-1}{2^n} = 4 - 1 = 3$

(10) 解：$\lim_{n \to \infty} \left| \frac{u_{n+1}(x)}{u_n(x)} \right| = \lim_{n \to \infty} \frac{x^{3(n+1)}}{(3(n+1))!} \cdot \frac{(3n)!}{x^{3n}} = \lim_{n \to \infty} \frac{x^3}{(3n+3)(3n+2)(3n+1)} = 0 < 1$，故收敛域为 $(-\infty, +\infty)$

$y(x) = \sum_{n=0}^{\infty} \frac{x^{3n}}{(3n)!}, y(0) = \sum_{n=0}^{\infty} \frac{x^{3n}}{(3n)!}\bigg|_{x=0} = 1 + \frac{x^3}{3!} + \cdots \bigg|_{x=0} = 1, y'(0) = \sum_{n=0}^{\infty} \left(\frac{x^{3n}}{(3n)!}\right)'\bigg|_{x=0} = \frac{x^2}{2!} + \frac{x^5}{5!} + \cdots \bigg|_{x=0} = 0$

$y'' + y' + y = \left(\sum_{n=0}^{\infty} \frac{x^{3n}}{(3n)!}\right)'' + \left(\sum_{n=0}^{\infty} \frac{x^{3n}}{(3n)!}\right)' + \sum_{n=0}^{\infty} \frac{x^{3n}}{(3n)!} =$

$\sum_{n=2}^{\infty} \frac{x^{3n-2}}{(3(n-2))!} + \sum_{n=1}^{\infty} \frac{x^{3n-1}}{(3(n-1))!} + \sum_{n=0}^{\infty} \frac{x^{3n}}{(3n)!} =$

$x + \frac{x^4}{4!} + \frac{x^7}{7!} + \cdots + \frac{x^2}{2!} + \frac{x^5}{5!} + \frac{x^8}{8!} + \cdots +$

$1 + \frac{x^3}{3!} + \frac{x^6}{6!} + \frac{x^9}{9!} + \cdots =$

$1 + x + \frac{x^2}{2!} + \frac{x^3}{3!} + \frac{x^4}{4!} + \frac{x^5}{5!} + \frac{x^6}{6!} + \frac{x^7}{7!} + \frac{x^8}{8!} + \frac{x^9}{9!} + \cdots = e^x$

即 $y(x)$ 满足微分方程 $y'' + y' + y = e^x$ 及初始条件 $y(0) = 1, y'(0) = 0$

解方程：齐次方程 $y'' + y' + y = 0$

特征方程为：$\lambda'' + \lambda' + \lambda = 0 \Rightarrow \lambda_{1,2} = -\frac{1}{2} \pm \frac{\sqrt{3}}{2}i$

$y_{\text{齐次通}} = e^{-\frac{1}{2}x}\left(c_1 \cos\left(\frac{\sqrt{3}}{2}x\right) + c_2 \sin\left(\frac{\sqrt{3}}{2}x\right)\right)$

$y_{\text{非齐特}} = ae^x, y'_{\text{非齐特}} = ae^x, y'_{\text{非齐特}} = ae^x$，代入非齐次方程得 $ae^x + ae^x + ae^x = e^x \Rightarrow a = \frac{1}{3}$

$y_{\text{非齐次通}} = e^{-\frac{1}{2}x}\left(c_1 \cos\left(\frac{\sqrt{3}}{2}x\right) + c_2 \sin\left(\frac{\sqrt{3}}{2}x\right)\right) + \frac{1}{3}e^x$

由 $y(0) = 1, y'(0) = 0$，得 $c_1 = \frac{2}{3}, c_2 = 0$，故和函数为

$y(x) = \frac{2}{3}e^{-\frac{1}{2}x}\cos\left(\frac{\sqrt{3}}{2}x\right) + \frac{1}{3}e^x$

(11) 解：$a_n = \int_{-1}^{1} f(x) \cos nx \, dx = \int_{-1}^{1} x \cos nx \, dx = 0$

$b_n = \int_{-1}^{1} f(x) \sin n\pi x \, dx = \int_{-1}^{1} x \sin n\pi x \, dx = \frac{1}{n\pi}\left(-\int_{-1}^{1} x \, d\cos n\pi x\right) =$

$\frac{1}{n\pi}\left(-x \cos n\pi x \bigg|_{-1}^{1} + \int_{-1}^{1} \cos n\pi x \, dx\right) =$

$\frac{1}{n\pi}\left(-2\cos n\pi + \frac{1}{n\pi}\sin n\pi x \bigg|_{-1}^{1}\right) = \frac{-2}{n\pi}\cos n\pi = \frac{2(-1)^{n+1}}{n\pi}$

$$f(x) = \frac{a_0}{2} + \sum_{n=1}^{\infty}\left(a_n\cos\frac{n\pi x}{l} + b_n\sin\frac{n\pi x}{l}\right) = \sum_{n=1}^{\infty}\frac{2(-1)^{n+1}}{n\pi}\sin n\pi x, -1 < x < 1$$

$x = \pm 1, f(\pm 1) = \dfrac{f(-1+0) + f(1-0)}{2} = 0$

4. 证明题

(1) 证明：$\left|(-1)^n f\left(\dfrac{1}{n}\right)\right| = \left|f\left(\dfrac{1}{n}\right)\right|$，$\lim\limits_{n\to\infty}\dfrac{f\left(\frac{1}{n}\right)}{\frac{1}{n}} = A > 0$，级数 $\sum\limits_{n=1}^{\infty}\dfrac{1}{n}$ 发散，故 $\sum\limits_{n=1}^{\infty}\left|f\left(\dfrac{1}{n}\right)\right|$ 发散

$\lim\limits_{x\to 0}\dfrac{f(x)}{x} = A \Rightarrow f(x) \sim Ax$，$\lim\limits_{n\to\infty}f\left(\dfrac{1}{n}\right) = \lim\limits_{n\to\infty}A\dfrac{1}{n} = 0 \Rightarrow f(0) = 0$

$\lim\limits_{x\to 0}\dfrac{f(x)}{x} = \lim\limits_{x\to 0}\dfrac{f(x) - f(0)}{x - 0} = f'(x) = A > 0$，故 $f(x)$ 单调递增，$f\left(\dfrac{1}{n}\right) > f\left(\dfrac{1}{n+1}\right)$，由莱布尼茨判别法知 $\sum\limits_{n=1}^{\infty}(-1)^n f\left(\dfrac{1}{n}\right)$ 收敛，故级数 $\sum\limits_{n=1}^{\infty}(-1)^n f\left(\dfrac{1}{n}\right)$ 条件收敛

(2) 证明：$f(x)$ 在区间 $(0,1)$ 内可导且导函数有界，设界为 M

$\left|f\left(\sin\dfrac{1}{n+1}\right) - f\left(\sin\dfrac{1}{n}\right)\right| = \left|f'(\sin\xi)\cos\xi\left(\sin\dfrac{1}{n+1} - \sin\dfrac{1}{n}\right)\right| \leqslant M\left|\sin\dfrac{1}{n+1} - \sin\dfrac{1}{n}\right|$

$\left|\sin\dfrac{1}{n+1} - \sin\dfrac{1}{n}\right| < \left|1 - \left(1 - \dfrac{1}{n^3} + \dfrac{1}{n^5}\right)\right| = \left|\dfrac{1}{n^3} - \dfrac{1}{n^5}\right| < \dfrac{1}{n^3} - \dfrac{1}{n^5}$，级数 $\sum\limits_{n=1}^{\infty}\dfrac{1}{n^3}$ 和 $\sum\limits_{n=1}^{\infty}\dfrac{1}{n^5}$ 收敛

故 $\sum\limits_{n=1}^{\infty}\left|f\left(\sin\dfrac{1}{n+1}\right) - f\left(\sin\dfrac{1}{n}\right)\right|$ 收敛，即级数 $\sum\limits_{n=1}^{\infty}\left(f\left(\sin\dfrac{1}{n+1}\right) - f\left(\sin\dfrac{1}{n}\right)\right)$ 绝对收敛

(3) 证明：$\left|\dfrac{a_n}{n}\right| \leqslant \dfrac{\frac{1}{n^2} + a_n^2}{2}$，级数 $\sum\limits_{n=1}^{\infty}a_n^2$，$\sum\limits_{n=1}^{\infty}\dfrac{1}{n^2}(p=2>1)$ 收敛，由比较判别法，故 $\sum\limits_{n=1}^{\infty}\dfrac{|a_n|}{n}$ 绝对收敛，于是级数 $\sum\limits_{n=1}^{\infty}\dfrac{|a_n|}{n}$ 收敛

$|a_n a_{n+1}| \leqslant \dfrac{a_n^2 + a_{n+1}^2}{2}$，级数 $\sum\limits_{n=1}^{\infty}a_n^2$ 和 $\sum\limits_{n=1}^{\infty}a_{n+1}^2$ 都收敛，由比较判别法，故 $\sum\limits_{n=1}^{\infty}|a_n a_{n+1}|$ 绝对收敛，于是级数 $\sum\limits_{n=1}^{\infty}|a_n a_{n+1}|$ 收敛

(4) 证明：$\lim\limits_{n\to\infty}\dfrac{\left|\dfrac{1}{a_{n+1}} - \dfrac{1}{a_n}\right|}{|a_{n+1} - a_n|} = \lim\limits_{n\to\infty}\left|\dfrac{1}{a_n a_{n+1}}\right| = \dfrac{1}{A^2} \neq 0$，故 $\sum\limits_{n=1}^{\infty}|a_{n+1} - a_n|$ 与 $\sum\limits_{n=1}^{\infty}\left|\dfrac{1}{a_{n+1}} - \dfrac{1}{a_n}\right|$ 同敛散

参考文献

[1] 同济大学应用数学系.高等数学[M].5版.北京:高等教育出版社,2004.
[2] 朱志范,王学祥.高等数学[M].哈尔滨:哈尔滨工业大学出版社,2010.
[3] 陈文灯.数学复习指南.理工类[M].北京:世界图书出版社公司,2010.
[4] 陈文灯.数学复习指南.经济类[M].北京:世界图书出版社公司,2010.
[5] 葛严麟.考研数学常考知识点[M].北京:中国人民大学出版社,2001.
[6] 干晓蓉.大学数学复习指南[M].北京:机械工业出版社,2010.
[7] 殷锡鸣.高等数学典型题解题方法与分析[M].上海:华东理工大学出版社,2009.
[8] 黄庆怀.考研高等数学辅导教材.[M].北京:北京航空航天大学出版社,2012.